"十三五"江苏省高等学校重点教材

江苏省首批一流本科课程配套教材

NEIBU KONGZHIXUE

内部控制学

（第二版）

主　编　池国华

副主编　庞艳红

中国教育出版传媒集团

高等教育出版社·北京

内容提要

本书是“十三五”江苏省高等学校重点教材。本书根据我国《企业内部控制基本规范》编写，按照内部控制五要素框架（内部环境、风险评估、控制活动、信息与沟通以及内部监督），阐释了内部控制的基本概念与基本原理，同时对企业主要业务事项的控制方法进行了详细讲解，最后分别介绍了企业内部控制的评价与设计工作。本书可作为高等学校会计学、财务管理、审计学等专业教材，也可作为社会从业人员自学用书。

图书在版编目（CIP）数据

内部控制学/池国华主编．—2版．—北京：高等教育出版社，2023.9（2025.6重印）
ISBN 978－7－04－061043－7

Ⅰ．①内…　Ⅱ．①池…　Ⅲ．①企业内部管理-高等学校-教材　Ⅳ．①F272.3

中国国家版本馆CIP数据核字（2023）第151570号

策划编辑　刘自挥　林　荫　责任编辑　林　荫　封面设计　张文豪　责任印制　高忠富

出版发行	高等教育出版社	网　　址	http://www.hep.edu.cn
社　　址	北京市西城区德外大街4号		http://www.hep.com.cn
邮政编码	100120	网上订购	http://www.hepmall.com.cn
印　　刷	上海叶大印务发展有限公司		http://www.hepmall.com
开　　本	787 mm×1092 mm　1/16		http://www.hepmall.cn
印　　张	18	版　　次	2020年8月第1版
字　　数	429千字		2023年9月第2版
购书热线	010－58581118	印　　次	2025年6月第3次印刷
咨询电话	400－810－0598	定　　价	40.00元

物 料 号　61043-00

教师教学资源服务指南

关注微信公众号“**高教财经教学研究**”，可浏览云书展了解最新经管教材信息、下载教学资源、申请教师样书、下载试卷、观看师资培训课程和直播录像等。

下载教学资源

电脑端进入公众号点击导航栏中的“教学服务”，点击子菜单中的“资源下载”，或浏览器输入网址链接http://101.35.126.6/，注册登录后可搜索相应资源并下载。

申请教师样书

点击导航栏中的“教学服务”，点击子菜单中的“云书展”，了解最新教材信息及申请样书。

下载试卷

高教财经教学研究公众号目前提供基础会计学、中级财务会计、财务管理、管理会计、审计学、税法、税收筹划、税务会计课程试卷下载。点击导航栏中的“教学服务”，点击子菜单中的“免费试卷”，下载试卷。

观看教师培训课程

高教财经教学研究公众号上线了名师谈“中级财务会计教学”“高级财务会计教学”“财务报表分析教学”“管理会计教学”“审计学教学”，以及“智能投资在线课程”“Python量化投资在线课程”等课程。点击导航栏中的“教师培训”，点击子菜单中的“培训课程”即可观看教师培训课程和“名师谈教学与科研直播讲堂”的录像。

联系我们

联系电话：（021）56718921　　高教社本科会计教师论坛QQ群：116280562

第二版前言

本教材系高等学校会计学与财务管理专业系列教材之一，并于 2019 年入选“十三五”江苏省高等学校重点教材规划立项，自 2020 年由高等教育出版社正式出版以来，历经三年先后重印 4 次，累计印数近 2 万册，被国内许多院校会计学、审计学、财务管理、资产评估和其他相关专业长期选用。同时依托本教材开发的内部控制学课程先后入选江苏省高校在线开放课程(2019 年)、江苏省首批一流本科课程(2021 年)，该课程 2020 年 2 月在中国大学 MOOC(慕课)网推出，至今已连续对社会开放 7 个学期，选学选用人数近 2 万人。

在第二版修订之际，衷心感谢采用本教材的所有院校师生的大力支持，也要特别感谢在编写过程中给予大力支持和热情鼓励的各位领导与专家，同时也要真诚感谢高等教育出版社卓越的品牌效应和优秀的编辑团队。

第二版在保持第一版教材特色与亮点的前提下，为适应国内外内部控制理论与实务的最新发展以及我国高等院校教学改革的不断变化进行了修订。综合来看，本书呈现出以下四个基本特征：

(1) 体系完整，与时俱进。本教材以介绍我国内部控制发展历程中“里程碑”式的权威文件《企业内部控制基本规范》为主线，同时覆盖《企业内部控制配套指引》，重点讲解了内部控制的基本概念、基础原理和基本方法，并阐述了内部控制体系建设的总体思路和具体做法。同时，本次修订关注了 2019 年之后国内外内部控制的前沿动态发展，如国务院国资委印发的《关于加强中央企业内部控制体系建设与监督工作的实施意见》(2019)、《关于深化中央企业内部审计监督工作的实施意见》(2020)、《中央企业合规管理办法》(2022)，财政部、证监会联合发布的《关于进一步提升上市公司财务报告内部控制有效性的通知》(2022)等制度办法。

(2) 价值引领，融入思政。专业课教材既要体现专业知识的广度与深度，也需要反映人文教育的力度与温度，既要将历史与现实相结合，也要融知识性与人文性于一体。为此，本书按照教育部《高等学校课程思政建设指导纲要》(2020)、国家教材委员会《习近平新时代中国特色社会主义思想进课程教材指南》(2021)等文件的要求，不仅将每一章的学习目标细分为知识目标、技能目标和思政目标，与高校价值塑造、知识传授、能力培养“三位一体”的人才培养目标相契合，而且设置“思政课堂”，围绕内部控制主题，以法治思维、底线意识、社会责任、职业道德、反舞弊等为重点，通过案例引入、资料展现等多种形式，实现思政教育与专业知识的有机融合。特别需要强调的是，本书还通过讲话引用、案例融入、资料展现等形式深入宣传贯彻落实党的二十大精神，有助于新时代高校的人才培养。

（3）资料丰富，形式活泼。内部控制学是一门与实务紧密结合的课程，为了进一步提升学生内部控制的实际技能，本次修订在总结我国改革开放以来内部控制领域经验教训的基础上，增加了许多更具时效性、操作性与可读性的案例与图表，并引入了众多上市公司和国有企业实际的内部控制制度办法。据统计，全书一共有 102 个案例、95 项二维码资料、60 张图表。这些真实的案例和直观的图表可以使同学们在有限的时间里更加容易理解和掌握相关知识。

（4）立体交互，方便“教”“学”。本教材采用新形态一体化形式，通过设置“学习目标”“引例”“二维码资料”“案例”“章后习题”等功能性栏目，既提高了本书的可读性，又方便课堂教学和课后复习。更值得一提的是，本教材的使用可以依托中国大学 MOOC 网（https://www.icourse163.org/）向社会免费开放的“内部控制学”慕课资源。该慕课最大的特点是拥有系统丰富的教学资源，既有重点和难点讲解视频、课件，又有随堂测验、单元测验、拓展阅读材料等，不仅可以增强教学活动的便利性，还可以提高学生学习的“自主性”。另外，本次修订还植入了二维码，融入微课、资料库、案例库等多种资源，为学生提供更加完美的学习体验，为教师提供更加便利的教学资源，从而建立起纸质教材与移动终端交互立体可视化的现代教学生态模式。

本书由南京审计大学内部审计学院池国华教授担任主编，庞艳红教授任副主编，参编人员包括赵珊副教授、王蕾博士、徐晨阳博士、蔡闫东博士、杨婧副教授等，具体分工如下：第一章、第二章池国华，第三章庞艳红、池国华，第四章徐晨阳、池国华，第五章王蕾，第六章蔡闫东、池国华，第七章赵珊、池国华，第八章杨婧、池国华。

在本教材的写作过程中，我们参阅了国内外大量的文献和资料，其中信息明确的作者已列于脚注或参考文献中，而信息不全的部分，因无法详细查证其出处，故未能列出。在此，对所有企业内部控制领域的专家和学者致以最诚挚的谢意。

我们的目标是编写一本高质量的内部控制学基础教材，但由于水平有限，加上编写时间非常紧张，本教材难免存在一些疏漏甚至是错误之处，恳请读者不吝批评指正，以便我们今后修订时加以改进和完善，共同推动中国内部控制理论的完善和实践提升。

编　者

2023 年 8 月

第一版前言

“基业长青”是大多数企业追求的目标。然而，纵观中国改革开放的历程，德隆、爱多、三株、华源、三九、富贵鸟、乐视等一大批企业快速发展却又如流星般陨落。同时，还有一批企业历经风雨却依然屹立不倒，如华润、招商局、海尔、华为、万科、美的。是什么原因导致这些企业存在如此巨大的差异呢？追根溯源，不难发现，成功的企业都拥有扎实的内部控制基础，而失败的企业尽管失败原因各异，但归根结底多源于内部控制失效。可见，身处风险无时、无处不在的环境中，内部控制对企业而言是何等的重要！内部控制薄弱，企业难免坠入失败的深渊；内部控制有效，才有可能“基业长青”。为此，越来越多的高校将内部控制学列为会计学、审计学、财务管理等专业的必修课程，本教材主要就是为满足这一需求而编写的。与其他内部控制教材相比较，本教材具有以下三个特征：

(1) 重视基础，突出实操。本教材以介绍我国内部控制发展历程中“里程碑”式的权威文件《企业内部控制基本规范》为主线，同时覆盖《企业内部控制配套指引》，在了解我国内部控制规范体系框架的基础上，重点讲解内部控制的基本概念、基础理论和基本技能，包括风险评估方法、风险应对策略、基本控制措施、信息与沟通方式。本教材还强调内部控制的实务操作，除了介绍内部控制评价程序与方法之外，还在第八章专门阐述了内部控制制度的设计机理与思路，包括内控手册、业务流程图、权限指引、控制矩阵等工具，突出可操作性的同时强调学以致用，使学习者不仅“知其然”，更能够“知其所以然”。

(2) 深入浅出，案例丰富。内部控制向来被视为枯燥难懂，为让读者能够“坐得住”“听得懂”，本教材提供了丰富的实务案例，全书一共有 120 多个案例，平均每章有 15 个以上的案例，这些案例大多来自实务界，并且经过重新加工、改写，将每一事件演绎成故事，不但大大增强了教材的可读性，而且于趣味中融入内部控制的原理。与此同时，这些案例也为授课教师进行教学互动提供了丰富的素材。本教材的另一个特色是插入了大量的图表，一共有 36 张表，46 张图，可谓图文并茂。通过这些图表形象直观的展示可以使读者在有限的时间里更加快速地吸收相关的知识。

(3) 配套完整，方便“教”“学”。本教材通过设置“学习目标”“引例”“资料”“案例”“章后习题”等功能性栏目，既提高了可读性，又方便课堂教学和课后复习。值得一提的是，本课程已经开发了慕课，并在中国大学 MOOC（慕课）网（https://www.icourse163.org/）上线，其最大的特点是拥有丰富的教学资源，既有重点和难点讲解视频、课件，又有随堂测验、单元测验、拓展阅读材料等，不仅可以增加教学活动的便利性，还可以提高学生学习的“自主性”。登录网站，搜索“池国华”可进入该课程。

本教材由南京审计大学池国华教授主编，庞艳红教授任副主编，参编人员包括赵珊副教授、王蕾讲师、徐晨阳讲师、蔡闫东讲师、郭芮佳博士等，具体编写分工如下：第一章、第二章池国华，第三章庞艳红、池国华，第四章池国华、徐晨阳，第五章王蕾，第六章池国华、蔡闫东，第七章赵珊、池国华，第八章池国华、郭芮佳。

在本教材的写作过程中，我们参阅了国内外大量的文献和资料，其中信息明确的作者已列于脚注或参考文献中，部分因信息不全等原因无法详细查证其出处，故未能列出。在此，对所有企业内部控制领域的专家和学者致以最诚挚的谢意。

由于作者水平有限，教材可能会有缺点、错误，恳请读者批评指正，以便我们在下一次修订时加以完善。

编　者

2020 年 6 月

目　录

案例目录

思政课堂目录

第一章
内部控制发展

学习目标

1. 知识目标：了解内部控制的发展历程，熟悉每一阶段对内部控制做出的贡献。

2. 技能目标：理解并把握内部控制的价值；掌握我国企业内部控制规范体系构成。

3. 思政目标：学习合规管理典型案例，提升合规意识，重视合规管理；领会习近平总书记关于风险管理的重要论述精神，树立底线思维，强化风险意识；通过员工舞弊、公司舞弊等案例的剖析，加强个人核心价值观培养，塑造反舞弊信念；对比美国和中国内部控制规范的发展历程，体会创新精神，坚定“四个自信”。

引例

A股2021年度首份否定意见内部控制审计报告出炉①

2022年3月24日晚间，长城国际动漫游戏股份有限公司[以下简称＊ST长动(0.350，0.02，6.06%)(维权)]发布2021年报，中天运会计师事务所(以下简称“中天运”)为该份年报出具的审计意见类型为“无法表示意见”。同时，＊ST长动的内部控制审计报告被中天运出具“否定意见”。这是A股2021年度首份无法表示意见财务报告审计报告和首份否定意见内部控制审计报告。导致内部控制审计被出具否定意见的原因在于＊ST长动的财务报告内部控制存在以下重大缺陷：

1. 应收账款的对账与催收方面存在重大缺陷

上海天芮经贸有限公司(系＊ST长动重要子公司，以下简称“上海天芮”)应定期与超市等客户进行对账并催收款项。上海天芮没有当年度的与超市的对账与催款记录。因为没有及时对账与催收，导致了上海天芮部分应收账款超过信用期仍不能收回，同时也影响了上海天芮应收账款期末余额的准确性。上海天芮经贸有限公司在应收账款的对账与催

① 改编自《中国基金报》2018年12月28日报道《超级罚单年：银行业每天罚10次　最大单笔4亿多》，记者：乔麦。

收方面的内部控制存在重大缺陷。

2. 存货盘点与账务核对存在重大缺陷

上海天芮经贸有限公司存货管理制度规定:“每年的三月、六月、九月、十二月的月底由公司业务经理或各区业务负责人组织对仓库全部商品进行仔细盘点,每次盘点完立即将盘点数据及时发回公司,公司员工将发回的数据与库存账进行比对核实”。上海天芮经贸有限公司仅提供了2021年9月末存货盘点文件且实际盘点金额、财务账面金额、公司库存金额存在较大差异,公司并未根据实际情况调整一致。上海天芮经贸有限公司存货盘点与账务核对方面内部控制存在重大缺陷。

3. 部分印章管理存在重大缺陷

*ST长动及其部分子公司印章管理在2019年失控,且持续至2021年仍然失控。公司与印章管理相关的内部控制存在重大缺陷。

4. 对部分子公司管理存在重大缺陷

*ST长动部分异地经营的子公司,存在上述1—3项的重大缺陷。长城动漫对子公司管理相关的内部控制存在重大缺陷。

*ST长动的财务报告之所以被出具否定意见,主要原因之一在于财务报告内部控制存在重大缺陷。由此可见,内部控制特别是财务报告内部控制,是加强财会监督、遏制财务造假、提高上市公司会计信息质量的重要基础。正因如此,2022年3月出台的《财政部、证监会关于进一步提升上市公司财务报告内部控制有效性的通知》强调,要加强对上市公司实施企业内部控制规范的管理、指导和监督,规范会计师事务所内部控制审计行为,提升上市公司财务报告内部控制有效性和会计信息质量,强化资本市场领域财会监督力度。

什么是内部控制?内部控制是如何产生和发展的?内部控制除了防止财务舞弊,是否还具有其他价值?中国企业内部控制规范体系究竟有哪些构成?对上市公司实施企业内部控制规范有哪些强制要求?要得到这些问题的答案,就让我们开启本章的学习之旅。

第一节　内部控制的价值

随着环境的变化、社会的进步和经济的发展,内部控制在包括企业在内的所有社会组织中的重要性越发凸显,已经逐渐成为社会组织防范和抵御风险的“防火墙”和保障企业实现健康、科学、可持续发展的“奠基石”。从发展视角分析,内部控制作为组织内部的一种制度安排,具有满足内外合规要求、提高风险防控能力、提升企业经济效益的三大价值。

一、满足合规

企业作为一种社会组织,不是生存在真空当中,而是生存在一定的环境当中,因此企业及其员工的经营管理行为应该符合法律法规、监管规定、行业准则和企业章程、规章制度以及国际条约、规则等要求。如果企业及其员工存在不合规行为,就可能引发法律责任、受到相关处罚、造成经济或声誉损失以及给企业带来其他负面影响。

思政课堂 1-1　上海 J 公司的蜕变——由合规意识淡薄到合规整改合格①

最高人民检察院 2021 年 12 月 8 日，为进一步加强企业合规改革试点工作，积极推进第三方监督评估机制适用，发布了第二批企业合规典型案例。上海 J 公司、朱某某假冒注册商标案属于其中之一。

上海市 J 智能电器有限公司（以下简称“J 公司”）注册成立于 2016 年 1 月，住所地位于浙江省嘉兴市秀洲区，公司以生产智能家居电器为主，拥有专利数百件，有效注册商标 3 件，近年来先后被评定为浙江省科技型中小企业、国家高新技术企业。公司有员工 2 000 余人，年纳税总额 1 亿余元。

2018 年 8 月，上海 T 智能科技有限公司（以下简称“T 公司”）与 J 公司洽谈委托代加工事宜，约定由 J 公司为 T 公司代为加工智能垃圾桶，后因试产样品未达质量标准，且无法按时交货等原因，双方于 2018 年 12 月终止合作。为了挽回前期投资损失，2018 年 12 月至 2019 年 11 月，该公司股东及实际控制人朱某某在未获得商标权利人 T 公司许可的情况下，组织公司员工生产假冒 T 公司注册商标的智能垃圾桶、垃圾盒，并对外销售获利，涉案金额达 560 万余元。2020 年 9 月 11 日，朱某某主动投案后被取保候审。案发后，J 公司认罪认罚，赔偿权利人 700 万元并取得谅解。2020 年 12 月 14 日，上海市公安局浦东分局以犯罪嫌疑单位 J 公司、犯罪嫌疑人朱某某涉嫌假冒注册商标罪移送浦东新区检察院审查起诉。

浦东新区检察院经审查认为，J 公司是一家高新技术企业，但公司管理层及员工法律意识淡薄，尤其对涉及商业秘密、专利权、商标权等民事侵权及刑事犯罪认识淡薄，在合同审核、财务审批、采购销售等环节均存在管理不善问题。鉴于 J 公司具有良好发展前景，犯罪嫌疑人朱某某有自首情节，并认罪认罚赔偿了 T 公司的损失，且该公司有合规建设意愿，具备启动第三方机制的基本条件，考虑其注册地、生产经营地和犯罪地分离的情况，有必要启动跨区域合规考察。

浦东新区检察院结合办案中发现的经营管理不善情况，向 J 公司制发《合规风险告知书》，从合规风险排查、合规制度建设、合规运行体系及合规文化养成等方面提出整改建议，引导 J 公司作出合规承诺。第三方组织结合风险告知内容指导企业制定合规计划，明确合规计划的政策性和程序性规定，从责任分配、培训方案到奖惩制度，确保合规计划的针对性和实效性。同时，督促企业对合规计划涉及的组织体系、政策体系、程序体系和风险防控体系等主题进行分解，保证计划的可行性和有效性。J 公司制定了包括制定合规章程、健全基层党组织、建立合规组织体系、制定知识产权专项合规政策体系、打造合规程序体系、提升企业合规意识等方面的递进式合规计划，并严格按照时间表扎实推进。

监督考察期间，第三方组织通过问询谈话、走访调查，深入了解案件背景，帮助企业梳理合规、风控方面的管理漏洞，督促制定专项整改措施。根据第三方组织建议，J 公司成立合规工作领导小组，修改公司章程，强化管理职责，先后制定知识产权管理、合同审

① 最高人民检察院：《企业合规典型案例（第二批）》，最高人民检察院官网，2021 年 12 月 15 日，https://www.spp.gov.cn/spp/xwfbh/wsfbt/202112/t20211215_538815.shtml#2。

批、保密管理、员工培训、风险控制等多项合规专项制度，设立合规专岗，实行管理、销售分离，建立合规举报途径，连续开展刑事合规、民事合规及知识产权保护专项培训，外聘合规专业团队定期对企业进行法律风险全面体检，并且每半个月提交一次阶段性书面报告。第三方组织通过书面审查、实地走访、听取汇报等形式，对合规阶段性成效进行监督检查。同时，浦东新区检察院为确保异地合规监管的有效性，制作了《企业合规监督考察反馈意见表》，实时动态跟进监督评估进度，对第三方组织成员组成、合规计划执行、企业定期书面报告、申诉控告处理等提出意见建议。

考察期限届满，第三方组织评估认为，经过合规管理，J公司提升合规意识，完善组织架构，设立合规专岗，开展专项检查，建立制度指引，强化流程管理，健全风控机制，加强学习培训，完成了从合规组织体系建立到合规政策制定，从合规程序完善到合规文化建设等一系列整改，评定J公司合规整改合格。浦东新区检察院联合嘉兴市检察院、秀洲区检察院通过听取汇报、现场验收、公开评议等方式对监督考察结果的客观性充分论证。2021年9月10日，浦东新区检察院邀请人民监督员、侦查机关、异地检察机关代表等进行公开听证。经评议，参与听证各方一致同意对涉案企业及个人作出不起诉决定。

《中央企业合规管理办法》

正如上述合规典型案例的介绍，企业只有强化内部控制制度建设，不断提升合规意识，完善组织架构，设立合规专岗，建立制度指引，强化流程管理，健全风控机制，开展专项检查，加强学习培训，强化考核评价，严格责任追究，才能满足来自企业内外部的合规要求。

案例1-1　吉利的合规管理①

浙江吉利控股集团（以下简称“吉利控股集团”）始建于1986年，1997年进入汽车行业，一直专注实业，专注技术创新和人才培养，不断打基础练内功，坚定不移地推动企业转型升级和可持续发展。现资产总值超5 100亿元，员工总数超过12万人，连续十一年进入《财富》世界500强（2022年排名229位），是全球汽车品牌组合价值排名前十中唯一的中国汽车集团。

吉利集团高度重视合规管理，早在2013年李书福董事长就指出：合规是企业可持续发展的前提，是全球经济相互依存、依法竞争的关键，也是人类经济社会不断发展进步的游戏规则，没有规则不成方圆，企业参与市场竞争首先要讲合规，团队合作必须要有规则，合规既是企业的基本生存之道，也是企业承担社会责任的基本前提。时至今日，吉利集团已经形成了具有自身特色的一套合规管理体系，包括以下四个部分：

1. 组织。吉利在董事会下设合规委员会，由集团副董事长担任合规委员会的主任；设立首席合规官，领导全控股集团的合规管理工作；成立合规办公室，作为合规委员会的日常办事机构和合规管理职能部门，向首席合规官汇报。控股集团旗下各业务集团均已建立了合规领导机构、合规管理机构和专兼职合规管理员及联络员。

2. 制度。吉利建立了层次分明的合规制度体系。第一个层次是准则类，即适用于全

① 引自吉利集团官网，2023年1月17日，http://zgh.com/geely-esg/integrity-and-compliance-operation/。

体员工的《合规行为准则》，分别从企业发展、员工发展、保护公司资产与利益、商业伙伴交往、海外合作、履行社会责任、合规咨询与举报等方面提出了18项合规管理要求。第二个层次是专项合规管理类，适用于全体员工，包括反腐败、贸易管制、个人隐私保护、反垄断合规等制度。第三个层次是指引类，就各专项合规管理制度给出落实与操作的指引和方法。第四个层次是操作类，由各业务单位根据自己的业务模式和组织分工，制定适用于自己的合规流程和表单。

3. 机制。为保证制度的有效执行，吉利建立了一套运行机制，主要包括“五会四训三法二谈一报”。“五会”指合规委员会季度例会、职能部门半年联席会、风险防控形势分析会、典型案件通报会、年度合规表彰会；“四训”指高管半年度集中合规培训、中层及关键岗位季度培训、新员工入职培训、合规管理人员业务培训；“三法”指举报奖励办法、案件调查办法、考核评价办法；“二谈”指重大风险问题约谈、重大项目中标约谈；“一报”指领导干部和关键岗位利益冲突申报等。

4. 文化。吉利将合规文化列入集团四大文化之一，并致力于在全集团推动形成诚信合规的文化氛围。一是每年组织高管层、中层及关键岗位、新员工和合规岗位人员的四级培训。二是开展多种宣传活动，特别是已连续5年开展合规文化月活动，通过座谈研讨、风险评估、观影读书、知识竞赛、网上考试、对标评比、参观廉政教育基地等多种活动宣贯合规要求。三是通过严惩强化意识，让全体员工从案例中吸取教训，提高尊崇规则的自觉意识。

二、防控风险

2020年一场突如其来的新冠肺炎疫情成为2008年美国次贷危机以来全球面对的最大一起“黑天鹅”事件，对全球各国企业造成极大的冲击，世界政治、经济和社会发展受到深远的影响并产生深刻的变化。一大批企业（其中甚至包括知名企业）纷纷倒下，由此企业家更加充分地意识到内部控制的重要价值。事实上，自1986年德国著名社会学家乌尔里希·贝克在《风险社会：新的现代性之路》一书中大胆预判“人类已经开始步入风险时代”以来，人们会发现所面临的风险越来越多、越来越复杂，以至于到了“无处不在、无时不在”的地步，给社会组织的生存和发展造成了巨大的威胁并带来了严峻的挑战。

思政课堂1-2　习近平总书记关于风险管理的重要论述①

如果发生重大风险又扛不住，国家安全就可能面临重大威胁，全面建成小康社会进程就可能被迫中断，我们必须把防风险摆在突出位置，“图之于未萌，虑之于未有”，力争不出现重大风险或在出现重大风险时扛得住、过得去。

——2015年10月29日，在党的十八届五中全会第二次全体会议上的讲话

要加强对各种风险源的调查研判，提高动态监测、实时预警能力，推进风险防控工作科学化、精细化，对各种可能的风险及其原因都要心中有数、对症下药、综合施策，出手及

1

① 引自汪晓东、董丝雨：下好先手棋　打好主动仗——习近平总书记关于防范化解重大风险重要论述综述，《人民日报》，2021年4月15日。

时有力，力争把风险化解在源头，不让小风险演化为大风险，不让个别风险演化为综合风险，不让局部风险演化为区域性或系统性风险，不让经济风险演化为社会政治风险，不让国际风险演化为国内风险。

——2015 年 10 月 29 日，在党的十八届五中全会第二次全体会议上的讲话

“明者防祸于未萌，智者图患于将来。”我们必须积极主动、未雨绸缪。见微知著、防微杜渐，下好先手棋，打好主动仗，做好应对任何形式的矛盾风险挑战的准备，做好经济上、政治上、文化上、社会上、外交上、军事上各种斗争的准备，层层负责、人人担当。

——2016 年 1 月 18 日，在省部级主要领导干部学习贯彻党的十八届五中全会精神专题研讨班上的讲话

要把主动防范化解系统性金融风险放在更加重要的位置，科学防范，早识别、早预警、早发现、早处置，着力防范化解重点领域风险，着力完善金融安全防线和风险应急处置机制。

——2017 年 7 月 14 日，习近平总书记在全国金融工作会议上的讲话

面对波谲云诡的国际形势、复杂敏感的周边环境、艰巨繁重的改革发展稳定任务，我们必须始终保持高度警惕，既要高度警惕“黑天鹅”事件，也要防范“灰犀牛”事件；既要有防范风险的先手，也要有应对和化解风险挑战的高招；既要打好防范和抵御风险的有准备之战，也要打好化险为夷、转危为机的战略主动战。

——2019 年 1 月 21 日，在省部级主要领导干部坚持底线思维着力防范化解重大风险专题研讨班开班式上的讲话

要完善风险防控机制，建立健全风险研判机制、决策风险评估机制、风险防控协同机制、风险防控责任机制，主动加强协调配合，坚持一级抓一级、层层抓落实。

——2019 年 1 月 21 日，在省部级主要领导干部坚持底线思维着力防范化解重大风险专题研讨班开班式上的讲话

面对风险与挑战，出路在哪里？正如一句名言“没有人什么都无法实现，但没有制度什么都无法持久”所言，只有用制度管控风险才是长久之计，根本之道。对企业而言，只有充分发挥内部控制体系的强基固本作用，进一步提升社会组织的防范化解重大风险能力，构筑“安全网”和“防火墙”，才能实现“基业长青”。对行政事业单位也是如此，行政事业单位通过内部控制制度的制定和执行，能够实现对行政事业单位预算管理、收支管理、政府采购管理、资产管理、建设项目管理等各项经济活动风险的防范和管控。

案例 1-2 山东胶州：推进“清廉学校”建设①

为深入推进教育领域清廉建设，山东省胶州市出台《关于推进“清廉学校”建设的实施意见》，建立“446”工作机制，即推动“清廉思想、清廉制度、清廉作风、清廉文化”融入校园，

① 引自 2018 年 4 月 20 日华夏经纬网同名报道（http://www.huaxia.com/sd-tw/jrsd/qlsk/2018/04/5718495.html），作者：魏志尚。

实施“政风清明、校风清正、师风清净、教风清新”四大工程，把握“执行主体明确、权力制衡科学、程序设置适当、监督责任明晰、内容严谨规范、措施有效管用”六项准则，在全市113个学校开展“清廉学校”建设，涵养风清气正的教育生态。

“学校严格落实领导班子‘一岗双责’，层层签订年度廉洁从教责任书，通过开展廉洁主题教育活动、举办廉政专题讲座、评选‘廉洁从教’先进个人等方式，筑牢全校老师廉洁从教思想防线。”胶州市初级实验中学校长张金道说道。

为确保“清廉学校”建设取得实效，该市全面强化学校廉政风险防控体系建设，制定学校管理权限清单，建立阳光招生机制，完善收支审批、内部控制、财务公开、岗位责任、资产管理等制度，为“清廉学校”建设提供制度保障，确保学校各项工作规范化、制度化运行。

“通过深化廉政风险防控体系建设，加强对权力运行全过程的监管，多渠道收集廉政风险信息，对廉政风险实时监控、即时预警、及时处置。”胶州市向阳小学校长王书友表示。

“清廉学校”建设，核心在于发挥文化滋养心灵的作用，以“润物细无声”的方式传播清廉价值理念。该市各学校将廉洁文化融入校园文化建设，开辟“清廉文化”主题长廊，举办具有清廉内涵的演讲、征文、书法、合唱比赛等活动，营造浓厚的廉洁氛围，让师生感受到廉洁文化就在身边。

三、提升管理

随着市场经济的快速发展，企业必须及时应对瞬息万变的外部变化，企业间的竞争也更加白热化，企业间的竞争不仅体现在产品和服务的质量等硬件因素上，更加体现在人才、文化、管理模式等软件因素上。企业要想在激烈的市场竞争中立于不败之地，就要满足客户不断变化的需求和偏好，为客户提供高质量的产品和高水平的服务，只有这样才能获得收入和实现盈利，才能持续地为投资者创造财富。而要做到这一点，就必须“向管理要效益”“向风控要效益”。国内外企业的经营实践表明，企业内部控制的完善程度反映了企业管理水平的高低，而内部控制体系的建设则是提升企业管理水平的有效手段。

其实不仅企业如此，行政事业单位同样如此。行政事业单位作为国家管理体系中的重要一环，上承国家和地方各级政府，下联各类企业和团体机构，服务社会公众百姓，在国家治理体系中的承上启下作用极其重要。其资产安全与否，资金使用效率的高低、公共服务的效率效果如何，直接影响到国家治理体系和治理能力现代化的实现。为此，行政事业单位需要推进内部控制建设，规范内部经济和业务活动，建立健全科学高效的制约和监督体系，促进单位公共服务效能和内部治理水平不断提高，为实现国家治理体系和治理能力现代化奠定坚实基础、提供有力支撑。

案例1-3　充分发动“清廉引擎”　护航奥康向上生长[①]

2022年以来，奥康男鞋实现十店齐开，奥康黑晶新形象遍布多个一、二线城市。2021年，奥康集团实现营业收入29.59亿元，同比增加8.06%；归属于上市公司股东的净利润

① 永嘉县纪委监委：发动“清廉引擎”护航向上生长，浙江省纪委省监委网站，2022-10-17，http://www.zjsjw.gov.cn/zhuantizhuanlan/qlzjnwtx/qinglianminqi/202209/t20220907_6906709.shtml。

约 3 405 万元，同比增加 21.87%。

在受到疫情影响的当下，为何奥康集团仍能保持逆势上扬的良性势头？正如奥康董事长王振滔所说的：唯一能打败奥康的就是腐败。近年来，奥康集团充分发动"清廉引擎"，重视廉洁文化与内部权力运行制约监督体系建设，探索形成奥康清廉民企建设引导清单和标准范式，护航企业品牌向上生长。

规章制度是企业发展的源动力。在过去，许多民营企业缺少完善的反腐败制度，清廉建设和内部监督机构相对薄弱，让企业发展遭遇瓶颈。奥康集团清晰地认识到这一点："2003 年，我们建立集团纪检部门，并设立内部监督机构——审计监察中心，明确内部监察职能'四个权限'，为企业的清廉建设和合法合规经营打下了坚实基础。"奥康集团相关负责人表示。2021 年，奥康还成立了审计法务中心，在全面开展内部审计监察的同时，加强与各职能部门的协作配合，为企业发展营造良好营商环境。

据悉，在奥康集团每个工作人员办公桌案头最醒目的位置上都摆放着订制的"清单摆台"。该集团根据员工对象岗位不同，量体裁衣，订制推出 3 类 24 项清廉民企建设负面清单，严格把牢个人廉洁风险防控关。2021 年又颁布了《三大纪律八项注意十条红线》，这本薄薄的白册子成为了全体员工行为规范。同时，该集团配套出台员工有奖举报制度，设立单项最高 20 万元的举报奖励，为员工自觉守廉筑起"防火墙"；推出企业《纪律处分条例》，按照违纪程度设立警告、记过、降级、撤职、开除等五个层次的纪律处分，并辅以不同金额的经济和行政处分，使企业清廉建设更加有章可循。

第二节　内部控制的历史

内部控制的产生与发展具有悠久的历史，迄今为止已经具有 5 000 多年的历史，大体上经历了内部牵制、内部控制系统、内部控制结构、内部控制整合框架、风险管理整合框架等五个不同的阶段。

一、内部牵制阶段

内部控制的终极源头可以追溯到人类社会的形成之初。自从有了人类的群体活动和组织之后，就产生了对组织的成员及其活动进行控制的需要。从现有的历史记录和考古证据来看，内部控制的发源最早可以追溯到公元前 3600 年至公元前 3200 年的苏美尔文化时期。古埃及、古波斯、古希腊、古罗马和古代中国都有原始内部牵制制度的雏形。原始的内部牵制制度最早是为部落、城邦、庄园、国家服务的。中世纪资本主义生产关系萌芽，商业组织开始出现，内部牵制进入企业领域，开启了一个广阔的发展空间。

根据《柯勒会计辞典》的解释，内部牵制是指"以提供有效的组织和经营，并防止错误和其他非法业务发生的业务流程设计。其主要特点是以任何个人或部门不能单独控制任何一项或一部分业务权力的方式进行组织上的责任分工，每项业务通过正常发挥其他个人或部门的功能进行交叉检查或交叉控制"。由此可见，内部牵制的基本思路是分工和牵制。

内部牵制机制的提出主要是基于两个设想：其一，两个或两个以上人员或部门无意识地犯同样错误的概率，远小于一个人或部门犯该种错误的概率；其二，两个或两个以上人员或部门有意识地串通舞弊的可能性，远低于一个人或部门单独舞弊的可能性。因此，内部牵制强调分权和制衡，以抑制由于权力集中而引发的错误或舞弊行为。

尽管随着经济社会的发展，内部控制日益超越内部牵制的范畴，但内部牵制的基本理念在内部控制中仍然发挥着重要作用。正如《柯勒会计辞典》所载，“设计有效的内部牵制以使每项业务能完整正确地经过规定的处理程序，而在这规定的处理程序中，内部牵制机制永远是一个不可缺少的组成部分”。这一阶段的不足之处在于，人们还没有意识到内部控制的整体性，只强调内部牵制机制的简单运用，还不够系统和完善。

思政课堂 1-3　他挪用 170 余万　只为在游戏里呼风唤雨①

2016 年 10 月，大学毕业的冉航程回到家乡，担任重庆医药集团渝东南医药有限公司会计，主要负责公司各项费用的审核、应收应付款项的核算审核、编制报表等。

2018 年 9 月，一次偶然机会，冉航程了解到一款网络游戏来钱快，当日就在网站上充值投注赢了近千元。接连几天，冉航程都在游戏里尝到了“甜头”，下注便越来越大。但天上从来不会掉馅饼，第一次输掉后，好运似乎就到头了。冉航程试图靠更多的充值下注来赢回本金，投注的金额不断加大，然而输得越多。

2020 年 7 月，走投无路的冉航程打起了挪用公司银行账户资金的算盘。前后不到四个月的时间，冉航程利用公司财务管理制度和内部监管上的漏洞，先后 40 次以网银转账方式挪用公司银行账户资金至个人账户。

截至 2020 年 11 月，冉航程共利用支付审核和现金管理等职务便利，擅自挪用该公司银行账户资金和销售现金返利共计 170 余万元，这些钱主要被他用于网络游戏充值。

2020 年 12 月初，重庆医药集团成立内部审计组，对冉航程所在公司的销售现金返利情况进行专项审计，通过电子返利台账发现有 20.9 万元销售现金返利没有入账。此时，如梦初醒的冉航程才静下心来将这几年自己经手的账目清理了一遍。本想通过借款筹集资金把挪用的资金陆续还回公司，然而经过多方求助，能筹集到的资金不过九牛一毛。2020 年 12 月 21 日，冉航程在家人的陪同下主动投案自首。

2021 年 1 月 28 日，冉航程受到开除党籍处分。2021 年 3 月 19 日，重庆市黔江区人民法院以挪用资金罪判处冉航程有期徒刑两年六个月。

二、内部控制系统阶段

内部控制发展的第二阶段为内部控制系统阶段，从时间上看大致为 20 世纪 30 年代至 20 世纪 80 年代。为适应这一时期经济快速发展、所有权与经营权进一步分离的特点，在注册会计师行业的推动下，内部控制由早期的内部牵制逐渐演变为涉及组织结构、岗位职责、人员素质、业务处理流程和内部审计等比较严密的内部控制系统。在这一阶段，建立健全内

① 节选自中央纪委国家监委网站 2021-08-23 报道《以案为鉴｜他挪用 170 余万　只为在游戏里呼风唤雨》，通讯员：付真真、冯颖娇，责任编辑：郭兴，https://www.ccdi.gov.cn/yaowenn/202108/t20210823_145275.html。

部控制系统开始上升为法律要求；同时，为适应注册会计师评价被审计单位内部控制的需要，一些国家或组织开始将内部控制划分为内部会计控制和内部管理控制。其中，前者旨在保护企业资产、检查会计数据的准确性和可靠性，后者旨在提高经营效率、促使有关人员遵守既定的管理方针。由此内部控制进入“制度二分法”或“二要素”阶段。

三、内部控制结构阶段

进入 20 世纪 80 年代，资本主义发展的黄金阶段以及随后到来的“滞胀”促使西方国家对内部控制的研究进一步深化，人们对内部控制的研究重点逐步从一般含义向具体内容深化。在实践中，注册会计师发现很难确切区分内部会计控制和内部管理控制，而且后者对前者其实有很大影响，在审计过程中不能、也无法完全忽略。于是，1988 年 AICPA 发布《审计准则公告第 55 号》(SAS55)，并规定从 1990 年 1 月起取代 1972 年发布的《审计准则公告第 1 号》。这份公告首次以“内部控制结构”的概念代替“内部控制系统”，明确“企业内部控制结构包括为企业实现特定目标提供合理保证而建立的各种政策和程序”。该公告认为，内部控制结构由下列三个要素组成：

(1) 控制环境。控制环境是指对有效建立和实施特定政策与程序有重大影响的各种因素，包括管理层的理念和经营风格；组织结构；董事会及其所属委员会，特别是审计委员会发挥的职能；职权和责任的分配；人力资源政策与实务等。

(2) 会计系统。会计系统是指为确认、归类、分析、记录和编报各项经济业务，明确资产与负债的经营责任而规定的各种方法。

(3) 控制程序。控制程序是指企业为保证目标的实现而建立的政策和程序，包括经济业务和事项的适当授权；明确人员的职责分工，如指派不同的人员分别承担业务批准、业务记录和财产保管的职责，以防止有关人员利用正常经济业务图谋不轨和隐匿各种错弊；资产及记录的限制接触，如接触电脑程序和档案资料要经过批准等。

内部控制结构阶段对于内部控制发展的贡献主要体现在两个方面：其一，首次将控制环境纳入内部控制的范畴。这是在前期摸索的基础上，人们发现内部控制的建立和生效需要有一个良好的土壤，如果土壤条件不具备，那内部控制体系建立得再完善也无法存活。其二，不再区分会计控制和管理控制，而统一以要素来表述。因为人们发现内部会计控制和管理控制在实践中其实是相互联系、难以分割的。

可见，这一阶段的内部控制融会计控制和管理控制于一体，从“系统二分法”阶段步入了“结构三要素”阶段。这是内部控制发展史上的一次重要改变。

四、内部控制整合框架阶段

1992 年 9 月，COSO 发布了著名的《内部控制——整合框架》(Internal Control—Integrated Framework)，并于 1994 年进行了局部修订。①该报告是内部控制发展历程中的一座

① COSO(Committee of Sponsoring Organizations)是 Treadway 委员会的发起组织委员会的简称。Treadway 委员会即反欺诈财务报告全国委员会(National Commissionon Fraudulent Financial Reporting)，由于其首任主席的姓名而通常被称为 Treadway 委员会。该委员会由美国注册会计师协会(AICPA)、美国会计学会(AAA)、国际财务经理协会(FEI)、内部审计师协会(IIA)、管理会计师协会(IMA)5 个组织于 1985 年发起设立。1987 年，Treadway 委员会发布一份报告，建议其发起组织沟通协作，整合各种内部控制的概念和定义。

重要里程碑，它对内部控制的发展所做出的最重要的贡献可以概括为“一个定义、三项目标、五种要素”。

“一个定义”就是该报告对内部控制下了一个迄今为止最权威的定义：“内部控制是由企业董事会、经理阶层以及其他员工实施的，旨在为营运的效率和效果、财务报告的可靠性、相关法律法规的遵循性等目标的实现提供合理保证的过程。”

“三项目标”是指内部控制具有三项目标，包括经营目标、报告目标和合规目标。由此可见，财务报告的可靠性并不是内部控制唯一的目标，换言之，内部控制不等于会计控制。

“五种要素”是指该报告将内部控制的组成分成五个相互独立而又相互联系的要素：控制环境、风险评估、控制活动、信息与沟通和监控，如图 1-1 所示。

COSO对《内部控制——整合框架》的修订

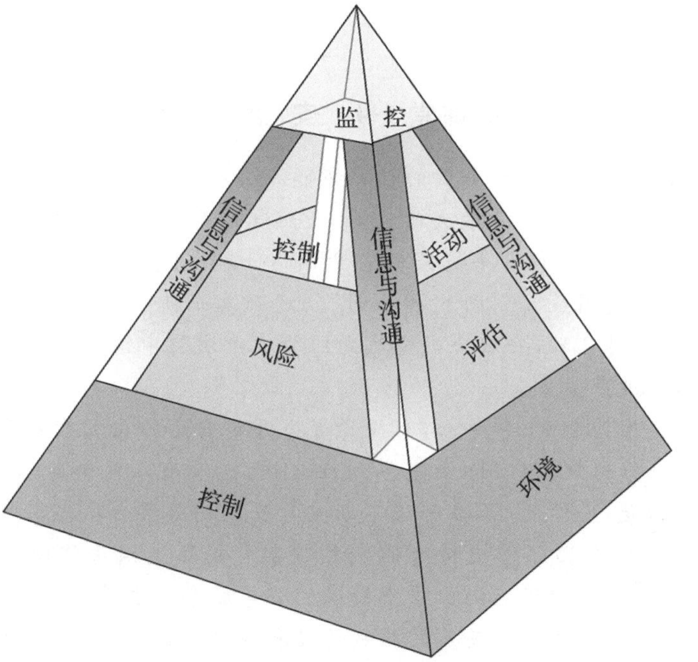

图 1-1 COSO 的企业内部控制整合框架图

由于 COSO 报告集内部控制理论和实践发展之大成，因此在业内备受推崇，已经成为世界通行的内部控制权威标准，被国际和各国审计准则制定机构、资本市场和金融监管机构以及其他方面所采纳。1995 年 12 月，美国注册会计师协会审计准则委员会（ASB）发布 SAS78“财务报表审计中对内部控制的考虑：对 SAS55 的修正”，全面采纳 COSO 的内部控制框架。2002 年美国国会通过的《萨班斯-奥克斯利法案》（SOX）第 404 条款及相关规则采用的也是这个框架。

五、风险管理整合框架阶段

自 COSO 报告于 1992 年发布以后，《内部控制——整合框架》已经被世界上许多企业所采用，但理论界和实务界也纷纷对该框架提出改进建议，认为其对风险强调不够，使得内部控制无法与企业风险管理相结合。2001 年，COSO 开展了一个项目，委托普华永道会计师事务所开发一个有利于帮助管理层评价和改进所在组织的企业风险管理的简便易行的框架。正是在开发这个框架的期间，2001 年 12 月美国最大能源公司之一的安然公司，突然申请破产保护。此后上市公司和证券市场丑闻不断，特别是 2002 年 6 月的世界通信公司会计丑闻,“彻底打击了投资者对资本市场的信心”。美国国会和政府加速制定和实施新的法律以试图改变这一局面。在这一背景下,2002 年 7 月美国出台了《2002 年公众公司会计改革和投资者保护法案》,该法案是由参议院银行委员会主席萨班斯(Paul Sarbanes)和众议院金融服务委员会(Committee on Financial Services)主席奥克斯利(Michael Oxley)联合提出,又被称作《萨班斯-奥克斯利法案》(Sarbanes-Oxley Act,简称 SOX 法案)。该法案是继美国《1933 年证券法》《1934 年证券交易法》以来又一部具有里程碑意义的法律。《萨班斯-奥克斯利法案》强调了公司内部控制的重要性,从管理层、内部审计及外部审计等几个层面对公司内部控制做了具体规定,并设置了问责机制和相应的惩罚措施,成为继 20 世纪 30 年代美国经济危机以来,政府制定的涉及范围最广、处罚措施最严厉的公司法律。

思政课堂 1-4　安 然 事 件

安然(Enron)曾是一家位于美国的世界级能源公司。在 2001 年宣告破产之前,安然拥有约 21 000 名雇员,是世界上最大的电力、天然气以及电讯公司之一,名列《财富》杂志“美国 500 强”的第七名。2000 年披露的营业额达 1 010 亿美元之巨。公司连续六年被《财富》杂志评选为“美国最具创新精神公司”。然而真正使安然公司在全世界声名大噪的,却是 2001 年 12 月 2 日,安然公司突然向纽约破产法院申请破产保护,该案成为美国历史上企业第二大破产案。

事件的起因是因为 2001 年年初,有投资者公开对安然的盈利模式表示了质疑:虽然安然的业务看起来很辉煌,但实际上赚不到什么钱,也没有人能够说清安然是怎么赚钱的。更令人担忧的是,安然的 CEO 一边不断宣称安然的股票会从当时的约 70 美元升至 126 美元,一边却不断在抛售手中持有的安然股票。按照美国法律规定,公司董事会成员如果没有离开董事会,就不能抛出手中持有的公司股票。也许正是这一点引发了人们对安然的怀疑,并开始真正追究安然的盈利情况和现金流向。到了 2001 年 8 月中旬,人们对于安然的疑问越来越多,最终安然持续多年精心策划、制度化、系统化的财务造假丑闻曝光,其结果是股价崩盘,由 90 美元跌至一文不值,拥有上千亿资产的安然公司宣告破产。

因为财务造假和公司破产,安然事件给美国乃至全世界的资本市场造成了持续深远的影响,曾经享负盛名的安达信会计师事务所也因牵涉其中而被迫解体倒闭。“安然事件”从此成为了上市公司财务舞弊和企业欺诈的代名词。

2004 年 9 月,COSO 发布了《企业风险管理——整合框架》(Enterprise Risk Management—Integrated Framework,简称 ERM 框架)。该框架指出,“全面风险管理是一个过程,它由一个主体的董事会、管理层和其他人员实施,应用于战略制定并贯穿于企业之中,旨在识别可能影响主体的潜在事项、管理风险,以使其在该主体的风险容量之内,并为主体目标的实现提供合理保证”。这一阶段的显著变化是正式提出了全面风险管理的基本概念和框架体系。

基于这一认识,COSO 提出了战略目标、经营目标、报告目标和合规目标四类目标,并指出风险管理包括八个相互关联的构成要素：内部环境、目标设定、事项识别、风险评估、风险应对、控制活动、信息与沟通和监控。根据 COSO 的这份研究报告，企业风险管理的目标、要素与组织层级之间形成了一个相互作用、紧密相联的有机统一体系；同时，对企业风险管理要素的进一步细分和充实，使内部控制与风险管理日益呈现出融合的趋势。企业风险管理框架如图 1-2 所示。

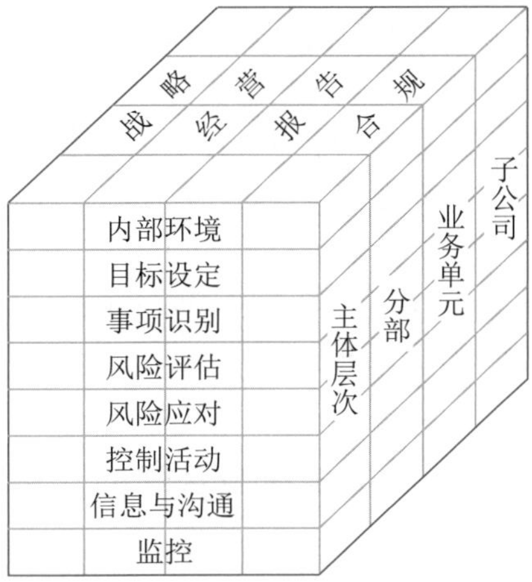

图 1-2　企业风险管理整合框架图

相对于《内部控制——整合框架》，ERM 框架的创新在于：

第一，从目标上看，ERM 框架不仅涵盖了内部控制整合框架中的经营、报告和合规三个目标，而且还新提出了一个更深层次的战略目标，同时还扩大了报告的范畴。ERM 框架指出，企业风险管理应贯穿于战略目标的制定、分解和执行过程，从而为战略目标的实现提供合理保证。报告范畴的扩大表现在内部控制框架中的财务报告目标只与公开披露的财务报表的可靠性相关，而企业风险管理框架中的报告范围有很大的扩展，覆盖了企业编制的所有报告。

第二，从内容上看，ERM 框架除了包括内部控制整合框架中的五个要素外，还增加了目标制定、事项识别和风险应对三个管理要素。目标制定、事项识别、风险评估与风险应对四个要素环环相扣，共同构成了风险管理的完整过程。此外，对原有要素也进行了深化和拓展，如引入了风险偏好和风险容忍度，将原有的“控制环境”改为“内部环境”。

第三，从概念上看，ERM 框架提出了两个新概念——风险偏好和风险容忍度。风险偏好是指企业在实现其目标的过程中愿意接受的风险的数量。企业的风险偏好与企业的战略目标直接相关，企业在制定战略时，应考虑将该战略与企业的管理层风险偏好结合起来。风险容忍度是指在企业目标实现过程中对偏离的可接受程度，是企业在风险偏好的基础上设定的在目标实现过程中对偏离的可接受程度和可容忍限度。

第四，从观念上看，ERM 框架提出了一个新的观念——风险组合观。企业风险管理要求企业管理层以风险组合的观念看待风险，对相关的风险进行识别并采取措施将企业所承担的风险控制在风险偏好的范围内。对企业的各个组成部分而言，其风险可能在各自的风险容忍度范围内，但从企业总体来看，总风险仍可能超过企业总体的风险偏好范围。因此，应从企业整体的角度评估风险。

需要说明的是，ERM 框架虽然晚于“内部控制——整合框架”产生，但是它并不是要完全替代“内部控制——整合框架”。在企业管理实践中，内部控制是基础，风险管理只是建立在内部控制基础之上的，具有更高层次和更有综合意义的控制活动。如果离开良好的内部控制系统，所谓的风险管理只能是一句空话而已。

COSO 对《企业风险管理——整合框架》的修订

2004 版框架发布距今已有十几年时间，这十几年间，风险的复杂性发生了重大变化，由于新环境、新技术的不断演变，新的风险也层出不穷，基于风险导向的管理理念逐渐兴起并成为主流、渗透到企业管理的方方面面。在此前提下，COSO 在 2014 年启动了首次对风险管理框架的修订工作，并委托普华永道会计师事务所着手框架的更新。这项计划旨在在日益复杂的商业环境中提高 ERM 框架的相关性，反映风险管理理论和实践的新发展，以便组织从风险管理中获得价值的提升。2017 年 9 月，COSO 正式发布了一份名为《企业风险管理——与战略和业绩的整合》(Enterprise Risk Management—Integrating with Strategy and Performance)的报告文件(简称新 ERM 框架)。

案例 1-4　瑞信风险管理的反思①

2021 年 7 月 29 日，瑞士信贷集团(简称“瑞信”)发布了基于对华尔街对冲基金 Archegos Capital Management 爆仓事件进行的独立外部调查的报告。瑞信损失超过 55 亿美元，几乎占全部损失一半以上。3 月份，Archegos 爆仓事件震动了华尔街，当时该基金重仓集中持有的几只股票头寸明显亏损。一些银行被迫平仓，蒙受了 100 多亿美元损失。在 Archegos 的贷款银行中，瑞信遭受的损失最为惨重，损失超过 55 亿美元，而过去一整年瑞信仅从 Archegos 赚得 1 750 万美元。

对冲基金爆仓调查报告重点关注的是瑞信风险管理部门的问题，人为的判断失误，加之集中的头寸中被忽视的风险。

风险防线形如虚设。调查发现，在 Archegos 爆仓事件中，瑞信投资银行大宗经纪业务的第一道和第二道防线都没有有效管理风险，并且风险防控没有升级。在同一业务中，由于投资银行和风险部门没有充分履行监督职责，缺乏对风险缓解及其增强措施(如动态保证金)的优先次序，以至于未能控制跨越两道防线的超额。

瑞信报告称，部分高层员工在 Archegos 爆仓损失事件中难辞其咎。瑞士信贷集团表示，在爆仓事件之前，曾有多个预警信号出现，但瑞信高层员工没有针对这些信号采取行动。

瑞信的风控文化存在致命缺陷。调查报道称，Archegos 事件暴露瑞信风控文化的几个重大缺陷，主要包括：对风控失败缺乏问责；识别严重风险的风控系统被业务人员和风控人员系统性地忽略；文化上不愿参与具有挑战性的讨论。但是，调查对瑞信风控文化的关键问题仍然没有揭示到位。这一风险事件表明，瑞信的董事长、首席执行官、首席风险官等管理者，在能力、责任、态度上存在诸多欠缺。

① 节选自王衍行. 瑞信风险管理的反思. 财富中文网，2021-07-30，https://www.fortunechina.com/shangye/c/2021-07/30/content_394869.htm.

第三节　内部控制的规范

为推动我国内部控制标准体系建设工作，2006 年 7 月财政部会同证监会、审计署、银监会、保监会、国资委等部门联合成立了企业内部控制标准委员会。企业内部控制标准委员会自成立以来，在推动我国企业内部控制规范体系建设及在我国上市公司和国有大中型企业范围内的有效实施发挥了重要的组织协调作用。2016 年 8 月，为协同推进行政事业单位内部控制标准建立与实施工作，经财政部部领导批准，委员会更名为内部控制标准委员会。迄今为止，我国先后制定并颁布了三套内部控制规范，覆盖了企业、行政事业单位等社会组织。

一、适用于大中型企业的内部控制规范体系

2008 年 5 月 22 日，财政部会同证监会、审计署、银监会、保监会出台《企业内部控制基本规范》(以下简称《基本规范》)。2010 年 4 月 15 日，财政部会同证监会、审计署、银监会、保监会又发布了《企业内部控制应用指引第 1 号——组织架构》等 18 项应用指引、《企业内部控制评价指引》和《企业内部控制审计指引》(以下简称“配套指引”)。内部控制基本规范和配套指引的发布，并规定自 2011 年 1 月 1 日起在境内外同时上市的公司施行，自 2012 年 1 月 1 日起在上海证券交易所、深圳证券交易所主板上市公司施行；在此基础上，择机在中小板和创业板上市公司施行。鼓励非上市大中型企业提前执行。与此同时，《关于印发企业内部控制配套指引的通知》要求，执行《企业内部控制基本规范》及企业内部控制配套指引的上市公司和非上市大中型企业，应当对内部控制的有效性进行自我评价，披露年度自我评价报告，同时应当聘请会计师事务所对财务报告内部控制的有效性进行审计并出具审计报告。

《企业内部控制基本规范》及其配套指引的出台，标志着我国适用于大中型企业的内部控制规范体系的正式形成，是我国内部控制制度发展的里程碑。该规范体系主要包括基本规范、配套指引、解释公告与操作指南三个层次，如图 1-3 所示。

其中，基本规范是内部控制体系的最高层次，起统驭作用；配套指引是内部控制体系的主要内容，是为促进企业建立、实施和评价内部控制，规范会计师事务所内部控制审计行为所提供的指引；解释公告是就内部控制规范体系实施过程中所出现的新情况和新问题的解答，是对内部控制规范体系的重要补充；操作指南是对不同行业的企业内部控制规范体系的建设方法、控制程序、实施步骤、考核办法等的具体规范，是内部控制规范体系落地具体行业、具体企业的实践应用指南，同时也是内部控制规范体系的重要组成部分。

(一) 基本规范

根据财政部等五部委的文件精神，颁布《基本规范》的目的是加强和规范企业内部控制，提高企业经营管理水平和风险防范能力，促进企业可持续发展，维护社会主义市场经济秩序和社会公众利益。该规范确立了我国企业建立和实施内部控制的基础框架，是我国内部控制建设的纲领性文件。它描述了建立与实施内部控制体系必须依托的框架结构，规定了内

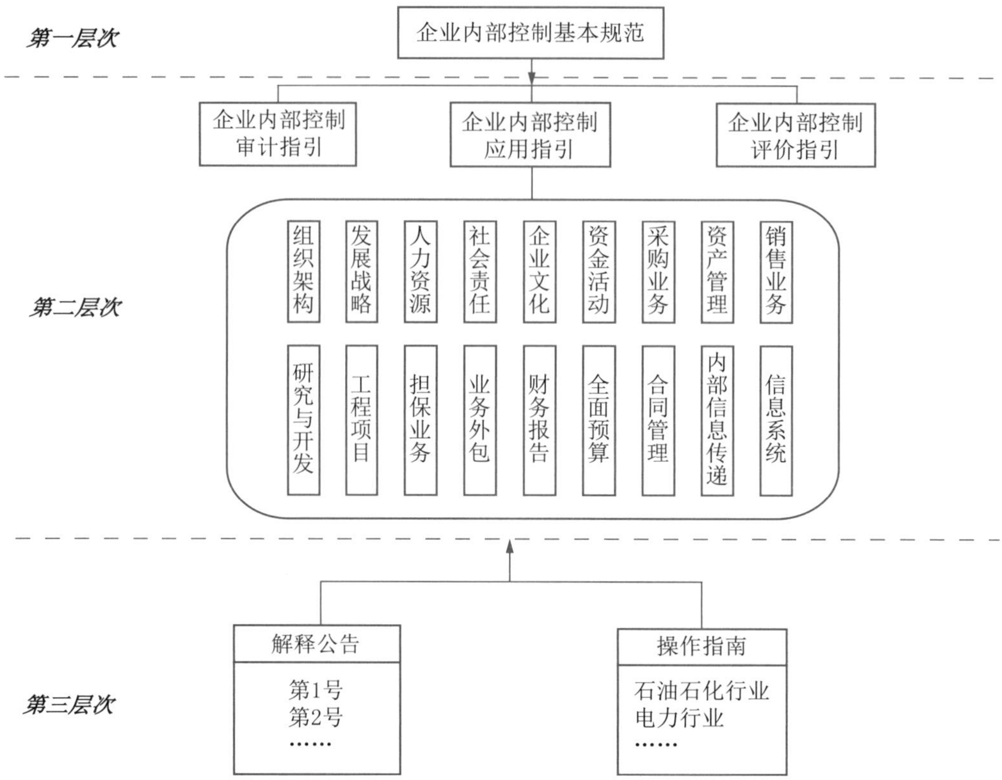

图 1-3　适用于大中型企业的内部控制规范体系

部控制的定义、目标、原则、要素等，是制定应用指引、评价指引、审计指引和企业内部控制制度的基本依据。

《基本规范》坚持立足我国国情、借鉴国际惯例，确立了我国企业建立和实施内部控制的基础框架，并在以下方面取得了重大突破：

一是科学界定内部控制的内涵。强调内部控制是由企业董事会、监事会、经理层和全体员工实施的、旨在实现控制目标的过程，有利于树立全面、全员、全过程控制的理念。

二是准确定位内部控制的目标。要求企业在保证经营管理合法合规、资产安全、财务报告及相关信息真实完整、提高经营效率和效果的基础上，着力促进企业实现发展战略。

三是合理确定内部控制的原则。要求企业在建立和实施内部控制全过程中贯彻全面性原则、重要性原则、制衡性原则、适应性原则和成本效益原则。

四是统筹构建内部控制的要素，有机融合世界主要经济体加强内部控制的做法和经验，构建了以内部环境为重要基础、以风险评估为重要环节、以控制活动为重要手段、以信息与沟通为重要条件、以内部监督为重要保证，相互联系、相互促进的五要素内部控制框架。

《企业内部控制基本规范》

五是开创性地建立了以企业为主体、以政府监管为促进、以中介机构审计为重要组成部分的内部控制实施机制，要求企业实行内部控制自我评价制度，并将各责任单位和全体员工实施内部控制的情况纳入绩效考评体系；国务院有关监管部门有权对企业建立并实施内部控制的情况进行监督检查；明确企业可以依法委托会计师事务所对本企业内部控制的有效性进行审计，出具审计报告。

案例 1-5　内部控制存在缺陷成为企业上市之路的“拦路虎”

回顾 2022 年 A 股 IPO 情况，首发上会企业共 582 家，27 家被否，整体上会被否率为 4.66%。从历年被否数量对比看，2022 年被否数量与 2021 年相当，但是被否率相比 2021 年的 5.88%略有下降。

2022 年，在发审委及上市委否决的 27 家 IPO 企业中，内部控制、持续经营、板块定位、毛利率等提及频次较高。根据发审委及上市委审核否决质询要点，可以发现 11 家 IPO 企业被质问内部控制问题，占比为 41%。

例如，深交所创业板上市委员会审议认为，北京市九州风神科技股份有限公司（以下简称“九州风神”）关于外销收入增长及原材料采购成本的合理性等信息披露不充分、不合理，报告期内（2018 年度、2019 年度、2020 年度和 2021 年 1—6 月），公司内部控制制度未能得到有效执行，因此公司不符合发行条件、上市条件或信息披露要求。九州风神上会时被关注的主要问题之一是公司会计差错较多，涉及范围较广，从而影响内部控制制度是否健全有效。

再如，深交所创业板上市委会议审议认为，北农大科技股份有限公司报告期内（2018 年度、2019 年度、2020 年度和 2021 年 1—6 月），存在代管客户银行卡、重要子公司负责人与公司客户之间异常资金往来、公司及其子公司财务人员混同、岗位分离失效等会计基础不规范、内部控制不健全的情形，因此公司不符合发行条件、上市条件或信息披露要求。

由此可见，内部控制存在缺陷，已经成为一些企业 IPO 路上的主要“拦路虎”。

（二）配套指引

《基本规范》为企业内部控制体系建设勾勒了宏观的基本框架，但没有从具体要素内涵和业务层面为企业提供具体指引。配套指引颁布的目的就是为了促进企业建立、实施和评价内部控制，规范会计师事务所内部控制审计行为。配套指引在遵循基本规范的定义、目标、原则和要素的基础上为企业提供更为细化和明确的操作标准，是对基本规范的进一步补充和说明，具有指导性和示范性、应用性和实操性。

配套指引由 21 项应用指引（已发布 18 项，涉及银行、证券和保险等业务的 3 项指引暂未发布）、《企业内部控制评价指引》和《企业内部控制审计指引》组成。其中，《企业内部控制应用指引》是为企业按照内部控制原则和内部控制五要素建立健全本企业内部控制所提供的指引，在配套指引乃至整个内部控制规范体系中占据主体地位；《企业内部控制评价指引》是为企业管理层对本企业内部控制有效性进行自我评价提供的指引；《企业内部控制审计指引》是注册会计师和会计师事务所执行内部控制审计业务的执业准则。三者之间既相互独立，又相互联系，形成一个有机整体。

1. 应用指引

内部控制应用指引可以划分为三类：内部环境类指引、控制活动类指引、控制手段类指引。这三类指引基本涵盖了企业资金流、实物流、人力流和信息流等各项业务和事项。

内部环境是企业实施内部控制的基础，支配着企业全体员工的内控意识，影响着全体员工实施控制活动和履行控制责任的态度、认识和行为。内部环境类指引有 5 项，包括组织架构、发展战略、人力资源、企业文化和社会责任等指引。

控制活动类指引是对各项具体业务活动实施的控制，此类指引有 9 项，包括资金活动、采购业务、资产管理、销售业务、研究与开发、工程项目、担保业务、业务外包、财务报告等指引。

控制手段类指引偏重于“工具”性质，往往涉及企业整体业务或管理。此类指引有 4 项，包括全面预算、合同管理、内部信息传递和信息系统等指引。

2. 评价指引

内部控制评价是指企业董事会或类似决策机构对内部控制有效性进行全面评价、形成评价结论、出具评价报告的过程。在企业内部控制实务中，内部控制评价是极为重要的一环，它与日常监督共同构成了对内部控制制度本身的控制。内部控制评价指引的主要内容包括：实施内部控制评价应遵循的原则、内部控制评价的组织、内部控制评价的内容、内部控制评价的流程与方法、内部控制评价缺陷的认定、内部控制评价报告及其报送与披露。

企业内部控制配套指引

3. 审计指引

内部控制审计是指会计师事务所接受委托，对特定基准日内部控制设计与运行的有效性进行审计。它是企业内部控制规范体系实施中引入的强制性要求，既有利于促进企业健全内部控制体系，又能增强企业财务报告的可靠性。内部控制审计指引的主要内容包括：审计责任划分、审计范围、整合审计、计划审计工作、实施审计工作、评价控制缺陷、出具审计报告以及记录审计工作。

（三）解释公告

解释公告是财政部等五部委针对企业内部控制规范体系实施过程中出现的新情况和新问题的明确和解答，是政府监管机构对企业内部控制规范体系实施过程的监控和反馈。其发布目的是为了具体解释企业内部控制规范体系实施过程中出现的问题，及时对规范体系进行有益补充，形成政策制定者与政策实施者之间的良性互动，完成规范体系试点工作，从而推动其顺利实施。

1. 企业内部控制规范体系实施相关问题解释第 1 号

《解释公告 1 号》由财政部等五部委于 2012 年 2 月印发，对企业内部控制规范体系的十个重要问题进行了解释，具体如规范体系的强制性与指导性关系、规范体系的实施范围、规范体系与其他监管部门规定的关系、内部控制与风险管理的关系、规范体系的政策盲区、内部控制的成本与效益、内部控制与其他管理体系的关系、内部控制缺陷的认定标准、内部控制机构设置、内部控制评价报告等。

2. 企业内部控制规范体系实施相关问题解释第 2 号

2012 年以后，企业内部控制规范体系在我国境内主板上市公司开始正式实施，在实施过程中出现了一些新情况、新问题，部分企业还存在理解认识上的不到位和实际执行上的偏差。为了稳步推进规范体系的贯彻实施，财政部等五部委对这些新情况、新问题进行了认真研究，并征求了有关上市公司、咨询机构和有关部门的意见，制定了《企业内部控制规范体系实施中相关问题解释第 2 号》(以下简称《解释公告 2 号》)。

《解释公告 2 号》由财政部等五部委于 2012 年 9 月印发，对企业内部控制规范体系的十个重要问题进行了解释，具体如内控组织实施、内控实施的进度与重点、内控人才队伍培养、集团企业内部控制评价、中介机构工作、内控评价组织形式、内部控制缺陷处理、会计师事务所工作、内部控制审计、小型企业内控建设等。

（四）操作指南

尽管《基本规范》为我国企业内部控制建立和实施提供了基本框架，内部控制配套指引为我国企业内部控制实施过程中的具体业务控制提供了具体操作标准，但配套指引只是对一般生产型工业企业常见的 18 项业务的内部控制加以规范，而执行企业内部控制规范体系的企业数量众多，业务类型多样，且分布于各类行业，规范体系在不同行业企业的具体落实仍需要具体操作指南加以规范和引导。因此，为了满足不同行业企业的个性化需求，对内部控制规范体系的建设方法、控制程序、实施步骤、考核办法进行行业内的具体规定，财政部启动了分行业的内部控制操作指南的编制工作，以期为各类企业建设实施内部控制规范体系提供经验借鉴和具体实务操作指导。截至当前，财政部已经编制并发布了石油石化行业和电力行业的操作指南。

《上市公司 2019 年执行企业内部控制规范体系情况蓝皮书》

案例 1-6　奥园美谷收到年报问询函　涉及内部控制缺陷

奥园美谷科技股份有限公司（以下简称“奥园美谷”）于 2022 年 5 月 20 日收到深圳证券交易所下发的《关于对奥园美谷科技股份有限公司 2021 年年报的问询函》。控股股东凯弦投资去年有 3 笔非经营性资金占用，深交所要求奥园美谷说明是否存在内部控制缺陷。

年报显示，报告期内控股股东关联方凯弦投资对你公司发生 3 笔非经营性资金占用，合计 4.74 亿元，至报告期末已全额归还。而奥园美谷董事会认为，公司已按照企业内部控制规范体系和相关规定的要求在所有重大方面保持了有效的财务报告内部控制，报告期内未发现内部控制重大缺陷。年审机构对奥园美谷公司内部控制出具了带强调事项段的无保留意见。

对此，深交所要求核查奥园美谷公司报告期内与关联方各项交易往来及其公允性、合理性、必要性，分析说明是否存在关联方变相占用公司资金的情形？并结合前述情况核实并说明公司是否存在导致前述占用发生的内部控制缺陷，公司是否已采取有效整改措施避免类似事件再次发生？

另外，深交所还要求说明公司判断报告期内公司相关内部控制不存在重大缺陷的合理性，年审机构仅对公司内部控制出具带强调事项段的无保留意见的具体依据，是否存在规避深交所《股票上市规则》第 9.8.1 条规定的被其他风险警示情形。

二、行政事业单位内部控制规范

为配合深化行政体制改革的迫切需要，积极推动和建设职能科学、结构优化、廉洁高效、人民满意的服务型政府，切实贯彻落实党的十八大提出的“健全权力运行制约和监督体系”“让权力在阳光下运行”的工作任务，加快涉及公共财政领域的配套改革，是有效推进政治经济体制改革的重要突破口。为此，财政部于 2012 年 11 月出台了《行政事业单位内部控制规范（试行）》（自 2014 年 1 月 1 日起施行）。

《行政事业单位内部控制规范（试行）》的颁布与实施，标志着社会主义市场经济体制的完善，首先表现为政府职能的转变已成现实，在全行业推行和实施内部控制的机遇期已趋于成熟。以推行和开展有效内部控制、提升管理效率和水平为目的的科学管理机制，已开始逐步从企业管理领域的应用，逐步拓展到了包括政府公共服务管理领域的、全社会各个领域的管理工作中来。

根据《行政事业单位内部控制规范（试行）》的定义，行政事业单位内部控制是指通过制定制度、实施措施和执行程序，实现对行政事业单位经济活动风险的防范和管控，包括对其预算管理、收支管理、政府采购管理、资产管理、建设项目管理以及合同管理等主要经济活动的风险控制。行政事业单位实施内部控制的具体工作包括梳理单位各类经济活动的业务流程，明确业务环节，系统分析经济活动风险、确定风险点、选择风险应对策略，在此基础上根据国家有关规定建立健全各项内部管理制度并督促相关工作人员认真执行。

《行政事业单位内部控制规范（试行）》总共包括六章 65 条，前五章是对行政事业单位内部控制的具体要求，包括第一章总则、第二章风险评估和控制方法、第三章单位层面内部控制、第四章业务层面内部控制和第五章评价与监督，第六章附则规定了其具体施行的时间。其中，业务层面的内部控制包括预算业务控制、收支业务控制、政府采购业务控制、资产控制、建设项目控制以及合同控制，涵盖了行政事业单位最主要的经济活动。

《行政事业单位内部控制规范（试行）》

自《行政事业单位内部控制规范（试行）》发布实施以来，全国各行政事业单位积极推进内部控制建设，取得了初步成效，但也存在部分单位重视不够、制度建设不健全、发展水平不平衡等问题。为此，2015 年 12 月财政部印发了《财政部关于全面推进行政事业单位内部控制建设的指导意见》（财会〔2015〕24 号），行政事业单位内控工作进入新一轮发力期。该指导意见明确强调，全面推进行政事业单位内部控制建设要坚持全面推进，坚持科学规划，坚持问题导向，坚持共同治理。其中在坚持问题导向方面，该指导意见要求，行政事业单位应当针对内部管理薄弱环节和风险隐患，特别是涉及内部权力集中的财政资金分配使用、国有资产监管、政府投资、政府采购、公共资源转让、公共工程建设等重点领域和关键岗位，合理配置权责，细化权力运行流程，明确关键控制节点和风险评估要求，提高内部控制的针对性和有效性。

案例 1-7　陕西师范大学 2021 年度内部控制工作要点

一、固本强基，优化内控环境

以学校机构和新一轮干部换届调整为契机，以建立“分事行权、分岗设权、分级授权、定期轮岗”的权力制衡机制为方向，会同组织人事部门，积极推进组织机构、运行机制的“撤、并、立”整合，提升关键岗位与人员的匹配度；规范部门领导班子分工、部门委员会设置，推进管理、决策科学化、民主化、法治化；建立部门职责清单、部门内设机构职责清单、岗位职责清单和内部轮岗制度，健全决策、执行、监督交互制衡的全过程管控体系。

二、查漏补缺，完善制度体系

坚持问题导向，针对政治巡视和经济责任审计提出的问题，逐条梳理短板漏项，下大力气推进收入分配、票据管理、合同管理、财务二级监管、基建工程变更以及修缮工程管理等规章制度建设，切实有效堵塞风险漏洞。编制《陕西师范大学内部控制制度汇编》（第二版），优化《财务管理内部控制手册》和《陕西师范大学内部控制岗位职责手册》，形成经济业务全覆盖、制度流程全覆盖和岗位职责全覆盖的内部控制管理体系。

三、纵深推进，延长内控“触角”

全面落实《陕西师范大学二级核算单位内部控制建设方案》，统筹二级单位制度、流程、岗位职责和信息化管理顶层设计，对事业、企业及非盈利性质单位进行分类指导，分阶段稳妥推进二级单位的内部控制建设，逐步形成纵向到底、横向到边的内部控制格局，努力实现学校经济活动全过程、全方位、全员控制的“三全”控制目标。

四、狠抓重点，紧盯“要害部位”

以防范重大风险和解决突出问题为导向，紧盯重点部门和核心控制环节，建立重点部门内部控制清单，突出优化核心控制，在对核心控制风险进行定性和定量相结合评价的基础上，建立重点部门内部控制重大缺陷“台账”。聚焦重大缺陷，重点突破，逐项整改，“销号”处理，让内控真正成为防止错弊的“规”和“矩”，发现问题的“显微镜”和“放大镜”，整改问题的“鞭”和“尺”，切实防范和化解廉政风险和经济业务风险，进一步提高内部控制效率和效果。

五、补齐短板，规范合同管理

进一步梳理合同管理中存在的问题，以学校机构改革为契机，推动党委校长办公室制定合同管理办法和部门业务合同管理细则。制订各类合同标准规范文本并推广使用，加强重大合同合法合规性审核，努力构建“统一授权、归口管理、分类负责”的合同管理机制，防范合同管理风险，保护学校合法权益，保障学校各项事业健康发展。

六、防腐堵漏，健全监督机制

一是强化全覆盖、全过程、全方位经费支出监控。协助财务处制定《陕西师范大学财务稽核管理办法》，明确稽查范围、职责、内容、程序等；以“资金监控大数据信息系统”为抓手，建立大数据监控规则策略和财务审查信息联动机制，利用系统对财务报销数据的自动筛查功能，实现对关联方交易、连号发票拆分、违规使用专项经费等异常报销实时预警拦截。

二是创新“以评价为抓手”的监督机制。坚持“以评促建”原则，采取综合评价、专项评价、嵌入式评价相结合，内控建设和审计评价相融合的方式，将监督检查和自我评价作为内控机制得以有效实施的重要保障，聚焦重点业务、关键岗位、高风险领域，强化内控风险评估、执行自查和专项评价，有效推进以制度管人，按流程规范办事，杜绝制度与执行“两张皮”的现象，提升内部控制适应性、有效性和执行力。

七、蹄疾步稳，推动“业”“控”融合

坚定不移走“管理制度化、制度流程化、流程信息化”的内部控制建设之路。以各部门已经建成的经济活动管理信息系统为基础，与相关负责人进行充分的沟通协商，借助信息化建设与管理处（网络与信息安全办公室）的技术支持，在现有系统中嵌入内部控制审批流程、审批节点和审批权限。发挥信息化建设与管理处（网络与信息安全办公室）对学校网络信息管理的主导作用，督促其制定《陕西师范大学教育数据管理办法》，建立学校数据治理工作机制和管理框架；依托数据交换平台和数据管理中心，拓展数据共享和应用的广度和深度，稳妥推动预算、收支、资产、采购、科研、人事、教务等业务管理信息系统间的数据交互、提取、应用。根除业务管理系统与内部控制体系“两张皮”和“信息孤岛”现象，实现业务管理与内部控制有效融合，提升学校治理体系和治理能力现代化水平。

三、小企业内部控制规范

为贯彻落实党中央、国务院关于“稳增长、促改革、调结构、惠民生、防风险”的有关要求，引导和推动小企业加强内部控制建设，提升经营管理水平和风险防范能力，促进小企业健康可持续发展，财政部于 2017 年 6 月制定并颁布了《小企业内部控制规范（试行）》，并要求各小企业参照执行。

在内部控制建立与实施方面，《小企业内部控制规范（试行）》主要明确了小企业内部控制建立与实施工作的总体要求，风险评估的对象、方法、内容、方式、频率，特别说明了小企业常见的风险类别、常用的风险应对策略，明确了小企业建立内部控制的重点领域、常见的内部控制措施、内部控制实施的基本要求、内部控制与现有企业管理体系的关系、内外部信息沟通方式、人员培训和控制措施的更新优化等内容。

在内部控制监督方面，《小企业内部控制规范（试行）》主要明确了小企业内部控制的监督机制，包括实施监督的方式、监督人员要求、日常监督的重点、内部控制存在的问题及整改、定期评价频率、内部控制报告、监督与评价结果的使用等内容。

对于《小企业内部控制规范（试行）》与《基本规范》及其配套指引的关系，财政部会计司有关负责人表示，《基本规范》规定了企业内部控制的定义、目标、原则、要素、基本框架和主要内容，是企业内部控制领域的“母法”；《小企业内部控制规范（试行）》依据《基本规范》制定而成，是《基本规范》在小企业范围内的具体规范。遵循“从高不就低”的原则，已经执行《基本规范》及其配套指引的上市公司、大中型企业和小企业，不得转为执行本《小企业内部控制规范（试行）》。

上述负责人表示，《小企业内部控制规范（试行）》主要定位于符合工业和信息化部等四部委印发的《中小企业划型标准规定》的非上市小企业，是广大非上市小企业开展内部控制建设的指南和参考性标准，由小企业自愿选择采用，不要求强制执行。

《小企业内部控制规范（试行）》

2021 年 4 月 8 日，财政部、证监会发布《关于深交所主板与中小板合并后原中小板上市公司实施企业内部控制规范体系的通知》。通知要求，原中小板上市公司应当于 2022 年 1 月 1 日起全面实施企业内部控制规范体系，并在披露 2022 年公司年报的同时，披露公司内部控制评价报告以及财务报告内部控制审计报告。

本章习题

一、单项选择题

1. 内部控制的现实意义不包括（　　）。

A. 实施内部控制有助于提升企业管理水平

B. 实施内部控制有助于降低企业的经营成本

C. 实施内部控制有助于提高企业的风险防御能力

D. 实施内部控制有助于维护社会公众的利益

2. 内部控制概念的起源是（　　）。

A. 科学管理　　B. 内部牵制　　C. 内部审计　　D. 管理控制

3. 将内部控制人为地划分为会计控制和管理控制的阶段是(　　)。

A. 内部控制整合框架阶段　　B. 内部控制系统阶段

C. 内部控制结构阶段　　D. 企业风险管理整合框架阶段

4. 在COSO《内部控制——整合框架》中,没有纳入内部控制目标的是(　　)。

A. 战略目标　　B. 运营目标　　C. 财务报告目标　　D. 合规目标

5. 依据《企业风险管理——整合框架》的内容,下面有关内部控制的说法错误的是(　　)。

A. 内部控制的思想是以风险为导向的控制

B. 内部控制是控制的一个过程,这个过程需要全面的参与,但不包括员工

C. 内部控制是一种管理,是对风险的管理

D. 内部控制是一种合理保证

6. 以下各项中,堪称内部控制发展史上里程碑的是(　　)。

A. 中国发布的《企业会计准则》

B. 中国发布的《企业内部控制配套指引》

C. COSO委员会提出的《内部控制——整合框架》

D. 美国AICPA发布的《审计程序说明》

7. 2002年美国国会通过的《萨班斯-奥克斯利法案》第404条款(SOX 404)及相关规则采用的是(　　)。

A. 内部控制体系　　B. 内部控制结构

C. 内部控制整合框架　　D. 企业风险管理整合框架

8. 从观念的发展上来看,与内部控制整合框架相比,企业风险管理框架提出了一个新的观念,即(　　)。

A. 风险控制观　　B. 风险组合观　　C. 风险转移观　　D. 风险分担观

9. 关于我国企业内部控制规范的框架体系,下列说法错误的是(　　)。

A. 我国目前企业内部控制规范框架是由基本规范、应用指引、评价指引和审计指引四部分组成

B. 内部控制应用指引是内部控制体系的最高层次,起统驭作用

C. 内部控制评价指引是为企业管理层对本企业内部控制有效性进行自我评价提供的指引

D. 内部控制审计指引是注册会计师和会计师事务所执行内部控制审计业务的执业准则

10. 关于企业内部控制应用指引,下列说法错误的是(　　)。

A. 内部控制应用指引由三大类组成,即内部环境类指引、控制业务类指引、控制手段类指引

B. 内部环境是企业实施内部控制的基础,包括组织架构、发展战略、人力资源、社会责任和企业文化等

C. 控制业务类应用指引是对各项具体业务活动实施的控制,此类指引包括资金活动、采购业务、资产管理等

D. 控制手段类应用指引偏重于"工具"性质,往往涉及企业整体业务或管理,此类指引包括担保业务、业务外包等

二、多项选择题

1. 内部控制的现实价值主要包括(　　　)。

A. 实施内部控制有助于维护社会公众利益

B. 实施内部控制有助于为企业增加利润

C. 实施内部控制有助于提高企业的风险防御能力

D. 实施内部控制有助于提升企业管理水平

2. 内部控制的实施者包括(　　　)。

A. 董事会　　B. 基层管理者　　C. 总经理　　D. 普通员工

3. 下列有关企业内部控制的表述中,不正确的有(　　　)。

A. 内部控制是由企业的董事会实施的

B. 有效的内部控制可以绝对保证控制目标的实现

C. 内部控制不仅仅是制度和手册,而是渗透到企业活动之中的一系列行为

D. 内部控制是一个过程,且应当根据内外环境的变化做出适时调整

4. 以下对内部控制的理解错误的是(　　　)。

A. 内部控制只有对上市公司来说是必需的

B. 内部控制就是单纯的内部会计控制

C. 内部控制就是内部牵制

D. 内部控制制定后,可以一成不变

5. 有关内部控制的历史演进,下列说法正确的是(　　　)。

A. 内部控制理论与实践的发展大体上经历了五个不同的阶段,目前处于企业风险管理阶段

B. 内部控制的第二阶段为内部控制系统阶段,该阶段将内部控制一分为二,由此内部控制进入"制度二分法"或二要素阶段

C. 1992 年 COSO 发布了著名的《内部控制——整合框架》提出了一个概念、三项目标和五种要素

D.《企业风险管理——整合框架》晚于《内部控制——整合框架》产生,目前已经替代了后者

6.《内部控制——整合框架》中提出的内部控制目标包括(　　　)。

A. 战略目标　　B. 经营目标　　C. 报告目标　　D. 合规目标

7. 下列有关企业内部控制的表述中,正确的有(　　　)。

A. 内部控制是一个过程

B. 内部控制是由企业的董事会和管理层实施的

C. 有效的内部控制可以绝对保证控制目标的实现

D. 内部控制不仅仅是制度和手册,而是渗透到企业活动之中的一系列行为

8. 相对《内部控制——整合框架》,企业风险管理框架的创新在于(　　　)。

A. 新提出了一个更具管理意义和管理层次的战略管理目标,同时还扩大了报告的范畴

B. 增加了目标设定、风险识别和风险应对三个管理要素

C. 对内部控制提出了一个迄今为止最为权威的定义

D. 提出了两个新概念——风险偏好和风险容忍度

9. 企业风险管理框架除了包括内部控制整合框架中的五个要素外，还增加多个要素，它们是(　　)。

A. 目标设定　　B. 事项识别　　C. 风险分析　　D. 风险应对

10. 中国企业内部控制规范体系包括(　　)。

A. 企业内部控制应用指引　　B. 企业内部控制评价指引

C. 企业内部控制监督指引　　D. 企业内部控制基本规范

三、判断题

1. 内部控制制度仅能用来防控风险。(　　)

2. 内部控制系统阶段是内部控制发展的第一阶段。(　　)

3. 内部控制二要素阶段是内部控制结构阶段。(　　)

4. 内部控制整合框架阶段中明确了内部控制的五个构成要素，这五个要素分别为内部环境、风险评估、控制活动、信息与沟通和监督。(　　)

5. 风险偏好和风险容忍度是在内部控制整合框架中提出来的。(　　)

6. 1992 年内部控制整合框架提出内部控制的三项目标是经营目标、战略目标和合规目标。(　　)

7. 2013 年 5 月，COSO 更新了《内部控制——整合框架》(1992)，对原框架的许多重要原则和概念进行了改进与优化。(　　)

8. COSO 和 ERM 两个框架都采用了要素加原则的写法，但 ERM 框架是对 COSO 框架的改进，且最终将取代 COSO 框架。(　　)

9. 2004 年 9 月，COSO 发布了 ERM 框架，与原 COSO 发布的内部控制框架相比，其显著变化是将内部控制上升至全面风险管理的高度来认识。(　　)

10. 企业内部控制应用指引、评价指引和审计指引之间既相互独立，又相互联系，形成一个有机整体。(　　)

四、简答题

1. 分析内部控制的价值。

2. 说明内部控制的历史演进每个阶段的主要贡献。

3. 简述 1992 年版的《内部控制——整合框架》的主要内容。

4. 简述《企业风险管理——整合框架》与《内部控制——整合框架》之前的联系与区别。

5. 简要概括我国内部控制规范体系。

6. 说明我国企业内部控制规范体系的整体框架。

7. 简述我国新颁布的《企业内部控制基本规范》的基本框架与具体内容。

五、案例分析题

1. A 集团公司是一家制造业企业，集团领导非常重视内部审计工作，专门在集团财务部下设了审计处，每年对下属子公司都要进行例行审计。审计处在 2022 年对 B 子公司进行例行审计时发现，该子公司 2020 年建设的一栋研发中心办公楼存在问题。该研发中心办公楼预算投资 1 000 万元人民币，实际投入 1 400 万元，且投入使用后出现了严重质量问题。经调查，该栋办公楼系 2020 年 3 月由研发中心提出申请，并组织专家进行了可行性论证，最后是由B子公司董事长龚某审批决定的，同时董事长龚某授权由研发中心主任刘某具体负责工程项目的实施和工程款支付的审批。随后，刘某私自决定将工程交由某建筑公司承建。在工程完工后，由刘某组织研究中心相关人员办理了竣工验收手续，由财务部门根据研发中心提交的验收资料全额向建筑公司支付了工程款。

要求：阅读上述案例材料，从内部控制的角度分析A集团公司和B子公司哪些做法违背了内部牵制理念，并提出相应的改进建议。

2. 甲公司为深交所一家中小企业板上市公司，自2022年1月1日起全面实施《企业内部控制基本规范》及其配套指引，甲公司就此制定了内部控制规范体系实施工作方案。该方案要点如下：

(1) 工作目标，通过实施内部控制规范体系，进一步提升公司治理水平和风险管控能力，合理保证公司经营管理合法合规、资产安全、财务报告及相关信息真实完整，提高经营效率和效果，促进公司实现发展战略。

(2) 组织领导。董事会对内部控制的建立健全和有效实施负责，对内部控制建设中的重大问题做出决策。经理层负责组织领导公司内部控制的日常营运行，确定公司最大风险承受度，并对职能部门和业务单元实施内部控制体系进行指导。公司设置内部控制专职机构，负责制定内部控制手册并经批准后组织落实。

(3) 工作安排，内部控制规范体系建设工作分阶段进行：第一阶段，梳理业务流程，公司严格按照《企业内部控制基本规范》及其配套指引的要求进行“对标”，认真梳理现行管理制度和业务流程；对配套指引未涵盖的业务领域，不纳入本公司实施内部控制规范体系的范围，不再进行相关管理制度和业务流程梳理。第二阶段，开展风险评估，公司根据战略规划和发展目标，组织开展风险评估工作，识别和分析经营管理过程中的各种内部风险，制定风险应对策略并实施相应的控制活动。第三阶段，组织内部控制试运行，公司通过深入宣传和加强培训等手段，在全公司范围内组织开展内部控制试运行工作。第四阶段，在内部控制正式运行的基础上，开展内部控制自我评价。

(4) 控制重点，公司根据业务特点和发展实际，在梳理业务流程和开展风险评估的基础上。拟重点对研发业务、资金活动和合同管理，有针对性地实施控制。一是规范研发项目审批流程，重大研发项目由总经理办公会审议通过后实施。二是严格对现金和银行存款的管理，指定一人对办理资金业务的相关印章和票据进行集中管理。三是加强合同纠纷管理，合同纠纷经协商一致的，应与对方当事人签订书面协议；合同纠纷经协商无法解决的，应根据合同约定选择仲裁或诉讼方式解决。

(5) 自我评价，公司授权内部审计部门作为内部控制评价部门，负责内部控制评价的具体组织实施工作。内部审计部门根据公司实际情况和管理要求，制定科学合理的评价工作方案，报经理层批准后实施。

(6) 外部审计，公司拟聘用A会计师事务所为公司2013年内部控制自我评价工作提供咨询服务；同时，委托该会计师事务所提供内部控制审计服务。A会计师事务所的咨询部门和审计部门相互独立，各自提供服务，人员不交叉混用。

要求：根据《企业内部控制基本规范》及其配套指引的要求，逐项分析判断甲公司(1)至(6)项内容是否存在不当之处；对存在不当之处的，分别指出不当之处，并说明理由。

第二章

内部控制原理

学习目标

1. 知识目标：理解内部控制的定义；理解内部控制的本质。

2. 技能目标：理解并掌握内部控制的原则、内涵及作用；理解并掌握内部控制的要素定义及作用；理解并掌握内部控制的局限性。

3. 思政目标：剖析经典案例，深刻体会“中国特色”的内部控制制度建设，积极培育和践行社会主义核心价值观；比较《企业内部控制基本规范》与COSO报告在内部控制目标方面的异同，塑造创新思维，坚定四个自信；把握内部控制不同要素的功能作用及相互关系，领会马克思主义唯物辩证法中关于普遍联系的观点；学习内部控制局限性，感悟辩证思维。

引例

华为的内部控制①

华为的另一个变革项目——内控体系建设，经过数年的努力，如今已走出了迷雾。

2007年，内控管理作为IFS的子项目，开启了从零起步的变革大门。十年磨一剑，如今，我们的内控意识、内控机制、内控能力已浸入各个业务活动之中，业务在哪儿，内控就在哪儿，形成了以“流程责任和组织责任”为基础的全球内控管理体系。

内控推行之初，财经被视为业务的对立面，内控目的似乎就是为了阻止业务快速通过。在混沌和迷茫中，我们渐渐找准了自己的定位，提出“内控价值要体现在经营结果改善上”的管理目标，并沿着这个目标把内控工作揉细了、掰碎了，一个一个区域、一个一个组织逐个讲解、逐个沟通、逐个松土，逐个确定本领域、本组织的内控工作目标。有了目标，就要承诺；有了承诺，就要实现；内控管理在经营活动中渐渐地扎了根、发出了芽，一线团队也渐渐接受了内控概念，愿意沿着内控的管理要求展开作业。

M代表处内控团队推行自动化验收、开票与核销系统，以提升OTC流程的作业质

① 孟晚舟：《“却顾所来径，苍苍横翠微”2017年新年致辞》，《价值为纲》代序，中信出版社，2017年，有删节。

量，使得开票时间从 80 分钟缩短至 10 分钟，客户拒票率下降 98%。

L 代表处内控团队同样聚焦 OTC 流程改进，针对业务实际痛点，他们选择的主攻方向是 PO 与客户自动对接，项目实施后，当年减少 3 200 万美元的应收账款差异和 1 100 万美元的退货损失。

这些都是内控机制"润物细无声"的运行过程中，实实在在带来的经营收益。当庞大机器运转之时，内控既是润滑剂，又是制动器。改善经营、优化作业，我们是润滑剂；分权制衡、数据透明，我们是制动器。有效的内控管理，为"积极授权、有效行权"提供了制度性的保障。让听得见炮火的组织，敢于行权、积极行权；让看得见全局的组织，合理授权、有效控制；这才是我们想要的管理和控制机制。内控机制的真正受益者是公司的各级作业组织，权力更多、责任更大、边界更清，每个组织都能在自己的权责边界内活得精彩、活得滋润。

这是华为 CFO 孟晚舟眼中的华为内部控制，从她的描述中，我们既可以感受到华为内部控制从无到有的建设过程，也可以感受到华为对内部控制的认识从存在误区到准确把握的转变过程。那么究竟什么是内部控制？应该如何掌握内部控制的本质？内部控制是否存在局限性？如果存在，体现在哪几个方面？通过本章的学习，可以为你解答这些疑问。

第一节　内部控制定义

我国对于内部控制的定义可谓是几经变迁。从 21 世纪初财政部颁布的《内部会计控制规范——基本规范(试行)》，到上交所和深交所分别发布的《上海证券交易所内部控制指引》和《深圳证券交易所内部控制指引》，直到《企业内部控制基本规范》的制定颁布，对于内部控制的定义也经历了由无到有、范围逐步扩大、科学严谨性逐步提升的发展过程。最早的内部控制定义仅仅局限于会计控制，而现在的内部控制则是完整的内部控制概念。根据《企业内部控制基本规范》的解释，"内部控制是由企业董事会、监事会、经理层和全体员工实施的、旨在实现控制目标的过程"。对于这一定义，可从以下三个方面进行理解。

一、内部控制是一种全员控制

内部控制是一种全员控制，即内部控制强调全员参与，人人有责。内部控制的主体属于企业的内部人员，包括企业的各级管理层和全体员工，上至董事长，下至基层员工，人人都应该成为内部控制的主体，都应当强化风险意识，以主人翁的姿态积极参与内部控制的建立与实施，并主动承担相应的责任，而不是被动地遵守内部控制的相关规定。

根据《企业内部控制基本规范》的规定，企业应当建立由董事会、监事会、高级管理层、内控管理职能部门、内部审计部门、业务部门组成的分工合理、职责明确、报告关系清晰的内部控制治理和组织架构。具体分工如下：董事会负责内部控制的建立健全和有效实施，其中董事长是内控体系监管工作第一责任人，负责组织领导建立健全覆盖各业务领域、部门、岗位，涵盖各级子企业全面有效的内控体系；监事会对董事会建立和实施内部控制进行监督；经理层负责组织领导企业内部控制的日常运行。企业应当在董事会下设立审计委员会，负责审查企业内部控制，监督内部控制的有效实施和内部控制自我评价情况，协调内部控制审计及其他相关事宜等。企业应当成立专门机构或者指定适当的机构具体负责组织协调内部控制的建立实施及日常工作。企业内部审计机构应当结合内部审计监督，对内部控制的有效性进行监督检查。企业业务部门，即除内部审计部门和内控管理职能部门外的其他部门，负责参与制定与自身职责相关的内部控制制度，并负责严格执行和监督检查。这就形成了上至董事会、下至全体员工全员参与的内部控制组织体系网络，如图 2-1 所示。

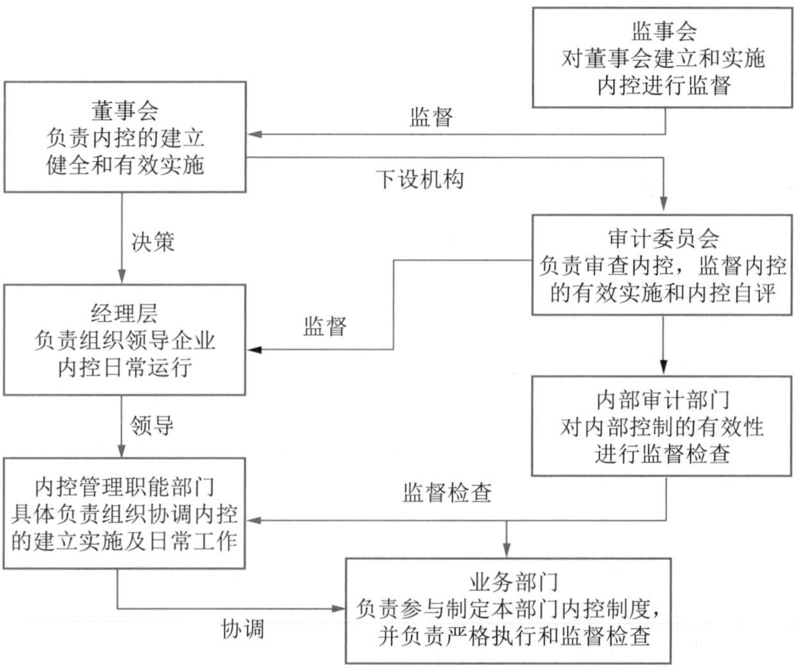

图 2-1　企业内部控制组织体系网络

思政课堂 2-1　中海油打好治理提升“组合拳”，保障公司高质量发展落地①

中国海洋石油集团有限公司（以下简称中国海油）成立于 1982 年，是我国最大的海上油气生产商。作为我国首个“海上特区”和全方位对外开放的“工业特行”，经过 40 年不懈奋斗，中国海油连续 18 年获评中央企业经营业绩考核 A 级，在 2022 年《财富》世界 500 强中排名第 65 位，2020 年以来连续两年在普氏能源公布的“全球能源企业 250 强”排名中位列前十。

中国海油深入学习贯彻习近平总书记在全国国企党建会上的重要讲话精神，坚持加强党的领导与完善公司治理有机统一，加快构建与高质量发展要求相适应、具有中国海

① 引自国务院国资委官网 2022 年 11 月 25 日报道《中央企业高质量发展报告（2022）企业子报告六：坚持改革创新　矢志能源报国　全力推动海洋石油工业高质量发展》，作者：中国海洋石油集团有限公司，http://www.sasac.gov.cn/n2588020/n2877938/n2879671/n2879673/c26548441/content.html。

油特点的治理体系和治理能力，公司发展动力活力和治理效能得到显著提升，获评国务院国资委国有企业公司治理示范企业。

其中经验之一就是坚持“中国特色”，建立现代企业治理体系。在完善公司治理中加强党的领导，修订完善“一章、两制、八规则、四清单”，厘清各治理主体的权责边界、决策程序和运行规则。严格落实党组前置审议程序，推进战略型、规范型、监督型“三型”董事会建设，推动重要子企业全面落实6项职权，实现子企业董事会应建尽建和外部董事占多数。公司紧贴海洋石油工业高风险、高投入行业特性，着力构建“1＋3＋N”风控体系，即建立落实董事会风控职责的一套体系，筑牢业务部门专业把关、风控部门体系审查、监督部门职能监督三道防线，强化投资、资金、安全、采办、海外等重点领域全面风险管理。近年来，公司没有出现重大投资失误和重大经营性亏损，保持了稳健发展的良好态势。

二、内部控制是一种全面控制

内部控制是一种全面控制，是指内部控制要涵盖企业所有的业务和事项，而且还要体现多重控制目标的要求。内部控制的建立与实施是有目的的，即实现控制目标。《企业内部控制基本规范》第三条规定，内部控制的目标是合理保证企业经营管理合法合规、资产安全、财务报告及相关信息真实完整，提高经营效率和效果，促进企业实现发展战略。企业设计的内部控制活动和流程要充分防范和控制任何影响以上五个目标实现的风险，并为以上目标的实现提供合理保证，而不能仅仅局限于财务报告风险。也就是说，内部控制既不等同于会计控制、财务报告内部控制，也不等同于财务控制、管理控制，而是一种为实现多重目标而实施的全面控制。

应当特别说明的是，内部控制只能为控制目标的实现提供“合理保证”，而不是“绝对保证”，这是因为企业目标的实现除了受到企业自身因素的限制以外，还会受到外部环境的影响，而内部控制无法作用于外部环境；而且，内部控制本身也存在一定的局限性，使得其不可能为企业控制目标的实现提供“绝对保证”。内部控制的局限性将在本章第三节进行介绍。

案例 2-1　温氏股份《内部控制基本制度》中有关内部控制目标的规定

温氏食品集团股份有限公司（简称“温氏股份”），创立于1983年，现已发展成一家以畜禽养殖为主业、配套相关业务的跨地区现代农牧企业集团。2015年11月2日，温氏股份在深交所挂牌上市（股票代码：300498）。温氏股份始终坚持以“精诚合作，齐创美满生活”为企业文化的核心理念，与股东、员工及各方合作伙伴一道精诚合作，为推进中国农业产业化做出应有的贡献。2022年温氏股份在深交所官网公布了其《内部控制基本制度》，其中第三条规定了公司的内部控制制度主要达到以下目标：

1. 建立和完善符合现代企业制度要求的内部组织结构，形成科学的决策、执行和监督机制，逐步实现权责明确、管理科学；

2. 保证国家法律、公司内部规章制度及公司经营方针的贯彻落实；

3. 保证所有业务活动均按照适当的授权进行，促使公司的经营管理活动协调、有序、高效运行；

4. 保证对资产的记录和接触、处理均经过适当的授权，确保资产的安全和完整并有效发挥作用，防止毁损、浪费、盗窃并降低减值损失；

5. 保证所有的经济事项真实、完整地反映，使会计报告的编制符合《会计法》和《企业会计准则》等有关规定；

6. 防止、发现和纠正错误与舞弊，保证账面资产与实物资产核对相符。

三、内部控制是一种全程控制

内部控制是一种全程控制，是指内部控制是一个完整的全过程控制体系。从微观视角看，一项业务的控制不仅仅包括事前控制，还应该包括事中控制和事后控制；从宏观视角看，内部控制制度实施过程不仅仅包括制度设计阶段，还应该包括制度执行阶段与制度监督评价阶段。它们环环相扣，彼此配合，相互支持，共同构成了一个完整的内部控制流程体系。

内部控制的全程控制通常以流程为主要手段，包含流程的设计、执行和监督评价，但又不仅仅局限于流程。流程本身就包含着过程控制的思想，流程的设计是前提和基础，流程的实施是核心，对流程的监督是关键。如果说全面控制是从横向角度为企业实现控制目标搭起了一道无形的网，那么全程控制则是从纵向角度为企业防范和管理风险架起了一堵牢固的墙。

思政课堂 2-2　这个 90 后倒在 150 多个微信红包上①

近年来，随着海南省琼海市房地产的迅速发展，当地房管局业务量陡增，成为备受关注的权力部门。陈霄是琼海市房管局一名“90 后”合同制聘用人员，在市房管局工作期间，负责为房产买卖客户开具“无房证明”和“满五唯一证明”等房产税收减免证明材料。虽然只是聘用人员，但由于没有规范的报批手续，从窗口受理审核、出具证明材料再到证明留底存档全过程都缺乏监管，使得陈霄在“出具房产税收减免证明”这项工作中拥有近乎绝对权力，可以说是“一人当家”。

一般办理证明需要数个工作日，一些房地产中介公司老板为了缩短业务办理时间，盯上了陈霄手中的“权力”，通过发微信红包、转账的方式，请陈霄加快办理证明过程。“以为党纪国法约束的是领导干部，我既不是中共党员，也不是公务员，像我这种‘小人物’没人管。”陈霄说。正是有了这些错误想法，陈霄才有恃无恐，最终越陷越深、无法自拔。从刚开始小心翼翼地接受房产中介客户经理一两百元的微信红包，到后来胆子越来越大，贪欲也越来越强：不管是微信转账、银行转账还是直接给现金，他都敢接；不管是化整为零分批送、还是一次性送一两万元，他都来者不拒。据统计，3 年的时间里，他通过各种方式收受他人财物 29.35 万元，其中仅收受管理服务对象微信红包、微信转账就多达 150 余次。

① 节选自詹君峰、易修呈：《通报背后｜这个 90 后倒在 150 多个微信红包上》，中央纪委国家监委网站，2019-07-11，https://www.ccdi.gov.cn/specialn/jdbg3/qb_bgt/sfjds_jdbg3/201907/t20190711_155541.html。

陈霄虽然不是中共党员，也不是公务员，但他属于监察对象，在监察法管辖范围。2018 年 6 月，琼海市监委对陈霄采取留置措施。其后，陈霄违法所得被追缴，涉嫌受贿问题移送检察院提起公诉，市房管局解除与陈霄的劳动合同。2018 年 10 月，陈霄被依法判处有期徒刑三年，缓期四年执行，并处罚金 20 万元。

针对陈霄案暴露出的房管局在业务流程上的漏洞和队伍建设、制度建设等方面存在的问题，琼海市监委向房管局下发监察建议书，要求其对业务窗口人员权力相对集中、管理松散、警示教育不到位等问题严肃整治，加强教育、监督和管理，及时建章立制、堵塞漏洞。

以上是从不同角度对内部控制的理解。内部控制的定义在内部控制概念框架中处于基础地位，是内部控制目标、原则、要素等的理论依据和逻辑起点，也是企业设计和执行内部控制的最基本的要求。只有真正做到了全员控制、全面控制和全程控制，内部控制的设计才不会出现盲点，内部控制的执行才会合理有效，内部控制的作用才能真正发挥。

第二节　内部控制本质

企业内部控制的本质与企业组织关系有着密不可分的联系。在企业组织关系中，企业组织的运行会形成科层等级关系，及同一科层各环节之间的平等契约关系。企业组织关系中存在的平等契约关系和科层等级关系决定了企业内部控制的制衡与监督本质。从平等契约的横向关系来看，完成某个环节的工作需有来自彼此独立的两个部门或人员协调运作、相互监督、相互制约、相互证明；从科层等级的纵向关系来看，完成某个工作需经过互不隶属的两个或两个以上的岗位和环节，以使下级受上级监督，上级受下级牵制。只有经过横向关系和纵向关系的核查和制约，才能使发生的错弊减少到较低限度，或者即使发生问题，也易尽早发现，便于及时纠正。因此，只有从制衡、监督与激励三个方面全面理解内部控制，才能真正把握内部控制的本质①。

一、制衡

制衡最开始源于商鞅的“法者，国之权衡也”，是指两方或以上形成一种相互制约，但保持相对平衡的状态。制衡是内部牵制的核心构念与机制。随着内部控制的发展，内部控制的概念范畴早已脱离了内部牵制这一原始形态，其职能边界也在不断延伸，但制衡机制却一直被作为内部控制的核心机制与本质属性之一，广泛地应用于企业各个发展阶段以及各个层级的控制活动之中。以企业组织关系的设立关系以及同一科层的供应链或需求链关系为基础所形成的企业内部控制的本质是制衡。制衡发生在权力平等的场合或者只有在一个平行层次的不同权利主体之间。企业在制定内部控制制度时要体现制衡的本质，即在治理结

① 关于内部控制的制衡与监督本质的阐述，可详见谢志华教授发表在《会计研究》2009 年第 12 期上的论文《内部控制：本质与结构》。

构、机构设置及权责分配、业务流程等方面形成相互制约、相互监督的机制，从而有效保障内部控制目标的实现。

案例2-2　3亿元不翼而飞　蓝丰生化亡羊补牢①

一场普通的车祸，令公司出纳在长达5年时间中挪用公司1 300万元资金一事东窗事发。2017年7月，徐州下辖的新沂市发生一起车祸。一位男子驾驶哈雷摩托高速冲出车道，重重地摔在路边，造成全身多处骨折。事后查明，该男子为蓝丰生化的出纳王某。

王某长期住院治疗，其工作被蓝丰生化另一名员工接替。在银行对账的过程中，蓝丰生化发现，王某存在通过扣留每个月的部分银行利息，挪用公司资金的行为。进一步调查发现，王某这种“蚂蚁搬家”的行为，竟然已持续5年时间，涉案金额约1 300万元。

知情人士向中国证券报记者透露，王某2011年入职公司后，2012年便开始挪用公司资金。刚开始时，王某会及时把钱还回。之后胆子越来越大，将生育补助之类的款项直接划走。到了2017年，王某甚至直接挂账。2016年，蓝丰生化曾产生过怀疑，但调查之后无果而终。

据了解，自2017年8月王某东窗事发，相关高管一直为是否报案而争论不休。直到今年1月29日，蓝丰生化才正式向公安机关报案。这起离奇的挪用资金案才得以浮出水面。在1 300万元被挪用的案件中，公司的付款制单和付款审核经均由王某一人掌控。同时，两枚银行印鉴均由王某一人保管，完全违背了财务制度方面不相容职务相互分离的原则。

1 300万元资金挪用事件发生后，蓝丰科技进行了两项整改：一是公司财务部门严格落实不相容职务相互分离原则，形成岗位相互制衡机制。付款制单和付款审核网银操作由两人分开执行；银行印鉴由两人分开保管、授权使用；开具支票须经过财务部部长签字同意。二是安排专岗专人负责银行对账单与公司银行日记账的稽核，月终编制银行存款余额调节表，由稽核会计和财务部长签字确认。

二、监督

与制衡一样，内部控制的监督本质也是由企业的组织结构特征决定的。企业组织在运行时会形成科层的等级关系，依靠科层关系形成的企业内部控制的本质是监督。在科层体系中，高层权力者既是决策人又是监督人，低层执行人既是决策履行人又是被监督者。从决策人与执行人的关系来看，他们表现为委托-代理关系。由于委托人与代理人的目标函数不一致，并且双方又存在信息不对称，就产生了委托-代理问题。委托人既需要充分发挥代理人的专业优势，又期望实现自身的利益最大化，那么唯一的方法就是对代理人实行控制，而代理人私人信息的存在(即信息不对称)则是有效控制的障碍。信息不对称会产生逆向选择和道德风险。为此，企业应当建立健全内部监督制度，明确各相关部门或岗位在内部监督中的职责权限，规定内部监督的程序和要求，对内部控制建立与实施情况进行监督检查。

① 引自《中国证券报》2018年4月10日的报道“3亿元不翼而飞　蓝丰生化亡羊补牢”。作者：任明杰；实习记者：陈澄。

案例 2-3　涉嫌重大贪腐被刑拘　元气森林表态:零容忍①

2023 年 1 月 19 日晚间,元气森林发布内部全员公告,元气森林营销中心原负责人叶礼诚,涉嫌重大贪腐等经济犯罪,近日已被警方依法刑事拘留。元气森林决定对叶礼诚予以开除,并将全力配合警方后续工作。元气森林成立于 2016 年,是一家中国食品饮料企业。近年来,元气森林发展迅猛,据第三方数据公司尼尔森统计,2022 年 1—11 月元气森林在国内水饮厂商整体排名第 12 名。

元气森林首席人力资源官张韫仪回应称:“叶的案件目前已经移交司法机关,案情细节需待司法部门审理后公布。”这已不是元气森林第一次发布反腐内容相关的公告。2022 年 11 月,元气森林就曾发布过关于员工涉嫌贪腐犯罪的内部公告。公告中提到:“员工张某、徐某涉嫌贪腐,在例行的市场稽查、内部审计过程中,被发现贪腐线索,决定移交公安机关处理。公安机关已于近期办理刑事立案,并对张、徐采取强制措施。”

张韫仪称,元气森林对于所有类似触犯“高压线”的行为一贯零容忍,对于涉嫌违法犯罪以及严重违背公司价值观的行为,发现一起处理一起。法律法规是社会行为的底线,价值观则是元气森林职场的准则。无论业务能力多高,资历多厚,商业贡献多大,均一视同仁。

反腐其实也是元气森林持续进行价值观落地与主动进行组织架构优化升级的成果之一。据了解,元气森林于 2022 年初成立了稽查部,对员工在职时和离职后进行审计。“我们部门的职责就是把公司员工的工作状况放在桌面上、阳光下,不给腐败问题产生的土壤和条件,为公司健康发展保驾护航。”元气森林市场稽查部负责人称。

需要说明的是,内部控制制度本身具有一定的局限性,因此仅仅为控制目标的实现提供合理保证,而不是绝对保证。造成内部控制存在固有局限性的因素来自多个方面,比如成本限制、例外事件、越权操作、串通合谋等原因。正因为如此,更需要在不同的组织情境下应用不同的控制机制,并使之相互协调与配合,以求最大限度地降低内部控制局限性带来的负面影响。一方面,仅有监督而没有制衡是不行的,因为没有制衡,监督就难以有效地发挥作用。首先,制衡是解决监督体系中最高权力者无法监督问题的唯一途径,而这一问题不被解决,监督体系有可能完全或部分失灵。监督的特征是必须依靠高层次的权力监督低层次的权力,而最高权力层次可能无人再给予监督。既然不能用再监督的方式,就只能选择制衡的方式,也就是在最高权力层次实行分权而治,形成分权主体之间的相互制约或相互牵制。只有通过分权而治使最高权力主体的运行合理、有效,依科层体系而形成的监督体系才能合理、有效。此外,监督的效率往往也受制于制衡的有效性。在公司企业中各投入要素的主体之间相互制衡,就可以使得各要素主体侵蚀其他要素主体的行为减少,从而可以减少监督的必要。另一方面,制衡作用的充分发挥也离不开监督。在一个相互制衡的体系中,各分权主体对同一事项、行为在分权的前提下,以流程为载体,又把分权而治的事件、行为协同起来,产生期望的整体效应最大化。在这一相互关联的流程运转中,不仅各环节相互制衡,而且信息的公开程度高,各相互制约或牵制的主体之间会因相互的知情权而难以进行侵蚀行为。即

① 节选自中国证券报 2023-1-20 日报道《涉嫌重大贪腐,刑拘!元气森林:零容忍》。

使存在各主体共同的侵蚀行为，也会在监督体系发挥作用时找到破绽。在依科层体系而形成的监督中，所着力解决的是各个层次的群体侵蚀行为。

综上可见，基于科层关系的监督与基于平等关系的制衡相辅相成，互为补充，最终反映为不同组织情境下的两大内部控制本质特征。

思政课堂 2-3　阿里巴巴：坚持公司诚信文化　打造廉正合规体系①

阿里巴巴集团是一家基于电商业务发展起来的综合商业经济体，业务范围涵盖了电商、物流、云计算、投资、娱乐、新零售等众多领域。阿里巴巴能获得如此飞速发展，除了精准把握市场需求，善于不断创新之外，高度重视企业的清廉建设也是其重要秘诀。经过多年来的不懈努力，阿里逐步建立起一套特色鲜明的廉正合规体系。

一、设立高度独立的专业反腐机构

与绝大多数国内民营企业不同，阿里于2012年设立了集团一级部门"廉正合规部"。"廉正"即廉洁正直之意。作为高度独立的专门反腐败机构，廉正合规部专司腐败调查、预防及合规管理，只向集团CPO（首席人力资源官）汇报，与各业务线以及内审、内控部门都保持充分的独立，其职能不受任何业务部门的干预。同时，赋予廉正调查"上不封顶"权限，问责权限是对全体员工一视同仁、上不封顶。廉正合规部自创建至今，从最基层的员工到公司副总裁、业务"功臣"，管理责任最高追至合伙人，没有任何一起案件受到公司高层的干预或阻挠。廉正合规部查办的所有辞退案例，全部在内网论坛中实名公告，自廉正合规部成立以来，从未间断也从未有过例外。阿里每次发布"廉正公告"，均会引起员工乃至外界的热议和好评。

此外，由廉正合规部牵头，联合所有业务线的风险管理团队成立内部虚拟组织"阿里巴巴风险管理联盟"，及时了解各业务线最新的业务发展趋势及廉正风险状况，实现各业务线间风险预警信息共享和反腐协作。在此联盟基础上，逐步构建了全方位渗透的廉正合规传导体系，将廉正合规理念传递到阿里经济体8万名员工，统一公司全生态的合规管理规范。

二、构建技术防腐风险管理模式

作为一家民营的高科技企业，不断增加查处贪腐案件的人力，并不是反腐的上佳选择。而基于互联网公司的行业特性和技术优势，不断进行技术预警能力的提升，才是更有效发现和防范贪腐的最优路径。

2013年以来，阿里总结"聚划算"案件带来的教训，积极尝试将数据化引入廉正风险防控，努力降低人工参与程度，并做到后台业务数据可审计可追踪，压缩腐败空间。2015年开始，公司正式立项探讨利用技术能力反腐的手段，对每个业务场景和操作行为进行风险节点模型控制监测，逐步开始形成基于业务模式和业务系统的违规预警分析机制。截至目前，公司已经在数据安全、"灰黑产"防控、黄牛识别、虚假业绩、利益冲突识别与防范等方面推动了技术能力应用，据此查处的违规案件占比逐年增高。

① 节选自法制网2018-10-09同名报道，http://www.legaldaily.com.cn/integrity-observe/content/2018-10/09/content_7662648.htm?node=70769。

三、探索经济体模式下的廉洁治理路径

一是在业务差异大的公司、集团单设廉正部门(集团廉正实线管理),贴近业务,因地制宜圈定风险地图,制定各自廉正合规管理策略,从而更加有的放矢。

二是修订通用版《商业行为准则》,以此为基本底线,在不降低行为标准前提下,允许各集团、大事业群结合业务特点进行个性化微调。

三是对全体员工年度合规认证考试也实行差异化管理。阿里每年会针对所有员工组织线上的合规认证考试,所有阿里人都必须参加并通过考试,就连创始人马云也不例外。在经济体模式下,允许不同集团、事业群结合业务特色,编写个性化试题加入认证考试题库,开展有针对性的认证考试。

四是将投资并购流程纳入廉正合规的视野与流程,事中加强对合规制度的了解和对标,评估廉洁风险状况;事后视具体情况采取不同的廉正管理对接方案。

五是以全球化视角推动合规落地。廉正部门联合国际法务、海外 HR 团队以及海外组织文化团队,在确保不违背所在国法律、不突破公司文化底线要求的情况下,对具体执行方式进行区别化对待。

四、将文化价值观嵌入到廉政合规体系中

阿里创办至今,业务、人员、管理模式不断发生变化,但始终不变的就是文化价值观。这也是被外界津津乐道的"六脉神剑",即客户第一、团队协作、拥抱变化、诚信、敬业、激情。阿里始终捍卫和坚守这些文化价值观,以诚信文化为核心基础和关键纽带,不断创新组织治理理念和各种举措,构建出整个经济体的廉洁治理机制。

作为公司治理的重要部分,阿里巴巴廉洁治理体系的搭建也是紧扣文化价值观,将诚信文化要求贯穿于合规制度建设、廉正机构设置、反腐防控策略制定、业务决策、管理标准与行动、绩效管理等,并确保传递到整个经济体的每个组织肌体,立志造就一个在全球企业中视诚信文化为最高行动标准的企业品牌。公司高层始终捍卫诚信文化底线,以此向全体员工清晰地传递公司要什么、不要什么。廉正问题上升至公司文化价值观层面,且是组织管理上绩效管理中非常重要的指标之一。

三、激励

内部控制的产生源于要解决委托代理问题带来的弊端,除了通过制衡和监督的方式,还可以采取激励机制解决由于委托人与代理人的目标利益函数不一致引发的逆向选择和道德风险问题,如对经营者实行股票期权或年薪制等。激励机制的作用机理在于通过实施激励计划使代理人与委托人的目标利益函数最大化的趋同,从而将代理人的行为引导至为委托人创造最大化利益的轨道上来,而前面提到的监督和制衡机制的实质是通过约束代理人的行为来保证委托人目标利益实现的。无论如何,激励作为内部控制的本质之一,是由企业的最终目标所决定的。企业的终极目标在于创造价值,为了达成这一目标,必须合理防控一切风险事项和不利因素,并在这一过程中注重效率的提升。监督与制衡也具有风险防控与纠正不当行为的作用,但激励的优越性在于能够激发人们防控风险的主动积极性,从而使得这一过程更有效率,并且恰当的激励还能够在一定程度上减少监督与制衡的必要,从而节约内部控制的实施成本,提高内部控制的灵活性。

企业可以运用物质激励、精神激励、荣誉激励和工作机理等方式进行员工激励，激发员工发挥主观能动性。《企业内部控制基本规范》第八条也做出规定，企业应当建立内部控制实施的激励约束机制，将各责任单位和全体员工实施内部控制的情况纳入绩效考评体系，促进内部控制的有效实施。除了激励机制，企业还可以打造独特的企业文化，使员工对企业产生强烈的成就感和归属感，同样可以起到激励员工价值创造和风险防控的作用。

案例 2-4 身股制度：山西票号的昌盛密码①

以身股制度为核心的山西票号激励制度，可以说是现代股权激励制度的原始萌芽，既成就了清朝晚期百年的金融传奇，也可为构建当下我国银行家激励约束机制提供历史的借鉴。山西票号诞生于清朝道光年间，从初创、兴盛至衰落长达百年之久，是晋商文化的典型代表。山西票号的身股制度主要表现为以下几个特点：

一、银身相异 股份合作制的组织形式

山西票号的组织形式大多为股份制，同时又有自己独有的特色。即在几个财东合股出资的同时，财东与掌柜伙计构成合伙关系，允许掌柜伙计以人力资本入股，但对两者的权利义务关系又加以区分。"出资者为银股，出力者为身股"，银股与身股共同构成股本。银股又称财股，由东家出资作为票号的资本金。身股又称劳股、人力股、"顶身股"，它与银股相区别，持股者凭借人力顶一定数量的股份，不需出资。它的持有者多是票号的从业者，包括大掌柜、各分号掌柜，直到一般伙友，他们以自己的劳绩、业绩的多少作为衡量标准入股。身股和银股的区分，使财东的资本、掌柜的才干和伙计的劳力结合起来，并在中国传统文化和信用道义的基础上得以持久运作，形成了质朴的股份合作形式。

二、两权分离 充分发挥掌柜的经营能力

两权分离指的是在山西票号的经营中，出资者的所有权和经营者的经营权严格地区分，即票号的所有权归属于财东，经营权由掌柜持有。票号掌柜实现了真正意义上的自主经营，这就最大限度地发挥了他们的商业经营管理才能。同时，这种两权分离机制也有效避免了出资财东不懂经营管理的弊端，从而实现了人才的高效利用，为晋商的崛起注入巨大的生机和活力。

三、平等分红 非同寻常的长期激励机制

山西票号施行"资本家出钱，劳动者出力，均有股份，一经获利，平等分配"。这种银身股并重的分红方式，从产权方面打破了长期以来奉行的出资人拥有产权和分红权的传统模式。在新的分配结构中，身股持有者可以不投入资本金就平等参与利润分红。而且随着票号的发展，身股与银股的比例随着票号规模的壮大而增长，到票号发展后期甚至超过了银股。据考证，身股银股的比例达到了 2∶8、3∶7，甚至 4∶6，而到了 20 世纪初，身股积累越来越多以致普遍超过银股。有了这样的长期激励机制，下层伙计和学徒为了多顶身股，会竭尽全力为票号工作，在客观上也缓和了劳资关系，极大增强了票号内部的凝聚力和整个商帮的对外竞争力。

2

① 节选自《中国银行业》2014 年第 9 期同名文章，作者：吴志峰。

四、权责分明　严格的业绩考核机制

票号对各级掌柜和学徒身股份额的增减权责分明，公平公正，以个人能力的强弱和对票号的业绩来作相应的调整。每逢到账期，掌柜要将票号的盈亏向财东汇报，财东则要评定掌柜和伙友的功过，整顿人事，调整身股厘数，并记入“万金账”内。根据号规规定，在账期内，业绩上升给予加股加薪奖励，业绩下滑则减股减薪，甚至还要遭受辞退的惩罚。

五、员工忠诚　文化深厚的用人机制

由于身股不可世袭，票号为了打消顶身股者的后顾之忧，增加员工的忠诚度，在顶身股者身故后，会分发“故身股”慰藉其家属，可以再享受一定时期的分红。同时，为了预防顶身股者的违约，规定顶身股只对在票号效力的员工适用，如果被票号开除，则顶身股也随之取消，由此也加大了票号员工违约跳槽到其他票号的机会成本。

综上所述，可以将内部控制的本质表示为一个简单的公式，即“内部控制＝制衡＋监督＋激励”。内部控制形式上表现为组织的制度安排，但其有效落实最终还是依赖于人，因此根据人性的本质特征来建设内部控制也是实施内部控制的关键所在。人性具有两面性，既有“善”的一面，也有“恶”的一面。要实现组织目标，需要通过制度抑“恶”扬“善”，即一方面需要通过制度抑制人性中“恶”的一面，使之“不能干”“不敢干”“坏事”（指错误和舞弊），这也正是制衡和监督成为内部控制本质的原因所在；另一方面需要通过制度激发人性中“善”的一面，使之“不想干”“坏事”，即体现内部控制“激励”的本质。因此，从人性的角度而言，内部控制有其存在的必要性，内部控制的本质则与人所具有的两面性特征相切合。

第三节　内部控制原则

所谓原则是指处理问题的准绳和规则。要使内部控制达到既定目标，即内部控制有效，就必须在内部控制的建立和实施过程中遵循一定的原则。根据《企业内部控制基本规范》第四条的规定，企业建立与实施内部控制，应当遵循下列原则。

一、全面性原则

全面性原则即内部控制应当贯穿决策、执行和监督全过程，覆盖企业及其所属单位的各种业务和事项。内部控制的建立在层次上应该涵盖企业董事会、管理层和全体员工，在对象上应该覆盖各项业务和管理活动，在流程上应该渗透到决策、执行、监督、反馈等各个环节，避免内部控制出现空白和漏洞。总之，内部控制应该是全程控制、全员控制和全面控制。

持续深化系统建设　全面加强“三重一大”决策运行管理

二、重要性原则

重要性原则即内部控制应当在兼顾全面的基础上突出重点，针对重要业务和事项、高风险领域和环节采取更为严格的控制措施，确保不存在重大缺陷。基于企业资源有限的客观事实，企业在设计内部控制制度时不应平均使用资源，而应该寻找关键控制点，并对关键控制点投入更多的人力、物力和财力，着力防范重大风险。

案例 2-5　中航集团：不断提高一体推进“三不腐”能力水平[①]

中航集团纪检监察组深入学习贯彻党的二十大精神，坚持系统观念，注重在贯通协同上下实功、求实效，积极探索一体推进“三不腐”的“全周期管理”方式，推动各项措施在政策取向上相互配合、在实施过程中相互促进、在工作成效上相得益彰。

集团纪检监察组紧盯客货营销、工程项目招投标、物资采购、资金管理、人员招聘、投资合作、国企改革、航材送修等腐败易发多发领域，每年至少确定 1 个重点领域开展专项监督。在 2022 年集团第二轮内部巡视暨整改评估专项巡视过程中，同步对 8 家二级单位招标和采购工作开展专项监督，对发现的典型问题和风险隐患督促立行立改。

加大重点领域腐败问题线索处置力度，坚持“双月一汇总、季度一督办”，及时召开集中研判会，对重要问题线索开展集中研判，并对进展缓慢的线索和案件组织督办。在精准研判问题线索基础上，严肃查处集团有关人员利用职务之便套取客票退票款、泄露采购重要信息和收受供应商礼品礼金等违规违纪违法案件。

牢牢把握风腐一体问题同根同源的特点，坚持对“四风”问题循线拓面、深挖细查，紧盯公车私用、违规业务招待等违反中央八项规定精神问题，深入 9 家二级单位开展明察暗访，严肃查处有关人员利用组织销售代理人年会和开展推介活动之机套取费用办卡、挂账消费等问题。出台党纪政务处分执行办法，督促各单位做好违法犯罪人员处分处理工作，确保党纪政务处分不“打折”、不“掉档”。

强化对权力运行的制约和监督，推动制度约束常在。集团出台《贯彻落实“三重一大”决策制度实施办法》，明确“三重一大”事项的主要范围、决策权限、决策基本程序、决策落实执行、监督追责等内容；对集团 6 家二级公司和 12 家投资企业开展“三重一大”决策排查整治专项行动，指出制度建设和执行方面存在的主要问题并督促整改。

下一步，中航集团纪检监察组将坚持以习近平新时代中国特色社会主义思想为指导，以彻底自我革命精神打好反腐败斗争攻坚战持久战，把纪律建设摆在更加突出位置，把党的十八大以来不收敛不收手、胆大妄为者作为重中之重，深挖细查、严惩不贷，深化整治集团范围内权力集中、资金密集、资源富集领域的腐败和“靠企吃企”问题，坚决惩治职工群众身边的“蝇贪”，进一步铲除腐败滋生土壤，为集团加快建设世界一流航空运输产业集团提供坚强保障。

三、制衡性原则

内部控制的制衡性原则要求内部控制应当在治理结构、机构设置及权责分配、业务流程等方面形成相互制约、相互监督。任何一项业务活动，一般至少要经过两个互不隶属的部门或岗位，使得两个不同部门或不同岗位之间的工作可以相互检查，相互制约，防止或及早发现错漏或舞弊。需要注意的是，在考虑制衡的同时应防止部门与部门之间、岗位与岗位之间的相互掣肘，避免一味强调互相制衡可能带来的负面效应，尤其注意避免只注重相互制衡而不顾运行效率的机械做法，做到充分制衡的同时兼顾效率。

① 节选自中央纪委国家监委网站 2023 年 1 月 25 日报道《中航集团：不断提高一体推进“三不腐”能力水平》，作者：中航集团纪检监察组，https://www.ccdi.gov.cn/yaowenn/202301/t20230118_242633.html。

案例 2-6　稻盛和夫的双重确认制度[1]

创立京瓷之初，稻盛和夫经常为思考如何经营而彻夜不能寐，最后得出的结论是最重要、最值得重视的就是“人心”。人心易变，最不可靠，但这个世界上最可靠的也是人心。

就是这样，一方面人心具备强大的力量，同时人心也有脆弱的方面，无意中的一念之差，就会让人犯下过错。因此，要贯彻“以心为本的经营”，要保护员工，就要注意到人心脆弱的一面。这是设计“双重确认”制度的初始动机。所以，制定这项制度的背景绝不是什么“人不可信”或“性恶说”。恰恰相反，制度下流淌着的，是对人的关爱之情，是不忍让人犯错的善的信念。

从这个角度讲，公司各种规章制度的意义也正在此：即使有一时贪念，也有制度防范，令人无法犯罪，就不会把一个人逼到犯罪的道路上。这种保护机制越严，对人就是越好的制度；倘若制度走向限制人的经营能动性的方向，失去对人性的尊重，则是制度设计思路上发生了偏差。

从操作角度上讲，“双重确认”是指让两个以上的人和部门互相核实，互相确认，推进工作。存在这样一个严格的制度，员工犯罪就可以防患于未然。为此，经营者首先要严格自律，在所有管理环节中贯彻一贯的逻辑，不因方便而令管理系统出现逻辑上的不统一。稻盛和夫在书中举了一些事例如下：

1. 进出款项的处理：无论是否在财务部门，无论金额大小，都需要双重确认。不论是到银行存钱，还是买材料付款，又或者是支付劳务费，支付其他经费，管钱（付款）的人和开票的人必须分开；入账时，收到现金或银行汇款，负责管钱（收款）的人，不可以开收款票据，而是必须联络与那笔收入有关的部门负责人，明确入款的内容，请他开票，处理那笔收入。

2. 现金的处理：现金账必须在每一刻都与现金余额相一致，因此，在业务时间内，必须以适当的频率，由管钱以外的人确认现金余额、票据与现金账（万一发生问题，容易找出原因，从而保护了管钱的人）。

3. 公司印章的管理：将之放在双层箱内保管，内箱是小型印章箱，外箱是手提保险箱。管理内箱钥匙的人就是盖章的人，外箱钥匙则另有他人管理，两者可以相互确认。当然，除了开锁盖章外，内箱总是锁在外箱之内，禁止取出内箱走动。关闭内箱时，需由另外的人确认是否所有印章都收在里面了。

4. 保险箱的管理：耐火保险箱如果有圆形暗锁和密码锁，一定要把两道锁都锁上，同印章箱一样，必须由不同的人来开锁。即使上班时间内，保险箱也要上锁，包括早晚定期开锁在内，凡有必要开锁时，都必须有人见证，从保险箱进出钱、物必须有复数的人在场。

5. 购买手续：由要求购买的部门开购货票给负责采购的部门，请采购部门订货，禁止由要求购买的部门直接与供应商交涉价格或付款期。

6. 赊销和赊购账款的管理：由销售管理人员负责管理赊销款余额，由财务部门负责管理进款，由销售人员对赊销收款负直接责任，并具体跟进收款工作。同样的，在赊购方面，订货部门负责验收，采购部门负责计算赊购款项及管理赊购余额，由财务部门负责支付。

7. 车间废料的处理：在计算重量时需要双重确认。

---

① 节选自稻盛和夫的《经营与会计》，东方出版社，曹岫岩译，2013 年。

四、适应性原则

适应性原则的思想来源于“权变”理论，所谓权变，是指权宜应变。根据权变理论，建立内部控制制度不可能一劳永逸，而应当与企业的经营规模、业务范围、竞争状况和风险水平等相适应，并随着情况的变化及时加以调整。唯有这样，企业才能规避“道高一尺，魔高一丈”的现象。因此适应性原则可以概括为“结合实际，与时俱进”。

案例 2-7　法国兴业银行的遗憾①

2008 年 1 月 24 日，法国兴业银行曝出世界金融史上最大的违规操作丑闻，现年 32 岁的权证市场交易员杰罗姆·凯维埃尔以欺诈手段从事期货买卖，其违规头寸高达 500 亿欧元（约合 735 亿美元），至 1 月 23 日强行平仓止，造成法国兴业银行的直接损失近 49 亿欧元（约合 71 亿美元）。

2000 年，23 岁的凯维埃尔进入法国兴业银行。随后 5 年，他一直在银行内部不同的中台部门工作。所谓“中台部门”就是管理交易员的机构，这个工作机会让他得以深入了解集团内部处理和风险控制的程序以及步骤。2005 年，他成为银行风险套利部门的交易员。从此，凯维埃尔像蚂蚁一样，开始构筑他的“期货投机帝国”。

正是因为法国兴业银行具有享誉全球的风险控制系统，凯维埃尔的欺诈性交易在系统中触发了多达 75 次警报，但是大部分预警并没有按风险控制程序得到全面、准确、可信的查证，否则要绕过多达 6 重风险管理程序的监控几乎是不可能的。

可能也正是因为法国兴业银行具有享誉全球的风险控制系统，所以当出现异常现象时，风险监控部门依然沉浸在过去风险控制优秀的辉煌历史中，对超乎寻常的高收益、高额现金流和高额佣金都没有要求凯维埃尔提供详细的交易信息并进行深入分析；对欧洲期货交易所的询问函没有及时了解并回复；甚至在凯维埃尔对监控部门发现的问题做出不一致的解释时，也没有作出任何反应；凯维埃尔的越权回复也得到了监控部门的默认；等等。事后可以看到，任何一次预警还或异常，只要能及时进行深入了解和分析，都会及早暴露问题，减少风险损失。比如即使是最基本的休假制度，凯维埃尔也曾一年四次以各种理由拒绝休假。

从本案例可以看出，有效的内部控制制度确实可以发挥其风险预警的作用，但倘若内部控制系统已经向企业发出了风险信号，但未得到处理和应对，这样的内部控制制度与不设无异，根本起不到预警、防范与控制风险的作用。法国兴业银行具有享誉全球的风险控制系统，但仍因风险控制不当导致巨额损失，不禁令人扼腕叹息！

五、成本效益原则

成本效益原则要求企业建立和实施内部控制应当权衡成本与预期效益，以适当的成本实现有效控制。为此，企业一方面要努力降低内部控制的成本，即在保证内部控制制度有效性的前提下，尽量精简机构和人员，改进控制方法和手段，减少过于繁琐的程序和手

① 资料来源：(1)王妮娜，“一个人的黑客帝国？——法兴 49 亿欧元巨亏真相与启示”，载于《中国证券报》2008 年 2 月 18 日。(2)刘粤南，“法国兴业银行危机启示”，载于《财经》子刊《金融实务》2008 年第 7 期。

出纳能否去取银行对账单？

续，避免重复劳动，提高工作效率，节约成本；另一方面要合理确定内部控制带来的经济效益，实施内部控制的效益并非不可计量，只是这种效益往往具有滞后性，当期效益并不明显。为了做大做强，企业一定要杜绝“短视行为”，立足长远，充分考虑内部控制带来的未来收益，并与其成本进行对比，运用科学、合理的方法，有目的、有重点地选择控制点，实现有效控制。

第四节　内部控制要素

内部控制要素是对内部控制对象进一步细化的结果。纵观内部控制的历史演进过程可以发现，内部控制的发展历史实际上也是内部控制要素不断充实丰富的历史。从最早的内部控制“一要素”阶段——内部牵制阶段，“二要素”阶段——内部控制制度阶段，“三要素”阶段——内部控制结构阶段，“五要素”阶段——内部控制整合框架阶段，到“八要素”阶段——风险管理整合框架阶段。我国《企业内部控制基本规范》在形式上采用了内部控制五要素的框架，但在内容上同时还吸收了内部控制八要素的精髓。

一、内部环境

按照我国《企业内部控制基本规范》的规定，“内部环境是企业实施内部控制的基础，一般包括治理结构、机构设置及权责分配、内部审计、人力资源政策、企业文化等”。任何经济组织的内部控制都是在特定环境下建立并实施的，内部环境是影响制约内部控制建立与执行的各种因素的总称。它是一种氛围和条件，奠定了公司的内部控制结构，决定了组织的控制基调，影响着整个组织内所有人员的控制意识和控制行为，是内部控制其他四个构成要素的基础，决定了其他构成要素能否有效发挥作用。

内部控制环境通常包括下列方面：①企业治理结构，如董事会、监事会、管理层的分工制衡及其在内部控制中的职责权限，审计委员会职能的发挥等；②企业的内部机构设置及权责分配，尽管没有统一模式，但所采用的组织结构应当有利于提升管理效率，并保证信息通畅流动；③企业内部审计机制，包括内部审计机构设置、人员配备、工作开展及其独立性的保证等；④企业人力资源政策，比如关键岗位员工的强制休假制度和定期岗位轮换制度，对掌握国家秘密或重要商业秘密的员工离岗的限制性规定等；⑤企业文化，包括单位整体的风险意识和风险管理理念，董事会、经理层的诚信和道德价值观，单位全体员工的法制观念等。

案例 2-8　比亚迪：反腐助力发展①

企业的持续、快速和健康发展，离不开内部廉洁文化土壤。比亚迪公司董事长兼总裁王传福多次表示，反腐败就是捍卫多年奋斗成果，为公司稳健发展保驾护航。据了解，比

① 节选自《深圳商报》2019 年 04 月 18 日报道《比亚迪：反腐助力发展》，作者：彭琰、龚艺。

亚迪积极参与了反贿赂管理体系深圳标准的研制和推广，并根据标准的要求，探索建立具有比亚迪特色的企业反腐体系。

一、“新年第一课”

2019 年 1 月 5 日，比亚迪举行高层管理人员廉洁自律宣誓，王传福带领公司副总裁以及各事业部总经理等高管，公开作出七条承诺：不收受贿赂，不挪用、侵占公司财物，不私费公报；不利用公司资源和工作时间办私事，不利用职务影响谋取私利，等等。

“新年第一课”只是序幕。比亚迪计划把每年的 1 月作为“廉洁宣传月”，举办一系列廉洁文化活动。

比亚迪全方位、多渠道开展廉洁文化建设，通过 OA 通知、通报、邮件、微信公众号、网站、培训课程等，向全体员工敲黑板划重点，确保每个员工都能知悉公司的反贪腐规定。公司还不定期组织关键岗位员工分批参观深圳监狱，接受警示教育，增强廉洁感知。

二、畅通投诉举报渠道

投诉举报是比亚迪查处贪污腐败、职务侵占、挪用资金等严重违规行为的重要信息来源。公司开通了电话、邮件、微信等多个渠道，确保投诉举报信息能及时有效地到达审计监察处。

2017 年 6 月《比亚迪公司举报人保护和奖励规定》出台，明确给予举报人相应的奖励。为了解决举报人的后顾之忧，公司规定对于主动举报的涉案单位，无论是主动还是被动向比亚迪员工或其亲属提供了不正当利益，只要提供相关信息并配合调查，且承诺以后不再发生类似情况，在不违背强制性法律法规的前提下，比亚迪将根据资质情况、业务性质、举报内容等，保留或优先提供合作机会与优惠。

比亚迪鼓励内部员工、合作伙伴和其他任何知情者，参与到比亚迪阳光廉洁监督体系中，积极举报公司员工违法违规、损害公司利益的行为。

三、“反贪腐备案”

反贪腐备案是比亚迪防控体系建设中的“大招”。比亚迪制定了《公司员工对外公务交往管理规定》《公司管理人员经济行为准则》等一系列制度，并建立了一整套反贪腐备案流程。

比亚迪在 OA 平台及移动办公平台上线了反贪腐备案电子流程，从馈赠物、招待请吃、关联关系、投资活动四方面要求员工进行备案。馈赠物无论是拒收、退还还是接收，均须在三个工作日内提交备案。备案有利于审计监察处识别潜在的腐败行为。

根据反贪腐备案流程上的信息，审计监察处会给涉及的供应商发廉洁告知函，提醒送礼行为已经违反了供应商与比亚迪签订的阳光合作协议。所有与比亚迪合作的单位均须签署《阳光合作协议》，违反协议的单位，比亚迪将追究违约责任，采取预警谈话、发送廉洁告知函、扣除违约金或列入黑名单等措施。

而根据 2010 年财政部等五部委联合发布的《企业内部控制应用指引》，其中有 5 个属于企业内部环境类指引，即《企业内部控制应用指引第 1 号——组织架构》《企业内部控制应用指引第 2 号——发展战略》《企业内部控制应用指引第 3 号——人力资源》《企业内部控制应用指引第 4 号——社会责任》《企业内部控制应用指引第 5 号——企业文化》等。应用指引中内部环境类指引与基本规范中内部环境构成因素相互对应，共同形成了我国内部环境构成因素体系。教材第三章内部环境将重点介绍上述五项应用指引内容。

二、风险评估

风险评估要素是实施内部控制的关键环节。按照我国《企业内部控制基本规范》的规定，风险评估是企业及时识别、系统分析经营活动中与实现内部控制目标相关的风险，合理确定风险应对策略。因此，风险评估主要包括目标设定、风险识别、风险分析和风险应对等环节。

目标设定是风险评估的起点。因为风险是指会对企业实现未来目标带来不确定性影响的各种因素，所以风险与可能被影响的控制目标相关联，企业必须事先确定与生产、销售、采购、投资、筹资等业务相关的目标，以此作为风险评估的前提。

风险识别是在目标的指导下，影响企业成功实现目标的潜在事件进行识别，包括了解风险产生的来源和原因，判断潜在事件之间的相互关系并进行分类。风险识别是风险分析和风险应对的基础。按照风险产生的源头，企业风险可以划分为外部风险和内部风险两大类型。外部风险主要包括自然风险、政治风险、政策风险、市场风险等，内部风险主要包括战略风险、经营风险、财务风险、人员风险、法律风险等。本书第四章将重点介绍风险的类型以及风险识别的常用方法。

《2022年全球风险报告》披露的全球主要风险

风险分析是对所识别的风险进行分析的过程，是针对不同性质的风险采取不同应对策略的依据。企业应从风险发生的可能性及其造成的影响程度两个方面对风险进行分析，从而确定风险水平的高低，企业实践中最常用的风险分析方法将在第四章重点介绍。

风险应对是指企业管理层在了解相关风险的来源和类型以及水平的高低之后，结合成本效应原则，选择合适的风险应对策略，以便将风险控制在期望的风险承受度之内。一般来说，风险应对策略包括风险规避、风险降低、风险分担和风险承受四种类型。关于风险应对策略的基本原理及其应用将在第四章详细介绍。

三、控制活动

控制活动是企业内部控制的重要构成要素，是企业内部控制落实实施的具体方式。按照《企业内部控制基本规范》的规定，控制活动是指企业应当结合风险评估结果，通过手工控制与自动控制、预防性控制与发现性控制相结合的方法，运用相应的控制措施，将风险控制在可承受度之内。

根据《企业内部控制基本规范》规定，控制措施一般包括不相容职务分离控制、授权审批控制、会计系统控制、财产保护控制、预算控制、运营分析控制、绩效考评控制等。而根据 2010 年财政部等五部委联合发布的《企业内部控制应用指引》，其中有 4 个属于控制方法类指引，即《企业内部控制应用指引第 15 号——全面预算》《企业内部控制应用指引第 16 号——合同管理》《企业内部控制应用指引第 17 号——内部信息传递》《企业内部控制应用指引第 18 号——信息系统》，其中内部信息传递和信息系统又和信息与沟通要素实现相关，因此教材第四章将详细介绍不相容职务分离控制、授权审批控制、会计系统控制、财产保护控制、预算控制、运营分析控制、绩效考评控制、合同控制八种基本控制方法的基本原理及其应用。

案例 2-9　审计署 2018 年第 10 号公告有关武钢集团经营管理的问题①

根据《中华人民共和国审计法》的规定，2017 年 5 月至 6 月，审计署对原武汉钢铁（集团）公司（以下简称武钢）2016 年度财务收支等情况进行了审计。

审计署审计结果表明，武钢认真落实与宝钢集团有限公司的战略重组部署，完成了重组方案设计、上市公司换股合并等工作；坚持“一厂一策”和“一人一策”原则，推进落实“去产能”任务和职工安置分流；加强企业内部管理，完善“三重一大”决策制度和内控流程，规范党委和董事会议事规则，逐步规范经营管理活动。审计也发现，武钢在财务管理和会计核算、经营管理、落实中央八项规定精神及廉洁从业规定等方面还存在一些问题。

其中在经营管理方面的问题具体如下：

1. 2016 年，武钢未经集体决策，将对所属一家公司的 48 亿元股权投资转为委托贷款。

2. 2010 年，武钢未充分考虑市场风险参与一家公司首次公开发行股票配售，至 2016 年底浮亏 2.23 亿元。

3. 2016 年，武钢未经集体决策购买理财产品 28 亿元。

4. 2014 年，所属昆钢公司未经审批，发行 20 亿元企业债券用于偿还贷款。

5. 2015 年至 2016 年，所属金属资源有限责任公司废钢采购未执行集中采购内部规定，涉及金额 3.43 亿元，其中 2016 年 1.21 亿元。

6. 所属昆钢公司、山东省武新物资贸易有限公司通过虚构交易等方式，帮助外部企业获取银行融资。至审计时，两家公司已承担连带偿还责任 2.91 亿元，且未采取有效措施追回相关款项。

7. 2010 年，武钢违规代合作投资项目的参股股东出资，且超股比承担运营费用，涉及金额 2.7 亿元。

8. 2012 至 2014 年，所属武钢集团国际贸易有限公司、武汉钢铁建工集团有限责任公司在明知客户货款已违约或抵押物不合规的情况下，仍继续供货和承接工程，造成 2.26 亿元应收账款难以收回。

9. 2015 至 2016 年，武钢未经集体决策，为参股企业 2.13 亿元的项目建设贷款提供担保，至审计时该项目已暂停开发。

10. 2013 年 6 月至审计时，武钢无偿将医疗设备等资产提供给合资单位使用，涉及账面价值 9 427.53 万元；至审计时，武钢无偿将 11 处房产提供给外部单位使用，涉及面积 5 848 平方米。

11. 2010 年，武钢未经董事会批准支付咨询费 8 740.62 万元。

12. 2015 至 2016 年，所属营销中心发放合同工工资 5 709 万元，未纳入核定工资总额统计管理。

① 节选自审计署 2018 年 6 月 20 日发布的《2018 年第 10 号公告：原武汉钢铁（集团）公司 2016 年度财务收支等情况审计结果》https://www.audit.gov.cn/n5/n25/c123522/content.html。

13. 2016 年，所属广西钢铁公司实施的防城港基地建设项目未按规定公开招标，涉及金额 1 999.8 万元。

14. 至审计时，所属武汉钢铁集团物流有限公司购买的 26 台通勤车闲置超过 2 年，涉及金额 1 157 万元。

15. 2012 至 2015 年，所属一家企业违规将不符合资质要求的供应商纳入供应商目录范围，并签订合同金额 769.74 万元。

16. 2013 至 2014 年，所属广西钢铁公司未按规定没收两家自愿放弃中标单位的投标保证金 160 万元。

17. 至审计时，所属武钢资源集团有限公司（以下简称武钢资源集团）等 3 家单位无偿借用参股或改制单位 8 台车辆。

18. 至 2016 年 12 月，武钢年金理事会及其成员未按规定改选，也未向委托人和监管部门提交基金管理和财务会计等报告。

19. 2015 年，所属武钢资源集团因一个矿业权及部分矿业权点的资源量未完全探明且后期维护费用高等，未经集团批准即予以放弃。

20. 至审计时，所属昆钢公司一个已投产项目未取得建设用地审批手续。

21. 2015 年，武钢未按规定完成降低综合能耗目标，万元产值综合能耗比 2012 年增加 5.56%。

22. 2016 年，武钢未按要求完成应收账款和存货压控工作。

23. 至 2016 年底，武钢总部及所属 5 家企业的 6 个信息系统未按规定备案，一家所属企业财务软件数据接口不符合国家标准。

四、信息与沟通

信息与沟通是指企业应及时、准确地收集、传递与内部控制相关的信息，确保信息在企业内部、企业与外部之间进行有效沟通，是实施内部控制的重要条件，为内部控制的其他要素有效发挥以及整个内部控制的有效运行提供了支撑。信息按来源可以分为内部信息和外部信息。内部信息是在系统内部产生的，主要包括财务会计信息、生产经营信息、资本运作信息、人员变动信息、技术创新信息、综合管理信息等。外部信息是在系统外部产生的，主要包括政策法规信息、经济形势信息、监管要求信息、市场竞争信息、行业动态信息、客户信用信息、社会文化信息、科技进步信息等。企业可以通过内外部沟通渠道收集相关信息。内部信息沟通是指企业经营管理所需要的信息在企业内部的传递与共享，包括企业内部各管理级次、责任单位和业务环节等；外部信息沟通是指企业与利益相关者之间的沟通，包括外部投资者、债权人、客户、供应商、中介机构和监管部门等。企业对收集的各种内部信息和外部信息应当进行合理筛选、核对和整合，注意信息的相关性、真实性、完整性、及时性，以提高信息的有用性。

2021年证监稽查20起典型违法案例，其中10起涉信息披露

根据《企业内部控制基本规范》的规定，企业应当利用信息技术促进信息的集成与共享，充分发挥信息技术在信息与沟通中的作用，同时应当建立反舞弊机制，包括举报投诉制度和举办人保护制度。而根据 2010 年财政部等五部委联合发布的《企业内部控制配套指引》，其中有 3 个应用指引，即《企业内部控制应用指引第 14 号——财务报告》《企业内部控制应用

指引第 17 号——内部信息传递》《企业内部控制应用指引第 18 号——信息系统》与信息与沟通要素相关。因此，本教材第六章信息与沟通将重点介绍上述相关内容。

五、内部监督

内部监督是指企业对内部控制建立与实施情况进行监督检查，评价内部控制的有效性，对于发现的内部控制缺陷，应当及时加以改进，是实施内部控制的重要保证。内部监督的形式分为日常监督和专项监督。日常监督是指企业对建立与实施内部控制的情况进行常规、持续的监督检查。专项监督是指在企业发展战略、组织结构、经营活动、业务流程、关键岗位员工等发生较大调整或变化的情况下，对内部控制的某一或者某些方面进行有针对性的监督检查。企业应当制定内部控制缺陷认定标准，同时对监督过程中发现的内部控制缺陷，应当分析缺陷的性质和产生的原因，提出整改方案，采取适当的形式及时向董事会、监事会或者经理层报告。同时，企业应当结合内部监督情况，定期对内部控制的有效性进行自我评价，出具内部控制自我评价报告。

案例 2-10　银监会依法查处浦发银行成都分行违规发放贷款案件①

近日，四川银监局依法查处了浦发银行成都分行违规发放贷款案件。银监会在现场检查中发现，浦发银行成都分行存在重大违规问题，立即要求浦发银行总行派出工作组对成都分行相关问题进行全面核查。通过监管检查和按照监管要求进行的内部核查发现，浦发银行成都分行为掩盖不良贷款，通过编造虚假用途、分拆授信、越权审批等手法，违规办理信贷、同业、理财、信用证和保理等业务，向 1 493 个空壳企业授信 775 亿元，换取相关企业出资承担浦发银行成都分行不良贷款。

这是一起浦发银行成都分行主导的有组织的造假案件，涉案金额巨大，手段隐蔽，性质恶劣，教训深刻。此案暴露出浦发银行成都分行存在诸多问题：一是内控严重失效。该分行多年来采用违规手段发放贷款，银行内控体系未能及时发现并纠正。二是片面追求业务规模的超高速发展。该分行采取弄虚作假、炮制业绩的不当手段，粉饰报表、虚增利润，过度追求分行业绩考核在总行的排名。三是合规意识淡薄。为达到绕开总行授权限制、规避监管的目的，该分行化整为零，批量造假，以表面形式的合规掩盖重大违规。此外，该案也反映出浦发银行总行对分行长期不良贷款为零等异常情况失察、考核激励机制不当、轮岗制度执行不力、对监管部门提示的风险重视不够等问题。

根据 2019 年 10 月 12 日银保监会官网披露的罚单显示，上海浦东发展银行股份有限公司因为对成都分行授信业务及整改情况严重失察、重大审计发现未向监管部门报告、轮岗制度执行不力等被罚 130 万元。做出处罚日期为 2019 年 6 月 24 日。浦发银行 10 月 12 日晚间回应监管最新处罚称，银保监会近日公布的对浦发银行的行政处罚，系 2018 年 1 月四川银监局对成都分行违规发放贷款事件进行处罚后，银保监会对浦发银行总行的后续行政处罚。

2

---

① 资料来源：(1)中国银保监会办公厅，《银监会依法查处浦发银行成都分行违规发放贷款案件》中国银保监会官网，2018-01-19；(2)中国银保监会法规部，中国银行保险监督管理委员会行政处罚信息公开表(银保监罚决字〔2019〕7 号)，2019-10-12。

按照《企业内部控制基本规范》第四十四条的要求，企业应当制定内部控制监督制度，明确内部审计机构（或经授权的其他监督机构）和其他内部机构在内部监督中的职责权限，规范内部监督的程序、方法和要求。而2010年财政部等五部委联合发布的《企业内部控制评价指引》主要对内部控制评价工作做出了具体的规定。为此，教材第七章内部监督对内部监督的定义、作用、程序、形式进行了介绍，在此基础上重点阐述了内部审计和内部控制评价的相关内容。

第五节　内部控制局限性

内部控制在防弊纠错、提高经营效果和效率方面对企业具有重大意义，然而，它作为一种机制和工具，并不是包治企业"百病"的"灵丹妙药"，设计再好的内部控制也不能保证企业不出任何问题，这就是内部控制的固有局限性。认识内部控制的局限性可以从两个方面来看：其一，内部控制制度由人设计，很难做到尽善尽美，难免会出现漏洞。比如成本限制和例外事件就是两种典型现象。其二，内部控制制度靠人执行，很难保证完全按照制度执行，难免会出现问题。最常见的两种问题就是合谋串通和越权操作。

一、成本限制

内部控制的设计和运行需要耗费资源所谓成本效益原则，就是指一个内部控制程序设计、运行的成本不应该超过预期的效益，设计与执行内部控制所产生的效率和效果与为此而投入的成本之间应呈合理的对应关系。如果单纯为实现内部控制的效果，那么控制环节和控制措施越严密复杂就越好，但由于控制环节越多、控制措施越复杂，相应的控制成本也就越高，就会影响企业生产经营活动的效率。因此，在设计和实施内部控制时，企业必然要权衡控制成本与所要实现的控制效果。

然而，在实践中，控制收益与控制成本很难精确地度量，内部控制设计与实施的最优点必须依靠主观判断做出决策，这就不可避免地出现有些环节没有得到有效的控制，进而导致某些潜在错弊的发生。

二、例外事件

内部控制一般是为经常重复发生的经济业务而设计的，而且一旦设置就具有相对稳定性，因此如果出现不经常发生或未预计到的经济业务，原有控制就可能不适用，特殊控制（如实行专门的审批、报告和执行程序来处理临时性或突发性业务）则可能不及时，从而影响内部控制发挥作用。

在实践中，由于企业面对的是复杂多变的外部环境，意外和偶发事件不可避免，而这些业务或事项由于其特殊性和非经常性，企业没有现成的规章制度可循，造成了内部控制的盲点。换句话说，内部控制的一个重大局限在于它很难应对例外事件。

案例 2-11　大疆痛下狠手整治采购内外勾结腐败[①]

2019 年 1 月 16 日，网上传出无人机行业巨头大疆创新的内部反腐败公告，公告披露处理涉嫌腐败和渎职行为的员工 45 人，腐败造成损失保守估计超 10 亿元人民币。随后，大疆方面对多家媒体回应表示，该内部公告内容为真。

这份公告显示，2018 年，大疆进行内部管理改革，初衷是将管理和流程优化。大疆管理改革主要是梳理内部流程，重新设置审批节点，更换和任命一些领导岗位。在这个过程中，大疆却意外发现，在供应商引入决策链条中的研发、采购、品控人员存在大量腐败行为。其他体系也存在销售、行政、售后等人员利用手中权利谋取个人利益的现象。

截至该公告，大疆共处理涉嫌腐败和渎职人员 45 人；其中，涉及供应链决策腐败的研发、采购人员最多，共计 26 人；销售、行政、设计、工厂共计 19 人。问题严重、移交司法处理的有 16 人，另有 29 人被直接开除。

该公告中披露的供应链腐败中研发和采购人员的主要手法有：①让供应商报底价，然后伙同供应商接口人往上加价，加价部分双方按比例分成。②利用手中权力，以技术规格要求为由指定供应商或故意以技术不达标为由把正常供应商踢出局，把可以给一定比例回扣的供应商押镖进短名单，以此长期拿回扣。③故意以降价为借口，把所有正常供应商淘汰，让可以给回扣的供应商进短名单，做成独家垄断，然后涨价，双方分成。④利用内部信息和手中权力引入差供应商，并和供应商串通收买研发人员，在品质不合格的情况下不进行物料验证，导致差品质高价格物料长时间独家供应。⑤内外勾结，搞皮包公司，利用手中权力以皮包公司接单，转手把单分给工厂，中间差价分成。上述内外勾结的腐败行为，导致大疆的平均采购价格超过合理水平 20%以上，其中高价物料少则高出 20%～50%，低价物料不少以市场合理水平 2—3 倍的价格向大疆出售。

大疆公关团队表示，公司对于诚信反腐的建设一直非常重视，此前也有对违规行为的查处和纠正，此次确实涉及面较广，金额也比较巨大，公司已经成立了专门的反腐小组来深入调查，并开展诚信文化建设。大疆不会因为发展速度快就宽容腐败，也不会因为腐败就停下发展的脚步。

三、串通舞弊

内部牵制理念指导企业任何一项业务都应该分阶段、分环节，交由不同的部门、不同的岗位共同完成，然而一旦部门之间、岗位之间合谋串通，就会破坏内部牵制机制的设计，从而导致内部控制的失灵。

四、越权操作

授权批准控制也是内部控制制度的重要实施手段之一。通过授权批准控制可以使不同层级的员工拥有大小不等的业务处理和决定权限。然而一旦发生越权操作，内部控制分工制衡的基本思想就不能再发挥作用，内部控制制度也就形同虚设了，轻则打乱正常的工作秩序和业务流程，重则出现徇私舞弊、违法违规等严重后果。

① 资料来源：改编自闫欢，“巨额贪腐损失 10 亿，45 人被查处！无人机巨头痛下狠手”，《中国经济网》，2019-01-19。

案例 2-12　陈久霖越权操作　新加坡中航油终破产

中航油新加坡有限公司成立于1993年，是中国航油集团的海外控股子公司，该公司凭借对国内进口航油市场的实质性垄断，净资产由16.8万美元增至2003年的1.28亿美元，6年间增长了762倍。然而2004年11月，该公司突然向新加坡最高法院申请破产保护，原因是公司在此前的石油衍生品交易中出现约5.5亿美元的巨额亏损。这一巨亏的发生与公司总裁陈久霖的越权操作密切相关。2004年一季度油价攀升，公司潜亏580万美元，陈久霖期望油价能回跌，决定延期交割合同，交易量也随之增加。然而此后油价却一路上涨，公司为补加交易商追加的保证金消耗大量资金，周转出现严重问题，后又因无法补加合同保证金而屡遭逼仓，造成巨额损失，最终不得不向新加坡证券交易所申请停牌，并向当地法院申请破产保护。

衍生金融产品交易的高风险性几乎是业界共识，缘何公司存在这样的风险而没有任何控制措施任凭其走向无可挽回的地步？实际上，中航油新加坡公司曾聘请国际"四大"之一的安永会计师事务所为其编制《风险管理手册》，设有专门的七人风险管理委员会及软件监控系统。实施交易员、风险控制委员会、审计部、总裁、董事会层层上报、交叉控制的制度，规定每名交易员损失20万美元时要向风险控制委员会报告和征求意见；当损失达到35万美元时要向总裁报告和征求意见，在得到总裁同意后才能继续交易；任何导致损失50万美元以上的交易将自动平仓。中航油总共有10位交易员，如果严格按照《风险管理手册》执行，损失的最大限额应是500万美元，但中航油新加坡公司却在衍生品交易市场不断失利，最终亏损额高达5.5亿美元，以至申请破产保护。

在风险控制机制中，中航油新加坡公司总裁陈久霖实际上处于中枢地位，对风险的控制和传导起着决定性的作用。陈久霖在获悉2004年第一季度出现580万美元的账面亏损后，决定不按照内部风险控制的规则进行斩仓止损，也不对市场做任何信息的披露，而是继续扩大仓位，孤注一掷，赌油价回落。直到2004年10月，亏损累计达到18 000万美元，流动资产耗尽，陈久霖才向集团公司汇报亏损并请求救助。集团公司竟没有阻止其违规行为，也不对风险进行评估，相反选择以私募方式卖出部分股份来"挽救"中航油新加坡公司。

在越权从事石油金融衍生产品投机过程中，陈久霖作为一个管理人员，竟然同时具有授权、执行、检查与监督功能，没有遇到任何阻拦与障碍，事后还能一手遮天，隐瞒真实信息，足见中航油新加坡公司在内部控制上的严重问题。

本章习题

一、单项选择题

1. 对内部控制是一种全员控制理解错误的是(　　)。

A. 内部控制强调全员参与，人人有责

B. 企业的各级管理层和全体员工都应当树立现代管理理念，强调风险意识

C. 以主人翁的姿态积极参与内部控制的建立与实施，并主动承担相应的责任

D. 被动地遵守内部控制的相关规定

2. 以下各项关于内部控制的说法中，正确的是(　　)。

A. 合理保证财务报告及相关信息真实完整

B. 只能合理保证经营的效率效果目标的实现

C. 不能合理保证遵守适用的法律法规的要求

D. 内部控制的设计应该是只针对高风险业务

3. 在下列原则中，强调内部控制应当贯穿决策、执行和监督全过程，覆盖企业及其所属单位的各种业务和事项的是(　　)。

A. 全面性原则　　B. 重要性原则　　C. 制衡性原则　　D. 成本效益原则

4. 在建立和实施内部控制制度时要“结合实际，与时俱进”贯彻的是内部控制的(　　)。

A. 全面性原则　　B. 重要性原则　　C. 制衡性原则　　D. 适应性原则

5. 下列控制要素中起基础性作用的是(　　)。

A. 内部环境　　B. 内部监督　　C. 控制活动　　D. 信息与沟通

6. 下列各项中，属于内部风险的是(　　)。

A. 自然风险　　B. 政治风险　　C. 市场风险　　D. 战略风险

7. 下列选项，不属于《企业内部控制基本规范》规定的控制措施的是(　　)。

A. 合同管理　　B. 全面预算　　C. 运营分析　　D. 绩效考评

8. 下列选项中，破坏了内部牵制设计，使内部控制制度无效的是(　　)。

A. 越权操作　　B. 贪污受贿　　C. 成本限制　　D. 合谋串通

9. 以下属于内部控制执行局限性的是(　　)。

A. 成本限制　　B. 例外事项　　C. 越权操作　　D. 贪污受贿

10. 内部控制仅仅为目标的实现提供合理保证，而不是绝对保证，其原因就在于(　　)。

A. 内部控制人员的执行不力　　B. 内部控制的目标制定不合理

C. 内部控制本身具有一定的局限性　　D. 内部控制制度有待完善

二、多项选择题

1. 关于内部控制的定义说法正确的是(　　)。

A. 内部控制是一种全员控制　　B. 内部控制是一种全面控制

C. 内部控制是一种全程控制　　D. 内部控制是由董事会实施的

2. 下面关于组织内部各成员对内部控制的责任的叙述，正确的是(　　)。

A. 董事会负责内部控制的建立健全与有效实施

B. 监事会对董事会建立和实施内控进行监督

C. 管理层负责组织领导企业内部控制日常运行

D. 内部审计部门对内控有效性进行监督检查

3. 内部控制是一种全员控制，下列说法正确的是(　　)。

A. 内部控制强调全员参与，人人有责

B. 企业的各级管理层和全体员工都应当树立现代管理理念，强调风险意识

2

C. 内部控制需要企业上下所有层级的人员共同制定

D. 以主人翁的姿态积极参与内部控制的建立与实施，并主动承担相应的责任

4. 按照《企业内部控制基本规范》的规定，内部控制目标包括（　　）。

A. 合规目标　　B. 经营目标　　C. 战略目标　　D. 报告目标

5. 下列选项中，属于内部控制本质的有（　　）。

A. 制衡　　B. 监督　　C. 激励　　D. 控制

6. 关于内部控制的全面性原则的表述，正确的包括（　　）。

A. 要将相关控制渗透到决策、执行、监督等各个管理环节

B. 要对整个经营管理活动过程进行全面控制

C. 要对包括从高层管理人员到基层执行操作人员在内的每一位员工进行控制

D. 实现全面、全员、全过程控制

7. 下列说法中，符合建立和实施内部控制应当遵循的成本效益原则观点的有（　　）。

A. 成本效益原则要求企业建立和实施内部控制应当权衡实施成本与预期收益

B. 当收益难以确定时，应考虑在满足既定控制的前提下使控制成本最小化

C. 企业建立的内部控制制度越严密，为此所要付出的运行和维护等成本就越大

D. 企业在建立和实施内部控制时应分清主次，抓大放小，实行有选择的控制

8. 下列关于内部控制局限性的表述，正确的有（　　）。

A. 内部控制可能因经营环境的改变而失效

B. 内部控制很难应对例外事件

C. 内部控制可能因为有关人员内外串通而失效

D. 内部控制的设置和运行需遵循成本效益原则

9. 内部控制只能为目标的实现提供"合理保证"，对此理解正确的是（　　）。

A. 内部控制对实现控制目标的作用并不大

B. 内部控制本身存在一定的局限性

C. 内部控制会受到外部环境的影响

D. 员工串通舞弊或管理层凌驾于内部控制之上会导致内部控制失效

10. 以下属于内部控制设计局限性的是（　　）。

A. 成本限制　　B. 串通舞弊　　C. 越权操作　　D. 例外事件

三、判断题

1. 内部控制的"全员控制"与董事会、监事会和经理层在内部控制的建设和实施过程中的领导作用互相矛盾。（　　）

2. 内部控制实际上就是会计控制和财务控制。（　　）

3. 内部控制要有效防控风险，就应该强调事前控制和事中控制，因为事后控制已失去意义。（　　）

4. 重要性原则强调内部控制应针对重要业务和事项、高风险领域和环节采取更为严格的控制措施。（　　）

5. 按照内部控制制衡性原则的要求，企业建立和实施内部控制应突出相互制约，无须考虑运行效率。（　　）

6. 要规避“道高一尺魔高一丈”的现象，就必须坚持内部控制的全面性原则。（　）

7. 内部控制环境通常包括企业治理结构、企业的内部机构设置及权责分配、企业人力资源政策、企业文化等，但不包括企业内部审计机制。（　）

8. 合同管理也是一项重要控制措施。（　）

9. 内部控制能为控制目标的实现提供绝对保证。（　）

10. 合谋窜通属于内部控制制度设计的局限性之一。（　）

四、简答题

1. 如何理解内部控制的定义？

2. 简述内部控制的本质。

3. 简要说明内部控制目标。

4. 企业建立与实施内部控制应遵循哪些原则？

5. 内部控制包括哪些要素？这些要素分别起到什么作用？

6. 简要说明内部环境构成要素的内容。

7. 内部控制存在哪些局限性？

五、案例分析题

1. C公司主要从事园林景观设计和施工项目，有员工200余人，是一家小型民营企业。公司成立之初，充分发挥了民营企业机制灵活的优势，吸引了大批优秀人才。公司制定了完善的管理制度，确保“制作优良”成为公司所有工程的施工的目标。公司拥有素质优良的施工队伍和较强的技术力量，保障了公司所有工程的施工实现“多、快、好、省”。公司本着“服务四方”的原则，坚持客户是生命、品质是基础、员工是财富、创新是未来的经营理念，安全、高效、环保、人性化、低成本地满足客户需求。

随着公司业务的不断扩大，管理水平对公司生存和发展的重要性日益突出。但是，由于这是一家小型民营企业，人员少，对制度化、规范化管理没有给予足够的重视。一方面，部门分工不清，业务流程烦琐复杂，权责不对等，且存在不相容职务未分离的现象；另一方面，公司缺乏有效的考核体系和薪酬管理，完全靠领导拍脑袋决定，结果导致大量的人才流失。同时，因为公司业务发展非常快，管理的灵活性要求很高，但公司的管理者是技术出身，内部管理实行粗放型管理，管理比较随意，导致公司内部管理混乱，缺乏制度约束，也没有设置内部审计部门。以上这些问题，在初期被公司的大好形势掩盖，但公司发展到一定阶段后，速度逐渐放慢，规模达到一定层次，问题便逐渐呈现出来，与市场的发展趋势不相匹配，严重制约了公司的进一步发展。①

根据上述案例，结合你对本单元相关知识的理解，回答以下问题：

(1) 内部控制的本质是什么？从本质上看该公司内部控制的缺陷有哪些？

(2) 该案例违背了内部控制哪方面的原则？应该如何改进？

2. 根据审计署2018年6月20日发布的《2018年第19号公告：原中国中材集团有限公司2016年度财务收支》等情况审计结果，2017年5月至6月，审计署对原中国中材集团有限公司(以下简称中材集团)2016年度财务收支等情况进行了审计。审计署审计结

2

① 案例改编自发表于《中国市场》2006年第32期的《公司组织结构的优化案例》，作者：曹嘉晖。

果表明，中材集团积极贯彻新发展理念，优化资源配置，加强基础管理，推进技术创新，通过国际产能合作、国际化经营等方式推进结构调整，进一步完善治理结构，推进全面风险管理和内控体系建设。审计也发现中材集团存在一些问题，其中包括：

(1) 至审计时，中材集团未按规定及时将增资款计入实收资本，涉及金额 15.81 亿元。

(2) 2016 年，中材集团未将实质控制的中达建材矿产公司等 7 家单位纳入合并财务报表范围，涉及资产 3 284.32 万元，多计利润 90.69 万元。

(3) 2016 年，所属泰山玻璃纤维有限公司等 7 家单位未经招投标或违规招投标建设项目和物资采购，涉及金额 8.61 亿元。

(4) 2013 年至 2015 年，中材集团投资 1.55 亿元建设的 3 条生产线，未达到规定的产能规模。

(5) 2013 年至 2016 年，所属西藏中材祁连山水泥有限公司等 3 家单位未经评估，开展资产收购和转让等业务，2016 年亏损 2 944.03 万元。

(6) 至审计时，所属中材矿业发展有限公司未按合同约定向合作方支付土地租金等，合作方因此提出终止项目，导致公司已投入的 2 676.91 万元面临损失风险。

(7) 至审计时，所属甘肃祁连山建材控股有限公司对外出借资金 813.69 万元长期未收回，面临损失风险。

(8) 2012 年至 2016 年，所属中材建设有限公司等 3 家单位未按规定经核准或备案开展非主业投资等，至 2016 年底形成亏损 139.84 万元。

(9) 2013 年至审计时，所属中材地勘中心贵州总队等 4 家单位违规公务接待，涉及金额 176.62 万元。

(10) 2014 年至 2016 年，中材集团总部及所属一家单位违规为公司高管配置手机，涉及金额 5.98 万元。

要求：

(1) 说明以上(1)—(10)问题分别违背了内部控制哪些目标？

(2) 分析以上(1)—(10)问题分别反映了该集团内部控制哪些要素存在缺陷？

第三章
内部环境

学习目标

1. 知识目标：了解组织架构、发展战略、人力资源、社会责任和企业文化的内涵，理解组织架构、发展战略、人力资源、社会责任和企业文化对企业的价值。

2. 技能目标：掌握组织架构、发展战略、人力资源、社会责任和企业文化的主要风险，熟悉组织架构、发展战略、人力资源、社会责任和企业文化的主要控制措施。

3. 思政目标：学习党的二十大报告关于“人才是第一资源”“人才强国战略”等的政策方针，塑造以人为本的企业管理理念；透过离职员工为谋私利泄露商业秘密被依法判刑的案例，培养遵纪守法、诚实守信的职业道德；深刻领会习近平总书记有关企业关爱员工、促进就业、保护环境的指示精神，牢固树立企业作为社会公民应积极履行社会责任的理念；结合优秀企业文化建设典型案例，坚定文化自信，弘扬积极向上、诚实守信、清廉反腐的企业文化。

引例

美的集团的成功离不开卓越的内部环境

美的集团成立于1968年，迄今已经发展成为一家覆盖智能家居、楼宇科技，工业技术、机器人与自动化和数字化创新业务五大业务板块为一体的全球化科技集团。2021年，美的收入首次突破3 000亿元，并连续六年进入世界财富500强，入选福布斯中国2021年度中国十大工业数字化转型企业，四家工厂获得世界经济论坛“灯塔工厂”荣誉。美的集团的成功离不开其不断完善、日趋卓越的内部环境。

一是高效的组织架构。美的集团通过事业部分权改革和引入职业经理人，实现了所有权与经营权的分离。同时为了约束职业经理人的短期行为、防止内部人控制，美的集团一方面强化大股东的绝对控股地位，保证创始人对企业战略方向和重大决策的掌控，另一方面推动股权结构多元化，引进外部投资人，实施内部人持股安排，形成了有效制衡的公司治理结构。

二是明晰的发展战略。美的集团之所以能够“基业长青”，得益于其在坚守主业的同时又能够随着环境的变化而进行战略调整。从1980年进入家电行业至今，美的集团始终坚守，并不断拓展，目前已经形成智能家居、楼宇科技，工业技术、机器人与自动化和数字化创新业务五大业务板块并举的战略格局。

三是科学的人力资源管理。美的集团创始人何享健曾经说过，“宁可放弃一百万的利润，也不放弃一个对企业有用的人才”，由此可见美的集团对人才的高度重视。美的集团整体上市之后，为推动构建核心管理团队与公司长期成长价值的责任绑定，持续推出了一系列长期股权激励计划，包括9期股票期权激励计划和6期限制性股票激励计划，与此同时还实施了多层次的合伙人计划，包括8期全球合伙人计划和5期事业合伙人持股计划。这些计划的实施，不但起到了很好的留人作用，而且激发了管理团队和核心骨干创造价值的主动积极性。

四是强烈的社会责任感。美的集团秉持“用科技创造美好生活的经营理念”，在经营过程中积极承担环境、社会、治理3个方面的责任，致力于通过创新的产品和服务贡献社会，共同创造更美好的生活和未来。根据美的集团《2021年社会责任报告》，美的集团2021年发布了“绿色战略”，废弃物产生量较2020年减少4 350 532吨；累计参与制定或修订国家标准514项，帮扶资金累计投入近3 000万元；保护股东权益，累计派现金额已达695亿元，对供应商社会责任划定六条红线。

五是优秀的企业文化。按照“科技尽善，生活尽美”愿景，美的集团始终坚持通过技术创新提升产品品质和服务，并以此贡献人类，提高人类生活质量，促进人类生活更舒适、更轻松、更美好。美的集团经过长期不懈的努力，营造了一种开放、公正、公平的工作环境，提供平台和资源激励员工创造价值，成就自我，与企业共同发展，从而形成了“敢知未来、志存高远、务实奋进、包容共协、变革创新”的价值观。

从美的集团的成功可以发现，良好的内部环境为企业的可持续发展奠定了坚实的基础。如果没有内部环境的保证，设计得再完美的内部控制制度也只能是“镜中花，水中月”，发挥不出其应有的作用。本章重点从组织架构、发展战略、人力资源、社会责任和企业文化五个方面阐释内部环境的具体内容、企业在内部环境方面需关注的关键风险以及应采取的主要控制措施。

第一节　组织架构

一、组织架构的定义

根据《企业内部控制应用指引第1号——组织架构》的定义，组织架构是指企业按照国家有关法律法规、股东（大）会决议和企业章程，结合本企业实际情况，明确股东（大）会、董事会、监事会、经理层和企业内部各层级机构设置、职责权限、人员编制、工作程序和相关要求的制度安排。

一个企业要想保持持久的成功，依靠的是现代企业制度，即以完善的企业法人制度为基础，以有限责任制度为保证，以公司制企业为主要形式，以产权清晰、权责明确、政企分开、管理科学为条件的现代企业制度。可见，现代企业制度的核心是组织架构问题；或者说，一个实施现代企业制度的企业，应当具备科学完善的组织架构。

二、组织架构的关键风险

《企业内部控制应用指引第 1 号——组织架构》第三条明确指出，企业至少应当关注组织架构设计与运行中的下列风险：

（1）治理结构形同虚设，缺乏科学决策、良性运行机制和执行力，可能导致企业经营失败，难以实现发展战略。

案例 3-1　公司治理问题难解　上交所火速问询 ST 中昌[①]

2022 年 3 月 20 日，ST 中昌接连发布的三份公告均与人事变动有关。前两份公告宣布，因在任期间未能有效化解公司的经营困难和风险，董事会同意免去曾建祥的总裁职务、叶其伟和马凯的副总裁职务。值得注意的是，曾建祥对此均投出了反对票。他认为："首先，副总裁的罢免程序不符合公司章程第一百零七条的规定，没有总裁的提议，董事会不能直接罢免副总裁和提名常务副总裁。其次，本人担任公司总裁期间，始终致力于保持上市公司独立的法人治理结构，规范公司运作，推进债务危机化解。第三，马凯和叶其伟在任公司副总裁期间勤勉尽责，公司治理井井有序。"

另一项公告显示，公司于 3 月 11 日收到合计持有公司 10%以上股份的股东爱建信托、瑞京资管向董事会请求召开临时股东大会的函件：为更好地帮助公司尽快解决目前面临的经营困难及风险，推动公司逐步走上正常经营发展道路，提案人向公司董事会提议 4 月 10 日前召开 2022 年临时股东大会，以非累积投票制审议 9 项提案，包括计划免去凌云、吕锦波、韩勇的董事职务、免去周坚的独立董事职务，并提名选举多位候选人补缺。但 ST 中昌的两名独立董事认为："董事会调整人员过多，不利于公司稳定运营""此次董事会变动人数太多，不利于上市公司发展，希望公司有稳定的治理结构"。最终，以上议案以 2 票同意、6 票反对、1 票弃权未获通过。

3 月 20 日当晚，上海证券交易所即向公司发布问询函，对上述决议提出问询。其中，对于董事会免去现任总裁、两位副总裁并聘任常务副总裁等有关情况，上交所要求公司：①结合《公司法》和公司章程等规定，说明本次董事会表决议案的程序是否合法合规，表决结果是否合法有效；②核实异议董事相关意思表示是否真实、准确、完整；③说明公司目前公司治理是否合规，内部控制是否有效。对于爱建信托和瑞京资管提出的要求改选公司部分董事的有关情况，上交所要求公司：①结合目前公司具体经营情况及财务状况等，详细说明本次提案的有关背景；②向有关股东进行核实，说明目前公司控制权是否稳定，是否存在控制权争夺。

公开资料显示，ST 中昌成立于 1993 年，原名中昌海运股份有限公司，2000 年 12 月上

3

① 资料来源：(1)陈企樾：ST 中昌管理问题难解　三位高管同日被免职，《经济观察报》，2022 年 3 月 20 日；(2)王可：乱套了！被提议罢免的董事长，召开董事会罢免总裁副总裁，交易所火速问询 ST 中昌，《中国证券报》，2022 年 3 月 21 日。

市，当时公司是大陆唯一一家在国内上市的民营海运企业。2015 年以后，通过持续的资本运作，ST 中昌全面转型大数据领域。公司 2020 年的财报显示，营销托管、效果营销和精准营销业务是其主要收入来源。业绩方面，根据 ST 中昌 2022 年 1 月 27 日公告，经财务部门初步测算，预计 2021 年归母净利润亏损 4.16 亿元到 5.04 亿元；股价方面，自 2017 年 3 月达到 25.27 元/股的最高点后，ST 中昌股价近五年来累计下跌 90.98%。

（2）内部机构设计不科学，权责分配不合理，可能导致机构重叠、职能交叉或缺失、推诿、扯皮，运行效率低下。

三、组织架构的主要控制措施

（一）组织架构的设计

1. 组织架构设计应遵循的原则

企业在设计组织架构时，必须考虑内部控制的要求，合理确定治理层、管理层及内部各部门之间的权利和责任并建立恰当的报告关系。具体而言，至少应当遵循以下原则：

（1）符合法律、法规要求。治理结构的设计必须遵循我国法律、法规的要求，严格规范出资者（主要指股东）、董事会、监事会、经理层的权利和义务及其相关的聘任条件和议事程序等，合理解决企业各方利益分配问题。

（2）符合发展战略要求。通常情况下，企业发展目标是多重的，且在一段时期保持相对稳定，无论企业的发展目标如何，都必须通过自身组织架构的合理设计和有效运作予以实现和保证。

（3）符合管理控制要求。组织架构的设计应当考虑各层级之间可以相互监督、相互制约。为达到恰当的控制效果，在组织架构设计时必须找出各种限制组织层级和管理跨度的因素，主要包括：员工的经验与受训程度；工作任务的相似性和复杂性；工作地点的空间距离；使用标准化管理的程度；企业信息系统管理的先进程度；企业文化的凝聚力以及管理层的管理风格等。

（4）符合内外环境要求。组织架构设计应当与企业的市场环境、行业特征、经营规模等相适应。此外，企业还应当根据内外部环境的不断变化，迅速作出反应，及时进行组织架构的优化调整。

2. 治理结构的设计

治理结构包括股东（大）会、董事会、监事会和经理层。企业应当根据国家有关法律、法规的规定，按照决策机构、执行机构和监督机构相互独立、权责明确、相互制衡的原则，明确董事会、监事会和经理层的职责权限、任职条件、议事规则和工作程序等。

3. 内部机构的设计

内部机构的设计应满足以下三个要求：

（1）企业应当按照科学、精简、高效、透明、制衡的原则，明确各机构的职责权限，避免职能交叉、缺失或权责过于集中的情况，形成各司其职、各负其责、相互制约、相互协调的工作机制。

（2）企业应当对各机构的职能进行科学合理的分解，确定具体岗位的名称、职责和工作要求等，明确各个岗位的权限和相互关系。尤其应当贯彻制衡性原则，努力识别出不相容职务并将其分离。

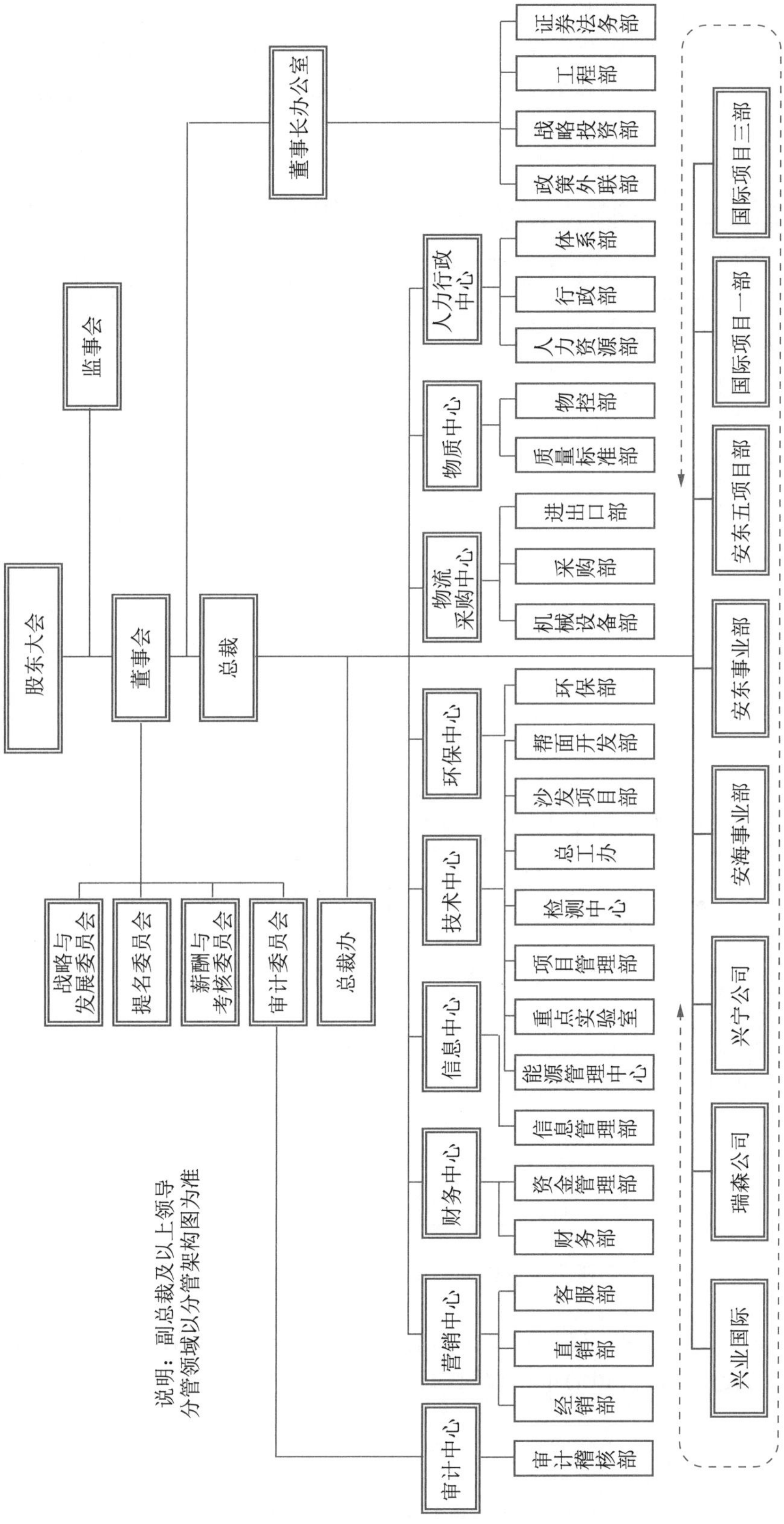

图 3-1　兴业皮革科技股份有限公司组织架构图

3

(3) 企业应当制定组织结构图、业务流程图、岗(职)位说明书和权限指引等内部管理制度或相关文件，使员工了解和掌握组织架构设计及权责分配情况，正确履行职责。图 3-1、图 3-2 分别为兴业皮革科技股份有限公司组织架构图①、广西路桥集团外部商城集采平台采购业务流程图②。

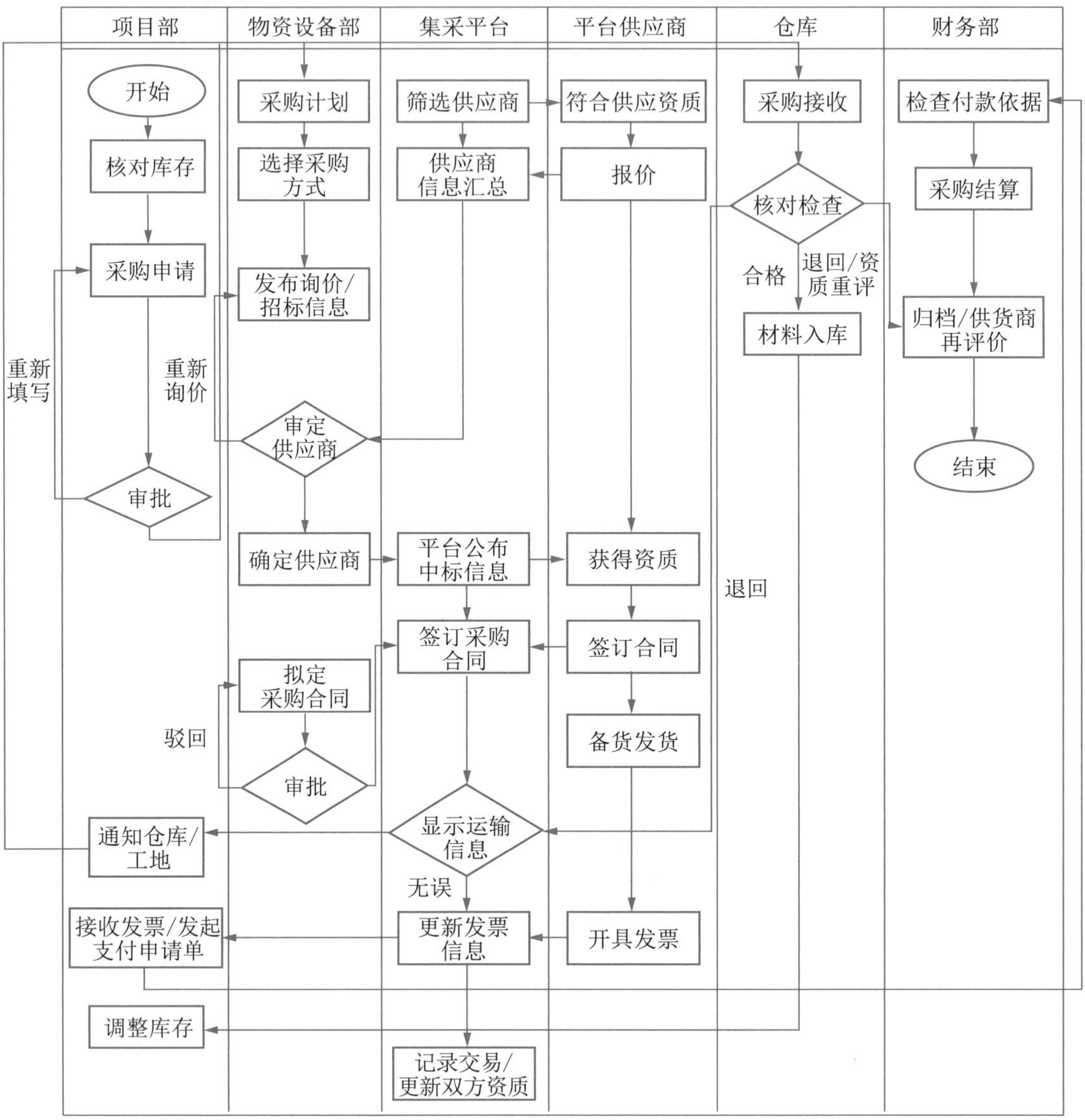

图 3-2　广西路桥集团外部商城集采平台采购业务流程图

表 3-1、表 3-2 分别为南京建设发展集团有限公司经营管理部副经理岗位说明书、麦克奥迪(厦门)电气股份有限公司的审批权限指引。

---

① 引自兴业皮革科技股份有限公司官网，2023 年 1 月 24 日，http://www.xingyeleather.com/comprofile.aspx?IntroCateId=30&CateId=30。

② 李春友、肖光杨、丁燕平：广西路桥集采平台化存货管理实践，《财务与会计》，2020 年第 17 期。

表 3-1　　南京建设发展集团有限公司岗位说明书

<table>
<tr><td>岗位名称：经营管理部副经理</td><td>所属部门：经营管理部</td></tr>
<tr><td>直接上级：经营管理部经理</td><td>直接下级：审计与资产管理岗位</td></tr>
<tr><td>岗位使命与目的：
通过审计和资产管理工作，规范企业管理行为，规避经营风险，确保公司资产的保值增值。</td><td rowspan="2">岗位主要职责：
1. 根据公司的工作目标拟定公司的审计计划，组织开展各类经营审计工作及专项审计工作；
2. 审阅审计报告及工作底稿；
3. 监督、检查公司内控制度的落实情况；
4. 指导下属员工所使用的审计程序和审计方法，培训审计人员使其了解审计和财务准则要求；
5. 定期组织盘查公司账内外固定资产，并建立台账进行登记；
6. 负责成员企业产权管理；
7. 负责完成上级领导交办的其他工作。</td></tr>
<tr><td>岗位任职资格：
教育背景：财会、经营等相关专业；本科及以上学历
工作经验：5 年以上相关工作经验
职　　称：审计师或会计师中级以上职称
素质技能：□ 熟悉财税法律规范，了解房地产开发等知识
□ 熟练使用办公软件、专业软件
□ 优秀的计划与执行能力，一定的写作能力、判断与决策能力、人际沟通能力</td></tr>
</table>

表 3-2　　麦克奥迪（厦门）电气股份有限公司权限指引表（节选）

类别	项　目	标准、范围	牵头部门	专题会	总经理办公会	董事会	股东会
研发管理	研发计划	年度产品研发规划和预算	拟订	根据需要安排召开	审议	批准	
		规划和预算内单项产品研发方案	拟订	根据需要安排召开	批准		
投资管理	投资管理	年度投资计划	拟订	根据需要安排召开	审议	批准	
	境内股权投资	股权投资实施（预算内、2 000 万（含）以内）	拟订	根据需要安排召开	批准		
		股权投资实施（预算内、2 000 万以上）	拟订	根据需要安排召开	审议	批准	
		股权投资实施（预算内但发生重大变化）	拟订	根据需要安排召开	审议	批准	
		股权投资实施（预算外 700 万（含）以内）	拟订	根据需要安排召开	批准		
		股权投资实施（预算外 700 万以上）	拟订	根据需要安排召开	审议	批准	
	股权处置（控股公司）	不涉及控制权变化的（2 000 万（含）以内）	拟订	根据需要安排召开	批准		
	股权处置（参股公司）	参股公司（2 000 万（含）以内）	拟订	根据需要安排召开	批准		
	债权投资	债权投资	拟订	根据需要安排召开	审议	批准	
	投资管理	子公司合并、分立、解散、清算或者变更组织形式	拟订	根据需要安排召开	审议	批准	
	固定资产	购买、出售重大资产（不超过公司最近一期经审计净资产 30%的事项）	拟订	根据需要安排召开	审议	批准	
		购买、出售重大资产（超过公司最近一期经审计净资产 30%的事项）	拟订	根据需要安排召开	审议	审定	批准
融资管理	直接筹资方案	发行/增发公司股票	拟订	根据需要安排召开	审议	审定	批准
		发行公司债券	拟订	根据需要安排召开	审议	审定	批准
	间接融资方案	银行借款、信托贷款等	拟订	根据需要安排召开	审议	批准	

福建实达集团股份有限公司子公司管理制度

4. 建立投资管控制度

企业拥有子公司的，应当建立科学的投资管控制度，通过合法有效的形式履行出资人职责、维护出资人权益，重点关注子公司特别是异地、境外子公司的发展战略、年度财务预决算、重大投融资、重大担保、大额资金使用、主要资产处置、重要人事任免、内部控制体系建设等重要事项。

（二）组织架构的运行

《企业内部控制应用指引第 1 号——组织架构》第三章第九条规定，企业应当根据组织架构的设计规范，对现有治理结构和内部机构设置进行全面梳理，确保本企业治理结构、内部机构设置和运行机制等符合现代企业制度要求。

1. 治理结构的梳理

企业梳理治理结构，应当重点关注董事、监事、经理及其他高级管理人员的任职资格和履职情况，以及董事会、监事会和经理层的运行效果。治理结构存在问题的，应当采取有效措施加以改进。梳理公司治理结构的关注点如表 3-3 所示。

表 3-3　梳理公司治理结构的关注点

梳理的内容	主要关注点
董事、监事、经理及其他高级管理人员的任职资格和履职情况	行为能力、道德诚信、经营管理素质、任职程序等任职资格；合规、业绩以及履行忠实、勤勉义务等履职情况
董事会、监事会和经理层的运行效果	董事会：是否按时定期或不定期召集股东大会并向股东大会报告；是否严格认真地执行了股东大会的所有决议；是否合理地聘任或解聘经理及其他高级人员等。 监事会：是否按照规定对董事、高级管理人员行为进行监督；在发现违反相关法律法规或损害公司利益时，是否能够对其提出罢免建议或制止纠正其行为等。 经理层：是否认真有效地组织实施董事会决议；是否认真有效地组织实施董事会制定的年度生产经营计划和投资方案；是否能够完成董事会确定的生产经营计划和绩效目标等

案例 3-2　安踏体育调整高层分工　完善公司治理①

2023 年 1 月 18 日，安踏体育发布公告，称为使集团管理架构与其战略方向匹配并完善公司治理，丁世忠将卸任首席执行官并留任董事会主席；集团首席财务官赖世贤、专业运动群首席执行官吴永华成为新的联席首席执行官；郑捷不再担任集团总裁，专任亚玛芬体育首席执行官。

这是安踏体育上市 16 年以来最大规模的人事调整，将于 2023 年 2 月 1 日起生效。作为国内市值第一的本土运动鞋服制造商，安踏体育过去一年的业绩受疫情影响较大。

① 节选自《每日经济新闻》2023 年 1 月 22 日报道《主品牌增长乏力　安踏体育迎来管理层大洗牌和“双 CEO”》，作者：林姿辰。

为了推进“全球化”，公司的新气象将从内部管理开始。而从消息公布后股价两日连涨的表现看，投资者对这一消息的反应较为积极。

此次人事变动，最受人瞩目的是公司创始人丁世忠卸任 CEO，留任董事会主席，设立联席 CEO 制度，由原首席财务官赖世贤、专业运动品牌群原 CEO 吴永华形成“双 CEO”格局。

这次变动意味着几位核心高层的管理领域分为了安踏主品牌、FILA 品牌、其他品牌与亚玛芬四大块，为安踏体育“2023 年高质量增长之战”准备了一支新队伍。

董事会表示，上述调整将优化集团的企业管治架构，对标国际大型企业治理模式，包括：将更好地落实集团“多品牌”及“全球化”战略；实现董事会主席及首席执行官由不同管理人员担任，完善集团公司治理；提升管理效率、强化集团人才梯队建设。

实际上，这一表态与丁世忠在公司 2022 年年会上《坚持结果导向，高标准对标》的总结讲话不谋而合。发言中，丁世忠表示：“安踏集团正确布局‘单聚焦、多品牌、全球化’的战略，包括 2019 年成功收购亚玛芬体育，才决定了企业今天的战略布局。”他还表示，安踏的干部画像就是“懂生意、带队伍、打胜仗、高抗压”。

值得一提的是，本次被选作公司一把手的赖世贤和吴永华，在安踏工作时间均有约 20 年之久。过去，两位元老级成员分别主导公司的行政运营和营销板块，这些优势在其调整后的集团职能上仍有体现。

未来，丁世忠将继续在集团企业战略、人才建设、企业文化、经营监督等事项上发挥核心领导作用，并将直接管理集团内部审计与监察职能及收购合并事宜。

2. 内部机构的梳理

企业梳理内部机构，应当重点关注内部机构设置的合理性和运行的高效性等。内部机构设置和运行中存在职能交叉、缺失或运行效率低下的，应当及时解决。梳理内部机构设置的关注点如表 3-4 所示。

表 3-4 梳理内部机构设置的关注点

梳理的内容	主要关注点
内部机构设置的合理性	内部机构设置是否适应内外部环境的变化； 是否以发展目标为导向； 是否满足专业化的分工和协作，有助于企业提高劳动生产率； 是否明确界定各机构和岗位的权利和责任，不存在权责交叉重叠，不存在只有权利而没有相对应的责任和义务的情况等
内部机构设置的高效性	内部机构的职责分工是否针对市场环境的变化做出及时调整； 机构的权力是否过大并存在监督漏洞，是否被架空，是否存在权力失衡等； 内部机构运行是否有利于保证信息的及时顺畅流通，在各机构间达到快捷沟通的目的

企业在对治理结构和内部机构设置进行全面梳理的基础上，还应当定期对组织架构设计与运行的效率和效果进行全面评估，发现组织架构设计与运行中存在缺陷的，应当进行优

海尔人单合一模式推动高质量发展

化调整。企业组织架构调整应当充分听取董事、监事、高级管理人员和其他员工的意见，按照规定的权限和程序进行决策审批。

案例 3-3　京瓷成功秘诀："稻盛和夫"的"阿米巴经营模式"①

世界 500 强企业"京瓷"成立于 1959 年 4 月 1 日，最初为一家技术陶瓷生产厂商。技术陶瓷是指一系列具备独特物理、化学和电子性能的先进材料。如今，京瓷公司的大多数产品与电信有关，包括无线手机和网络设备、半导体元件、射频和微波产品套装、无源电子元件、水晶振荡器和连接器、使用在光电通信网络中的光电产品。

说到"京瓷"，不能不提的就是他的创始人稻盛和夫和他著名的"阿米巴"经营理念。

京瓷集团自主创造了独特的经营管理模式，称为"阿米巴经营"。"阿米巴经营"是为了实现京瓷集团的企业哲学而创造的经营管理模式，它是一种将公司组织分成"阿米巴"的小集体，并按单独核算来运作这些小集体的经营系统。

"阿米巴"经营理念是"京瓷"企业成功的重要支柱之一。它帮助"京瓷"集团提高员工参与经营的积极性，增强员工的动力，而这些正是京瓷集团竞争优势的根源。

每个阿米巴都是一个独立的利润中心，就像一个中小企业那样活动，虽然需要经过上司的同意，但是经营计划、实绩管理、劳务管理等所有经营上的事情都由他们自行运作。

每个阿米巴都集生产、会计、经营于一体，再加上各个阿米巴小组之间能够随意分拆与组合，这样就能让公司对市场的变化做出迅捷反应。

京瓷公司就是由一个个被称为"阿米巴小组"的单位构成。与一般的日本公司一样，京瓷也有事业本部、事业部等部、课、系、班的阶层制。但与其他公司不同的是，稻盛和夫还组织了一套以"阿米巴小组"为单位的独立核算体制。

1963 年，稻盛和夫和青山正道（当时京瓷本部工厂以及滋贺工厂的厂长）联合推出了"单位时间核算制度"方案。1965 年，京瓷公司在正式导入"阿米巴经营"时，"单位时间核算制度"作为衡量经营状况的重要指标纳入了阿米巴经营体系。

阿米巴不仅进行成本管理，还要想方设法把实际成本做到比标准成本更低，以最少费用实现订单，以最少的费用创造最大的价值，从而实现附加值的最大化。

通过这个过程，阿米巴成为一个不断挑战的创造性团队。换句话说，在传统的成本管理体系中，其主角是产品，是物，焦点在于一个产品每道工序的成本；而在阿米巴经营中，主角是以最少费用换取最大销售额的绞尽脑汁的"人"组成的团队，焦点在于阿米巴团队创造的附加值。

通过单位时间核算制度公式，使各个部门、各小组，甚至某个人的经营业绩变得清晰透明。一般来说，大公司的员工很难对自己工作的具体成果有实在的感觉，他们常常只是公司庞大系统中的一个小小的齿轮，很难感知到自己对公司到底有何贡献。从这点上看，单位时间的附加价值成为激励员工的动力。

---

① 节选自跨洋科技海外营销官网 2018 年 1 月 8 日的同名文章（http://www.ctoutiao.com/440850.html）。

第二节　发展战略

一、发展战略的定义

根据《企业内部控制应用指引第 2 号——发展战略》，发展战略是企业在对现实状况和未来趋势进行综合分析和科学预测的基础上，制定并实施的中长期发展目标与战略规划。

发展战略指明了企业发展方向、目标与实施路径，描绘了公司未来经营方向和目标纲领，是公司发展的蓝图，关系着公司的长远生存与发展。只有制定科学合理的公司发展战略，执行层才有行动的指南，其在日常经营管理和决策时才不会迷失方向，才能知晓哪些是应着力做的"正确的事"；否则，要么盲目决策，要么无所作为，既浪费公司宝贵的资源，难以形成竞争优势，又可能失去发展机会，导致公司走向衰落甚至消亡。

《企业内部控制基本规范》明确指出，"内部控制的目标是合理保证公司经营管理合法合规、资产安全、财务报告及相关信息真实完整，提高经营效率和效果，促进公司实现发展战略"。从中可以看出，企业内部控制的系列目标中，促进发展战略的实现是内部控制最高层次的目标。它一方面表明，企业内部控制最终所追求的是如何通过强化风险管理促进公司实现发展战略；另一方面也说明，实现发展战略必须通过建立和健全企业内部控制体系。发展战略为企业内部控制指明了方向，内部控制为企业实现发展战略提供了坚实保障。

海尔集团五个战略发展阶段

二、发展战略的关键风险

企业制定与实施发展战略至少应当关注下列风险：

（1）缺乏明确的发展战略或发展战略实施不到位，可能导致企业盲目发展，难以形成竞争优势，丧失发展机遇和动力。

案例 3-4　审计署 2018 年第 41 号公告有关中信集团公司治理和内部管理的问题①

根据《中华人民共和国审计法》的规定，2017 年 7 月至 9 月，审计署对中国中信集团有限公司（以下简称中信集团）2016 年度资产负债损益情况进行了审计，重点审计了中信集团本级及所属中信银行股份有限公司、中信信托有限责任公司（以下简称中信银行、中信信托）等 36 家二级单位，对有关事项进行了延伸和追溯。

审计署审计结果表明，中信集团注重落实金融支持实体经济，参与"走出去"和"一带一路"建设，加大对战略性新兴产业投入；完善公司治理，加强风险管控，实施全面预算管理，加大对重大项目及重要风险领域等的内审监督力度。审计也发现，中信集团在业务经营、公司治理和内部管理、风险管控、落实中央八项规定精神及廉洁从业规定等方面还存在一些问题。

① 节选自审计署 2018 年 6 月 20 日发布的《2018 年第 41 号公告：中国中信集团有限公司 2016 年度资产负债损益审计结果》，https://www.audit.gov.cn/n5/n25/c123557/content.html。

其中在公司治理和内部管理方面具体包括以下问题：

1. 2010 年至审计时，中信集团和所属 12 家企业存在违规决策或决策不审慎、超授权审批和先决策后报批等问题。

2. 2011 至 2015 年，所属中信银行因董事会调整而未有效落实公司发展战略规划要求，11 项可量化指标未完成；所属中信证券股份有限公司股东大会议事规则中未明确对董事会的授权原则和内容。

3. 至审计时，中信集团未按要求压缩股权和管理层级，所属中信旅游集团有限公司等 7 家企业仍存在交叉持股问题。

4. 2011 至 2015 年，中信集团发展规划部分重要财务指标未完成，同时存在产业布局广、行业多、低效资产比例偏高等问题，影响金融控股集团综合经营优势发挥。

5. 2011 年至审计时，中信集团及所属 20 家企业在工资总额外发放津补贴等 1.39 亿元，会计核算不规范等涉及金额 10.71 亿元。

6. 2011 年至审计时，所属中信银行等 12 家企业在采购管理中存在违反招标规定等问题，涉及金额 44.24 亿元。

7. 至审计时，所属中信旅游集团有限公司及其下属 25 家企业，在使用“中信”商标等方面存在不规范问题。

8. 至审计时，中信集团及所属 3 家企业存在信息管理平台建设工作推进缓慢，信息科技人员占比不符合监管要求，以及 IT 治理未按制度要求执行等问题。

9. 至 2017 年底，所属中信重工机械股份有限公司和中信机电制造公司 3 个重点项目推动落实缓慢；中信国安集团有限公司落实混合所有制改革要求不到位。

（2）发展战略过于激进，脱离企业实际能力或偏离主业，可能导致企业过度扩张，甚至经营失败。

（3）发展战略因主观原因频繁变动，可能导致资源浪费，甚至会危及企业的生存和持续发展。

案例 3-5　一代鞋王富贵鸟如何走向破产退市？[①]

2019 年 8 月 26 日，经历 3 年停牌之后，富贵鸟股份有限公司（富贵鸟，01819.HK）公告称，公司 8 月 24 日收到泉州中院公告及民事裁定书，裁定驳回富贵鸟股份有限公司管理人关于批准重整计划草案的申请，并终止富贵鸟股份有限公司重整程序，宣告富贵鸟股份有限公司破产。

富贵鸟是中国最早生产男鞋的企业之一，曾获“首届中国鞋王”“中国真皮鞋王”“中国驰名商标”等众多奖项。2013 年在香港上市，当年营业额近 30 亿元，净利润达 5.19 亿元，而同期奥康净利润仅 2.74 亿元。

现如今，富贵鸟以负债 30 亿元跌下神坛，退出市场，其中原因究竟是什么？

---

① 转引自 ZAKER 官网（http://www.myzaker.com）2019 年 9 月 1 日文章，《一代鞋王富贵鸟如何走向破产退市？停牌三年负债近 30 亿》，作者：杨远，原出处：犀牛财经（ID：gplpcn）。

一、认识不清，转型失败

在谈及企业衰败时，富贵鸟股份有限公司常务副总经理吴海民表示，在2014年企业销售只是微增之时，企业并没有意识到市场的变化，反而是放缓了研发的进度。

自此，富贵鸟经营业绩逐步下滑。2014年，在铸就企业盈利峰值的同时，也成为营收增幅的拐点。据GPLP犀牛财经了解，富贵鸟收入增幅从2013年的19%降至1%，且在2015年上半年出现负增长。

另一方面，富贵鸟的利润也开始下滑，2015年毛利率最高达41%，到2017年上半年仅为36%。

在增量市场，用户需求从无到有，企业只需加大马力尽情生产，就能赚得盆满钵满。2014年正处于从有到优的过渡阶段，消费即将升级要求企业在垂直领域做好深耕准备，而富贵鸟恰巧错过了这一重要时期。

电商的迅速发展，也对他们相对传统的营销模式造成了冲击。对主业缺乏聚焦关注，在行业迅速转型时期，没有快速转变。

二、热衷互联网金融，经营偏离主业

然而，真正使富贵鸟“折翅”的，除了产品研发和销售疲软外，还有企业不断跨行业投资带来的巨额负债，也就是说，富贵鸟陷入了多元化经营的泥潭。

正是从2015年起，富贵鸟开始涉多元化发展，曾经进军童鞋童服市场无果而终，之后转投金融、房地产、矿业等，都以失败告终。

尤其金融领域的投资让富贵鸟受到重创。从2015年开始，林和平为了刺激企业发展，想通过投资P2P项目赚快钱，便先后投了共赢社、叮咚钱包等多项理财项目。富贵鸟还开了一家小额贷款公司——石狮市富银小额贷款有限公司。

但这些项目后来相继爆雷，富贵鸟的投资也是有去无回了。

三、债务危机压垮最后一根稻草

为解燃眉之急，富贵鸟决定借钱赌一赌，开始对外发债，而发债又无异于饮鸩止渴，再次把富贵鸟抛进深渊。

2015—2016年，富贵鸟先后发行了3只债券，总计约25亿元。截至目前，有两只都已实质违约，涉及本金高达21亿元。同时，富贵鸟还欠银行5亿元贷款，其他经营性负债约3亿元。富贵鸟的债务总额累计已超过30亿元。

主业收入持续下滑，积压的库存又占用了巨大的资金，副业投资失败导致巨额债务，三者叠加致使一代“男鞋之王”富贵鸟从此富贵不再。

三、发展战略的主要控制措施

（一）发展战略的制定

1. 建立和健全发展战略制定机构

发展战略联系着公司的现在和未来，公司各层级都应给予高度重视和大力支持，要在人力资源配置、组织机构设置等方面提供必要的保障。

公司应当在董事会下设立战略委员会，或指定相关机构负责公司发展战略管理工作，履行相应职责。战略委员会的主要职责是对公司长期发展战略和重大投资决策进行研究并提

浙江东方金融控股集团股份有限公司董事会战略委员会实施细则

出建议。为确保战略委员会议事过程透明、决策程序科学民主，公司应当明确相关议事规则，对战略委员会会议的召开程序、表决方式、提案审议、保密要求和会议记录等做出明确约定。

为了使公司发展战略管理工作落到实处，公司除了在董事会层面设立战略委员会外，还应在内部机构中设置专门的部门或指定相关部门，承担战略委员会有关具体工作。

2. 制定科学的发展战略

(1) 分析企业内外部环境因素。企业外部环境、内部资源等因素是影响发展战略制定的关键因素。只有对企业所处的外部环境和拥有的内部资源展开深度分析，才能制定出科学合理的发展战略。在此过程中，企业应当综合考虑宏观经济政策、国内外市场需求变化、技术发展趋势、行业及竞争对手状况、可利用的资源水平和自身优势与劣势等影响因素。

(2) 制定发展目标。企业发展目标是指导企业生产经营活动的准绳。在制定企业发展目标过程中，应当重点关注以下主要内容：

① 发展目标应当突出主业。在编制发展目标时应突出主业，只有集中精力做强主业，才能增强企业核心竞争力，才能在行业发展、产业发展中发挥引领和带头作用。

② 发展目标不能过于激进，不能盲目追逐市场热点，不能脱离企业实际。

③ 发展目标不能过于保守，否则会丧失发展机遇和动力。

④ 发展目标应当组织多方面的专家和有关人员进行研究论证。

(3) 编制战略规划。发展目标确定后，就要考虑使用何种手段、采取何种措施、运用何种方法来达到目标，即编制战略规划。战略规划应当明确企业发展的阶段和发展程度，制定每个发展阶段的具体目标和工作任务以及达到发展目标必经的实施路径等。

(4)严格审议和批准发展战略。发展战略拟定后，应当按照规定的权限和程序对发展战略方案进行审议和批准。审议战略委员会提交的发展战略建议方案，是董事会的重要职责。在审议过程中，董事会应着力关注发展战略的全局性、长期性和可行性，具体包括：第一，发展战略是否符合国家行业发展规划和产业政策；第二，发展战略是否符合国家经济结构战略性调整方向；第三，发展战略是否突出主业，有助于提升企业核心竞争力；第四，发展战略是否具有可操作性；第五，发展战略是否客观全面地对未来商业机会和风险进行分析预测；第六，发展战略是否有相应的人力、财务、信息等资源保障等。董事会在审议中如果发现发展战略方案存在重大缺陷问题，应当责成战略委员会对建议方案进行调整。企业发展战略方案经董事会审议通过后，应当报经股东(大)会批准后付诸实施。

(二) 发展战略的实施

科学制定发展战略是一个复杂的过程，实施发展战略更是一个系统工程。企业只有重视和加强发展战略的实施，在所有相关目标领域全力推进，才有可能将发展战略描绘的蓝图转变为现实。

1. 发展战略实施的组织领导

要确保发展战略有效实施，加强组织领导是关键。企业经理层作为发展战略制定的直接参与者，往往比一般员工掌握更多的战略信息，对企业发展目标、战略规划和战略实施路径的理解和体会也更加全面深刻，应当担任发展战略实施的领导者。依据“统一领导、统一指挥”的原则，发挥企业经理层在资源分配、平衡和决策等方面的作用，确保发展战略的有效实施。

2. 发展战略的分解落实

发展战略制定后，企业经理层应着手将发展战略逐步细化。①要根据战略规划，制定年度工作计划。②要按照上下结合、分级编制、逐级汇总的原则编制全面预算，将发展目标分解并落实到产销水平、资产负债规模、收入及利润增长幅度、投资回报、风险管控、技术创新、品牌建设、人力资源建设、制度建设、企业文化、社会责任等可操作层面，确保发展战略能够真正有效地指导企业各项生产经营管理活动。③要进一步将年度预算细分为季度、月度预算，通过实施分期预算控制，促进年度预算目标的实现。④要通过建立发展战略实施的激励约束机制，将各责任单位年度预算目标完成情况纳入绩效考核体系，切实做到有奖有惩、奖惩分明，以促进发展战略的有效实施。

3. 发展战略的执行

战略实施过程是一个系统的有机整体，在目前复杂动态的市场环境和激烈的市场竞争中，对企业内部不同部门之间的协同运作提出了越来越高的要求。为此，企业应当培育发展战略相匹配的企业文化，优化调整组织结构，整合内外部资源，以促进发展战略的有效实施。

4. 发展战略的宣传培训

企业应当重视发展战略的宣传培训工作，为推进发展战略实施提供强有力的思想支撑和行为导向。在企业董事、监事和高级管理人员中树立战略意识和战略思维，充分发挥其在战略制定与实施过程中的模范带头作用；通过采取内部会议、培训、讲座、知识竞赛等多种行之有效的方式，把发展战略及其分解落实情况传递到内部各管理层和全体员工中，营造战略宣传的强大舆论氛围。企业高管层要加强与广大员工的沟通，使全体员工充分认清企业的发展思路、战略目标和具体措施，自觉将发展战略与自己的具体工作结合起来，促进发展战略的有效实施。

宝塔实业股份有限公司发展战略管理制度

5. 发展战略的监控与调整

企业战略委员会应当加强对发展战略实施情况的监控，定期收集和分析相关信息，对于明显偏离发展战略的情况，应当及时报告。

由于经济形势、产业政策、技术进步、行业状况以及不可抗力等因素发生重大变化，确需对发展战略做出调整的，应当按照规定权限和程序调整发展战略。

第三节　人力资源

一、人力资源的定义

根据《企业内部控制应用指引第 3 号——人力资源》的定义，人力资源是指企业组织生产经营活动而录（任）用的各种人员，包括董事、监事、高级管理人员和一般员工，其本质是企业组织中各种人员所具有的脑力和体力的总和。

党的二十大报告指出，“教育、科技、人才是全面建设社会主义现代化国家的基础性、战略性支撑。必须坚持科技是第一生产力、人才是第一资源、创新是第一动力，深入实施科教兴国战略、人才强国战略、创新驱动发展战略，开辟发展新领域新赛道，不断塑造发展新动能新优势。”对企业来说也是如此，优秀人才已经成为市场竞争中最重要的战略资源，人力资源在企业竞争中起着决定性作用。无数事实证明，一个企业的生死存亡、经营成败，很大程度上取决于人力资源。

二、人力资源的关键风险

《企业内部控制应用指引第 3 号——人力资源》指出，企业人力资源管理至少应当关注下列风险：

(1) 人力资源缺乏或过剩、结构不合理、开发机制不健全，可能导致企业发展战略难以实现。

(2) 人力资源激励约束制度不合理、关键岗位人员管理不完善，可能导致人才流失、经营效率低下或关键技术、商业秘密和国家机密泄露。

(3) 人力资源退出机制不当，可能导致法律诉讼或企业声誉受损。

思政课堂 3-1　离职员工为谋私利泄露商业秘密被依法判刑！

近日，宜兴法院审结了一起离职员工泄露商业机密的刑事案件，被告人刘某因犯侵犯商业秘密罪被依法判刑。

一、案情简介

2018 年下半年，刘某至某公司工作，并与该公司签订劳动合同、保密协议、竞业限制协议，负责公司技术与销售工作。2019 年 4 月，刘某从公司自动离职，违反公司关于保守商业秘密的规定，将不为公众知悉的相关客户单位的联系电话、产品规格、产品价格等经营信息泄露给具有竞争关系的其他公司，给公司造成 103 万余元的损失，刘某从中获利 7 500 元。

2020 年 12 月 8 日，刘某被抓获，归案后如实供述了上述犯罪事实，并签署了认罪认罚具结书。审理中，刘某退还违法所得 7 500 元。

二、判决结果

宜兴法院经审理认为，被告人刘某违反保密义务，允许他人使用其掌握的商业秘密，造成商业秘密权利人损失 103 万余元，情节严重，其行为已构成侵犯商业秘密罪。综合考虑被告人刘某犯罪情节，法院依法判处其有期徒刑一年，缓刑一年六个月，并处罚金人民币一万五千元。

三、法官说法

商业秘密，是指不为公众所知悉、具有商业价值并经权利人采取相应保密措施的技术信息、经营信息等商业信息。作为企业重要的无形资产，企业员工在工作中接触到企业的商业秘密时，应恪守职业道德，履行保密义务，特别是员工离职、“跳槽”，更应保守原单位商业秘密，如违反约定或者违反企业有关保守商业秘密的要求，披露、使用或者允许他人使用该商业秘密，则需要承担相应的民事赔偿责任，若造成企业重大损失，还需承担刑事责任。

除了上述风险之外，在实务当中还存在人力资源使用风险。人力资源使用风险是指企业在人员的使用调配和上司的管理授权时，由于人事决策失误、组织协调失衡、员工的思想道德问题或者能力的不足等给企业造成损失的可能性和程度，包括授权不当风险、职位能力风险、人员舞弊风险等。

案例 3-6　美团反腐零容忍①

2023 年 1 月 13 日，美团对外发布 2022 年生态反腐公告。公告显示，2022 年，美团共查处涉相关人员刑事案件 41 起，移送司法机关 107 人，其中涉及内部员工 47 人，生态合作商等外部人员 60 人，因廉洁合作问题清退且永不合作的合作商 41 家。

为合作伙伴营造简单高效、公开透明的共赢环境，保障消费者、合作伙伴及公司的合法权益，美团将“廉正”视为长期发展的一项组织能力和核心竞争力，严守“正直诚信”底线要求，始终坚持“零容忍”的反腐高压态势。自 2016 年以来，美团每年均会发布生态反腐公告，对于达到犯罪标准的涉案人员，无论内外，一律移送司法；对于涉及舞弊、贿赂等行为的合作商，无论大小，永不合作并坚决追究法律责任。

腐败是长期存在的社会顽疾，除了互联网企业自身的持续努力，还需要社会各界共建共治。早在 2017 年，美团就联合京东、腾讯、百度等 14 家企业成立“阳光诚信联盟”，通过共享职场黑名单机制，对舞弊员工联合拒绝录用，对不良商家联合拒绝合作。随后，美团在公司内部发布“美团七条”廉洁自律宣言及美团廉洁合作五知道，提倡诚信经营，坚决反对商业贿赂和招待送礼，在端午节、中秋节、春节等重要节日持续推送宣贯，并提供举报渠道，不断完善廉正制度，建设“廉洁美团，廉洁生态”。

“美团希望在简单健康的商业氛围中，开展廉洁高效的合作，促进双方共赢，”美团相关负责人表示，将持续努力打造开放、公正、阳光、透明的营商环境，欢迎所有员工及业务合作伙伴对吃拿卡要、索贿受贿等不廉洁行为，提供线索、积极举报。

三、人力资源的主要控制措施

（一）人力资源规划

“凡事预则立，不预则废”，人力资源管理同样如此。为了保证整个人力资源系统的正常运转，发挥其应有的作用，也必须认真做好计划。人力资源管理的计划是通过人力资源规划这一职能实现的。

科学的人力资源规划既有助于企业发展战略的制定，又有助于企业保持人员状况的稳定。同时，通过人力资源规划，企业还可以使得人员招聘计划、员工培训与开发计划、薪酬计划、激励计划等人力资源管理具体计划保持相互协调。

（二）招聘与录用

招聘工作的有效实施不仅对于人力资源本身，而且对于整个企业都有非常重要的意义。招聘工作决定了企业能否吸纳到优秀的人力资源，影响着人员的流动，同时招聘工作也是企业进行对外宣传的一条有效途径。

① 引自法制网 2023 年 1 月 13 日报道《反腐零容忍！美团 2022 年清退合作商 41 家，移送司法机关 107 人》，责任编辑：李晓慧，http://www.legaldaily.com.cn/zt/content/2023-01/13/content_8815491.htm。

与招聘工作相比，录用无论是对企业还是对人力资源管理的影响都更直接，它直接决定了企业能否正常有效运转。录用不同岗位人员有着不同的标准，但最重要的莫过于要遵循“又红又专”这一基本原则，也就是既要强调人员的职业道德修养，又要看重人员的专业胜任能力。专业胜任能力一般可以通过笔试、面试等方式进行判断，但是职业道德修养却很难在招聘过程中把控，因此企业通常需要在面试通过之后录用之前对拟录用人员进行背景调查，尤其是重要岗位的人员，同时在录用之后一般需要设置试用期。

（三）培训与开发

培训与开发是指企业通过各种方式使员工具备完成现在或者将来工作所需要的知识、技能并改变他们的工作态度，以改善员工在现有或将来职位上的工作业绩，并最终实现企业整体绩效提升的一种计划性和连续性的活动。

科学的培训与开发有助于改善企业的绩效，增进企业的竞争优势，提高员工的满足感，培育企业文化。

（四）绩效管理

绩效管理是指制定员工的绩效目标并收集与绩效有关的信息，定期对员工的绩效目标完成情况做出评价和反馈，以确保员工的工作活动和工作产出与组织保持一致，进而保证组织目标完成的管理手段与过程。

绩效管理不同于绩效考核，完整意义上的绩效管理是由计划绩效、监控绩效、考核绩效和反馈绩效四个部分组成的一个系统，而绩效考核只是绩效管理的一个组成部分，代表不了绩效管理的全部内容。

绩效管理应遵循以下基本原则：①权责一致原则；②量化考核原则；③兼顾公平原则；④有效沟通原则；⑤全员参与原则。

海信集团的人才培养体系

（五）薪酬管理

薪酬管理是指企业在经营战略和发展规划的指导下，综合考虑内部各种因素的影响，确定自身的薪酬水平、薪酬结构和薪酬形式，并进行薪酬调整和薪酬控制的整个过程。

薪酬管理应遵循以下基本原则：①合法性原则。②公平性原则。③动态性原则。

第四节　社会责任

一、社会责任的定义

根据《企业内部控制应用指引第 4 号——社会责任》的规定，企业社会责任，是指企业在经营发展过程中应当履行的社会职责和义务，主要包括安全生产、产品质量（含服务）、环境保护、资源节约、促进就业、员工权益保护等。

习近平总书记 2020 年 7 月 21 日主持召开企业家座谈会时指出，“企业家要带领企业战胜当前的困难，走向更辉煌的未来，就要弘扬企业家精神，在爱国、创新、诚信、社会责任和国际视野等方面不断提升自己，努力成为新时代构建新发展格局、建设现代化经济体系、推动高质量发展的生力军”。其中，他特别提出“关爱员工是企业家履行社会责任的一个重要方面，要努力稳定就业岗位，关心员工健康，同员工携手渡过难关。”

履行社会责任一方面可以提高企业经济效益。企业承担社会责任，并不必然导致企业竞争力的削弱，反而会有助于企业树立良好的社会形象，提高自己产品和服务的声誉，并为企业带来更多的经济效益。另一方面，履行社会责任可以实现企业可持续发展。企业的利益相关者不仅包括企业的股东、债权人、雇员、消费者、供应商，也包括政府部门、本地居民等。企业必须切实履行对企业利益相关者的社会责任，才能获得企业利益相关者的认可和尊重，防范化解生产经营中出现的各种风险，真正实现企业价值最大化目标。

思政课堂 3-2　习近平总书记关于“两山”理论的重要论述

2005 年 8 月 15 日，习近平同志在浙江省安吉县考察时，明确提出了“绿水青山就是金山银山”的科学论断，为中国的经济社会发展指出了一条科学绿色的道路。党的十九大把“增强绿水青山就是金山银山的意识”写进《中国共产党章程》，党的二十大报告强调“必须牢固树立和践行绿水青山就是金山银山的理念，站在人与自然和谐共生的高度谋划发展”。“两山”理论作为习近平生态文明思想的核心在全国落地生根，成为全党全社会的思想共识和行动遵循。以下为十八大以来习近平总书记有关“两山”理论的部分重要论述。

坚持绿水青山就是金山银山的理念，强化生态环境联建联防联治。要增加清洁能源供应，调整能源消费结构，持之以恒推进京津冀地区生态建设，加快形成节约资源和保护环境的空间格局、产业结构、生产方式、生活方式。

——2019 年 1 月 18 日，习近平在京津冀协同发展座谈会上的讲话

我一直讲，绿水青山就是金山银山，改善生态环境就是发展生产力。良好生态本身蕴含着无穷的经济价值，能够源源不断创造综合效益，实现经济社会可持续发展。

——2019 年 4 月 28 日，习近平在北京世界园艺博览会开幕式上的讲话

要高度重视生态保护工作，牢固树立绿水青山就是金山银山的理念，从源头上解决生态环境问题，持续推进产业结构和能源结构升级优化，努力打造绿色低碳循环发展的经济体系，坚决打赢蓝天、碧水、净土保卫战，统筹推进山水林田湖草系统治理，把沿黄生态保护好，提升自然生态系统质量和稳定性。

——2019 年 9 月 16 日至 18 日，习近平在河南考察调研时的讲话

人与自然是生命共同体，对自然的伤害最终会伤及人类自己。我提出绿水青山就是金山银山，就是希望中国既加强自身生态文明建设，主动承担应对气候变化的国际责任，又同世界各国一道，努力呵护好全人类共同的地球家园。

——2020 年 1 月 6 日，习近平给世界大学气候变化联盟学生代表的回信

推动经济高质量发展，决不能再走先污染后治理的老路。只要坚持生态优先、绿色发展，锲而不舍，久久为功，就一定能把绿水青山变成金山银山。

——2020 年 1 月 19 日至 21 日，习近平在云南考察调研时的讲话

绿水青山就是金山银山。良好生态环境既是自然财富，也是经济财富，关系经济社会发展潜力和后劲。我们要加快形成绿色发展方式，促进经济发展和环境保护双赢，构建经济与环境协同共进的地球家园。

——2021 年 10 月 12 日习近平在出席《生物多样性公约》第十五次缔约方大会领导人峰会时的讲话

> 中国坚持绿水青山就是金山银山的理念，推动山水林田湖草沙一体化保护和系统治理，全力以赴推进生态文明建设，全力以赴加强污染防治，全力以赴改善人民生产生活环境。
>
> ——2022 年 1 月 17 日习近平在 2022 年世界经济论坛视频会议上的讲话

二、社会责任的关键风险

《企业内部控制应用指引第 4 号——社会责任》第三条指出，企业履行社会责任至少应当关注以下风险：

（1）安全生产措施不到位，责任不落实，可能导致企业发生安全事故。

（2）产品质量低劣，侵害消费者利益，可能导致企业巨额赔偿、形象受损，甚至破产。

（3）环境保护投入不足，资源耗费大，造成环境污染或资源枯竭，可能导致企业巨额赔偿、缺乏发展后劲，甚至停业。

案例 3-7　青海兴青集团非法开采破坏祁连山生态[①]

2020 年 8 月 4 日，《经济参考报》报道青海省兴青工贸工程集团公司涉嫌无证开采青海省木里矿区聚乎更煤田，导致高寒草原湿地、黄河上游源头、青海湖和祁连山水源涵养地局部生态面临破坏。8 月 9 日，青海省人民政府新闻办公室举行发布会，初步认定兴青公司涉嫌非法开采，破坏生态环境。兴青公司董事长马少伟等相关责任人被采取强制措施，多名领导干部被免职并接受调查。8 月 31 日，青海省正式启动木里矿区以及祁连山南麓青海片区生态环境综合整治三年行动。

党的十八大明确提出大力推进生态文明建设，努力建设美丽中国，实现中华民族永续发展。作为当地大型民营企业集团，兴青集团丧失责任底线，在追逐商业利润的同时对外部生态环境造成重大损害，是典型的“负社会价值”公司，已失去经营的“社会合法性”基础。

中国上市公司 ESG 发展报告(2022)

（4）促进就业和员工权益保护的力度不够，可能导致员工积极性受挫，影响企业发展和社会稳定。

案例 3-8　厦门国际银行员工拒喝领导敬酒被打耳光[②]

2020 年 8 月 20 日，厦门国际银行新员工因拒喝领导敬酒被辱骂打耳光一事引发热议。事情曝光后，厦门国际银行北京分行于 8 月 24 日在其微信公众号上对此事进行了说明，称已对涉事领导董某给予严重警告处分，扣罚两个季度绩效工资，对支行负责人罗某给予警告处分，扣罚一个季度绩效工资。

---

① 南方周末中国企业社会责任研究中心：《民生领域警示事件增多，企业需平衡经营压力与社会责任》，《南方周末》官网，2020 年 9 月 29 日，http://www.infzm.com/contents/191856。

② 杜一兰：《员工不喝领导敬酒被扇耳光，刚被罚 420 万元》，载于《中国新闻周刊》2020 年 9 月 7 日。

2020年8月27日，中国银行业协会(以下简称"中银协")发文表示，涉事银行仅采取严重警告、扣罚绩效之类轻描淡写的处罚，无异于罚酒三杯。对于此类有损行业形象并造成恶劣影响的行为，涉事银行要"出重拳""下狠手""零容忍"，对相应当事人从严从重处理。

同时中银协表示，近期修订了《银行业从业人员职业操守和行为准则》，拟建立银行业从业人员禁入黑名单。今后，对从业人员因行为恶劣，对行业造成重大损失和负面影响的将考虑纳入行业禁入黑名单。对于出现类似有损行业形象行为和事件的银行分支机构，将采取"一票否决制"，在整改未落实期间禁止其参加中银协"星级网点""百佳、千佳单位"等文明规范服务评估活动。

近年来，厦门国际银行屡遭行政处罚，风波不断。就在打耳光事件发生的前两个月，厦门国际银行北京分行因违反征信查询规定被处罚，本次被处罚的支行负责人罗某也在处罚之列。

文渊智库创始人王超向中国新闻周刊分析，厦门国际银行打人事件以及一系列的违规操作，说明该银行管理方式粗犷，管理人员素质落后。"2017年开始，中央三大攻坚任务首条就是治理金融乱象，这家银行顶风作案，完全没有把中央的三令五申放在眼里，与之合作的P2P频频爆雷，这是内部风险控制出现了巨大漏洞，而且是显而易见的漏洞，银行的合规和风控可以说是筛子。"

8月30日，中保协回应厦门国际银行敬酒事件称，应以此为鉴，向该事件中折射出的畸形"酒桌文化""圈子文化""奢靡之风"大声说不。同时中保协将加强行业自律，探索建立从业人员黑灰名单制度，增加其违纪违法成本。

三、社会责任的主要控制措施

(一) 安全生产

企业在安全生产方面应当采取的控制措施主要包括：①设立安全管理部门和安全监督机构，负责企业安全生产的日常监督管理工作。②建立严格的安全生产管理体系、操作规范和应急预案。③强化安全生产责任追究制度，切实做到安全生产。④加大安全生产投入，在人力、物力、资金、技术等方面提供必要的保障。⑤健全检查监督机制，确保各项安全措施落实到位，不得随意降低保障标准和要求。⑥采用多种形式增强员工安全意识，重视岗位培训，对于特殊岗位实行资格认证制度。⑦加强生产设备的经常性维护管理，及时排除安全隐患。⑧实施生产安全事故报告机制。

(二) 产品质量

企业在产品质量方面应当采取的控制措施主要包括：①规范生产流程，建立严格的产品质量控制和检验制度。②加强产品的售后服务，发现存在严重质量缺陷、隐患的产品，应当及时召回或采取其他有效措施。③妥善处理消费者提出的投诉和建议，切实保护消费者权益。

案例3-9 积极履行社会责任的典范——科大讯飞

2022年12月24日，由人民日报社指导、人民网主办的"奋进新征程　谱写新篇章——2022人民企业社会责任高峰论坛"暨第十七届人民企业社会责任奖颁奖典礼在线上举行。科大讯飞股份有限公司榜上有名，与平安人寿保险、国家开发银行等23家企业被授予第十七届人民企业社会责任奖“年度企业奖”。

科大讯飞作为中国人工智能代表企业之一，创业23年来，一直在用技术开拓着公益的边界，践行用人工智能建设美好世界的责任与使命：以AI融入时代潮流、解决社会刚需，以科技之力推进资源均衡，让民生成为科技的价值尺度，让AI的社会责任抵达人心。公司持续推动技术突破和应用落地，经营规模和经营效益同步提升；坚持合规治理，全方位践行推动人工智能技术进步和产业发展、促进社会进步的社会责任。近年来，科大讯飞在ESG实践、公司发展等方面的成效得到相关监管部门及社会各界的一致认可。科大讯飞ESG实践被中国上市公司协会评选为“优秀实践案例”、获得“中证指数ESG评级AAA级”的评级、荣获新财富“最佳ESG信披奖”等一系列荣誉，同时公司也被纳入恒生A股可持续发展企业基准指数（HSCASUSB）成分股。

真心诚意回报社会、切实履行社会责任，是科大讯飞始终恪守的重要原则。无论是合法经营、依法纳税，还是积极创造更多就业岗位、关心爱护员工健康，无论是积极参与各类社会活动、投身各类公益事业，还是积极捐款捐物、提供志愿服务，无论是参与决战决胜脱贫攻坚，还是助力疫情防控外呼……科大讯飞致力于让民生成为科技的价值尺度，以AI报国、造福社会、惠及人民。

近年来，讯飞注重发挥自身优势，积极推动人工智能产品研发和行业应用落地，让科技更好地惠民利民便民，以创新方式投身公益事业，履行社会责任。

2022年是科大讯飞积极投身无障碍事业的第八个年头。八年来，科大讯飞坚持以科技赋能无障碍基础设施建设，用人工智能技术解决残障人士沟通交流、行动不便的痛点，帮助他们更加平等、自信地融入社会。自2019年科大讯飞联合中国聋协、中国残疾人艺术团共同发起的“听见AI的声音”公益关爱行动，截至目前，已累计为中国听障群体提供5 820万分钟的免费转写服务。2022年年初，科大讯飞发布无障碍智能通信产品“爱听助理”，支持智能应答、声音复原、智能推荐回复、拍图朗读、面对面聊天等功能，向听障人士免费开放使用。

另外，作为北京2022年冬奥会和冬残奥会官方自动语音转换与翻译独家供应商，科大讯飞为盛会提供自动翻译和相关的多语种语音转换、语音识别以及语音合成等硬核技术，助力实现赛场内外的沟通交流无障碍，既向世界传递了“中国智慧”的温度，也为北京2022年冬奥会和冬残奥会增绘了人文色彩。

（三）环境保护与资源节约

二十大报告指出，当前我国的生态环境保护任务依然艰巨，为此企业需要坚持绿水青山就是金山银山的理念，深入推进环境污染防治，积极稳妥推进碳达峰、碳中和。企业在环境保护与资源节约方面应当采取的控制措施主要包括：①建立环境保护与资源节约制度，认真落实节能减排责任，加强对废气、废水、废渣的综合治理，提高资源综合利用效率。②加大对环保工作的人力、物力、财力的投入和技术支持，不断改进工艺流程，降低能耗和污染物排放水平，实现清洁生产。③大力宣传教育，不断提高员工的环境保护和资源节约意识。④建立环境保护和资源节约的监控制度，定期开展监督检查，发现问题，及时采取措施予以纠正。⑤发生紧急、重大环境污染事件时，应当启动应急机制，及时报告和处理，并依法追究相关责任人的责任。

(四)促进就业与员工权益保护

企业在促进就业与员工权益保护方面应当采取的控制措施主要包括:①贯彻人力资源政策,与员工签订并履行劳动合同,保持工作岗位相对稳定。②建立科学的员工薪酬制度和激励机制。③打造完善科学的员工培训和晋升机制。④做好健康管理工作保障员工身心健康。

案例 3-10　中国建筑:以高质量 ESG 管理助力创建世界一流企业①

中国建筑股份有限公司(以下简称"中国建筑"或"公司")是全球规模最大的投资建设集团之一,位居《财富》"世界 500 强"2021 年榜单第 13 位,稳居美国《工程新闻纪录》(ENR)2021 年度"全球最大 250 家工程承包商"榜单首位。公司连续 7 年获得标普、穆迪、惠誉等国际三大评级机构信用评级 A 级,为全球建筑行业最高信用评级。中国建筑 16 次获得国务院国资委年度考核 A 级,是上证 50 指数、富时罗素中国 A50 指数、MSCI 中国 A50 互联互通指数中的建筑企业优秀代表。

中国建筑作为央企控股上市公司,始终重视环境、社会与治理(ESG)工作,落实新发展理念,坚持高质量发展,不断把 ESG 治理与经营管理相融合,增强可持续发展能力,推动经济绩效、环境绩效、社会绩效的整体提升。2021 年,公司在中证指数 ESG 评价中荣获 AAA 级,首次入选国务院国资委指导的"央企 ESG 先锋 50 指数",3 篇案例入选国务院国资委《中央企业社会责任蓝皮书(2021)》《中央企业海外社会责任蓝皮书(2021)》《中央企业上市公司 ESG 蓝皮书(2021)》。其主要经验包括以下方面:

一、提升治理水平,奠定可持续发展基础

中国建筑坚持在完善公司治理中加强党的领导,健全"各司其职、各负其责、协调运转、有效制衡"的公司治理机制。2022 年,公司入选国有企业公司治理示范企业,连续 11 年成为上证公司治理指数样本股。

1. 推动董事会职权规范科学。公司坚持把国家最新的法律法规和监管要求融入以《公司章程》为中心的基本制度中,制定落实加强公司董事会建设的 8 类 57 项举措,致力推动解决关联交易、对外担保、投资决策等重点事项的合规管理。

2. 保障董事会运行成熟高效。公司一直坚持独立董事占多数的董事会成员结构,战略与投资委员会增加审议可持续发展重要事项的相关职责。通过定期召开独立董事专题沟通会、独立董事务虚会、独立董事专题调研等方式,有效保障了董事会决策的独立性。

3. 推进风控合规全覆盖。编印《全面风险管理、内部控制与质量环境职业健康安全体系管理规定》,开展风险辨识评估工作,排查各类风险隐患,健全企业全面风险管理体系。建立健全依法治企第一责任人制度,提升国际化经营的法律保障能力。

二、推动绿色发展,积极履行环境责任

公司坚持以习近平生态文明思想为指导,落实"双碳"战略,围绕做强做优做大绿色低

① 节选自《经济观察报》2022 年 12 月 27 日报道《中国建筑:以高质量 ESG 管理助力创建世界一流企业》。

碳专业细分领域补链、强链、拓链，助力美丽中国建设和全球生态安全。

1. 将生态环保深度融入公司发展战略。公司坚持以绿色建造、智慧建造、新型建造为导向，促进建造方式变革，进而从源头减少污染产生、降低资源消耗，努力实现企业高质量发展与生态环境保护协调推进。开展“厉行节约，勤俭办企”专项行动，倡导简约适度、绿色低碳的工作方式，提升精细化管理水平。

2. 健全环保体系建设。公司秉持“建筑与绿色共生，发展和生态协调”的环境管理方针，新建、修订《生态环境保护工作责任管理规定（试行）》等一系列管理制度，配足环境管理专职、兼职人员，夯实体系保障。在施工管理过程中，围绕“四节一环保”（节能、节地、节水、节材和环境保护），提高资源利用效率。

3. 增强节能环保新技术的研发应用。成立“绿色低碳发展研究中心”，探索搭建施工碳排放数据库和统计监测平台，构建基于 BIM＋互联网＋物联网集成的智慧建造平台。做好“零碳”光储直柔技术、光伏墙面一体化和储能技术、光伏遮阳系统技术研发。坚持推进建造技术绿色化，做好绿色示范引领，助推行业环境管理水平提升。

4. 积极打造绿色低碳建筑。公司秉承绿色发展理念，积极打造高品质绿色建筑。以公司下属企业中海集团为例，2021 年全年累计投资建设并实施绿色建筑认证的项目 490 个，建筑面积达 8 927 万平方米，连续三年获得“中国绿色地产指数 TOP30（第一名）”。

三、推进负责任发展，持续践行社会责任

公司以“为利益相关方拓展充满幸福感的发展空间”为己任，助力中国建筑在全球范围内开展负责任的投资建设。

1. 在员工权益保护方面，为员工设置合理晋升发展渠道，不断加强人才培养；坚持平等雇佣原则，保障员工权益，建设高水平人才队伍；建立健全企业民主管理制度，完善职代会作用；推动薪酬市场化改革走深走实，注重员工关怀。不断完善培养体系，建立各专业领域高潜人才库。

2. 在投资者权益保护方面，坚持信息合规披露，持续提升信息披露质量，发布国际版定期报告。创新业绩推介方式，首次采取线上业绩说明会形式，2.4 万人次在线参与，主动组织分析师、投资者开展交流。新设“中国建筑投资者关系”公众号平台，借助新媒体渠道助力投资者保护工作。

3. 在安全发展方面，公司始终把员工安全放在首要位置，以服务管理推动安全监管水平提升，以管理引领统筹安全与发展的关系，健全全员化的安全生产责任体系、科学化的安全风险防范体系、规范化的安全生产监督体系，培育安全文化，组织多层次培训。

4. 在乡村振兴方面，中建集团和公司持续助力乡村振兴，积极参与交通、水利、电力、机场、通信网络等重大基础设施建设，2021 年向定点帮扶和对口支援地区投入和引进帮扶资金 1.37 亿元。

国务院国资委发布《中央企业社会责任蓝皮书（2022）》

值得一提的是，公司不仅制定了《中国建筑社会责任指标管理手册》，还逐步将其升级为《中国企业社会责任报告编写指南》之建筑业指南和房地产业指南，而且在可持续发展报告中融入 ESG 信息披露要求，并设计了一套 ESG 披露指标如表 3-5 所示。

表 3-5 中国建筑 2021 年可持续发展报告 ESG 相关披露指标

关键指标	2019 年	2020 年	2021 年
员工总数(人)	335 038	356 864	368 327
女性员工比例(%)	21	20	21
女性管理者比例(%)	21	20	21
合同签订率(%)	100	100	100
员工流失率(%)	5.78	5.45	5.94
社会保障覆盖率(%)	100	100	100
工会建会率(%)	100	100	100
员工入会率(%)	99	99	99
员工培训投入(亿元)	5.0	6.8	9.5
员工培训(万人次)	129	>100	400
分包商培训投入(万元)	31 135	23 176	25 030
分包商培训(万人次)	160	160.95	173.83
国家专利授权(项)	4 446	8 951	12 233
亿元产值死亡率(%)	0.003 1	0.000 875	0.001 07
对外捐赠金额(万元)	12 588	14 654	16 540
志愿者活动次数(次)	>6 000	>7 000	>8 000
累计志愿服务时间(万小时)	>13	>14	>16

第五节 企业文化

一、企业文化的定义

根据《企业内部控制应用指引第 5 号——企业文化》第二条规定，企业文化是指企业在生产经营实践中逐步形成的、为整个团队所认同并遵守的价值观、经营理念和企业精神，以及在此基础上形成的行为规范的总称，主要包括企业的整体价值观，高级管理人员的管理理念、经营哲学与职业操守，员工的行为守则等。

企业要在市场竞争中取胜，保持可持续健康发展，就需要良好的企业文化引领。唯有这样，才能将企业董事、监事、高级管理人员和全体员工的心紧紧连在一起，让他们尽最大努力，充分发挥主观能动性，为企业创造最大价值；才能让企业在遭遇重大困难情况下不被击倒；才能让企业抓住发展机遇，实现跨越式发展。因此，从这个意义讲，建设企业文化，可以为企业提供精神支柱。

企业文化建设可以提升企业的核心竞争力。企业核心竞争力是企业所具有的不可交易和不可模仿的独特的优势因素，是企业竞争中最具有长远和决定性影响的内在因素。通常认为，拥有核心竞争力的企业具有以下特征：具有良好市场前景的关键技术、真实稳健的财务状况、内外一致的企业形象、真实诚信的服务态度、团结协作的团队精神、以客户为中心的经营理念、公平公正的善待员工、鼓励员工开拓创新的激励机制等。所有这些特征中，几乎都与企业文化有关。因此，企业应当重视企业文化建设。

二、企业文化的关键风险

《企业内部控制应用指引第 5 号——企业文化》第三条强调，加强企业文化建设至少应当关注以下关键风险：

（1）缺乏积极向上的企业文化，可能导致员工丧失对企业的信心和认同感，企业缺乏凝聚力和竞争力。

（2）缺乏开拓创新、团队协作和风险意识，可能导致企业发展目标难以实现，影响可持续发展。

（3）缺乏诚实守信的经营理念，可能导致舞弊事件的发生，造成企业损失，影响企业信誉。

（4）忽视企业间的文化差异和理念冲突，可能导致并购重组失败。

案例 3-11　不断违规“爆雷”被罚的延安必康①

2022 年 4 月 29 日晚，延安必康公告称，因在重大事项上与年报审计机构未能达成一致，导致公司在定期报告编制中遇到困难，公司无法在法定期限内披露 2021 年年度报告及 2022 年第一季度报告。公司股票将于 2021 年年度报告披露期限届满后次一交易日（即 2022 年 5 月 5 日）起被实施停牌。

而更加令投资者始料未及的是，延安必康还对此前发布的 2021 年业绩预告进行修改，由预计盈利 9.5 亿至 10 亿元，变成预计亏损 7.5 亿至 8.8 亿元，前后数据差距之大好似“过山车”。

事实上，这已经不是延安必康第一次“爆雷”。2020 年以来，其先后因信息披露违规、虚假财务记账、非经营性资金占用等问题，已经多次被警告和处罚。

公开资料显示，延安必康成立于 2002 年，于 2015 年 12 月借壳九九久在深交所挂牌上市，公司是一家集原料药、中成药、化学药品、生物制剂、疫苗研发、健康产品、健康饮品生产和营销于一体的现代化大型医药企业集团。

2020 年 8 月 18 日，因相关年度报告存在虚假记载、虚增货币资金等涉嫌信息披露违法违规行为，延安必康和公司实控人等涉事人员受到陕西监管局给予警告、罚款的行政罚款。

2020 年 11 月 2 日，延安必康又因存在虚假财务记账、销售费用核算不准确导致货币资金虚增、往来款核算不准确等问题，收到陕西监管局《行政监管措施决定书》。

2021 年 11 月 4 日，延安必康又因非经营性资金占用、会计差错更正、违规使用募集资金、业绩预告违规等行为，延安必康及董事长、总裁等高管收到了深交所给予公开谴责的处分。

---

① 资料来源：(1)记者于娜：延安必康“爆雷”停牌，业绩预告盈利变亏损超 7 亿，曾因财务造假被处罚，《华夏时报》，2022 年 5 月 3 日。(2)记者陈慧东：年底突击交易“花样百出”，＊ST 必康在下一盘怎样的“大棋”？《界面新闻》，2022 年 12 月 30 日。

然而，2022年1月，延安必康还是曝出因公司存在控股股东及其关联方非经营性占用公司资金、货币资金虚增违规对外担保的情形，先后收到证监会陕西管理局的行政监管措施决定和深交所的关注函。

2022年7月，因2021年度被出具无法表示意见的审计报告及否定意见的内部控制审计报告，且前期存在的违规担保并未解决，*ST必康“披星戴帽”。至2022年12月30日，控股股东及其关联方仍有近10亿元资金占用未归还。上市公司也被业绩暴雷、债务悬顶、盈利能力下滑等问题缠身，难以自拔。

三、企业文化的主要控制措施

（一）企业文化的建设

企业应当采取切实有效的措施，积极培育具有自身特色的企业文化，并根据发展战略和实际情况，确定文化建设的目标和内容，形成企业文化规范，使其构成员工行为守则的重要组成部分，以此引导和规范员工行为，促进企业长远发展。

企业应当重视并购重组后的企业文化建设，平等对待被并购方的员工，促进并购双方的文化融合。

（二）企业文化的传播

董事、监事、经理和其他高级管理人员应当在企业文化建设中发挥主导和示范作用，以自身的优秀品格和脚踏实地的工作作风，带动影响整个团队，共同营造积极向上的企业文化环境。

企业应当促进文化建设在内部各层级的有效沟通，加强企业文化的宣传贯彻，确保全体员工共同遵守。

企业文化建设应当融入生产经营全过程，切实做到文化建设与发展战略的有机结合，增强员工的责任感和使命感，规范员工行为方式，使员工自身价值在企业发展中得到充分体现。

（三）企业文化的评估

企业应当建立企业文化评估制度，明确评估的内容、程序和方法，落实评估责任制，针对评估过程中发现的问题，研究影响企业文化建设的不利因素，分析深层次的原因，及时采取措施加以改进。

思政课堂3-3　筑牢风险内控防火墙　华峰集团培育廉洁文化[①]

在瑞安市华峰集团，每位员工都建有清廉档案，有廉洁“污点”的员工将失去晋升资格，而作风优良的员工根据考评，能获得1万至50万元的廉洁自律奖励金。该集团连续多年名列“中国企业500强”“中国民营企业500强”“浙江省百强企业”等。2021年，全集团实现营业收入680亿元，上交税收近32亿元。管理运营好这样一个企业需要防范哪

① 瑞安市纪委监委：《筑牢风险内控防火墙　当好民企反腐模范生》，浙江省纪委省监委网站，2022-07-02，http://www.zjsjw.gov.cn/zhuantizhuanlan/QQZSGX/JYJL/202204/t20220414_5924236.shtml。

些风险？怎么防？谁去防？作为首个“瑞安清廉民企”创建样板单位，华峰用自己的民企反腐路径给出了答卷。

抓重点领域监管　制度保廉节约亿元资金

“集团要对重点工程、重大项目及物流、采购、工程等领域加强审计、巡视、监察工作，降低企业风险，规范企业经营。”华峰集团党委书记、董事局主席尤小平在集团年度工作中指出。

为纵深推进“清廉华峰”建设，该集团紧盯工程领域、财务领域、采购领域的制度化建设，坚持“制度保廉”的理念，建立“分离式”工程监管制度、“全程式”财务监管制度和“集中式”的采购监管制度，通过“事前、事中、事后”的全程监督，推行集中采购和项目招投标制度，起到了规避腐败现象发生的作用。如该集团的滨海工业园建设由建设单位对具体业务进行管理，由集团工程建设中心全程监督工程的安全、质量、进度、费用等，实现业务管理与过程监督分离。2021 年，华峰集团总部以及重庆、启东、上海、印尼五大基地 71 项工程建设项目造价 9.99 亿元，通过分离式监管把工程造价控制在 8.98 亿元，节省 1.01 亿元。2021 年，该集团非生产性物资采购金额超过 52 亿元，比预算节约 3.5 亿元，营销办公费用节约超过 2 000 万元。

抓关键岗位风控　廉洁表现影响“升职加薪”

采购部门是公认廉政风险较高的岗位。目前，华峰集团采购部 50 多名员工均签订廉洁承诺书并进行公示，接受各方监督。“有‘用、管、买’分置管理的采购流程，有审计、法务的监督审查，有可观的廉政奖金，我们采购人员工作做得好，收入自然高，就不会去冒违法风险。”采购中心负责人说。

事业成败，关键在人。华峰集团紧盯管理层、关键岗位、技术骨干三类关键人员，强化岗位风险的分级防控，建立员工个人清廉档案，探索将清廉建设纳入薪酬和晋升体系改革，明确管理层在基本薪金的基础上，一起享受企业超利润部分带来的分红，使管理层成为企业利益的共同受益者。同时，该集团以一线技术骨干为重点对象，以党总支为“红色阵地”，依托“云学堂—随身党课”“每日一学”“微党课”等载体，请清廉讲师团走进车间、赴驻外公司宣传廉政文化，每年召开廉洁自律警示大会，开展廉洁教育集中培训，建立实体宣传展厅和网上交流论坛。2022 年以来，共开展廉洁教育、专题党课、发放清廉倡议书、征集清廉格言等活动 32 次，使员工在愉悦、轻松的气氛中接受廉洁文化熏陶。

抓闭环体系构建　“纪企”联手反腐开先河

“经常性的来走一走，看一看，问一问，瑞安市纪委的同志已经成为我们的‘自家人’。”华峰集团纪委书记陈学通表示。2017 年 6 月，华峰集团成立纪委，并在 6 个公司设置纪检专员，陈学通成了集团的第一任纪委书记。近年来，该集团从反腐机构设置入手，积极构建集团纪委、联络站、内部审计组、巡视监察组等多方联动的反腐闭环体系。

作为全国第十一届、第十二届全国人大代表，华峰集团有限公司董事局主席尤小平曾连续六年将民企反腐建议案带上“两会”，多方呼吁不能让民营企业成为反腐的“盲区”与“死角”。而这些建议与想法，也引发了和瑞安市纪委的“同频共振”。2017 年 6 月，瑞安市纪委驻华峰集团指导联络站成立，开启“纪企”联手反腐先河。

为助力反腐，该集团还组建了一支相对独立的内审队伍，围绕关键人员和业务环节，重点开展工程、财务等方面的审计工作，每年根据《华峰集团内部审计章程》《华峰集团内部审计业务工作流程》等规章制度，联合法务、财务等部门对重点人员和重要领域进行“廉政体检”。2021年，集团又成立巡视监察组，制定出台了《华峰集团巡视监察工作制度》，巡视组成员由法务部、审计部、HSE部、人力资源部等部门相关人员组成，组长由董事局指定的副总裁以上主管担任。2022年以来，巡视监察组分别赴上海、瑞安、重庆等基地相继召开巡视监察工作会，并开展进驻巡察。

本章习题

一、单选题

1. 企业实施内部控制的基础是（　　）。

A. 风险评估　　B. 企业文化

C. 内部监督　　D. 内部环境

2. 组织架构的设计原则不包括（　　）。

A. 符合法律法规要求　　B. 符合公司章程要求

C. 符合内外环境要求　　D. 符合管理控制要求

3. 梳理内部机构设置的高效性，应该关注的事项不包括（　　）。

A. 内部机构的职责分工是否针对市场环境的变化做出及时调整

B. 信息在内部机构间的流通是否通畅，是否存在信息阻塞

C. 机构的权力是否过大并存在监督漏洞，机构权力是否被架空，是否存在权力失衡

D. 是否明确界定各机构和岗位的权利和责任，不存在权责交叉重叠

4. 人力资源使用风险不包括（　　）。

A. 人员舞弊风险　　B. 职位能力风险

C. 职位能力风险　　D. 激励政策风险

5. 企业在制定发展目标时，重点关注的事项不包括（　　）。

A. 突出主业　　B. 不能过于保守

C. 不能过于激进　　D. 论证人员构成

6. 下列不属于公司治理结构的是（　　）。

A. 董事会　　B. 监事会　　C. 经理层　　D.财务部

7. 薪酬管理应遵循基本原则不包括（　　）。

A. 合法性原则　　B. 公平性原则　　C. 一致性原则　　D. 动态性原则

8. 下列选项中，不属于企业文化传播主要控制措施的是（　　）。

A. 董事、监事和经理层应当在企业文化建设中发挥主导和垂范作用

B. 企业应当促进文化建设在内部各层级的有效沟通

C. 企业应采取有效措施积极培育具有自身特色的企业文化

D. 企业文化建设应当融入生产经营全过程，增强员工的责任感和使命感

9.《企业内部控制应用指引第3号——人力资源》指出，企业人力资源管理至少应当关注的风险不包括（　　）。

A. 人力资源的招聘过程中出现因人设事或设岗，可能导致选聘人员无法胜任岗位职责要求

B. 人力资源缺乏或过剩、结构不合理、开发机制不健全，可能导致企业发展战略难以实现

C. 人力资源激励约束制度不合理、关键岗位人员管理不完善，可能导致人才流失、经营效率低下或关键技术、商业秘密和国家机密泄露

D. 人力资源退出机制不当，可能导致法律诉讼或企业声誉受损

10. 企业制定与实施发展战略应当关注的风险不包括（　　）。

A. 缺乏明确的发展战略或发展战略实施不到位，可能导致企业盲目发展，难以形成竞争优势，丧失发展机遇和动力

B. 发展战略过于激进，脱离企业实际能力或偏离主业，可能导致企业过度扩张，甚至经营失败

C. 发展战略受国家政策的影响而无法正常开展，导致企业资金的流失，失去发展先机

D. 发展战略因主观原因频繁变动，可能导致资源浪费，甚至会危及企业的生存和持续发展

二、多项选择题

1. 企业社会责任的主要内容包括（　　）。

A. 安全生产　　B. 产品质量

C. 环境保护与资源节约　　D. 促进就业与员工权益保护

2. 内部结构的设计应满足的要求包括（　　）。

A. 明确各机构的职责权限，避免职能交叉、缺失或权责过于集中，形成各司其职、各负其责、相互制约、相互协调的工作机制

B. 企业应当对各机构的职能进行科学合理的分解，确定具体岗位的名称、职责和工作要求等，明确各个岗位的权限和相互关系

C. 企业应当制定组织结构图、业务流程图、岗（职）位说明书和权限指引等内部管理制度或相关文件，使员工了解和掌握组织结构设计及权责分配情况，正确履行职责

D. 企业对机构的职能无需进行科学合理的分解，而是要体现不相容岗位分离原则，努力识别出不相容职务

3. 企业制定科学合理的发展战略的重要意义体现在（　　）。

A. 发展战略指明了企业发展方向、目标与实施路径

B. 发展战略关系着公司的长远生存与发展

C. 促进发展战略的实现也是内部控制的最高目标

D. 有了发展战略企业就一定能够成功

4. 下列各项中，表明内部控制环境存在缺陷的是（　　）。

A. 甲企业为上市公司，其关键管理人员在母公司兼职，在该人员的指令下，上市公司承担了本应由母公司承担的捐款任务

B. 乙企业为降低生产成本，减少环保投入，致使大量污水排入周边水域，造成环境污染

C. 丙企业设立审计委员会，负责监督公司内部控制的有效实施和内部控制自我评价情况

D. 丁企业的企业文化是“不惜一切代价做大市场”

5.《企业内部控制应用指引第 1 号——组织架构》第三条明确指出，企业至少应当关注组织架构设计与运行中的下列风险（　　）。

A. 治理结构形同虚设，缺乏科学决策、良性运行机制和执行力，可能导致企业经营失败，难以实现发展战略

B. 内部机构设计不科学，权责分配不合理，可能导致机构重叠、职能交叉或缺失、推诿扯皮，运行效率低下

C. 出于人情等因素让某人担任董事长，而实际上公司总经理才是幕后真正的“董事长”

D. 企业制度烦琐，职责不明，官僚习气十足，可能导致信息传递较慢或失真失效

6. 董事会在审议发展战略过程中，应着力关注发展战略以下方面（　　）。

A. 发展战略是否具有可操作性

B. 发展战略是否突出主业，有助于提升企业核心竞争力

C. 发展战略是否符合国家行业发展规划和产业政策

D. 发展战略是否符合国家经济结构战略性调整方向

7. 企业拥有子公司的，应当建立科学的投资管控制度，通过合法有效的形式履行出资人职责、维护出资人权益，重点关注子公司特别是异地、境外子公司的以下事项（　　）。

A. 年度财务预决算　　B. 大额资金使用

C. 主要资产处置　　D. 重要人事任免

8.《企业内部控制应用指引第 5 号——企业文化》第三条强调，加强企业文化建设至少应当关注以下关键风险（　　）。

A. 缺乏积极向上的企业文化，可能导致员工丧失对企业的信心和认同感，企业缺乏凝聚力和竞争力

B. 缺乏开拓创新、团队协作和风险意识，可能导致企业发展目标难以实现，影响可持续发展

C. 缺乏诚实守信的经营理念，可能导致舞弊事件的发生，造成企业损失，影响企业信誉

D. 忽视企业间的文化差异和理念冲突，可能导致并购重组失败

9.《企业内部控制应用指引第 4 号——社会责任》第三条指出，企业履行社会责任至少应当关注以下风险（　　）。

A. 安全生产措施不到位，责任不落实，可能导致企业发生安全事故

B. 产品质量低劣，侵害消费者利益，可能导致企业巨额赔偿、形象受损，甚至破产

C. 环境保护投入不足，资源耗费大，造成环境污染或资源枯竭，可能导致企业巨额赔偿、缺乏发展后劲，甚至停业

D. 促进就业和员工权益保护的力度不够，可能导致员工积极性受挫，影响企业发展和社会稳定

10. 内部环境一般包括（　　）。

A. 组织架构　　B. 社会责任

C. 企业文化　　D. 人力资源

三、判断题

1. 内部环境的具体内容包括组织架构、发展战略、人力资源和企业文化四个方面。（　　）

2. 发展战略是企业在对现实状况和未来趋势进行综合分析和科学预测的基础上，制定并实施的中长期发展目标与战略规划。（　　）

3. 企业文化是指企业在生产经营实践中逐步形成的价值观、经营理念和企业精神，以及在此基础上形成的行为规范的总称。（　　）

4. 现代企业制度的核心是组织架构问题。（　　）

5. 梳理公司治理结构的关注点主要包括董监高任职资格、履职情况和运行效果。（　　）

6. 企业承担社会责任，必然导致企业竞争力的削弱。（　　）

7. 企业录用人员最重要的是要遵循“又红又专”的基本原则。（　　）

8. 董事、监事、经理和其他高级管理人员应当在企业文化建设中发挥主导和示范作用。（　　）

9. 发生紧急、重大环境污染事件时，企业应当启动应急机制，及时报告和处理，并依法追究相关责任人的责任。（　　）

10. 企业在促进就业和员工权益保护方面，只要建立科学的员工薪酬制度和激励机制即可，无须过多关注员工的培训。（　　）

四、简答题

1. 何谓企业的组织架构？组织架构的设计应符合哪些总体要求？

2. 企业针对子公司建立投资管控制度时，应重点关注子公司的哪些重要事项？

3. 董事会在审议发展战略的过程中应着力关注哪些方面？

4. 针对人力资源管理中的主要风险可以采取哪些基本控制措施？

5. 企业的社会责任主要风险包括哪些方面？企业履行社会责任时应关注哪些关键风险？

五、案例分析题

1. A集团公司从事软件行业。创业之初，公司董事长张某为了加强对公司的控制力度，提高工作效率，推荐其妹夫商某出任公司总经理并得以任命，同时亲自担任监事会主席。由于董事长与总经理之间配合较好，公司经营管理比较顺畅，很快成为软件行业的知名企业。20×2年末，公司召开董事会会议，总经理商某建议拓展公司业务，涉足保健品行业和房地产行业。公司独立董事李某对此提出异议，认为这三个行业之间关联度太

小，公司也没有从事保健品行业和房地产行业的经验和优势，因此，主张在软件行业进一步扩张，向互联网领域深度发展。但在董事会表决时，由于董事长张某的坚定支持，总经理商某的提议仍以绝大多数票获赞成通过。20×3 年初，作为进入房地产行业后的第一笔业务，A 集团公司决定建设一座 40 层高的商务大楼，其中少数楼层用于公司办公，多数楼层用于对外出售和出租。在该项目开工前，项目施工方临时建议将商务大楼增高至 60 层，以彰显公司经营实力并增加投资收益。总经理商某随即拍板同意。独立董事李某提醒说，原建设方案是经财务部等统筹考虑公司资金情况后设计的，如变更应重新制定项目概预算方案等。但独立董事的建议没有引起商某的重视，也没有组织相关部门对商务大楼扩建所带来的财务风险进行评估，商务大楼仍然按 60 层高设计并投入建设。20×4 年 11 月，由于公司经营业绩下滑，而商务大楼追加楼层又占用了大量资金，最终导致 A 集团公司的资金链断裂，陷入破产清算之境地。

要求：

阅读案例材料，根据《企业内部控制基本规范》及其配套指引，从内部环境的角度分析 A 集团公司存在的主要问题，并简要说明理由。

2. 甲集团公司是国内某大型能源类企业，下属子公司众多。20×5 年 12 月，公司召开董事会，讨论下列有关事项：

(1) 集团公司董事长吴某提议将公司业务从能源行业拓展至软件行业，实现多元化经营。公司独立董事王某认为，能源行业和软件行业关联度极低，在市场调研和可行性分析不充分的情况下贸然拓展业务，可能给公司发展带来不利影响，当务之急是进一步巩固能源市场，在能源行业做大做强。因董事会成员多为董事长亲属，表决时，独立董事王某的建议未被采纳，董事长吴某的提案以绝大多数票赞成通过。

(2) 为加强集团公司内部控制，总经理张某提议在董事会下设立审计委员会，负责对集团公司和下属各子公司执行内部控制的情况进行监督检查。张某的提议得到了董事会成员的认可。经研究，董事会决定提名总经理张某任审计委员会主席。

(3) 审议对乙公司的合并方案。该合并项目由集团公司规划部门提出方案并编制可行性研究报告，财会部门负责该项目的财务预算。讨论过程中，总经理张某提议将对乙公司的投资控股比例由 60%调整为 100%，以实现完全控股。考虑到对乙公司的合并具有战略意义，董事长吴某当即表示同意。

(4) 审议集团公司预算管理制度。为有效遏制集团公司各单位、各部门相互扯皮、争夺预算额度的现象，董事会审议通过由财会部门负责预算的总体协调。预算编制过程中，财会部门有权要求有关部门增加或减少相应的预算，同时有义务及时向其他部门提供相关业务的财务记录。

(5) 讨论离退休人员的安置问题。赵某是甲集团公司分管研发的技术人员，在公司工作近 30 年，将于 20×6 年 2 月退休。集团公司工会提议，对于有意愿继续为公司服务的离退休人员，可以适当安排其从事相对轻松的工作。董事会讨论通过了工会的提案，并同意赵某离职后可以从事出纳和会计档案管理工作。

要求：

分析评价甲集团公司在企业内部环境方面存在的缺陷并说明理由。

第四章
风险评估

学习目标

1. 知识目标：熟悉风险识别的内容，了解风险识别的流程；理解风险分析的内容，了解风险分析的流程；理解各种风险应对策略的原理，了解各种风险应对策略的优势与不足。

2. 能力目标：掌握风险识别常用方法的应用，能够识别企业风险的来源和类型；掌握风险分析常用方法的应用，能够分析风险的可能性和影响程度；掌握风险应对策略的综合应用，能够选择恰当的风险应对策略。

3. 思政目标：把握习近平总书记在第三次“一带一路”建设座谈会的讲话精神，感悟实施“一带一路”战略意义和构建人类命运共同体价值，全面强化风险防控意识，推进共建“一带一路”合作；学习华能集团安全风险管控案例，领会习近平总书记关于安全管理的基本要求，重视安全风险管控和人本管理；培育廉洁价值理念公款舞弊；塑造风险应对的战略思维和系统思维，注重风险应对策略的整体性与协同性。

引例

乐视帝国是如何崩塌的①

资本的世界总是潮起潮落。曾经最为汹涌的互联网“资本浪头”——乐视，早已经消失得无影无踪。

凭借闪亮的财务报表，乐视网于2010年在深交所创业板上市。当年8月12日完成首发之时，乐视网市值仅43亿元，随着其一系列资本运作，乐视网的市值实现一种几何级的跃升，从一家二流视频网站变身为一家拥有巨量内容资产的视频产业链一体化公司。

与普通视频网站让用户点播节目从而赚取广告收益的商业模式不同，上市之初的乐视投入资金囤积了大量优质版权。

① 节选自贾丽：《乐视千亿市值灰飞烟灭　三级“失控”是如何发生的》，载于《证券日报》2019年8月15日。

此后，乐视开始从版权收购延伸到内容制作，以期取得更大收益，其先后成功投资《小时代》《归来》等热门 IP。而这时万马奔腾的网络行业逐渐进入四大巨头领航的海域，市场竞争日趋激烈。面对先期获得丰厚资本、庞大客户群等优势的竞争对手，乐视开始将依赖内容收益而非广告收益的模式进一步拓展，正式提出了“平台＋内容＋终端＋应用”战略，并持续扩大资本版图，通过并购花儿影视，自建乐视影视、乐视体育等，向产业链上游内容资产延伸。

在初步建立全面平台化战略后，乐视开始效仿小米，引入硬件代工，推出互联网电视。随后，乐视迅速将终端入口从电视延伸到盒子、手机，甚至不相关的酒业；在内容上持续扩容，从影视跨界到体育赛事、无人机、音乐等领域，同步在体外孵化电商、大数据等互联网项目。

这显然并不能满足其创始人“为梦想窒息”的大计划。2014 年，乐视移动成立。也就是在乐视狂奔的这一年里，乐视创始人在众人的反对下做了一个重要的决定：造车！这个动辄需要百亿元的项目，成为乐视命运的转折点。

至此，乐视手机、乐视地产、乐视汽车这三个烧钱的项目开始快速布局，其更大规模的产业撑起乐视帝国更广阔的空间，也支撑着其创始人的“梦想”。上市公司、非上市公司、乐视汽车等三大体系、七大子公司构成了七大生态体系，总共涉及 100 多家企业，成为一个庞大的集团帝国。乐视市值更是在 2015 年被推上 1 784 亿元的最高峰。

在快速扩张中，乐视的危机也悄然萌发。此时，乐视的七大生态远远不足以支撑其高速扩容所需要的庞大资金量，仅乐视网和乐视影业处于盈利状态，其他均亏损。而贾跃亭在全球的布局和“拿地”却乐此不疲。买下上海地块、购买乐视大厦、4.2 亿元重庆拿地、30 亿元购入北京核心区世贸工三、2.5 亿美元收购雅虎在美土地……

正如乐视创始人事后在接受《证券日报》记者采访中的自我反思所言：“公司业务高速发展，但融资和风险控制能力却没有跟上，融资方式单一，主要依靠上市公司股权质押获得资金。募集资金的使用节奏失控，对资金还款时间点未做合理安排，再加上金融机构答应的公司还本付息后的续贷违约，还款时间节点集中，还款压力过大，引发金融机构恐慌和挤兑，并进一步导致集团中非上市公司猝死。由于(我)经验不足，没有为处理危机留出足够的时间，导致风险来临后高价值资产被迫在短时间内以低价出售清偿借款”，可见重视企业的风险评估，提升风险控制能力对企业的持续健康发展至关重要。

纵观乐视网事件，不但敲响了上市公司风险管理的警钟，而且也为所有其他类型的企业强化风险管理提供了重要参考价值。根据《企业内部控制基本规范》的规定，企业应当根据设定的控制目标，全面系统持续地收集相关信息，结合实际情况，及时进行风险评估。风险评估以目标设置为起点，包括风险识别、风险分析和风险应对三个阶段。本章主要讲解风险识别、风险分析和风险应对的基本原理。

第一节 风险识别

企业开展风险评估，应当准确识别与实现控制目标相关的内部风险和外部风险，确定相应的风险承受度。风险承受度是企业能够承担的风险限度，包括整体风险承受水平和业务层面的可接受风险水平。因此，风险识别主要是识别风险的来源与类型。

一、风险识别的内容

按照风险产生的源头，企业风险可以划分为外部风险和内部风险两大类型。外部风险基本上属于系统性风险，对单个企业而言通常无法控制其发生，但是可以通过采取措施降低这一类风险所带来的损失。内部风险属于非系统性风险，企业可以通过采取措施对这一类风险进行事先的防范、事中和事后的控制。

（一）外部风险

企业在进行生产经营过程中一般需要关注以下四种类型的外部风险：

1. 自然风险

自然风险是指因自然力的不规则变化产生的现象所导致的危害经济活动、物质生产或生命安全的风险，如地震、水灾、火灾、风灾、雹灾、冻灾、旱灾、虫灾以及各种瘟疫等自然风险。

自然风险的特征是：自然风险形成的不可控性；自然风险形成的周期性；自然风险事故引起后果的共沾性，即自然风险事故一旦发生，其涉及的对象往往很广。

2. 政治风险

政治风险是指企业或投资者在进行对外投资决策或对外经济贸易活动时，由于东道国的政治环境或东道国与其他国家之间政治关系发生改变而给外国投资企业的经济利益带来的不确定性。

给外国投资企业带来经济损失的可能性的事件包括：政治干预、没收、征用、国有化、东道国的政权更替、战争、东道国国内的社会动荡和暴力冲突、东道国与母国或第三国的关系恶化等。

思政课堂 4-1　习近平总书记强调“一带一路”建设要全面强化风险防控①

据新华社北京 2021 年 11 月 19 日电，中共中央总书记、国家主席、中央军委主席习近平 19 日在北京出席第三次“一带一路”建设座谈会并发表重要讲话强调，完整、准确、全面贯彻新发展理念，以高标准、可持续、惠民生为目标，巩固互联互通合作基础，拓展国际合作新空间，扎牢风险防控网络，努力实现更高合作水平、更高投入效益、更高供给质量、更高发展韧性，推动共建“一带一路”高质量发展不断取得新成效。

习近平强调，8 年来，在党中央坚强领导下，我们统筹谋划推动高质量发展、构建新发展格局和共建“一带一路”，坚持共商共建共享原则，把基础设施“硬联通”作为重要方向，把规则标准“软联通”作为重要支撑，把同共建国家人民“心联通”作为重要基础，推动共建“一带一路”高质量发展，取得实打实、沉甸甸的成就。通过共建“一带一路”，提高了国内各区域开放水平，拓展了对外开放领域，推动了制度型开放，构建了广泛的朋友圈，探索了促进共同发展的新路子，实现了同共建国家互利共赢。

习近平指出，要正确认识和把握共建“一带一路”面临的新形势。总体上看，和平与

① 节选自新华社 2021 年 11 月 19 日报道《习近平出席第三次“一带一路”建设座谈会并发表重要讲话》。

发展的时代主题没有改变，经济全球化大方向没有变，国际格局发展战略态势对我有利，共建“一带一路”仍面临重要机遇。同时，世界百年未有之大变局正加速演变，新一轮科技革命和产业变革带来的激烈竞争前所未有，气候变化、疫情防控等全球性问题对人类社会带来的影响前所未有，共建“一带一路”国际环境日趋复杂。我们要保持战略定力，抓住战略机遇，统筹发展和安全、统筹国内和国际、统筹合作和斗争、统筹存量和增量、统筹整体和重点，积极应对挑战，趋利避害，奋勇前进。

习近平强调，要全面强化风险防控。要落实风险防控制度，压紧压实企业主体责任和主管部门管理责任。要探索建立境外项目风险的全天候预警评估综合服务平台，及时预警、定期评估。要加强海外利益保护、国际反恐、安全保障等机制的协同协作。要统筹推进疫情防控和共建“一带一路”合作，全力保障境外人员生命安全和身心健康，突出防控措施的精准性，着力保障用工需求、人员倒班回国、物资供应、资金支持等。要教育引导我国在海外企业和公民自觉遵守当地法律，尊重当地风俗习惯。要加快形成系统完备的反腐败涉外法律法规体系，加大跨境腐败治理力度。各类企业要规范经营行为，决不允许损害国家声誉。对违纪违法问题，发现一起就严肃处理一起。

3. 政策风险

政策风险是指由于国家宏观政策如货币政策、财政政策、税收政策、环保政策、产业政策、地区发展政策对企业目标实现所带来的不确定性。

4. 市场风险

市场风险主要是指由于货币市场、资本市场和商品市场数量和价格的变动而对企业目标实现所带来的不确定性。

由于货币市场存在本币和外币，因此利率风险和汇率风险是货币市场中存在的两种主要风险。资本市场主要是由于股票和债券价格波动所带来的风险。商品市场风险按照企业参与的商品市场类型，可以分为供给市场风险和需求市场风险。供给市场风险主要来自获取关键设备、主要原材料和人力资源的不确定性，包括供给数量和价格。需求市场中消费者需求改变、产品更新换代、竞争程度加剧、营销渠道不畅以及品牌形象降低等都会造成企业需求市场风险的暴露。

案例 4-1 “一带一路”跨境并购风险管控展望①

2013 年 9 月和 10 月习近平主席分别提出建设“新丝绸之路经济带”和“21 世纪海上丝绸之路”的合作倡议，2015 年 3 月 28 日，发改委、外交部、商务部联合发布了《推动共建丝绸之路经济带和 21 世纪海上丝绸之路的愿景与行动》(下称《愿景与行动》)，明确了“一带一路”倡议的共建原则、框架思路、合作重点及合作机制等多方面内容，为“一带一路”沿线的投资与发展提供了纲领性文件。时至今日，《愿景与行动》已发布 7 年，本文对过去 7 年中资企业“一带一路”跨境并购数据进行回顾，并对风险管控方式进行分析。

① 节选自张伟华:《“一带一路”跨境并购回顾及风险管控展望》,《中国外汇》2022 年第 14 期。

中企“一带一路”并购投资全景根据路孚特(Refinitiv)数据统计,2015—2017年中企在“一带一路”沿线跨境并购交易额逐年上升,并于2017年达到历史峰值241亿美元。另据我国商务部统计,“大口径”投资(全行业对外直接投资,含跨境并购和绿地投资)数据显示,中企2018—2021年在“一带一路”沿线总投资保持稳中有升的态势:2018年,中企对“一带一路”沿线56个国家和地区的非金融类直接投资156.4亿美元,2019—2021年,这一数据分别为150.4亿美元、177.9亿美元、203亿美元。

从行业分布来看,中企在“一带一路”沿线的跨境并购以资源能源型标的为主,同时覆盖不动产、电子信息技术等行业。从并购标的所在国别看,中企“一带一路”并购标的国主要有新加坡、以色列、智利、阿联酋、意大利、马来西亚、俄罗斯等。

中企在“一带一路”沿线跨境并购面临不同风险类型,相应也有不同的风险应对举措:

一是多数“一带一路”沿线国家和地区有较高的政治风险。在这些国家进行投资时,需要从合约签署、并购主体架构设立、保险配置、争议解决方案约定等多方面来控制风险。第一,在合约签署方面,中企要确保与当地政府机构、合作伙伴所签署合约的商业属性,去除政府享有的“国家主权豁免”抗辩。第二,在投资主体架构设立中,可兼顾双边投资保护协定相关规定。第三,中企需对并购标的所在国的政治风险、国家征收风险进行充分评估,可通过安排相应的政策保险或商业保险来减轻此类风险。第四,在投资争议解决中,尽量争取国际仲裁方式,既有利于专业化的国际仲裁机构解决纠纷,也便利未来国际仲裁的裁决执行。

二是“一带一路”沿线国家和地区常见的法律变化风险。面对此类风险,其一,中企可在并购合约中针对法律风险进行约束。其二,如果是政府或者国家公司的投资项目,可尽量要求项目能够出具政府担保。其三,除了一般商业合约约定的争议解决方案外,根据两国/地区的投资协定可积极通过投资仲裁保护自身投资权益。

三是对“一带一路”投资中各类利益相关方的风险控制。在中企“一带一路”投资过程中,面对各类利益主体,中企要抓住不同主体的利益诉求,在合法合规经营的前提下,维持好与各利益相关方的关系,以顺利推进海外业务。中企近年来在“一带一路”投资中开始注重对当地社区关系管理人才的培养和招募,这就是在企业海外投资运营中防控利益相关方风险的表现。

四是对“一带一路”并购中的经营合规风险控制。在境外投资中,中企往往会面临腐败、反垄断、洗钱、环保、出口管制、供应链、数据安全等各类合规风险。中企要不断增强合规意识,完善公司内部合规制度,更要将合规要求内化到境外生产经营各个层面的员工行为之中,有效地将合规要求变为企业海外运营标准,并落地实施,才能有效管控海外经营合规风险。

五是“一带一路”投资经营中的安全风险。参与“一带一路”投资的中企不少遭遇过恐怖袭击、抢劫、绑架、战乱等安全方面的风险。中企海外的安全风险主要依靠外聘安保、企业安全管理来进行控制。鉴于中企在“一带一路”投资额巨大,政府可引导、支持中资安保企业为中企提供全球性的安保一体化方案及服务。

(二)内部风险

企业在进行生产经营过程中一般需要关注以下五种类型的内部风险:

1. 战略风险

战略风险主要是指企业在制定和实施发展战略过程中存在的各种不确定性，从而对企业目标实现带来负面影响。结合《企业内部控制应用指引第 2 号——发展战略》的规定，战略风险主要表现为：①缺乏明确的发展战略，可能导致企业盲目发展，难以形成竞争优势，丧失发展机遇和动力。②发展战略过于激进，脱离企业实际能力或偏离主业，可能导致企业过度扩张，甚至经营失败。③发展战略因主观原因频繁变动，可能导致资源浪费，甚至危及企业的生存和持续发展。④战略实施不到位，可能导致企业战略目标难以实现，从而影响企业可持续发展。

2. 人员风险

人员风险主要是指企业在招聘、培养、使用和解聘员工过程中存在的各种不确定性并对企业目标实现带来负面影响。结合《企业内部控制应用指引第 3 号——人力资源》的规定，企业的人员风险主要表现为：①人力资源缺乏或过剩、结构不合理、开发机制不健全，可能导致企业发展战略难以实现。②人力资源激励约束制度不合理、关键岗位人员管理不完善，可能导致人才流失、经营效率低下或关键技术、商业秘密和国家机密泄露。③员工专业胜任能力欠缺，导致员工无法胜任工作或者操作失误，造成损失。④员工职业道德出现问题，导致发生舞弊，造成损失。⑤用人不当，影响任务无法按时保质完成，导致企业受损。⑥人力资源退出机制不当，可能导致法律诉讼或企业声誉受损。

3. 经营风险

经营风险主要是指企业进行采购、生产、销售等各项业务活动时出现的各种不确定性，并对企业目标实现带来负面影响。

比如根据《企业内部控制应用指引第 7 号——采购业务》的规定，采购业务风险主要表现为：①采购计划安排不合理，市场变化趋势预测不准确，造成库存短缺或积压，可能导致企业生产停滞或资源浪费。②供应商选择不当，采购方式不合理，招投标或定价机制不科学，授权审批不规范，可能导致采购物资质次价高，出现舞弊或遭受欺诈。③采购验收不规范，付款审核不严，可能导致采购物资、资金损失或信用受损。

再比如根据《企业内部控制应用指引第 9 号——销售业务》的规定，销售业务风险主要表现为：①销售政策和策略不当，市场预测不准确，销售渠道管理不当等，可能导致销售不畅、库存积压、经营难以为继。②客户信用管理不到位，结算方式选择不当，账款回收不力等，可能导致销售款项不能收回或遭受欺诈。③销售过程存在舞弊行为，可能导致企业利益受损。

4. 财务风险

财务风险主要是指企业进行投资、融资、营运资金管理等各项财务活动存在的各种不确定性并对企业目标实现带来负面影响。根据《企业内部控制应用指引第 6 号——资金活动》的规定，财务风险主要表现为：①筹资决策不当，引发资本结构不合理或无效融资，可能导致企业筹资成本过高或债务危机。②投资决策失误，引发盲目扩张或丧失发展机遇，可能导致资金链断裂或资金使用效益低下。③资金调度不合理、营运不畅，可能导致企业陷入财务困境或资金冗余。④资金活动管控不严，可能导致资金被挪用、侵占、抽逃或遭受欺诈。

5. 法律风险

本书所称法律风险，主要是指企业本身作为法律主体，由于其行为对企业产生负面法律责任或后果的可能性,包括合规风险、合同风险等。

根据《中央企业合规管理办法》规定,合规风险是指企业及其员工在经营管理过程中因违规行为引发法律责任、造成经济或者声誉损失以及其他负面影响的可能性。在此仅以财务报告业务为例进行说明。根据《企业内部控制应用指引第 14 号——财务报告》的规定,企业编制、对外提供和分析利用财务报告,至少应当关注下列风险:①编制财务报告违反会计法律法规和国家统一的会计准则制度,可能导致企业承担法律责任和声誉受损。②提供虚假财务报告,误导财务报告使用者,造成决策失误,干扰市场秩序。③不能有效利用财务报告,难以及时发现企业经营管理中存在的问题,可能导致企业财务和经营风险失控。显然前两种风险就属于合规风险的两种具体表现。

而根据《企业内部控制应用指引第 16 号——合同管理》的规定,合同风险主要表现为:①未订立合同、未经授权对外订立合同、合同对方主体资格未达要求、合同内容存在重大疏漏和欺诈,可能导致企业合法权益受到侵害。②合同未全面履行或监控不当,可能导致企业诉讼失败、经济利益受损。③合同纠纷处理不当,可能损害企业利益、信誉和形象。

案例 4-2 海康威视 2021 年所面临的风险①

1. 全球新冠疫情风险:全球新冠疫情难以平息,防疫抗疫对经济发展产生直接的影响,公司将密切关注疫情变化,及时作出应对。如果疫情导致国内外经济或经营环境变差,对公司业务的不利影响将相应增大。

2. 经济下行风险:当前国内外经济环境复杂多变,国内宏观经济增速进入中低增长新阶段,如果需求恢复缓慢,投资增长乏力,对公司业务开展将产生不利影响。

3. 地缘政治环境风险:当前全球地缘政治不确定性大大提高,局部热战与对峙所引发的经济、社会影响巨大,公司在冲突所在国家与地区的经营可能受到不利影响。

4. 全球经营风险:公司业务覆盖全球 150 多个国家和地区,全球广泛存在的逆全球化趋势、经济波动、债务违约等潜在风险难以消除,公司海外业务的经营可能受到不利影响。

5. 供应链风险:全球供应体系正在遭受大宗商品价格上升、全球生产与物流受限、大国科技竞争等多种不利影响冲击。公司努力做好供应链的安排,合理调控库存,但如果全球供应链发生系统性风险,仍可能影响公司的经营能力。

6. 法律合规风险:世界多边贸易体制面临冲击,商业活动需要遵守的各地法律法规非常复杂,世界各国对数据的监管趋严,业务的合规性要求提高,如果公司的法律合规能力无法跟上形势发展,将给公司经营带来不利影响。

7. 汇率波动风险:公司在海外市场多个不同币种的国家和地区开展经营,主要以非人民币(美元为主)结算,汇率波动会影响销售、采购以及融资产生的外币敞口,影响公司的盈利水平。

① 深圳证券交易所 2022 年 4 月 16 日披露的《杭州海康威视数字技术股份有限公司 2021 年年度报告》,http://www.szse.cn/disclosure/listed/bulletinDetail/index.html?328f7df5-69c6-4a15-a114-beed056211e7。

8. 技术更新换代风险：人工智能、大数据、云计算、边缘计算等技术发展迅猛，技术扩散速度加快。如果不能密切追踪前沿技术的更新和变化，不能快速实现业务的创新发展，公司未来发展的不确定性风险将会加大。

9. 客户支付能力下降导致的资金风险：商业环节的流动性受经济影响较大，公司历史上的稳健经营积累了一定的现金储备，融资成本较低，但如果流动性风险增加，会对公司的应收账款带来不利影响。

10. 内部管理风险：公司经营规模继续扩大，新产品和新业务不断增加，员工人数持续增长，内部的管理复杂度大幅度上升，对公司的管理工作带来了挑战，对公司管理体系提出了更高要求。如果管理水平不能跟上，公司的持续发展将面临一定风险。

11. 网络安全风险：公司一贯重视并积极采取措施提升产品和系统的安全性能，但是在互联网应用环境下，仍然可能存在计算机病毒、恶意软件、黑客攻击或类似情况刻意尝试损害公司的系统或者产品，造成安全问题。

12. 知识产权风险：公司持续保持较大规模研发投入，产出大量技术成果，实施了比较完善的知识产权保护措施，但产生知识产权纠纷的风险和遭受知识产权侵害的风险仍然存在。

二、风险识别的流程

风险识别的流程一般如图 4-1 所示。

图 4-1　风险识别的流程

（一）发现风险因素

在风险事故发生以前，发现引发风险事故的风险因素，是风险识别的核心。因为只有发现风险因素，才能有的放矢地选择风险应对策略，采取风险控制措施，以改变风险因素存在的条件，有效防止风险因素的增加或聚集。

按照《企业内部控制基本规范》的规定，企业识别外部风险，应当关注下列因素：①经济形势、产业政策、融资环境、市场竞争、资源供给等经济因素。②法律法规、监管要求等法律因素。③安全稳定、文化传统、社会信用、教育水平、消费者行为等社会因素。④技术进步、工艺改进等科学技术因素。⑤自然灾害、环境状况等自然环境因素。⑥其他有关外部风险因素。

按照《企业内部控制基本规范》的规定，企业识别内部风险，应当关注下列因素：①董事、监事、经理及其他高级管理人员的职业操守、员工专业胜任能力等人力资源因素。②组织机构、经营方式、资产管理、业务流程等管理因素。③研究开发、技术投入、信息技术运用等自主创新因素。④财务状况、经营成果、现金流量等财务因素。⑤营运安全、员工健康、环境保护等安全环保因素。⑥其他有关内部风险因素。

（二）认知风险因素

风险管理人员认知、理解和测定风险因素的能力，是风险识别的关键。不同的风险管理人员，其认知风险因素的能力和水平也是不同的。如果风险管理人员缺乏经验，对已经暴露的风险因素视而不见，其结果就是导致本来可以避免的风险事故的发生。

加强风险管理人员责任意识教育，培训风险管理人员认知风险因素的能力，可以提高风险管理水平，降低风险主体的损失。

（三）预见危害

尽管在不同的环境中，产生风险事故的原因不同，但是风险事故带来的危害却是大致相同的，即造成风险主体财务、人员的损失。例如，火灾危害可能产生于物质环境（如闪电），也可能产生于社会环境（如纵火、骚乱）。无论由什么风险因素引发的风险事故，都会产生比较大的损失，因此，风险识别的重要步骤是能够预见到危害，这样，才能将产生危害的条件消灭在萌芽状态。

（四）重视风险暴露

那些可能面临损失的资产或主体，都有风险暴露的可能。例如，放在家具旁边的、沾满汽油的破布是风险因素，这块破布有引发火灾的风险，这幢房子可能被烧毁，就是风险的暴露。这里，房子被烧毁与沾满汽油的破布有着较为密切的关系。因此，重视风险暴露是风险识别的重要步骤。

重视风险暴露，就是分析风险因素与风险事故的关系。为了识别风险的需要，一般把风险暴露分为实物资产风险暴露、无形资产风险暴露、金融资产风险暴露、责任风险暴露等。

三、风险识别的方法

风险识别可以利用多种方法，但在实际当中应用最普遍的主要有德尔菲法、现场调查法、流程图法、事件树法和因果图法等。

（一）德尔菲法

德尔菲法又称专家调查法，是指在识别风险时，对多位相关专家进行反复咨询并征求意见，直到取得较大程度的共识，从而最终确定影响企业的主要风险因素的方法。德尔菲法依据系统的程序，采用匿名发表意见的方式，即专家之间不得互相讨论，不发生横向联系，通过多轮次调查专家对所评估项目的风险看法，经过反复征询、归纳和修正，最后汇总成专家基本一致的看法，作为风险识别的结果。

案例 4-3　黑龙江省灌区项目建设风险识别①

利用德尔菲法对采用 PPP 模式的黑龙江省灌区项目建设风险进行分析，需要聘请 10 名专家，组成专家小组。将已辨识的 PPP 模式的黑龙江省灌区建设项目风险因素以及相关背景材料发送给专家，专家根据自身的知识和经验对各类风险按照 1～10 分的标准进行评定，经过三次反馈得到的结果如表 4-1 所示。

---

① 根据以下资料整理而成：景雅琪、梁冬玲：《基于德尔菲法的黑龙江省灌区 PPP 模式建设项目风险分析》，《中国市场》2015 年第 12 期，第 242—243 页。

表 4-1 **利用德尔菲法对黑龙江省灌区项目建设的打分表**

风险因素	最高分			最低分			中位数			平均数		
	第一轮	第二轮	第三轮	第一轮	第二轮	第三轮	第一轮	第二轮	第三轮	第一轮	第二轮	第三轮
政治风险	6	6	6	2	2	3	4	4	4	4	4.2	4.4
资金筹措	9	10	10	6	6	7	7.5	8	8	7.6	7.9	8.1
利率变化和通货膨胀	8	9	9	5	6	6	6.5	7	7	6.5	7.1	7.1
技术风险	8	8	8	4	4	4	6	6	6.5	5.7	6	6
法律风险	6	7	7	3	4	4	5	5.5	5.5	5	5.6	5.6
合同风险	7	7	7	2	3	3	5	5	5	4.9	5	5
不可抗力风险	5	5	6	3	3	4	4.5	5	5	4.3	4.5	4.9

对三轮的专家反馈意见进行整理，各个风险因素的得分反映了其风险度的大小，得分越高，表示风险因素影响越大，决策者对于该风险的关注程度就应该越高，并做出相应的规避措施，避免风险可能带来的经济损失或工期拖延。

根据表 4-1 的整理结果可以看出，资金筹措、利率变化和通货膨胀、技术风险这三个因素的风险度在第三轮的平均得分分别为 8.1 分、7.1 分、6 分，在所有的七个风险因素中得分较高，并且每一轮的专家反馈得分都有一定的提高，这表明在 PPP 模式的灌区项目建设中，资金筹措、利率变化和通货膨胀、技术风险这三项风险较大，它们会影响项目的正常开始和进行，以及项目预算成本。对于资金筹措的风险，可以通过多渠道融资的方法来减小；对于利率变化和通货膨胀的风险，可以采用固定利率的融资贷款或是多种货币组合方式融资的方法来规避；对于技术风险，可以学习其他国家先进的灌区建设技术，来提高黑龙江省的技术水平，以此来减少将来运营和维护的成本。

另外，其他四种风险如法律风险、合同风险、不可抗力风险以及政治风险的风险度在第三轮的平均得分分别为 5.6 分、5 分、4. 9 分、4. 4 分，虽然没有其他三项得分高，但也存在着一定的影响，决策者也应采取相应的措施来规避或是减小风险发生的可能性。

德尔菲法的优点包括：①能够充分利用专家的经验和学识集思广益，保证了意见的广泛代表性。②可以避免会议讨论时产生的干扰，保证了专家意见的独立性。③通常需要经过专家们的多轮意见反馈，直至趋于一致，保证了最终结果的可靠性。其局限性是过程比较复杂，花费时间较长。

（二）现场调查法

现场调查法是指通过直接进行实地观察和分析，了解企业生产经营中存在的风险隐患的方法。现场调查法是获知企业经营情况的最佳途径，对企业各个活动场所进行检查，与企业员工及管理层沟通可以发现一些可能被忽视的风险。现场调查法一般分为三个阶段：调查前的准备，现场调查和访问，形成调查报告与反馈。

案例 4-4 审计与风险管理部开展法律合规调研 落实合规管理[①]

中国电建集团河南工程有限公司(以下简称河南工程公司)是世界 500 强企业中国电力建设集团有限公司的全资子公司。为进一步贯彻落实国企改革三年行动,对标世界一流企业,深入了解公司法律合规管理工作现状及存在问题,3 月 28 日,河南工程公司审计与风险管理部与纪委办公室在 202 会议室联合开展了廉政反腐、法律合规调研督导会,汇龙公司参与本次调研督导会。

调研督导会首先由汇龙公司对法治建设第一责任人履职情况作专题、专项汇报。其次检查组对被调研单位的相关资料进行了查阅,并根据监督落实情况对被调研单位存在的问题进行现场反馈,及时与经办人员、管理人员进行现场沟通讨论,提出工作建议和工作要求。本次调研督导会强调了法治意识、合规意识和风险意识的重要性,进一步提高了被调研单位对法律合规管理工作的认识。

公司高质量发展需要完善制度建设,推进制度"废改立留",积极落实法律合规各项举措。通过开展调研督导,审计与风险管理部将依据调研结果推进公司法律风险常态化管控措施,为持续提升公司依法合规经营管理水平奠定坚实基础。

现场调查法的优点是可获得第一手资料;可与现场工作人员建立良好的关系,宣传风险理念;防患于未然,有利于将可能发生的风险事故消灭在萌芽状态。其局限性是耗时较长、成本较高,有时因疲于应对调查还会引起被调查人员的反感。

思政课堂 4-2 华能集团基建现场安全风险管控系统专题会[②]

2019 年 9 月 4 日,中国五大发电集团之一的华能集团在陕西渭南召开了基建现场安全风险管控系统专题会。与会人员参观了渭南热电项目现场,深入实地了解基建现场安全风险管控系统在渭南热电的运行状况。

习近平总书记指出:"人命关天,发展绝不能以牺牲人的生命为代价。它必须作为一条不可逾越的红线。"中国华能把做好安全生产工作作为贯彻总书记重要讲话精神,落实党中央决策部署的具体行动,始终将安全生产作为第一责任、第一工作、第一效益。

在随后召开的专题会上,集团公司相关部门负责人分别作了集团公司基建本安体系建设情况汇报、基建现场安全风险管控系统试运行报告,集团公司有关部门代表作了发言。会上,记者获悉,该系统已在华能渭南热电厂成功上线使用。标志着华能集团基建安全体系建设取得突破性成果,这在国内电力基本建设体系尚属首次。

会议指出,在当前形势下开展基建现场安全风险管控工作十分必要。这是在基建领域进行的一次大胆创新和有益探索实践,它秉承华能基建领先文化,在华能生产本安体

---

① 杜哲宇:《审计部:开展督导检查,落实合规管理》,中铁十一局集团第四工程有限公司官网,2022 年 3 月 29 日,http://hngc.powerchina.cn/art/2022/3/29/art_7230_1362313.html。

② 李梁:《华能集团基建现场安全风险管控系统专题会》,中国电力新闻网,2019 年 9 月 5 日,http://www.cpnn.com.cn。

系基础上，结合基建安全管理特点，建成了具有鲜明华能特色的基建现场风险管控体系。

基建现场安全风险管控系统落实了华能集团公司“创造安全级作业条件＋人员零失误”的本质安全理论，收集了集团公司组织汇编的30项安全管理规范、14个专业类别、1 940个危险点的10 819个预控措施，系统涵盖了任务督办、参建方管理、风险管控、隐患排查治理、反违章等12个模块、33个子项安全管理内容，通过预控措施精准推送、班前会交底等履职资料上传，PC端、移动端无缝对接，有效解决了“想不到是最大的危险”，提升了工程本质管理水平。

会议认为，基建现场安全风险管控系统有效解决了安全规章不落地、安全生产责任制不落实、安全管理不到位等问题。该系统的建设是华能集团落实新时代习近平总书记对安全管理的新要求、实现人的零伤亡的具体体现；是华能集团从“要我安全”到“我要安全”的转变，使华能集团在安全管理上达到了新境界。

（三）流程图法

流程图法是将企业的各项经济活动按照内在的逻辑联系绘制成流程图，然后针对其中的关键步骤或薄弱环节进行调查、研究和分析，进而识别企业风险的方法。流程图法分为三步：梳理和划分业务流程中的各个阶段、环节；据此绘制流程图，判断和识别流程中的关键风险点；进一步分析风险发生的原因以及可能造成的影响。

思政课堂4-3　16次私开现金支票侵吞公款①

桐乡市交投集团下属桐乡市汽车运输有限公司90后出纳钟某因17个月内私自开具16张现金支票，贪污71万余元公款而获刑。2020年10月，因履行相关责任不到位，桐乡市汽车运输有限公司有3人被问责；此前，已有2名桐乡市交投集团相关领导被问责。复盘这起案件，年轻的出纳在一年多里多次作案并屡屡得手，引人深思。

2020年3月，疫情形势还较严峻时，公交车辆停运。按理说，出纳的工作量也会相应减少，但钟某却更加“忙碌”了。这引起桐乡市汽车运输有限公司财务部主任吕某某的关注，他不禁联想起4个月前听说的事。

原来，早在2019年国庆期间，单位同事便向吕某某反映钟某在值班期间用手机上网赌博。赌博对于财务工作者来说是大忌，吕某某当即将此事汇报该公司经理余某某。国庆后，两人找钟某谈话了解情况，但钟某矢口否认。

直至发现钟某的反常举动，吕某某才“警觉”。尤其是在查阅了钟某做的2020年3月的账目后，他难以置信：“我记得这个月钟某有一次要支取备用现金让我审批的，可是在账目中没有支取记录啊。”随即，他一一比对了2020年度的单位银行流水对账单与现金日记账，发现钟某多次以备用金、车辆检测费、事故借款等名义虚开现金支票，套取公司资金。

4

① 戴睿云、颜新文、费晓英：《16次私开现金支票侵吞公款，竟能蒙混过关？》，载于《浙江日报》2020年11月27日。

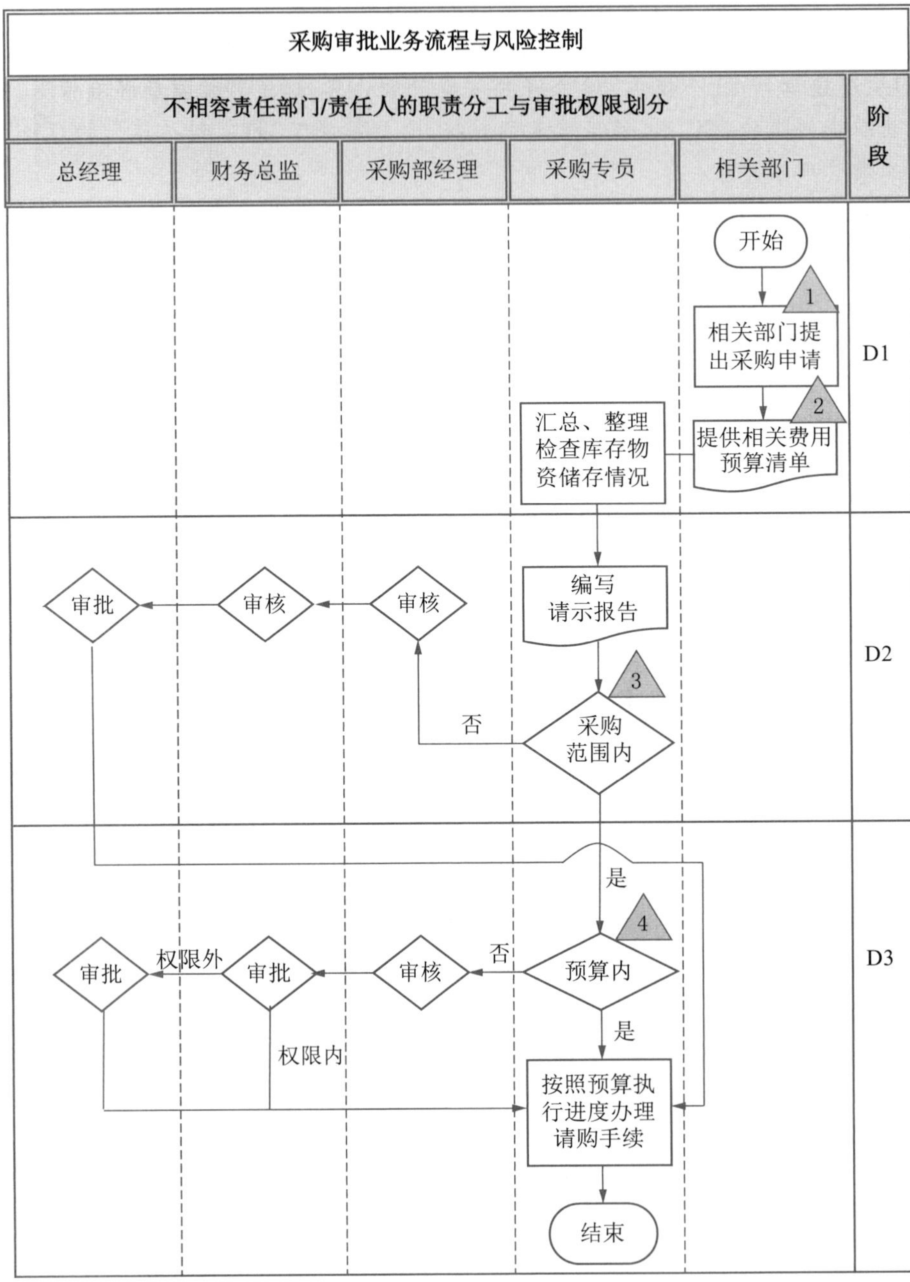

图 4-2　某企业采购审批业务流程图

> 2020 年 4 月 27 日，钟某因涉嫌贪污罪被桐乡市纪委市监委立案调查。经查，2018 年 12 月至 2020 年 4 月，钟某利用职务便利，以虚开现金支票的方式，先后 16 次侵吞公款 71 万余元用于赌博和个人消费。
>
> 17 个月作案 16 次，钟某不费吹灰之力屡屡得手，背后的问题在哪？经调查发现，该公司财务部会计、出纳职责分工存在漏洞。
>
> 按照正常流程，出纳负责录入会计凭证及现金、银行存款的核算和管理，会计每月负责核对公司的银行对账单、制作银行期末调节表，以此对出纳予以监督。但事实上，该公司分工不明，会计复核监督职责履行不到位。因此，失去有效监管的钟某，通过套取资金后不记账、隐匿虚开的现金支票存根、伪造银行期末调节表等方式将公司账目做平，未及时被发现。
>
> 失去制约的权力就像无舵的航船，失去节制的私欲就像决堤的洪水。钟某在犯罪的泥淖里越陷越深，桐乡市汽车运输有限公司的上级单位桐乡市交投集团党委发现问题后，向桐乡市纪委市监委报告情况，积极配合案件查办，追回全部款项，挽回公司损失。

流程图法的优点在于可以实现“化繁为简”，将复杂的业务流程简单化，有助于熟悉风险评估主体运作中的关键细节，从而易于发现可能存在的风险。其局限性是流程图的绘制对专业性要求较高，需要花费的时间比较长。图 4-2 为某企业采购审批业务流程图。

（四）事件树法

按照百度百科的解释，事件树法是安全系统工程中常用的一种归纳推理分析方法，它是一种按事故发展的时间顺序由初始事件开始推论可能的后果，从而进行风险源辨识的方法。任何事故都是一个多环节事件发展变化的结果，事件树法的实质就是利用逻辑思维的基本规律和表现形式，分析事故形成过程。这种方法将系统可能发生的某种事故与导致事故发生的各种原因之间的逻辑关系利用树形图加以表示，在此基础上通过层层溯源，最终找出事故发生的主要原因。图 4-3 就是一起箱体爆炸事故的事件树分析。

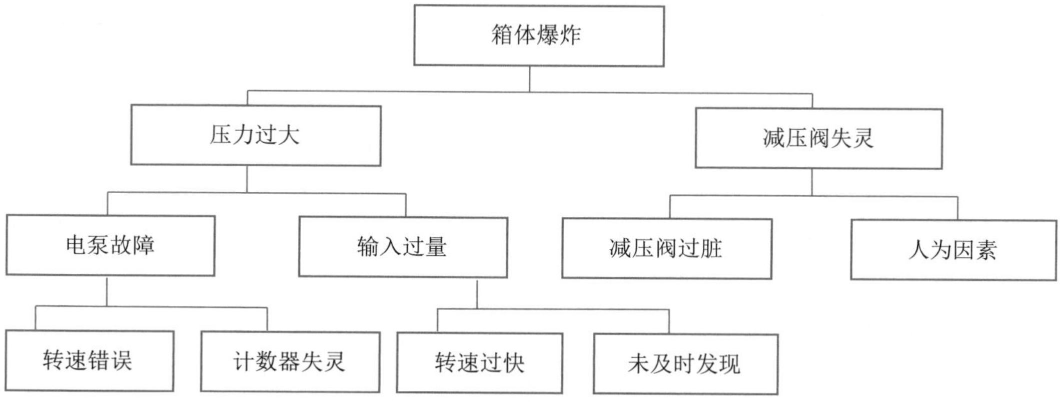

图 4-3　箱体爆炸的事件树分析

事件树分析法的优点在于能够找出事故发生的起始原因，从而从根源采取措施避免事故的再次发生。其缺点在于：技术含量较高，专业性较强；耗费时间较长，管理成本较高。

（五）因果图法

因果图法也称为鱼刺图法，最早起源于分析质量问题与产生原因之间关系的一种方法，后来又逐步拓展应用于风险事故的分析。由于在实际跟踪过程中，产生质量问题的原因是多方面的，而每一种原因的作用又不同，往往需要在考虑综合因素时，按照从大到小、从粗到细的方法，逐步找到产生问题的根源。如图 4-4 所示，它是一种层层递进，不断挖掘问题根本原因的一种风险识别方法。

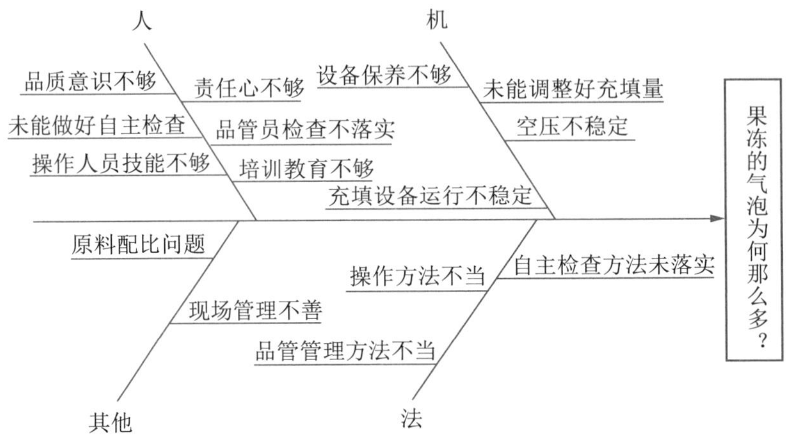

图 4-4　果冻质量问题的因果图

因果图分析法的主要优点在于：简单直观，便于理解；逻辑性强，从损失的结果出发，先找出导致损失的重大原因，步步深入，最终找出损失产生的根本原因。其局限性主要体现在：需考虑的因素较多，可能出现重大疏漏；涉及面较广，专业要求较高；结论可能因人而异，存在一定的主观性。

第二节　风险分析

风险分析是在风险识别的基础上，结合企业特定条件，运用定量或定性方法进一步分析风险发生的可能性和对企业目标实现的影响程度，并对风险的状况进行综合评价，以便为制定合理的风险应对策略提供依据。风险分析是风险应对的基础，没有客观、充分、合理的风险分析，风险应对将无法达到预期效果。

一、风险分析的内容

按照《企业内部控制基本规范》第二十四条的规定，企业应当采用定性与定量相结合的方法，按照风险发生的可能性及其影响程度等，对识别的风险进行分析和排序，确定关注重点和优先控制的风险。因此，明确风险发生的可能性和影响程度是风险分析的主要内容。

（一）风险发生的可能性分析

可能性分析是指假定企业不采取任何措施，以此来影响经营管理过程，将会发生风险的概率。确定损失概率是风险分析的一个重要方面，它通常是通过收集实际信息和利用专业判断来完成。风险可能性分析的结果一般可以划分为“极低”“低”“中等”“高”和“极高”五种情况。

（二）风险发生的影响程度分析

影响程度分析主要是指对目标实现的负面影响程度进行分析，即对风险事故可能造成的损失值的分析。风险评估人员应根据单位实际情况，选择合理的方法衡量损失程度。按照可能的影响结果（通常是量化成数值），可以将风险划分为“不重要”“次要”“中等”“主要”和“灾难性”五种范围。

案例 4-5　基于“合规风险库”的企业合规管理体系①

国网浙江海盐县供电公司发布了《国网浙江海盐县供电有限公司关于印发合规管理运行方案的通知》，在公司合规管理委员会下细化合规管理组织构架，并明确了合规试点四大重点工作：

一是立足问题导向，挖掘存在的风险，科学搭建评估模型，组织开展评估，建立切合实际的合规风险库。

二是强化合规业务指导，由合规管理小组结合业务流程与合规风险识别成果编制各领域《合规管理指导手册》，指导业务部门员工开展风险整改工作。

三是通过“一库一评一册”的工具手段厘清合规管理重点环节，落实合规管理监督与培训，强化“三道防线”风险管控能力。

四是以年度为周期，更新完善风险库与合规管理手册，并引入第三方对年度合规工作进行独立评估，实现合规管理工作持续提升。

特别值得肯定的是，国网浙江海盐县供电公司通过构筑风险评估预控网络，推动合规管理机制落地，具体包括以下内容：

1. 一评一库一册，厘清合规管理重点环节。以问题为导向，梳理历年巡视巡察、审计发现的问题，深入剖析成因，归类汇总形成问题库。通过专业机构设计测评模型框架，合理选取 2 个维度，8 个影响因子，通过专家赋权确定指标权重搭建合规风险测评模型，模型架构如图 4-5 所示。

2. 通过多人多岗测评，确定风险等级。汇总其合规风险和对应的风险等级、合规义务以及分析产生合规风险的本质原因编制合规风险库。

3. 编制《合规管理指导手册》，提升合规风险防控能力。由合规管理小组结合业务流程与合规风险识别成果，编制各领域《合规管理指导手册》，明确各环节的合规要求、合规依据，并提示合规风险，促进业务工作和合规管理相融合，从源头上提升合规风险防控能力。

4. 强化 3 道防线，提升部门合规履责能力。①加厚第一道防线。区分合规风险等级，将四眼原则贯穿业务审核环节，实行分级审核。创新开展党支部业务合规性监督，提升第

① 节选自汪励雯、屠孝杰：《基于“合规风险库”的企业合规管理体系在县级供电公司落地应用的探索与实践》，《农电管理》2021 年第 11 期。

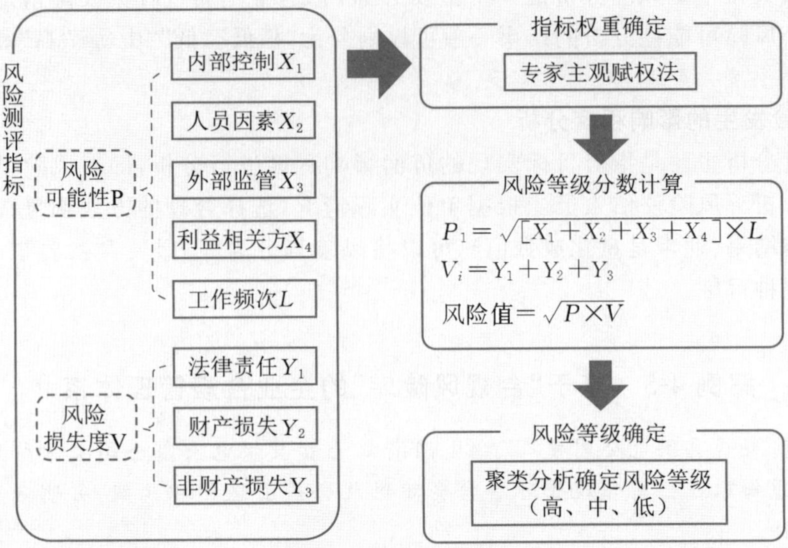

图 4-5　合规风险等级定量测评模型图

一道防线内部监管能力。②垒高第二道防线。加强合规管理人员合规培训，让合规管理人员参与到各小组合规风险识别及合规指导手册编制过程中，互补提升，培育合规专家团队。③扩宽第三道防线。建立合规约谈机制，由合规管理监督小组随机对业务人员、管理人员开展合规约谈，检验合规知识掌握情况。同时赋权合规管理监督小组，依托合规管理指导手册，实施合规管理随机检查，根据检查结果提出建议，以高压态势提升合规管理监管成效。

5. 周期闭环管理，实现管理成效持续提升。为确保合规管理逐年完善，以年度为周期定期更新合规风险库与合规管理手册，同时由第三方机构对年度合规管理工作进行客观评价，提出完善建议，制定下一年合规管理计划，保证合规工作持续提升。

二、风险分析的程序

《企业内部控制基本规范》第二十四条指出，企业进行风险分析，应当充分吸收专业人员，组成风险分析团队，按照严格规范的程序开展工作，确保风险分析结果的准确性。

（一）收集风险数据

风险分析建立在数据收集的基础之上。企业在搜集风险数据的过程应关注数据的相关性、真实性、完整性。一般来说，企业搜集数据主要包括宏观经济数据、行业市场数据、企业经营数据等。

（二）选择分析方法

企业应依据风险的复杂程度和重要性选择适当的分析技术及方法，包括定量分析和定性分析两种类型。定量分析能提高结果的精确度，但对数据要求比较高，过程较为复杂；定性分析主要依赖于分析人员的经验和判断，操作相对简便，但结果具有较强的主观性。因此，在实际当中，企业一般采用定量分析和定性分析相结合的方式进行风险分析。

定性分析方法一般包括问卷调查、实地访谈、集体讨论、专家咨询、情景分析、行业对标等，定量分析方法一般包括统计推论（如集中趋势法）、计算机模拟（如蒙特卡罗分析法）、敏感性分析、财务分析等，而风险矩阵法、风险清单法则取决于其是采用定性方法还是定量方法分析风险发生的可能性和影响程度。

（三）分析组织实施

风险分析一般由企业风险管理部门组织有关职能部门和业务单位实施，也可聘请有资质、信誉好、能力强的专门机构（比如专门的风险管理咨询公司等）协助实施。风险分析是一项具有较高难度的复杂工作，聘请外部专业团队是有必要的，特别是在公司刚刚导入风险管理的阶段。

（四）编制分析报告

风险分析的结论以正式文本的形式报告，至少包括以下几个方面的内容：①风险发生可能性；②风险影响程度；③风险重要性评级；④风险应对方案。

三、风险分析的方法

在企业实践当中，最常用的风险分析方法主要包括情景分析、敏感性分析、财务分析、风险矩阵、风险清单等。

（一）情景分析法

按照《管理会计应用指引第 503 号——情景分析》的规定，情景分析是指在对企业经营管理中未来可能出现的相关事件情景进行假设的基础上，结合企业管理要求，通过模拟等技术，分析相关方案发生的可能性、相应后果和影响，以做出最佳决策的方法。情景分析一般适用于企业的投融资决策，也可用于战略目标制定、风险评估等。企业应用情景分析法，一般按照确认决策事项、确认影响因素、设定情景、分析方案和分析实施后果等程序进行。

企业应用情景分析法，应对决策事项的影响因素进行全面分析，并根据重要性原则明确决策事项的主要影响因素，以此作为设置情景的主要内外部影响因素：①在进行投融资决策时，通常应考虑投资额、资本成本等影响因素；②在进行战略目标制定时，通常应考虑消费者信心指数、市场占有率等影响因素；③在进行风险评估时，通常应考虑利率、汇率等产生可承受最大损失的影响因素。

企业通常应根据决策事项设定不同的情景，这些情景应能提供有意义的测试环境，以便后续制定多个可选择方案：①根据历史情况设定情景时，通常可以选取最优、最差或基准的历史情况作为情景，或者以历史特殊事件作为情景，如重复发生的标准历史事件；②根据其他假设设定情景时，通常使用人为假设、专家认定或者数据模拟等方法来设定情景。

《管理会计应用指引第503号——情景分析》

企业应在情景设定的基础上，建立影响因素与决策目标之间的逻辑关系。通过搜集相关数据，对不同情景下决策事项的总体发展状况进行分析，或对不同情景下决策事项可能产生的经济后果进行测算，制定出各种情景下的对策和实施方案。

情景分析的主要优点在于注重情景发展的多种可能性，降低决策失误对企业造成的影响，对决策事项的可参考性较强。其主要缺点在于：情景假设的主观性较强，对于情景数据的准确性、逻辑性及因果关系的建立要求较高。

（二）敏感性分析法

按照《管理会计应用指引第 402 号——敏感性分析》的规定，敏感性分析是指对影响目标实现的因素变化进行量化分析，以确定各因素变化对实现目标的影响及其敏感程度。敏感性分析可以分为单因素敏感性分析和多因素敏感性分析。敏感性分析的应用程序一般包括确定决策目标、根据决策环境确定决策目标的基准值、分析确定影响决策目标的各种因素、计算敏感系数、根据敏感系数对各因素进行排序等程序。敏感系数的绝对值越大，该因素越敏感，其计算公式如下：

$$某因素敏感系数=目标值变动百分比\div因素值变动百分比$$

敏感性分析具有广泛适用性，有助于识别、控制和防范短期营运决策、长期投资决策等相关风险。

短期营运决策中的敏感性分析主要应用于目标利润规划。在利润规划敏感性分析中，利润规划的决策目标是利润最大化。企业在进行目标利润规划时，通常以利润基准值为基础，分别测算销售量、单价、单位变动成本和固定成本这些因素发生变动时，对利润基准值的影响程度，即每个影响因素的敏感系数值，并根据敏感系数绝对值的大小进行排序。企业应重点关注敏感性因素，及时采取措施，加强控制敏感性因素，确保利润规划的完成。

长期投资决策中的敏感性分析，是指通过衡量投资方案中某个因素的变动对该方案预期结果的影响程度，做出对项目投资决策的可行性评价。长期投资决策模型中决策目标的基准值通常包括净现值、内含报酬率、投资回收期、现值指数等。决策目标基准值的影响因素通常包括项目的期限、现金流和折现率。因此，长期投资决策中的敏感性分析，通常分析项目期限、折现率和现金流量等变量的变化对投资方案的净现值、内含报酬率等产生的影响。

《管理会计应用指引第402号——敏感性分析》

敏感性分析法的主要优点是：方法简单易行，分析结果易于理解，能为企业的规划、控制和决策提供参考。其主要缺点包括：对决策模型和预测数据具有依赖性，决策模型的可靠程度和数据的合理性，会影响敏感性分析的可靠性。

（三）财务分析法

财务分析法，是指以企业的资产负债表、利润表和现金流量表等财务报表为依据，通过水平分析、垂直分析、趋势分析、比率分析、因素分析、综合分析等方法，从财务角度发现企业面临风险的方法。

腾讯控股：世界还很大

财务分析法能综合反映一个风险管理单位的风险状况，许多风险问题都可以通过财务报表真实、可靠地反映出来。财务分析法的优点是较为方便有效，且易于被内部和外部人员接受。其局限性是无法反映以非货币形式存在的问题，如人员素质、创新能力、业务流程和其他经济因素的变化等，需要引入其他识别方法和手段。

（四）风险矩阵法

根据《管理会计应用指引第701号——风险矩阵》的规定，风险矩阵是指按照风险发生的可能性和风险发生后果的严重程度，将风险绘制在矩阵图中，展示风险及其重要性等级的风险管理工具方法。风险矩阵的基本原理是，根据企业风险偏好，判断并度量风险发生可能性和后果严重程度，计算风险值，以此作为主要依据在矩阵中描绘出风险重要性等级。企业应用风险矩阵工具方法，一般按照绘制风险矩阵坐标图（包括确定风险矩阵的横纵坐标、制定风险重要性等级标准、分析与评价各项风险、在风险矩阵中描绘出风险点），沟通报告风险信息和持续修订风险矩阵图等程序进行。

风险矩阵坐标，是以风险后果严重程度为纵坐标、以风险发生可能性为横坐标的矩阵坐标图。企业可根据风险管理精度的需要，确定定性、半定量或定量指标来描述风险后果严重程度和风险发生可能性。风险后果严重程度的横坐标等级可定性描述为“微小”“较小”“较大”“重大”等(也可采用1、2、3、4等M个半定量分值)，风险发生可能性的纵坐标等级可定性描述为“不太可能”“偶尔可能”“可能”“很可能”等(也可采用1、2、3、4等N个半定量分值)，从而形成M×N个方格区域的风险矩阵图(图4-6)，也可以根据需要通过定量指标更精确地描述风险后果严重程度和风险发生可能性。

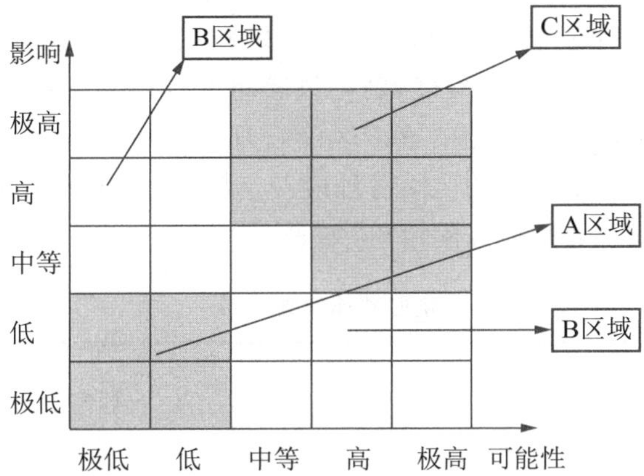

图4-6 风险评估图

企业在确定风险重要性等级时，应综合考虑风险后果严重程度和发生可能性，以及企业的风险偏好，将风险重要性等级划分为可忽视的风险、可接受的风险、要关注的风险和重大的风险等级别。对于使用半定量和定量指标描绘的矩阵，企业可将风险后果严重程度和发生可能性等级的乘积(即风险值)划分为与风险重要性等级相匹配的区间。为了突出风险矩阵的可视化效果，企业可以将不同重要性等级的风险用不同的标识进行区分。

风险矩阵的主要优点：为企业确定各项风险重要性等级提供了可视化的工具。风险矩阵的主要缺点：一是需要对风险重要性等级标准、风险发生可能性、后果严重程度等做出主观判断，可能影响使用的准确性；二是应用风险矩阵所确定的风险重要性等级是通过相互比较确定的，因而无法将列示的个别风险重要性等级通过数学运算得到总体风险的重要性等级。

(五)风险清单法

根据《管理会计应用指引第702号——风险清单》的规定，风险清单，是指企业根据自身战略、业务特点和风险管理要求，以表单形式进行风险识别、风险分析、风险应对措施、风险报告和沟通等管理活动的工具方法。风险清单适用于各类企业及企业内部各个层级和各类型风险的管理。企业应用风险清单工具方法，一般按照编制风险清单、沟通与报告、评价与优化等程序进行。企业一般按企业整体和部门两个层级编制风险清单。企业整体风险清单的编制一般按照构建风险清单基本框架、识别风险、分析风险、制定重大风险应对措施等程序进行；部门风险清单的编制可根据企业整体风险清单，梳理出与本部门相关的重大风险，依照上述流程进行。

企业风险清单基本框架一般包括风险识别、风险分析、风险应对三部分。风险识别部分主要包括风险类别、风险描述、关键风险指标等要素；风险分析部分主要包括可能产生的后果、关键影响因素、风险责任主体、风险发生可能性、风险后果严重程度、风险重要性等级等要素；风险应对部分主要包括风险应对措施等要素。

风险管理部门应对识别出的风险进行归类、编号，根据风险性质、风险指标是否可以量化等进行归类，并以此为基础填制完成风险清单基本框架中风险类别、风险描述、关键风险指标等要素；并在与相关部门沟通后，分析各类风险可能产生的后果，确定引起该后果的关键影响因素及责任主体，并填制完成风险清单基本框架中可能产生的后果、关键影响因素、风险责任主体等要素。各责任主体可基于风险偏好和风险应对能力，逐项分析风险清单中各类风险发生的可能性和后果严重程度，确定风险重要性等级，并填制风险发生可能性、风险后果严重程度、风险重要性等级等要素。风险管理部门应会同各责任主体结合企业的风险偏好、风险管理能力等制定相应的风险管理应对措施，填制风险清单基本框架中风险应对措施要素，由此填制完成企业整体风险清单，如表 4-2 所示。

表 4-2　企业整体风险清单

<table>
<tr><th colspan="8">风险识别</th><th colspan="6">风险分析</th><th>风险应对</th></tr>
<tr><th colspan="6">风险类别</th><th rowspan="3">风险描述</th><th rowspan="3">关键风险指标</th><th rowspan="3">可能产生的后果</th><th rowspan="3">关键影响因素</th><th rowspan="3">风险责任主体</th><th rowspan="3">风险发生可能性</th><th rowspan="3">风险后果严重程度</th><th rowspan="3">风险重要性等级</th><th rowspan="3">风险应对措施</th></tr>
<tr><th colspan="2">一级风险</th><th colspan="2">二级风险</th><th colspan="2">……</th></tr>
<tr><th>编号</th><th>名称</th><th>编号</th><th>名称</th><th>编号</th><th>名称</th></tr>
<tr><td rowspan="3">1</td><td rowspan="3">战略风险</td><td>1.1</td><td></td><td></td><td></td><td></td><td></td><td></td><td></td><td></td><td></td><td></td><td></td><td></td></tr>
<tr><td>1.2</td><td></td><td></td><td></td><td></td><td></td><td></td><td></td><td></td><td></td><td></td><td></td><td></td></tr>
<tr><td>…</td><td></td><td></td><td></td><td></td><td></td><td></td><td></td><td></td><td></td><td></td><td></td><td></td></tr>
<tr><td rowspan="3">2</td><td rowspan="3">营运风险</td><td>2.1</td><td></td><td></td><td></td><td></td><td></td><td></td><td></td><td></td><td></td><td></td><td></td><td></td></tr>
<tr><td>2.2</td><td></td><td></td><td></td><td></td><td></td><td></td><td></td><td></td><td></td><td></td><td></td><td></td></tr>
<tr><td>…</td><td></td><td></td><td></td><td></td><td></td><td></td><td></td><td></td><td></td><td></td><td></td><td></td></tr>
<tr><td rowspan="3">3</td><td rowspan="3">财务风险</td><td>3.1</td><td></td><td></td><td></td><td></td><td></td><td></td><td></td><td></td><td></td><td></td><td></td><td></td></tr>
<tr><td>3.2</td><td></td><td></td><td></td><td></td><td></td><td></td><td></td><td></td><td></td><td></td><td></td><td></td></tr>
<tr><td>…</td><td></td><td></td><td></td><td></td><td></td><td></td><td></td><td></td><td></td><td></td><td></td><td></td></tr>
<tr><td rowspan="3"></td><td rowspan="3">……</td><td></td><td></td><td></td><td></td><td></td><td></td><td></td><td></td><td></td><td></td><td></td><td></td><td></td></tr>
<tr><td></td><td></td><td></td><td></td><td></td><td></td><td></td><td></td><td></td><td></td><td></td><td></td><td></td></tr>
<tr><td></td><td></td><td></td><td></td><td></td><td></td><td></td><td></td><td></td><td></td><td></td><td></td><td></td></tr>
</table>

各部门应用风险清单进行风险管理的程序与企业整体风险清单类似，但应加强流程细节分析，突出具体应对措施，力求将风险管理切实落到业务流程和岗位责任人，如表 4-3 所示。风险管理部门应会同各责任主体定期或不定期地根据企业内外部环境变化，对风险清单是否全面识别风险并准确分类、是否准确分析风险成因及后果、是否采取了恰当的风险应对措施等进行评估，及时对风险清单进行更新调整。

表 4-3　　**部门风险清单**

风险识别								风险分析						风险应对
风险类别						风险描述	关键风险指标	关键影响因素	可能产生的后果	风险责任主体	风险发生可能性	风险后果严重程度	风险重要性等级	风险应对措施
一级风险		二级风险												
编号	名称	编号	名称											
1	业务 1	1.1	流程 1											
		1.2	流程 2											
		…	……											
2	业务 2	2.1												
		2.2												
		…												
3	业务 3	3.1												
		3.2												
		…												
	……													

管理会计应用指引第702号——风险清单

风险清单的主要优点在于：能够直观反映企业风险情况，易于操作，能够适应不同类型企业、不同层次风险、不同风险管理水平的风险管理工作。其主要缺点包括：风险清单所列举的风险往往难以穷尽，且风险重要性等级的确定可能因评价的主观性而产生偏差。

第三节　风险应对

按照《企业内部控制基本规范》的规定，企业应当根据风险分析的结果，结合风险承受度，权衡风险与收益，确定风险应对策略。一般来说，风险应对策略包括风险规避、风险降低、风险分担和风险承受四种类型。

一、风险规避

根据《企业内部控制基本规范》的界定，风险规避是企业对超出风险承受度的风险，通过放弃或者停止与该风险相关的业务活动以避免和减轻损失的策略。

（一）风险规避的原理

风险规避实际上就是企业通过风险识别与分析后直接拒绝承担某种风险，主要包括以下三种途径：

（1）完全放弃。完全放弃是在企业某些项目尚未承担风险的情况下拒绝风险，例如，某互联网＋企业打算开展互联网旅游软件(APP)外包业务，但在考察市场后发现，市场上开展此类业务的企业间竞争极其激烈，于是该企业考虑完全放弃开展此类软件外包业务的计划。

(2) 中途放弃。中途放弃是终止企业某项活动的实施。例如，一个经销预防医药的企业在2018年7月15日国家药品监督管理局发布“长春长生生物科技有限公司冻干人用狂犬病疫苗生产存在记录造假等行为”的通告后，立刻终止这种疫苗的经销活动。

(3) 改变条件。改变条件是通过改变业务活动赖以开展所需要的条件来规避风险。例如，某电子仪器厂在开发生产高频接插件时，若选择从日本引进全套设备需要投资800万元，企业难以承受由此带来的财务压力，于是采取逐步改变条件的策略，先投资200万元引进散件和后续工序设备，待收回投资后再成套引进，最终使新产品开发获得成功。

(二) 风险规避的方式

如果进一步细分，风险规避的具体方式包括：①剥离。比如企业通过剥离或者出售不良资产避免持续亏损。②禁止。比如企业通过制定投资负面清单明确不允许涉足的投资范围。③终止。比如企业发现某个客户财务状况恶化有明显违约迹象，立即采取终止合作的方式避免出现坏账损失。④限制。这是通过提高业务发展和市场定位的针对性，限制企业活动的范围，避免因追逐偏离战略的机会而产生的风险。⑤筛选。研究、选择可替代的项目方案，避免低收益或高风险的行为。⑥消除。企业可以通过改变、调整、修订等方式，力求消除导致风险产生的潜在影响因素，将风险消灭在萌芽状态。

案例4-6　世纪华通终止回购公司股份！①

上市公司浙江世纪华通集团股份有限公司(以下简称“公司”)于2022年12月31日发布了《关于终止回购公司股份的公告》。具体情况如下：

公司自2022年三月初公告回购股份方案后，受疫情等因素影响，主营业务发展不达预期。在游戏业务领域，受疫情和版号发放进度影响，公司整体游戏研发和发行节奏放缓，并进行了部分人员优化；在汽车零部件业务领域，长三角地区配套工厂主要位于上虞，因汽车核心产业链赖于全国协作受到疫情较大的影响；在云数据业务领域，数据中心的建设施工及交付亦受疫情影响数次停工放缓。前述情况对公司的现金流回笼产生了一定程度负面影响。

董事会在综合考虑宏观经济环境、公司经营现状、未来的战略发展及负债情况等因素后，从维护公司及全体股东长远利益、提高公司抗风险能力的角度出发，决定对资金采用谨慎使用、合理投入的策略，优先将资金用于主营业务发展，保持公司现金流的健康状态，努力强化公司整体抗风险能力。因此，公司董事会审慎决定，终止实施本次回购股份事项。

---

① 节选自深圳证券交易所官网2022年12月31日披露的《浙江世纪华通集团股份有限公司关于终止回购公司股份的公告》，http://www.szse.cn/disclosure/listed/bulletinDetail/index.html?51d1fb38-30d7-479b-bee1-124f43f13b0f。

（三）风险规避的优缺点

风险规避的优点有：①简单有效；②防患于未然，即通过中断风险源，规避可能产生的潜在损失，可以实现对风险的事前和事中控制。

风险规避的缺点主要包括：①有些风险对企业而言是无法规避的，如全球性的经济危机、能源危机、自然灾害等；②有些风险可以规避但成本却过大，不符合成本效益原则；③消极地避免风险会使企业丧失可能获利的机会，产生机会成本。

二、风险降低

根据《企业内部控制基本规范》的界定，风险降低是企业在权衡成本效益之后，准备采取适当的控制措施降低风险或者减轻损失，将风险控制在风险承受度之内的策略。

（一）风险降低的原理

风险降低依目的和发生时点的不同可以划分为损失预防和损失抑制两类。前者以降低损失概率为目的，后者以缩小损失程度为目的。损失预防也可以理解为预先防范，是指在损失发生前为了减少或消除可能引起损失的各项因素所采取的具体措施，也就是消除或减少风险因素，以便降低损失发生的概率。如汽车安全气囊的装设是损失预防措施，损失预防与风险规避的区别体现在损失预防无法消除损失发生的可能性，风险规避则可以使损失发生的概率为零。损失抑制是指在事故发生过程中或事故发生后，采取措施减少损失发生范围或损失程度的行为。如装设火灾警报器和自动喷淋系统则是损失抑制措施。

（二）风险降低的方式

进一步细分，常用的风险降低方式主要包括：

1. 风险分散

这种做法实际上就要求企业按照“不把鸡蛋放在一个篮子里”的理念，通过实施多元化战略或者多元化经营模式，比如产品多元化、客户多元化、渠道多元化、供应商多元化，从而达到降低风险的目的。另外，投资组合也是通过多元化实现分散的一种典型做法。

2. 风险分摊

这种方式实际上针对超出企业风险承受度的风险，采取通过与其他企业共同承担风险的方式，从而达到降低企业本身所承担风险的目的。就某一投资项目而言，风险分摊往往表现为联合投资的形式。联合投资是在投资协议的约束下，各出资企业根据自身条件决定出资额度、出资时间和出资方式等条件，在项目运行期间根据出资情况及合同约定各自承担风险并分配利益的投资形式。联合投资能够有效地将一个投资项目的风险分摊到多个投资主体，从而降低每个投资主体所承担的风险。

3. 套期保值

按照百度百科的解释，套期保值又称对冲贸易，是指交易人在买进（或卖出）实际货物的同时，在期货交易所卖出（或买进）同等数量的期货交易合同作为保值。它是一种为避免或减少价格发生不利变动的损失，而以期货交易临时替代实物交易的一种行为。

案例 4-7　中国东航拟开展套期保值业务以降低市场风险[1]

一、套期保值目的

为对冲美元负债公允价值汇兑风险，防范汇率大幅波动带来的不良影响，中国东方航空股份有限公司（以下简称“公司”）对 2023 年底美元带息负债进行预计，设定了 2023 年度美元负债公允价值汇兑的对冲上限；此外，为对冲现金流汇兑风险，进一步提升管理能效，公司锁定了 2023 年度美元现金流汇兑的交易头寸上限。

航油成本作为公司最大的运营成本之一，其价格波动对公司效益有着重大影响。采用套期保值管理价格风险，能够部分对冲油价上涨对公司经营造成的不利影响。公司 2023 年度航油套期保值工作计划以公司 2023 年至 2025 年三年计划用油量为基础制定，根据实际情况及后市研判择机开展套期保值工作。

二、套期保值金额或数量

公司 2023 年度新增美元汇率套期保值上限不超过 31 亿美元，新增航油套期保值总量不超过 1 146 万桶，全年新增开展的套期保值总金额不超过公司最近一个会计年度经审计净资产的 50%。

三、资金来源

公司用于开展 2023 年度套期保值业务的资金来源主要为金融机构授信及公司自有资金。

四、套期保值方式

美元汇率套期保值拟采取简单远期等结构简单、流动性强、风险可认知的金融衍生品进行汇率锁定，期限不超过三年，具体操作策略由公司高风险业务管理委员会负责制定。

航油套期保值计划采用原油互换合约、原油看涨期权、领式期权组合、原油期货合约，选择结构简单、流动性强、风险可认知的金融衍生品开展套期保值交易，以布伦特原油、上海国际能源交易中心原油作为价格基准。交易方式为滚动式交易，原油互换合约、原油看涨期权、领式期权组合到期时间为 2023 至 2025 年内，原油期货选择合适的合约及时机进行交易。在董事会授权期内，航油套期保值工作连续开展。当外部环境或公司经营模式发生重大变化时，经公司高风险业务管理委员会讨论中止或调整方案。

华大基因关于开展外汇套期保值业务的可行性分析报告

五、套期保值期限

本次董事会授权开展套期保值业务的有效期自 2023 年 1 月 1 日至 2023 年 12 月 31 日。

4. 长期合同

长期合同一般用于采购业务，企业针对需求量大的主要材料，可以通过与主要供应商签订为期一年以上的合同，并在合同中对品种、规格、数量、价格等内容做出明确的规定，以此保证材料的稳定供应。

---

① 节选自上海证券交易所官网 2022 年 12 月 15 日披露的《中国东方航空股份有限公司关于 2023 年度开展套期保值业务的公告》，http://static.sse.com.cn/disclosure/listedinfo/announcement/c/new/2022-12-15/600115_20221215_G62M.pdf。

5. 试制/测试

制造业企业在研究开发出新产品之后、大规模生产之前，通常会先进行小规模试制活动，依次评估大规模生产的可行性，从而达到降低风险的目的。而软件开发企业也通常会在新软件大规模投入市场之前进行内部测试和公开测试，以此来对软件的漏洞进行修正，并判断产品是否应该全面投放市场。

顺丰控股股份有限公司的风险分析及应对

（三）风险降低的优缺点

相对于风险规避而言，风险降低是一种比较积极的风险应对策略。执行风险降低策略，既能将剩余风险控制在企业的风险容限中，又不会使企业错失获利的机会。

风险降低策略的缺点在于：①对专业性要求较高；②可能产生较高的成本费用；③可能引发新的风险。

三、风险分担

根据《企业内部控制基本规范》的界定，风险分担是企业准备借助他人力量，采取业务分包、购买保险等方式和适当的控制措施，将风险控制在风险承受度之内的策略。

（一）风险分担的原理

风险分担本质上也属于一种特殊的风险降低策略，其特殊之处在于它是通过将风险转移给他人的方式达到降低风险的目的。值得注意的是通过分担方式应对的风险本身并没有减少，只是风险承担者发生了变化。

（二）风险分担的方式

进一步细分，常用的风险分担方式除了证券化和股份化以外，还包括以下方式：

1. 保证条款

保证条款最早源于保险合同，即在签订保险合同时，被保险人为了享受合同权利而承诺做出某些行为或不行为的规定。违反“保证”，保险人有权解除合同。保证有“明示保证”和“默示保证”两种：明示保证，一般是以书面或特约条款形式载于合同之中；默示保证，如海上保险中船长必须适航和不能绕航等，虽然在保单内无明文规定，但按国家法律、商务习惯或约定俗成，认为被保险人对某一事项应作为或不作为而作出的保证。

2. 业务外包

业务外包是指企业在风险识别与分析的基础上，结合成本效益原则，将风险较大、收益较小的非核心业务交由其他企业或机构完成，以将相应的风险转移给承包者。企业进行外包需要以具有竞争力的核心业务为基础，这样才能充分利用外部资源，降低风险和成本，提高企业运营效率。

案例 4-8　松下业务外包为“瘦身”①

据日媒报道，松下电器公司近日与 TCL 达成协议，将把面向东南亚、印度等市场的电视量产机型的生产委托给 TCL，自主生产仅保留大尺寸液晶电视、OLED 电视等高端机型。此外，双方还将探索电视机面板采购和开发方面的合作。

① 节选自朱琳：《松下业务外包为“瘦身”》，《经济日报》，2021 年 12 月 15 日。

电视机生产曾是长期引领松下家电部门的明星业务，但近年来迫于消费需求变化和市场竞争等压力，导致其盈利能力减弱。财报显示，截至2019财年（2019年4月至2020年3月），松下的电视机业务连续两个财年亏损。为了改善公司电视机生产这一“结构性亏损业务”，2021财年之前，松下采取了关闭部分工厂、出售业务板块及开展外部合作等一系列“瘦身”举措进行止损。

虽然上一年度受新冠肺炎疫情带来的宅家需求提振，松下确保了电视机业务部门盈利，但公司认为，这是受到短期特定环境因素所致，不亏损的状况要想持续，亟须同外部展开合作。松下家电业务的专务执行董事品田正弘曾表示，松下将通过与其他厂商的合作实现互补，降低目前持有的资产规模。

把电视机业务委托给代工企业生产，对松下而言，的确有利于削减成本，也有利于扩大规模。有调查显示，在供货量方面，2020年全年TCL电视全球销售量达2 393万台，占全球电视机总销量的10.7%，位居全球第三。

3. 经营租赁

经营租赁泛指融资租赁以外的其他一切租赁形式。承租人采用合同形式向有形或无形资产的所有人承租资产，通过向出租人交付一定租金获得资产的所有权，但承租人对所租资产只有使用权。一般承租人租赁资产只是为了满足经营上短期的、临时的或季节性的需要，并没有购置资产的打算。

4. 委托保管

委托保管是指企业将其部分资产委托给受托企业代为保管并签订委托合同。一般而言，委托合同会规定相关条款以确保在委托物受损时，受托企业对委托企业负有一定的赔偿责任，而委托企业需要支付一定的保管费用。这样委托企业就将委托物的潜在损失转移给了受托企业。

案例4-9　万达轻资产战略实施显成效①

2023年1月13日，万达商业管理集团（下称“万达商管”）公布业绩快报。数据显示，其2022年实现收入553.1亿元，同比增长7.4%；租金收入508.5亿元，同比增长8%；年内开业55个万达广场，完成年计划100%。商铺出租率98.7%，租金收缴率100%。累计开业473个项目，管理商业面积6 556万平方米，其中租赁面积4 445万平方米；在建万达广场187个，商业面积2 195万平方米。

万达商管的规模和业绩表现，与其输出管理和品牌的轻资产模式有关。在行业下行、普遍陷入困境的情况下，轻资产模式使其摆脱了资金局限、创造了更多市场机会。另外，这两年万达也加大了与品牌商的协作速度，存量市场的整合也加快了万达商管在管面积的增长，从而推动了租金收入的逆市上涨。

---

① 节选自百家号“时代财经”2023年1月16日发布的报道《万达稳坐最强包租公，一年收租超500亿，轻资产平台冲刺上市》，作者：刘新歌，https://baijiahao.baidu.com/s?id=1755134362230252825&wfr=spider&for=pc。

万达的轻资产战略始于2017年，这一年，万达决定不再投资持有万达广场物业，全面实施"轻资产"战略。作为轻资产战略平台，珠海万达商管2022年不断加速，以轻资产方式与北京SOLANA蓝色港湾、北京五棵松卓展购物中心等签约，接管了长沙、成都等地的5家奥克斯广场。

2022年，万达商管最引发业内关注的轻资产合作，是与"河南王"建业地产的合作。2022年3月，建业集团与万达集团达成战略合作，将旗下全部商业项目整体出租给万达商管或其关联方，由后者全面负责该等商业项目的招商、对外租赁、运营和物业管理。

5. 缴纳保险

缴纳保险是指通过签订保险合同，向保险公司缴纳一定的保险费，若有事故发生就能获得保险公司的赔偿，从而将风险转移给保险公司。采用保险转移，一方面，风险转移到保险公司之前，投保人须履行其义务，有责任缴付保险金；另一方面，当损失出现时，保险公司将会代替投保人承受因风险所带来的损失。企业对于自身不能控制的风险或者无法通过控制实现降低的风险，可以采用投保的方式转移风险。

案例 4-10　2022 年飓风和洪灾造成 1 200 亿美元保险损失①

据路透社报道，慕尼黑再保险集团10日说，美国飓风"伊恩"、澳大利亚洪灾促使2022年成为有记录以来付出的自然灾害代价最高昂的年份之一。该集团警告称，气候变化正使极端天气变得更加猛烈和频繁。

慕尼黑再保险集团说，2022年保险覆盖的自然灾害损失总计达到约1 200亿美元，与2021年相似，但低于2017年的创纪录损失额。

据报道，慕尼黑再保险集团估计的2022年度保险损失高于过去5年的平均值(970亿美元)，也高于其竞争对手瑞士再保险公司上月初步估计的1 150亿美元。

慕尼黑再保险集团首席气候科学家厄恩斯特·劳赫对路透社说："气象冲击正在增加。我们不能把任何一起严重天气事件直接归咎于气候变化。但是，气候变化使得发生极端天气的可能性上升。"他说，每年全球出现1 000亿美元的保险损失似乎是"新常态"。

报道称，2022年，自然灾害造成的总损失——包括没有被保险覆盖的损失——为2 700亿美元。这一数字低于2021年的约3 200亿美元，接近过去5年的平均水平。

据报道，飓风"伊恩"去年9月袭击了美国佛罗里达州，造成600亿美元的保险损失和1 000亿美元的总损失。澳大利亚今年初及去年10月出现的洪灾，分别造成了47亿美元和81亿美元的保险损失。

① 引自参考消息网2023年1月10日报道《外媒：2022年飓风和洪灾造成1 200亿美元保险损失》，编译：杜源江，https://www.cankaoxiaoxi.com/world/20230110/2501363.shtml。

（三）风险分担的优缺点

风险分担的优点在于它是一种事前的风险应对策略，即可以在风险发生前通过采取控制措施，把可能发生的风险转移给其他人承担，从而避免自己承担风险损失。其缺点在于：①风险分担主要是通过签订合同实现的，因此如果合同签订或者合同履行存在问题，可能导致风险分担难以实现。②企业为实现风险分担需要向承担风险一方支付代价，如租金、费用等，可能导致企业增加经济负担。

四、风险承受

根据《企业内部控制基本规范》的界定，风险承受是企业对风险承受度之内的风险，在权衡成本效益之后，不准备采取控制措施降低风险或者减轻损失的策略。

（一）风险承受的原理

风险承受是指不采取任何措施去干预风险发生的可能性或影响。具体来说，风险承受是企业明知可能有风险发生，但在权衡了其他风险应对策略之后，出于经济性和可行性的考虑将风险留下，若出现风险损失，则依靠企业自身的财力去弥补风险所带来的损失的一种风险应对策略。风险承受的前提是自留风险可能导致的损失比采取风险降低或风险转移措施所需支付的代价小。

风险承受策略包括非计划性风险承受和计划性风险承受两种。非计划性风险承受是非计划的和被动的，主要是由于风险识别过程的失误、风险的评价结果认为可以忽略、风险管理决策延误等原因造成的。如果在风险管理规划阶段已对一些风险有了准备，当风险事件发生时马上执行应急计划，自留风险就是计划性风险承受。

（二）风险承受的方式

进一步细分，常用的计划性风险承受方式主要包括：

(1) 计提资产减值准备。最典型的例子就是坏账准备金的计提。实际业务中，赊销是普遍存在的一种销售方式，而赊销往往会带来应收账款的增加，出现坏账也在所难免，企业通常采用事先计提坏账准备金的方式来达到控制风险的目的。一旦出现了坏账，只要是在企业可以承受的范围，企业可以通过直接冲销坏账准备金的方式予以承担。这是企业积极应对信用风险的一种方式，而不是因为担心出现坏账而拒绝赊销，那无异于“因噎废食”，不利于企业的可持续发展。

(2) 设立企业风险基金。企业风险基金是用于防范与补偿企业风险损失的专项基金，是提高企业抵御风险能力的重要手段。在符合法律法规的前提下，企业可以每年提取一定数额的资金，以此组成风险基金。按企业风险基金的用途不同，可分为风险损失补偿基金与风险损失防范基金。风险损失补偿基金主要用于风险损失的事后补偿，它是把企业生产经营全过程的有关资金以适当的方式逐步提存，用于特定时刻的风险损失的补偿。风险损失防范基金是指用于防范企业风险损失的基金，包括风险预测基金、应变费用等，它的提存方式与补偿基金相同。设立企业风险基金，可以让企业积累较多的资金准备，增强企业的抗风险能力。但是基金管理本身也具有风险，若管理不善可能出现资金挪用等情况。

案例4-11　茅台集团召开企业发展风险基金筹建方案专题会①

为有效提高集团公司在发展过程中应对和抵御风险的能力，促进集团公司稳健经营和健康发展。2018年6月12日，茅台集团召开了企业发展风险基金筹建方案专题会。

茅台集团副总经理、总会计师杨建军主持会议，茅台集团总法律顾问刘汉林，副总经理杨代永，茅台酒股份公司副总经理、财务总监何英姿，茅台集团总经理助理、财务处处长汪智明等出席会议。

刘汉林强调，赞同筹建企业发展风险基金，建议基金提取要按照"谁提取谁受益"的原则，提取时间、比例要寻求资源上的支持；盘活方式和管理方式十分重要，可选择分散或集中两种方式来管理；要保障资金提取、不被他人套用，做到上级领导允许、股东支持、自己能承受、自己能受益。

杨代永指出，筹建企业发展风险基金是一件好事，能有效提高集团公司应对风险的能力。同时建议，要定性风险，分清是生存风险还是重大危机风险；基金来源要在成员单位中提取，并弄清统筹运用问题和按何种方式提取基金问题；要拿出配套制度清单，支撑基金筹建方案，争取让方案早日落地。

会上，财务处负责人对《关于茅台集团建立企业发展风险基金的方案》的具体内容、管理方案、征求意见等情况进行了汇报。与会人员就筹建方案内容、管理方案等进行讨论。

茅台集团董事会办公室、审计处、规划建设处、法律知保处、企业管理处、战略管理处、财务处、投资公司、基金公司等相关部门负责人参加会议。

（三）风险承受的优缺点

风险承受策略的优势在于：①成本较低。相比其他风险应对策略，风险承受可以避免一些费用支出，如中介佣金、保险费等。②控制损失弥补进程。相对保险复杂的理赔过程，风险承受避免了损失弥补工作上的拖延和对企业恢复生产的延误。③提高警惕性。采用风险承受策略时，企业往往会更加注重降低损失发生的概率和损失的严重程度。

风险承受的不足主要体现在：①可能出现更大损失。在发生自然灾害等特殊情况下，风险超出了企业的风险容限，采用风险承受策略会给企业带来重大损失。②获得服务的种类和质量受限。由于企业自身实力有限，当采用风险承受策略时，本来可以由保险公司提供的一些专业化服务就无法享受。③可能造成企业内部关系紧张。例如，为企业职工安排福利补偿的问题，无论如何处理，在很多情况下都会有员工认为不公平，从而造成企业内部关系紧张。而如果通过企业外部保险公司来处理，则会避免该类情况的发生。

五、风险应对策略的选择

根据《企业内部控制基本规范》规定，企业应当综合运用风险规避、风险降低、风险分担和风险承受等风险应对策略，实现对风险的有效控制；并且应当结合不同发展阶段和业务拓展情况，持续收集与风险变化相关的信息，进行风险识别和风险分析，及时调整风险应对策略。原则上，企业选择风险应对策略时，应考虑以下四个方面的因素。

4

① 引自茅台集团官网"集团新闻"栏目2018年6月12日同名报道，https://www.china-moutai.com/maotaijituan/xwzx/jtxw/390363/index.html，作者：xmtgl。

（一）风险性质和风险水平

企业制定风险应对策略时，必须以风险的性质和水平为依据，对不同性质的风险、不同水平的风险，制定相应的应对措施。例如，对于风险较大（超出企业的风险承受度）的业务，企业一般采用风险规避策略；对于自然灾害等不可抗力风险，企业一般采用风险转移策略。

（二）风险承担能力

企业承担风险的能力决定了企业能够承受多大的风险，也决定了企业应对策略的选择。企业承担风险的能力取决于多种因素，包括管理者的风险偏好、企业的资源和财力水平、企业的风险态度等。在《企业内部控制基本规范》中尤其强调，企业应当合理分析、准确掌握董事、经理及其他高级管理人员和关键岗位员工的风险偏好，采取适当的控制措施，避免因个人风险偏好给企业经营带来重大损失。此外，还要注意合理评估企业的风险承担能力。

案例 4-12　华为的财务风险管理①

2021 年，我们紧密跟踪外部环境的变化，并基于多年来建立的财务风险管理体系积极评估风险影响。同时，持续修订和完善财务风险管理政策及流程，进一步提升抵御财务风险的能力，支撑公司业务发展。

1. 流动性风险

我们持续优化资本架构和短期流动性规划及预算和预测体系，用于评估公司中长期资金需求及短期资金缺口。同时采取多种稳健的财务措施保障公司业务发展的资金需求，包括保持稳健的资本架构和财务弹性、持有合理的资金存量、获取充分且有承诺的信贷额度、进行有效的资金计划和资金的集中管理等。2021 年底，现金与短期投资余额合计人民币 416 334 百万元，有效管理了流动性风险，详见表 4-4。

表 4-4　**华为流动性相关财务指标**　金额单位：人民币百万元

	2021 年	2020 年	同比变动
经营活动现金流	59 670	35 218	69.4％
现金与短期投资	416 334	357 366	16.5％
长短期借款	175 100	141 811	23.5％

2. 汇率风险

合并报表的列报货币是人民币，但我们有由于销售、采购和融资业务所产生的列报货币以外的外币敞口。依据一贯沿袭的外汇风险管理政策，我们在综合考虑市场流动性及管理成本前提下管理了主要外汇敞口，并建立了一整套外汇管理政策、流程、操作指导等管理机制，包括：

（1）自然对冲：匹配销售、采购的货币，以实现本币平衡，尽量降低外汇敞口；

（2）财务对冲：当自然对冲无法完全消除外汇敞口时，主要采用外汇远期管理。

① 节选自华为投资控股有限公司官网披露的《华为投资控股有限公司 2021 年年度报告》，https://www.file.huawei.com/minisite/media/annual_report/annual_report_2021_cn.pdf?version＝0401。

对货币急速贬值或外汇管制国家的外汇敞口，我们通过多种手段管理此风险，例如：汇率保护机制、财务对冲等，同时也通过加速回款并及时汇出等方案来减少风险。

在其他条件不变的情况下，若汇率变动，对公司净利润的影响如下表 4-5：

表 4-5　　汇率变动华为净利润的影响　　金额单位：人民币百万元

	2021 年	2020 年
美元贬值 5%	899	1 350
欧元贬值 5%	159	270

3. 利率风险

公司利率风险主要来源于长期借款，通过对利率风险敞口分析，公司组合运用浮动利率与固定利率的融资来降低利率风险。

(1) 截至 2021 年 12 月 31 日持有的主要长期计息金融工具如下表 4-6：

表 4-6　　华为持有的主要长期计息金融工具

	2021 年		2020 年	
	年利率(%)	人民币百万元	年利率(%)	人民币百万元
固定利率金融工具：长期借款	3.94	39 250	3.85	44 261
浮动利率金融工具：长期借款	3.27	123 026	3.01	97 009
合　　计		162 276		141 270

(2) 敏感性分析。于 2021 年 12 月 31 日，在其他变量不变的情况下，假定利率上升 50 个基点将会导致公司净利润和所有者权益减少人民币 503 百万元(2020 年：减少人民币 388 百万元)。

4. 信用风险

公司制定和实施了全球统一的信用管理政策制度、流程、IT 系统和风险量化评估工具，并在各个区域和业务单元建立了专门的信用管理组织，在欧洲及亚太建立信用能力中心。同时，公司利用风险量化模型，评定客户信用等级，确定客户授信额度，量化交易风险并通过在端到端销售流程的关键环节设置风险管控点形成了闭环的管理机制。公司信用管理部门定期审视全球信用风险敞口，并开发相应 IT 工具协助一线监控风险状态及预测可能损失，计提相应的坏账准备，对于已经或可能出险的客户会启动风险处理机制。

5. 销售融资

公司已建立起覆盖全球的销售融资团队，贴近客户理解融资需求，全球范围拓展多元化的融资资源，搭建金融机构与客户的沟通合作桥梁，为客户提供专业的融资解决方案，帮助其取得持续的商业成功。公司销售融资业务致力于风险转移，所安排的出口信贷、租赁、保理等业务主要由第三方金融机构承担风险并获取收益。公司制定了系统的融资业务政策和项目审批流程，严格控制融资风险敞口，仅针对部分项目与相关金融机构进行了风险分担，并计量和确认了相应的风险敞口，确保业务风险可控。

湖南天雁机械股份有限公司全面风险管理办法

（三）风险应对策略的适用情形

不同风险应对策略各有优缺点，有各自的适用情形。因此，当企业选择风险应对策略时，需要考虑所应对风险的策略是否适用，所选择的应对策略是否是最优的应对策略。尤其对于某些特定风险，如果可以采取多种应对策略，那么风险应对措施的制定就需要在多种策略中进行比较，选择最有效的风险应对措施。

（四）成本效益

实际上，在每一种风险的应对策略设计和实施过程中，都会产生一些直接或间接成本，这些成本要与其创造的效益相权衡。只有风险应对策略的成本小于其带来的收益时，这种风险应对策略才是可行的。

案例 4-13　某企业风险评估与应对措施表

某企业开展了风险评估工作，并编制风险评估与应对措施表，如表 4-7 所示。

表 4-7　风险评估与应对措施表

序号	风险类别	风险类别细分	风险内容	风险可能性	风险后果	风险评价	风险对策	风险应对措施	责任部门	监督检查和评价
1	战略风险	战略缺失风险	1.1　因缺乏战略计划的导航，致使公司目标无法达成和迷失发展方向	中	严重	A	风险规避	1. 建立和运行《质量目标管理程序》，按公司战略管理要求制定公司发展战略和经营计划 2. 快速制定战略计划纲要以应对紧急情况	规划部	
		战略扩张风险	1.2　因实施盲目多元化扩张的战略计划，导致出现经营困境	中	严重	A	风险规避	1. 建立和运行《质量目标管理程序》，定期检讨战略实施情况，并及时采取战略调整计划 2. 快速制定战略调整纲要以应对紧急情况	规划部	
		战略错误风险	1.3　技术战略的失误导致技术开发失败	中	严重	A	风险转移	1. 建立和运行《质量目标管理程序》并定期检讨战略实施情况，及时采取战略调整计划 2. 购买研究开发保险	研发部	
2	市场风险	替代品风险	2.1　由于市场替代品出现导致市场萎缩	中	严重	A	风险降低	1. 积极赴国外参展，了解产品替代动态 2. 洽谈外商合作，在同行中率先引入	销售部/研发部	

续 表

序号	风险类别	风险类别细分	风险内容	风险可能性	风险后果	风险评价	风险对策	风险应对措施	责任部门	监督检查和评价
2	市场风险	产品转型风险	2.2 产品出现更新换代，未能成功跟进，导致市场萎缩	中	严重	A	风险降低	密切关注行业龙头企业升级换代动向，制定公司产品升级换代计划	研发部	
		市场竞争风险	2.3 未能应对现有竞争者的市场挑战策略	中	严重	A	风险降低	1. 指定专人收集分析竞争者的市场策略动向 2. 评估引入机器人、ERP 系统应对挑战的可行性 3. 制定应对方案	销售部	
3	法律风险	环保风险	2.1 公司产品不符合国内外相关法律法规的环保要求	中	严重	A	风险规避	1. 建立和运行质量(含有害物质要求)、环境及职业健康安全管理体系 2. 制定质量目标予以管理	生产部	
			2.2 废弃物排放违反《江苏省排放污染物许可证管理办法》	中	严重	A	风险转移	1. 建立和运行《固体废弃物处置管理办法》 2. 与有废弃物回收资质的公司联系，签订回收协议，以应对紧急情况	生产部	
		产品质量风险	2.3 终端产品违反《消费者权益保护法》	低	一般	B	风险降低	1. 充分了解市场和客户需求，了解产品相关的国家行业标准及法律法规要求 2. 快速与法律顾问商定解决方案以应对紧急情况	销售部	
			2.4 违反《中华人民共和国产品质量法》	低	一般	B	风险降低	1. 充分了解市场和客户需求，了解产品相关的国家行业标准及法律法规要求 2. 快速与法律顾问商定解决方案以应对紧急情况	销售部	
		交通安全风险	2.5 车辆违反《中华人民共和国道路交通安全法》	中	严重	A	风险转移	签订协议，全部外包给物流公司	销售部	
		知识产权风险	2.6 商标、专利涉嫌侵权	低	严重	B	风险降低	1. 商标或专利策划前进行大量排查 2. 快速与法律顾问商定解决方案以应对紧急情况	研发部	

4

续 表

<table>
<tr><th>序号</th><th>风险类别</th><th>风险类别细分</th><th>风险内容</th><th>风险可能性</th><th>风险后果</th><th>风险评价</th><th>风险对策</th><th>风险应对措施</th><th>责任部门</th><th>监督检查和评价</th></tr>
<tr><td rowspan="3">3</td><td rowspan="3">财务风险</td><td>税务风险</td><td>3.1 部分开支费用,没有正规发票入账,导致:(1)年终汇算清缴需补缴部分税款;(2)如税局查账则需补缴更多税款及罚款</td><td>低</td><td>一般</td><td>B</td><td>风险降低</td><td>1. 建立和运行《费用报销管理实施细则》,要求所有开支事项必须取得合法发票
2. 快速与法律顾问商定解决方案以应对紧急情况</td><td>财务部/法务部</td><td></td></tr>
<tr><td>资产安全风险</td><td>3.2 截至2020年12月超过一年以上的逾期应收款合计600万元,形成坏账可能性较大</td><td>高</td><td>严重</td><td>A</td><td>风险降低</td><td>1. 销售部与客户对账,保持密切联系,及时催收货款
2. 采取减少供货,暂缓供货等应急措施
3. 必要时发出律师函</td><td>销售部/财务部</td><td></td></tr>
<tr><td>舞弊风险</td><td>3.3 员工以故意的行为获得不公平或非正当的收益</td><td>中</td><td>一般</td><td>B</td><td>风险降低</td><td>1. 建立和运行《反舞弊管理办法》,进行财务审计和专项稽查
2. 快速与法律顾问商定解决方案以应对紧急情况</td><td>审计部/法务部</td><td></td></tr>
<tr><td rowspan="3">4</td><td rowspan="3">经营风险</td><td rowspan="2">4.1 客户合作风险</td><td>4.2.2 因产品价格客户不能接受导致客户无法合作</td><td>低</td><td>一般</td><td>B</td><td>风险降低</td><td>与客户充分沟通,采取价值工程分析法,与客户共同采取措施以降低成本</td><td>销售部</td><td></td></tr>
<tr><td>4.2.3 产能不能满足客户要求导致客户投诉</td><td>中</td><td>严重</td><td>A</td><td>风险降低</td><td>1. 根据市场需求适时扩大固定资产投资,以扩大产能
2. 在保证质量的情况下进行生产外包</td><td>投资部/生产部</td><td></td></tr>
<tr><td>4.2 外部供应风险</td><td>4.3.1 所供物料质量达不到我司要求</td><td>中</td><td>一般</td><td>B</td><td>风险降低</td><td>1. 寻求其他外部供方或加强来料质量监控
2. 启用备选外部供方,加严检验
3. 启用顾客认可的可替代材料
4. 生产旺季时增加库存
5. 与外部供方深度沟通,提高其产品质量</td><td>采购部/质量部</td><td></td></tr>
</table>

续表

序号	风险类别	风险类别细分	风险内容	风险可能性	风险后果	风险评价	风险对策	风险应对措施	责任部门	监督检查和评价
4	经营风险	4.2 外部供应风险	4.3.2　不能准时交货	中	一般	B	风险降低	1. 寻求其他外部供方或加强来料质量监控 2. 启用备选外部供方,加严检验 3. 启用顾客认可的可替代材料 4. 生产旺季时增加库存 5. 与外部供方深度沟通,提高其准时交付能力	采购部	
		4.3 生产质量风险	4.3.1　因漏检或误检导致不合格原材料(部件)的投入	中	一般	B	风险降低	建立和运行《采购验收管理办法》	采购部/质量部	
			4.3.2　因配方出错或用错料(部件)导致产品不合格	中	严重	A	风险降低	1. 建立和运行《配(备)料管理办法》 2. 对配(备)料过程进行监督和检查 3. 投资建设自动配(备)料分配系统	生产部/质量部	
		4.4 经营安全风险	4.4.1　公司技术文件(如材料、技术参数等)外泄到竞争对手	低	严重	B	风险降低	1. 建立和运行《技术保密管理办法》 2. 快速与法律顾问商定解决方案以应对紧急情况	研发部/法务部	
			4.6.2　公共卫生事件和工伤	中	严重	A	风险降低	1. 对员工进行安全意识和公共卫生事件防范意识的培训宣贯工作 2. 为从事高危工作的员工缴纳人员意外伤亡保险 3. 建立和运行《应急预案手册》	生产部/人事部	
		4.7 自然灾害风险	4.7.1　火灾	中	严重	A	风险规避	1. 加强员工消防培训 2. 建立和运行《消防安全管理办法》和《应急预案手册》	生产部	
			4.7.2　台风	中	严重	B	风险降低	1. 对员工进行疏散演练 2. 建立和运行《应急预案手册》	生产部	

续 表

序号	风险类别	风险类别细分	风险内容	风险可能性	风险后果	风险评价	风险对策	风险应对措施	责任部门	监督检查和评价
4	经营风险	4.8 其他风险	4.8.1 因诚信问题导致公司声誉和名誉受损	中	严重	A	风险规避	1. 培训和宣贯公司企业文化和价值观 2. 制定《员工守则》划定行为边界，对超越红线的员工进行解聘并移送司法机关 3. 建立和运行《应急预案手册》以应对紧急情况	总经办/人事部	
			4.8.2 因用工荒导致用工风险	中	严重	A	风险降低	1. 提高员工工资待遇，改善工作环境，降低员工流失率 2. 培训和宣贯公司企业文化和价值观，培训员工一岗多能 3. 与招聘中介、职业院校等保持联系，寻求协助以应急	人事部	

编制/日期：　　　　　　审核/日期：　　　　　　批准/日期：

说明：

1. 公司风险评价采用定性分析法，分为：A级风险，也称高风险；B级风险，也称中风险；C级风险，也称低风险。其对应表如表4-8所示：

表4-8　对应表

风险后果	风险可能性		
	高	中	低
严重	A级风险（高风险）	A级风险（高风险）	B级风险（中风险）
一般	B级风险（中风险）	B级风险（中风险）	B级风险（中风险）
轻微	B级风险（低风险）	C级风险（低风险）	C级风险（低风险）

2. 公司风险对策有风险规避、风险降低、风险转移、风险承担四种。

风险评估小组根据公司风险管理理念、风险特点与评价结果和公司实际情况等充分信息确定风险对策。对于A级风险且会给公司带来重大经济损失，导致经营危机、集体罢工、停产、关闭、监管部门重大经济处罚、人员死亡、群体受伤、火灾爆炸、公司声誉和名誉受损等严重后果的风险必须选择“风险规避”。对于B、C级风险，公司没有能力解决或没必要解决，且不会给公司带来重大经济损失、导致经营危机、集体罢工、停产、关闭、监管部门重大经济处罚、人员死亡、群体受伤、火灾爆炸、公司声誉和名誉受损等严重后果的风险可采取风险承担。

不属于上述情况的风险，由风险评估小组结合公司实际选择风险降低或风险转移的对策。

3. 应对措施制定可结合公司的实际情况和以往的经验教训以及获得的知识进行制定，并与该风险对产品和服务符合性的潜在影响相适应。一般可采用制定目标及其管理方案、建立和实施运行制度文件、进行培训和宣贯、投入资源、监督检查、应急预案等措施。

本章习题

一、单项选择题

1. 下列选项中，不属于外部风险的是（　　）。

A. 自然风险　　B. 政治风险　　C. 经营风险　　D. 市场风险

2. 按照《企业内部控制基本规范》的规定，企业识别外部风险，应当关注的因素是（　　）。

A. 技术进步、工艺改进等科学技术因素

B. 财务状况、经营成果、现金流量等财务因素

C. 组织机构、经营方式、资产管理、业务流程等管理因素

D. 营运安全、员工健康、环境保护等安全环保因素

3. 下列选项中，不属于风险识别方法的是（　　）。

A. 德尔菲法　　B. 风险矩阵法　　C. 因果图法　　D. 现场调查法

4. 下列选项中，不属于德尔菲法优点的是（　　）。

A. 充分利用专家的经验和学识集思广益，保证了意见的广泛代表性

B. 可以避免会议讨论时产生的干扰，保证了专家意见的独立性

C. 经过专家们的多轮意见反馈，直至趋于一致，保证了最终结果的可靠性

D. 可与现场工作人员建立良好的关系，有利于宣传贯彻风险理念

5. 下列选项中，不属于风险分析定性分析方法的是（　　）。

A. 问卷调查　　B. 实地访谈　　C. 情景分析　　D. 敏感性分析

6. 企业风险清单基本框架一般不包括（　　）。

A. 风险识别　　B. 风险分析　　C. 风险应对　　D. 控制环境

7. 甲公司是A国一家稀土矿开采企业，管理层考虑拓展海外业务，到B国开采稀土矿。B国政府能快速取得国外企业资产的控制权并收取高额税款，甲公司的下列措施中，属于风险转移的是（　　）。

A. 为资产投保　　B. 邀请B国政府为企业共有人

C. 邀请B国稀土矿开采企业参与投资　　D. 大范围融资以满足对资金的需求

8. 下列各项中，适用于应对损失概率和损失程度相当大的某种特定风险的策略的是（　　）。

A. 风险规避　　B. 风险转移　　C. 风险降低　　D. 风险承受

9. 下列选项中，不属于风险转移策略的是（　　）。

A. 经营租赁　　B. 证券化　　C. 股份化　　D. 股份回购

10. 下列各项中，不属于风险承受方法优点的是（　　）。

A. 成本较低　　B. 防患于未然

C. 提高警惕性　　D. 控制损失弥补进程

二、多项选择题

1. 下列选项中，属于销售业务风险主要表现的有（　　）。

A. 销售政策和策略不当，可能导致销售不畅、库存积压、经营难以为继

B. 客户信用管理不到位，可能导致销售款项不能收回或遭受欺诈

C. 销售过程存在舞弊行为，可能导致企业利益受损

D. 投标或定价机制不科学，可能导致采购物资质次价高，出现舞弊或遭受欺诈

2. 下列各项中，属于企业内部风险的是（　　）。

A. 经营风险　　B. 市场风险　　C. 财务风险　　D. 战略风险

3. 下列选项中，属于风险识别常用方法的有（　　）。

A. 流程图法　　B. 因果图法　　C. 事件树法　　D. 风险清单法

4. 下列选项中，属于风险分析常用方法的有（　　）。

A. 情景分析法　　B. 敏感性分析法　　C. 现场调查法　　D. 流程图法

5. 下列选项中，属于风险规避具体方式的有（　　）。

A. 剥离　　B. 禁止　　C. 保证　　D. 终止

6. 下列选项中，属于常用的风险降低方式的有（　　）。

A. 风险分散　　B. 风险分摊　　C. 套期保值　　D. 长期合同

7. 下列选项中，属于常用的风险分担方式的有（　　）。

A. 委托保管　　B. 风险分摊　　C. 业务外包　　D. 经营租赁

8. 下列措施属于风险规避策略的是（　　）。

A. 计提坏账准备　　B. 中止与信用下滑的客户的合作

C. 制定投资负面清单　　D. 放弃高风险的投资项目

9. 选择风险应对策略时，需要考虑的因素有（　　）。

A. 风险承担能力　　B. 成本效益原则

C. 风险的性质　　D. 风险的水平

10. 下列各项中，属于风险规避局限性的是（　　）。

A. 获得服务的种类和质量受限制

B. 有些风险无法规避

C. 有些风险规避可能不符合成本效益原则

D. 对专业性要求较高

三、判断题

1. 风险识别是整个风险评估流程的第一个环节，也是关键的环节。（　　）

2. 企业应当重视风险评估，只有将风险全部规避，才能实现企业的可持续发展。（　　）

3. 重视风险暴露是风险分析的重要步骤。（　　）

4. 现场调查法的优点是较为方便有效，且易于被内部和外部人员接受。（　　）

5. 风险分析主要是分析风险发生的可能性和影响程度。（　　）

6. 损失抑制以降低损失概率为目的，损失预防以缩小损失程度为目的。（　　）

7. “不把所有的鸡蛋放在一个篮子里”的做法属于风险降低策略。（　　）

8. 风险分析报告主要包括风险发生可能性和影响程度及风险重要性等内容，无须提供风险应对方案。（　　）

9. 设立企业风险基金是风险承受的具体方式之一。（　　）

10. 企业承担风险的能力决定了企业能够承受多大的风险，也决定了企业应对策略的选择。（　　）

四、简答题

1. 风险识别的内容是什么？一般有哪些环节？主要包括哪些常用方法？

2. 风险分析的内容是什么？一般有哪些环节？主要包括哪些常用方法？

3. 简述流程图法的基本步骤及优缺点。

4. 简述财务分析法的基本原理及其优缺点。

5. 风险分担策略包括哪些具体方式？具有哪些优缺点？

6. 风险应对策略主要包括哪些类型？

7. 选择风险应对策略时应该考虑哪些因素？

五、案例分析题

1. 甲公司为国内大型基建公司，现正考虑在南美洲某国承接一项大型铁路工程。甲公司董事会经过风险评估，认定该工程有以下风险：

(1) 该国工会实力比较强大，经常进行罢工，可能影响工程正常施工；

(2) 由于铁路经过的一些路段地势险峻，容易造成严重的意外伤亡事故；

(3) 该合同以当地货币结算，而当地货币的汇率近月来大幅波动；

(4) 该公司建筑材料主要依赖于几家长期合作的供应商提供，但近期一家供应商由于经营状况恶化对该公司提出涨价、增加预付款比例等一些不合理要求；

(5) 工程可能延误，甲公司需为此承担经济责任。

要求：

(1) 请指出案例中所提及的五项风险的类型；

(2) 对甲公司上述五项风险各提供一个合适的风险管理策略，并说明原因。

2. 甲公司是一家境内上市公司，主要从事农药研发、生产、销售业务，拥有合成原药，加工、复配制剂的生产能力。甲公司 2018 年发生的与环境污染事件相关的部分资料如下：①

(1) 2018 年 3 月 13 日至 23 日，国家环境保护督察部门对甲公司进行专项督查，发现甲公司存在违规处置复配制剂产生的危险废物等行为，对当地环境造成了严重污染。甲公司根据国家环境保护法规相关条款并结合以前发生的类似案例，初步判断政府环保部门可能对公司给予 3 至 5 个月的停产整治处罚。公司一旦停产，大量客户订单将无法正常交付，合同纠纷难以避免，竞争对手可能趁机抢占市场份额，导致本公司市场占有率下降。

(2) 2018 年 3 月 24 日，甲公司启动应急管理机制，针对该事件成立环境污染事件处理领导小组，由分管相关工作的领导牵头，公司环境保护、财务、计划、生产、宣传、法律等

① 改编自2018年高级会计师考试试题。

部门参与，负责此次环境污染事件相关处理工作，抓紧清除违规处置的危险废物，避免继续污染环境。为防范再次发生风险，甲公司责成该领导小组全面评估环境污染事件对公司发展规划、生产经营、股价及声誉等方面的影响，预估潜在损失，形成综合应对方案。2018 年 3 月末，甲公司在收到政府环境保护部门停产整治通知后，立即实施拟定的应对方案。

（3）2018 年 4 月，甲公司召开董事会会议，决定设立风险管理委员会，负责督导公司风险管理体系建设和实施，完善风险管理组织架构，规范风险管理流程，提升防范风险能力。2018 年 5 月，为吸收本次环境污染事件教训，甲公司风险管理委员会向董事会提议：①建立风险准备金，应对突发风险；②引进国际领先的环境保护技术，合资建立危险废物资源化处置中心；③加大原药研发投入，以期实现技术突破，增加高附加值原药产量，减少复配制剂产量。

假定不考虑其他因素，要求：

（1）根据资料（1），从企业风险类型的角度，指出甲公司将面临哪些类别的风险，并分别说明理由。

（2）结合资料（2），提出企业从整体角度评估风险的建议。

（3）根据资料（3）中的①至③，指出甲公司采取风险应对策略的具体类型，并分别说明理由。

第五章
控制活动

学习目标

1. 知识目标：熟悉内部控制的基本控制活动即基本控制措施类型，理解每一种基本控制措施的作用。

2. 技能目标：掌握八种基本控制措施的基本原理，并能够综合应用，将风险控制在合理的范围之内。

3. 思政目标：分析典型舞弊事件的根源，塑造社会主义核心价值观，树立反舞弊的信心；领会“三重一大”集体决策审批制度的精神，深刻把握一体推进不敢腐、不能腐、不想腐的方针政策；理解国资委关于优化中央企业经营指标体系的目的，坚定四个自信，塑造系统观念、创新思维和底线思维。

引例

华润集团的6S管理体系

2000年以来，经过两次“再造华润”，华润奠定了目前的业务格局和经营规模，现已发展成为业务涵盖大消费、综合能源、城市建设运营、大健康、产业金融、科技及新兴产业6大领域，下设25个业务单元，两家直属机构，实体企业3 077家，在职员工约37.5万人，位列2022年《财富》世界五百强第70位。所属企业中有8家在香港上市，8家在内地上市，其中华润置地、华润啤酒和华润万象生活位列香港恒生指数成分股。

面对这样一个跨国、跨地区、跨行业经营的组织结构如此复杂、管理跨度如此之大的企业集团，华润集团总部又是如何实施管理的呢？华润集团之所以取得成功，得益于建立并应用了一整套管理方法，这就是已为人们所熟知的6S管理体系。正是6S的实施和不断完善，管理人员特别是财务人员的专业构成和专业水平明显改进，经理人员的管理意识和管理技能相应提高，企业管理随之规范，业务经营趋于透明。更为重要的是，集团能够获得相对明晰和准确的管理信息，从而管理决策更具针对性和有效性，由此才有了后来“集团多元化、利润中心专业化”的整体战略。而利润中心专业化就要求整个利润中心的专注和投入，也就是需要更加明确和细化的竞争战略，以确定业务长远发展目标以及实现战略目标的途径。

华润集团6S管理体系的建立绝不是一朝一夕的事情，它经过了不同的发展阶段：第一，产生阶段。1999年，华润集团提出了6S的制度化构想。这一构想的整体框架是：在专业化的基础上，将集团及所属公司分为业务相对统一的利润中心，并逐一编制号码，使管理排列清晰，进而推行预算管理，编制管理报表，相应进行审计和评价考核。这是6S管理体系的雏形，即业务分类制度、预算管理制度、综合信息管理制度、审计监督制度、业绩评价制度、经理人考核制度。第二，发展阶段。2003年，在企业集团推进利润中心战略执行力的背景下，6S将早已萌动的战略管理思想明确体现出来，并将战略管理作为主线贯穿6S始终，同时加入两大变化，一是以业务战略体系替代号码体系；二是以战略导向的多维视角完善业绩评价体系，其中平衡计分卡理念的引入是主要推动因素。这就形成了6S管理体系的基本内涵：业务战略体系、全面预算体系、管理报告体系、内部审计体系、业绩评价体系、经理人考核体系。第三，创新阶段。即推动6S体系在集团层面基本实现信息化。这样，一个集成6S管理体系、战略管理模型和信息系统平台的6S信息化管理工程为6S的进一步落实和深入推进提供了强大的技术动力和广阔的应用空间。

按照华润官网最新的解释：6S是战略规划体系、业绩评价体系、内部审计体系、经理人考评体系、管理报告体系和商业计划体系6个系统的简称，是华润从自身特点出发探索的多元化控股企业管理模式，是华润的核心管理体系。6S使华润集团多元化企业管理模式更科学有序，整体管理架构变得更加扁平，管理层可以及时、准确地获取管理信息，有力地促进了总部战略管理能力的提升和战略导向型组织的形成。

从以上案例中可以看到，华润之所以能够取得成功，得益于其所创立和实施的6S管理体系，而这一管理体系本质上属于以公司战略为核心，融事前计划预算、事中分析报告、事后评价激励为一体的管理控制系统。从中可以发现，全面预算、运营分析和绩效考评作为风险控制的重要工具，在企业战略目标实现的过程中发挥着重要的作用。根据《企业内部控制基本规范》第二十八条的规定，控制措施一般包括：不相容职务分离控制、授权审批控制、会计系统控制、财产保护控制、预算控制、运营分析控制和绩效考评控制等。除上述控制措施以外，合同控制也是一种重要的控制措施。因此，本章主要对这些基本控制措施的基本原理进行详细阐释。

第一节　不相容职务分离控制

一、不相容职务分离控制的含义

不相容职务分离控制贯穿于企业经营管理活动的始终，是企业防范风险的重要手段之一。不相容职务是指那些如果由一个人担任，既可能发生错误和舞弊行为，又容易掩盖其错误和舞弊行为的职务。不相容职务分离要求不相容职务不能交叉，不能重叠，不能由一个人担任，每项经济业务都要经过两个或两个以上的部门或人员的处理。《企业内部控制基本规范》第二十九条规定“不相容职务分离控制要求企业全面系统地分析、梳理业务流程中所涉及的不相容职务，实施相应的分离措施，形成各司其职、各负其责、相互制约的工作机制”。

思政课堂5-1 “90后”报账员入职20天就开始挪用公款①

一名“90后”报账员，刚上班20天就开始挪用公款，短短4个月，挪用百万元。为何他会坠入违法犯罪的深渊？

2019年8月，田某通过招聘考试，被聘用为马坝镇农村公路管理养护办公室报账员，负责管理道路养护维修经费。上班没几天，田某便发现了财务管理上的漏洞，财务章、法人章、会计章都由自己保管，不经过任何人就能取出公款。这时，挪用公款的念头便产生了。

正式上班的第20天，田某就以加油费名义开出2 000元现金支票。“挪用公款就像取自己卡里的钱一样简单，只要在单位油卡需要充值的时候把钱补上就行。”田某将这笔钱充值到赌博网站，很快挥霍一空，当月又先后3次挪用公款共14 000元。

此时，农路办主任杨广玉提出要查看银行对账单，田某慌了，他甚至做好了被发现的准备，可杨广玉并没有看出几十笔明细中的问题。田某暗自庆幸，也愈发肆无忌惮，第二个月又挪用公款11次共26.3万元。

“上班三个月一次账都没有报过。”10月底，镇会计结算中心催促田某报账。眼看事情就要败露，田某“灵机一动”，花钱从网上购买了8、9、10三个月的伪造银行对账单，企图蒙混过关。

报账后，会计结算中心并没有发现异常，田某彻底将悬着的心放下。1万、2万、5万、20万……田某挪用金额越来越大，短短136天，他利用职务之便，先后27次挪用公款101.45万元。

“2019年10月25日，那天我挪用了35万，我知道钱还不上了，迟早会东窗事发，但我总是幻想这一天能来得晚一些。”可该来的总会来，2020年上半年，农路办主任在银行查看农路办对账单时，意外发现账上的钱少了100多万，赶紧打电话给田某。

“杨主任，钱被我挪用了，请给我两天时间，我正在筹钱……”正坐在麻将桌边的田某挂了电话，切断了与单位、家人的一切联系，过上了“逃亡”生活。田某为非党员干部，县监委对他涉嫌挪用公款犯罪问题立案调查。

最终，田某被单位解聘，并因犯挪用公款罪被判处有期徒刑5年6个月。该案发生后，马坝镇分管农路办领导、农路办主任等9人因失职失责被处理。县纪委监委向马坝镇党委政府发出纪检监察建议，督促该镇会计结算中心将下属单位财务专用章统一收回集中管理，同时建立健全《聘用人员管理办法》《机构“三整合”改革财务管理实施办法》等13项制度，堵塞监管漏洞。

二、不相容职务分离控制的内容

不相容职务分离控制的核心是“内部牵制”。根据大部分企业的经营管理特点和一般业务性质，需要分离的不相容职务主要有以下六种：①可行性研究与决策审批；②业务执行与

① 骆梦琦、胡瑞：《入职20天就开始挪用公款》，载于《中国纪检监察报》2021年5月26日。

决策审批；③业务执行与会计记录；④业务执行与审核监督；⑤业务执行与财产保管；⑥财产保管与会计记录。不相容职务分离控制图解如图 5-1 所示。其中，决策审批、业务执行和审核监督相分离是最基本的要求，即通常强调的“三权分离”。

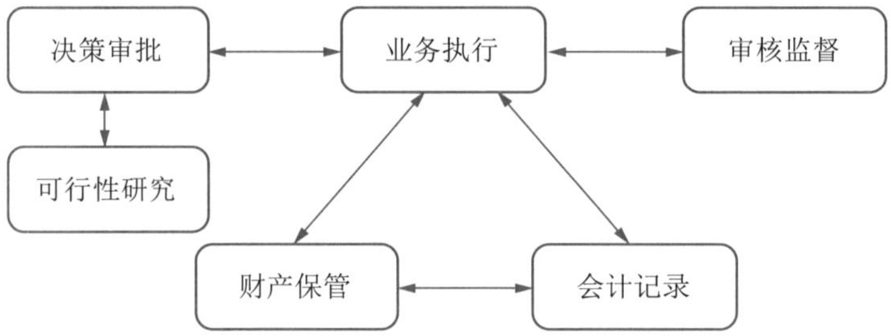

图 5-1　不相容职务分离控制图解

以上六种不相容职务普遍存在于各类企业经营管理活动中。表 5-1 中列示了投资、筹资、货币资金、固定资产、采购、销售等实际业务活动中常见的不相容岗位。实际上，由于每一家企业所处行业、规模、经营性质与特点各不相同，企业应当根据具体业务流程和特点，完整、系统地分析和梳理执行该项业务活动所涉及的不相容职务，并结合岗位职责分工采取分离措施。

表 5-1　实际业务活动中常见的不相容岗位

业务	主要不相容岗位	业务	主要不相容岗位
1. 对外投资	（1）对外投资的可行性研究与决策审批 （2）对外投资的决策审批与执行 （3）对外投资的合同签订与审批 （4）对外投资的执行与会计记录 （5）对外投资处置的审批与执行	5. 采购	（1）请购与审批 （2）询价与确定供应商 （3）采购合同的订立、审核与审批 （4）货物的采购与验收 （5）采购、保管、验收与相关会计记录 （6）付款的申请、审批与执行
2. 筹资	（1）筹资方案的拟订与可行性研究 （2）筹资方案的可行性研究与决策审批 （3）筹资方案的决策审批与执行 （4）筹资合同或协议的订立与审批 （5）筹资方案的执行与会计记录	6. 销售	（1）客户信用调查评估与信用政策审批 （2）销售合同的订立、审核与审批 （3）销售通知的开具与审核、发货 （4）销售与收款 （5）收款与会计记录 （6）应收账款催收与应收账款函证
3. 货币资金	（1）货币资金支付的审批与执行 （2）货币资金的保管与盘点清查 （3）货币资金的会计记录与审计监督 （4）出纳与会计、稽核、会计档案保管 （5）支票保管与印章保管 （6）银行印鉴保管、财务专用章保管与企业法人名章保管	7. 工程项目	（1）项目建议、可行性研究与项目决策 （2）概预算编制与审核批准 （3）项目决策与项目实施 （4）项目实施与价款支付 （5）项目实施与项目验收 （6）竣工决算与竣工决算审计
4. 固定资产	（1）固定资产投资计划的编制与审批 （2）固定资产投资计划的审批与执行 （3）固定资产采购与验收 （4）固定资产采购与付款 （5）固定资产投保的申请与审批 （6）固定资产处置的申请与审批 （7）固定资产业务的执行与会计记录	8. 担保	（1）担保业务的资信调查、风险评估与审批 （2）担保业务的审批与执行 （3）担保业务的执行和监督 （4）担保业务的执行与会计记录

需要注意的是，不相容职务分离针对的对象是岗位，而不是部门。企业管理的组织架构采用的是从部门到岗位的两层次划分，即先明确部门的定位和功能，再设定部门内岗位的职责和操作要求。不相容职务分离针对的是岗位职责，而不是部门权责。只要这个部门内不相容职责交由了不同的岗位人员操作，那么也是符合内部牵制的要求的。

案例 5-1　三个维度构筑廉政风险立体防控体系①

“财务分管领导和内控分管领导为同一人，关键岗位未实行轮岗制度，单位未采取专项审计等内控措施。”目前，一场政府资金廉政风险排查防控工作正在庆元县各级党政机关中紧锣密鼓地开展。针对存在的问题，庆元县纪委县监委督查组现场进行实时反馈，督促相关单位抓好整改落实。

“开展政府资金廉政风险排查防控工作是规范公权力行使的内在要求，也是落实全面从严治党主体责任的有力抓手。”庆元县纪委县监委相关负责人介绍。近年来，庆元县积极探索政府资金管理领域风险防控新路子，聚焦单位内部重要岗位、关键环节、重点领域，紧盯廉政风险高、腐败问题易发多发的关键人、关键处和关键事，多维度推进政府资金管理领域廉政风险精准防控、及时预警、有效处置，发现并督促问题整改 500 余条，切实做到“防到关键、控到实处”。

1. 紧盯关键岗位，管好“关键人”

“此次轮岗交流为我个人的成长搭建了很好的平台，我从中学到了新知识，熟悉了新业务，个人的思路和视野也开阔了许多，”庆元县人民法院轮岗交流干部陈丽娟深有感触地说。

为扎实推进廉政风险防控工作，从源头上降低和防范岗位廉政风险，2021 年 6 月，庆元县印发了《庆元县财务人员轮岗交流办法(试行)》，要求财务人员连续在同一岗位工作满 8 年的必须交流，交流方式主要有系统内部交流、跨系统交流、乡镇(街道)间交流和国有企业间交流。目前，该县已完成第一轮共 8 人的内部轮岗交流；第二轮轮岗交流清查摸底工作也顺利完成，各项工作正有序推进中。

2. 紧盯关键环节，管到“关键处”

“通过实行定期定岗 AB 岗审核模式，加强内部控制，让我有了更高的防范意识。”县财政国库集中支付中心工作人员苏丽丽表示。

为加强风险防范，庆元县着重强化资金使用和监督检查环节的风险管控。在财政国库集中支付中心实行定期定岗 AB 岗审核模式，并对支付凭证加盖“附件”章，防止重复报支，保障资金的安全性；同时，鼓励有条件的部门建立会计核算分中心，发挥专业人员的监督和审核作用，加强财政资金管控。组织各单位开通大额资金流动短信提醒业务，上半年累计发出大额资金流动提醒信息 13 710 条；增加财务分管领导在支付管理系统中资金审批的权限，对达到单位“三重一大”规定额度的资金支出，须通过支付管理系统审批，防止虚假报销。

① 丽水市纪委市监委：《三个维度构筑廉政风险立体防控体系》，浙江省纪委省监委网站，2021 年 11 月 10 日，http://www.zjsjw.gov.cn/yixiankuaixun/202111/t20211108_4997759.shtml。

3. 紧盯重点领域，管住“关键事”

“随着单位内部控制体系的建立健全，我们单位分别确定了财务分管领导和内控分管领导，以及他们的岗位职责及分工，实现了不相容岗位的分离，形成相互制约、相互监督的机制。”县综合行政执法局相关负责人如是说。

2019年以来，庆元县先后出台《庆元县人民政府关于进一步加强行政事业单位（国有企业）内部风险防控的通知》《庆元县单位财务管理内部控制办法》等一系列廉政风险防控制度，针对预算管理、资金拨付流程、关键环节控制、合同管理、政府采购、资产管理6个重点领域，健全完善不相容岗位（职责）相互分离等内控机制，严防经济领域的廉政风险。

三、轮岗制度与强制休假制度

俗话说“常在河边走，哪有不湿鞋”，员工长期在某个岗位工作，内部控制制度的威慑力就会逐渐削弱，容易引发员工的舞弊行为，并且长时间在一个岗位工作容易形成个人垄断资源，从而对企业利益产生潜在威胁，因此需要对企业中的关键岗位实行岗位轮换，即轮岗制度。企业应当结合岗位特点和重要程度，明确关键岗位员工轮岗的期限和有关要求，建立规范的轮岗制度，明确轮岗范围、轮岗周期、轮岗方式等，防范并及时发现岗位职责履行过程中可能存在的重要风险。因此，从本质上看，轮岗制度也蕴含了内部牵制理念。

某公司关键岗位人员岗位轮换和强制休假暂行办法

在实际中，企业可能因为某些关键岗位技术性较强、人手较为紧张等原因而无法实行轮岗，此时可以实行强制休假制度。其原理与轮岗有异曲同工之处。强制休假是指根据风险控制工作需要，在不事先征求本人意见和不提前告知本人的情况下，临时强制要求关键岗位人员在规定期限内休假并暂停行使职权的一种制度安排。一般企业会根据具体情况专门组织审计力量对强制休假人员实施离岗审计，并出具书面审计报告。在审计期间，有权要求强制休假人员随时回公司提供有关资料或进行必要的情况说明。强制休假人员应当与企业保持通畅的联系，按要求配合做好有关离岗审计工作。强制休假制度的安排可以有效减少员工实施并掩盖舞弊的机会。

第二节 授权审批控制

一、授权审批控制的定义

根据《企业内部控制基本规范》第三十条的规定，授权审批控制要求企业按照授权审批的相关规定，明确各岗位办理业务和事项的权限范围、审批程序和相应责任。

企业应当建立完善的授权审批控制体系，明确授权审批的范围、层次、责任和程序四个方面的内容，具体包括：

（1）授权审批的范围。企业所有的经营管理活动都应当纳入授权审批的范围，以便于全面预算和全面控制。授权审批的范围不仅要包括控制各种业务的预算制定情况，还要对相应的办理手续、业绩报告、业绩考核等明确授权。

（2）授权审批的层次。授权审批应当是有层次性的，应根据经济业务的重要性和涉及金额大小等情况，将审批权限分配给不同的管理层次。对于重要的、金额大的事项，审批权限应授给董事会、经理层等；对于涉及面小、金额少的具体执行性事项则授权给下级管理层次，如财务、研发、采购、生产、销售、人力资源等职能部门的经理。

（3）授权审批的责任。在授权审批控制中，授权者和被授权者都应该有明确的责任。在通常情况下，授权者应当承担因授权不当、监督检查不力所导致不良后果的责任。被授权者应当承担因用权不当、工作失误所导致不良后果的责任。

南华生物资金支付审批授权审批办法

（4）授权审批的程序。企业应当规定每一类经济业务的审批程序，以便按程序办理审批，避免越级审批、违规审批的情况发生。例如，对于货币资金支付业务，企业通常建立的授权审批程序包括支付申请、支付审批、支付复核和办理支付等。

案例 5-2　立足国有资本运营公司特点　探索构建差异化授权管控体系①

中国国新控股有限责任公司（以下简称中国国新）坚持以习近平新时代中国特色社会主义思想为指导，认真贯彻落实党中央、国务院决策部署，深入实施国企改革三年行动，紧紧围绕国有资本运营公司（以下简称运营公司）的功能定位，结合子企业实际情况，不断提升授权管控的系统性、针对性，有效增强企业发展动力活力，促进高质量发展。

立足运营公司定位特点　明确授权管控思路框架

把握授权管控的基本原则。从“以落实国家战略为导向，以服务中央企业为本位，以助力国资国企改革为重点，以市场化运营为基础”的运营公司定位出发，围绕上接国资监管机构、下接资本运作和企业经营的实际，结合投资驱动的公司特点，进一步明确集团与子企业的权责边界和授权行权方式，确保既贯彻好国家出资人代表意志，也维护好出资企业市场主体地位。

优化授权管控的组织体系。完善以资本为纽带的管理体制，健全“总部为资本平台、板块为运营平台、功能公司为业务平台”的组织架构。即总部作为资本平台，强化党的建设线、运营管理线、业务拓展线的机构协同运行，更好发挥“定战略、配资源、带队伍、控风险、促协同”的核心职能；板块公司作为运营平台，统筹板块内的功能公司建设、资源配置、业务协同、品牌建设等；功能公司作为业务平台，具体负责相关业务的市场拓展、运营管理。

明确授权管控的总体思路。结合所属企业实际，研究确定“三授三不授”的工作思路。“三授”，即对运营成熟、治理健全、管理规范的重要板块公司，对行权能力建设到位的出资企业，对确需抢抓市场机遇且行权条件完备清晰的事项，探索开展更大力度的授权；“三不授”，即对“三重一大”事项、特殊监管要求事项、投资项目负面清单事项，坚决不予授权，确保授得准、接得住、用得好。

依托“三单一表”　实现科学合理授权管控

厘清权责边界，研究制定权责事项清单。制定《中国国新总部对所属企业权责事项清

① 引自国务院国资委官网 2022 年 12 月 28 日报道《中国国新：立足国有资本运营公司特点　探索构建差异化授权管控体系》，来源：中国国新控股有限责任公司，http://www.sasac.gov.cn/n4470048/n13461446/n15390485/n15769618/c26824904/content.html。

单》,在战略、投资、财务、人力、产权管理等关键领域管好 11 大类 55 项批准(决定)类、备案类、审核类等权责事项。规范总部对所属企业有关管理职责的权限、履职依据、审批节点等要求,推动各项业务规范、有序、高效开展。

明确授权范围,持续优化授权放权清单。在基本权责边界基础上,逐步将审批备案事项授权放权至所属企业。通过授权放权清单,针对二级企业、重要三级企业、“双百企业”、上市公司、新设企业等各类企业实际,细化明确各类企业的授权额度标准,将差异化管控要求进一步具体化。同时,根据运行情况,逐步加大授权力度,2021 年授权放权事项达 64 项,较 2019 年新增 17 项,增幅 36%。

划出底线红线,严格执行投资项目负面清单。在落实国资委投资负面清单管理要求的基础上,结合运营公司业务实际和风控需要,制定实施《投资项目负面清单》,细化明确通道类、过桥类业务等 13 项禁止类业务,以及对外设立各级子基金、非主业投资等 14 项限制类业务。

紧扣投资主线,分类实施投资决策权限表。综合考虑企业功能定位、业务成熟度、治理能力等实际情况,明确不同层级子企业的投资额度。根据不同投资额度,结合基金投资、股权运作等业务需求,进一步清晰总部与子企业的投资决策权限的边界,细化投资立项、终审等不同阶段的决策流程及相应责任主体。

坚持放活与管好相统一　持续提升治理管控能力

加强出资企业行权能力建设。稳步推动各板块公司党委适建必建,探索开展党支部集体研究把关重大经营管理事项试点,指导企业制定前置研究讨论重大经营管理事项清单,进一步优化党组织“决”和“议”事项。强化子企业董事会规范建设和作用发挥,实现子企业董事会应建尽建、外部董事占多数、制定董事会授权制度、重要子企业落实董事会职权“四个 100%”全覆盖,为企业规范行使授权、实现高效运作奠定坚实基础。

建立跟踪监督机制。按照授权与监管相结合的原则,制定印发《关于在打造国有资本运营公司升级版中构建“大监督”体系的实施方案》,明确“大监督”体系工作机制、监督重点、工作措施和保障机制,构建以党内监督为主导,涵盖业务、审计、法律、财务监督力量的“五位一体”大监督体系,由巡视、审计、纪检、法律、财务、人力等部门组建联合工作组,持续开展巡视巡察和跟踪监督,在授权行权中严格落实国资监管各项要求,为深化改革系上“安全带”。

动态优化授权范围。依据现行有效制度和管理需要,结合所出资企业的功能定位、业务特点、管理水平等实际情况,定期修订完善“三单一表”,持续做好滚动优化。结合公司人员少但资产规模大的实际,定期对跟踪监督反映情况进行总结评估,视情况调整授权范围。对治理健全到位、行权效果良好、风险管控完善的板块公司逐步加大授权力度;对发生重大决策失误或风险事件、审计巡视监督检查发现重大问题等情况结合实际收回授权事项。

二、授权审批控制的内容

(一) 授权控制

1. 授权的方式

授权的方式按性质可分为常规授权和特别授权。常规授权也称一般授权,是指企业在日常经营管理活动中按照既定的职责和程序进行的授权，用以规范经济业务的权力、条件和有关责任者，其时效性一般较长。这种授权可以在企业正式颁布的岗(职)位说明书中予以明确，或通过制定专门的权限指引予以明确。

特别授权一般是由董事会给经理层或经理层给内部机构及其员工在特殊情况、特定条件下进行的应急性授权，授予处理某一突发事件(如法律纠纷)、作出某项重大决策、代替上级处理日常工作的临时性权力。企业应通过制度规范特别授权的范围、权限、程序和责任，严格控制特别授权。无论是常规授权还是特别授权，都应该尽可能采用书面形式。

2. 授权控制的原则

(1) 依事授权。授权控制是为了实现内部控制的目标服务的，企业应该本着最有利于实现企业战略目标、有利于资源的合理配置为目的来设置职务并进行授权，而不是仅凭被授权人的能力，因人授权。

(2) 规范授权。授权必须符合规范，既不能越权，也不能越级。授权者对下级的授权，必须在自己的权力范围内，不能超越自己拥有的权限进行授权。授权应有层级，逐级授权，只能逐级由上往下，由直接上级对其直接下属进行授权，不可越级授权。

(3) 适度授权。各级管理者授权时要适度，既不能过小，也不能过大。授权过小，就可能会直接影响下级部门工作的积极性，不利于他们尽职尽责；授权过大，则会造成大权旁落，难以控制，甚至出现滥用职权的情况。合理授权，应做到授权而不失控。把握授权的尺度是授权控制成败的关键。

(4) 适当监督。相关人员在授权后应该给予适当的监督。既不能放任不管，也不能常加干涉。放任不管可能发生越权或滥用职权的行为；常加干涉会使授权形同虚设，挫伤下级部门工作的主动性和创造性。被授权者只能在授权的范围内行权，严禁未经授权或超越权限行权。对于越权行为一定要有相应的问责制度。

3. 授权的形式

授权一般以两种形式存在，即口头授权和书面授权。口头授权，是上级领导利用口头语言对下属进行工作交代，或者是上下级之间根据会议所产生的工作分配。这种授权形式一般适合临时性与责任较轻的任务。书面授权，是上级领导利用文字形式对下属工作的职责范围、目标任务、组织情况、等级规范、负责办法与处理规程等进行明确规定的授权形式。这种授权形式适合比较正式与长期的任务。企业应当尽量采用书面授权的形式明确相关人员的权限和责任界限，以避免出现口头授权形式下误解权责范围、滥用职权，以及出事之后相互推诿、无法问责等情况的发生。

南方电网综合能源股份有限公司董事会授权管理细则

(二) 审批控制

履行审批职责的人员，应当对相关经营业务和事项的真实性、合规性、合理性和有关资料的完整性进行复核与审查，通过签署意见并签字或者签章，做出批准、不予批准或者其他处理。

1. 审批的模式

根据审批主体的不同，审批可以分为“一支笔”审批、分级审批、多重审批、混合审批四种审批模式。

(1) “一支笔”审批模式。在“一支笔”审批模式下，一切需要审批的经济业务全部由单位负责人或其授权人员(分管领导)一人审批。“一支笔”审批模式虽然能够克服因多头审批造成的监督失控或审批标准不一致的弊端，但最突出的缺点是没有形成相互制约机制，不符合内部控制的基本要求，权限过于集中，缺乏制约和监督，容易滋生腐败。

（2）分级审批模式。分级审批模式是根据业务范围和金额大小，分级确定审批人员，行使审批权力。如规定分管领导或职能部门的负责人在其主管业务范围和一定金额范围内具有审批权；而对于较重要的经济业务或者金额较大的经济业务，必须由单位负责人审批；重要的经济业务则必须经过集体决策审批（联审会签）。分级审批模式遵循了“三分原则”即分业务类型、分金额大小、分管理层级，既区分了业务的重要程度，符合现代企业的分权管理要求，同时避免了权力的过分集中，对审批人员形成了有力的牵制与约束。

（3）多重审批模式。多重审批模式是指所有需审批的经济业务都需要经过两个或两个以上的审批人员共同审批。实务中常见的具体做法有：职能部门负责人先审，单位负责人后审；职能部门负责人先审，分管领导后审，单位负责人最后审批；分管领导先审，单位负责人后审，等等。这种审批模式符合内部控制的制衡性原则，能够提高审批质量，但审批程序相对繁琐，比较适合大型企业集团采用。

（4）混合审批模式。混合审批模式是以上三种模式的结合运用。在混合审批模式下，一定的业务范围和金额范围内由一人审批，超过一定范围和金额的经济业务必须由两个或两个以上审批人员共同审批。这种审批模式针对不同的经济业务采取不同的审批方式，可以在一定程度上简化审批程序，也加强了对重要项目的控制。但要注意实际运用时，容易被人采用化整为零的办法来逃避共同审批。

2. 审批控制的原则

（1）审批应有界限。审批者应在授权范围内进行审批，既不能越权审批，也不能越级审批。越权审批就是超越授权权限进行审批，常常表现为下级行使了上级的权利。例如，人力资源部门招聘员工未经总经理或分管人力资源的副总经理批准，录用不符合条件的人员。越级审批是上级包办代替下级的事务，应该由下级审批的上级包办了。例如，资金的调度权按规定属于财务总监，但总经理未经财务总监同意，直接通知出纳将资金借给其他企业的行为就属于越级审批。

（2）审批应该有依据。审批控制的目的是保证企业的经营行为不偏离预定的方向和目标，有利于经营效果和效率的提高。所以，审批者即使在自己的职权范围内，也不能随意审批，应当依据法律法规、规章制度、合同、预算、计划、决议等进行审批。例如，生产部门负责人在批准领用材料时，要依据当期的生产计划；设备管理部门在批准购置固定资产时，要依据固定资产投资计划。

（3）采用书面审批形式。审批应该采用在下级的报告上批示、专门行文批示、在有关的凭证上签字批准等书面形式。不可口头批准，以免口说无凭，责任不清。这样也便于监督检查人员后续的审计与检查。

案例 5-3　使用闲置募资超出审议额度　拓斯达收深交所监管函

上市公司拓斯达 2022 年 8 月 2 日收到深交所监管函，该公司于 2022 年 5 月 31 日、6 月 16 日先后披露的《2021 年年报问询函的回复》《关于募集资金使用违规的补充说明公告》显示，公司董事会于 2021 年 3 月 31 日审议通过使用不超过 3 亿元暂时闲置募集资金用于现金管理的议案，但在董事会审议上述议案前，公司已在 2020 年 12 月至 2021 年 3 月期间使用 2.89 亿元闲置募集资金进行现金管理，同时，在 2021 年 4 月至 6 月期间，公司实际使用闲置募集资金用于现金管理的金额超出审议额度 1.3 亿元。

拓斯达公司的上述行为违反了深交所《创业板股票上市规则（2020 年 12 月修订）》和《创业板上市公司规范运作指引（2020 年修订）》相关规定。

三、“三重一大”事项决策审批制度

《企业内部控制应用指引第 1 号——组织架构》第五条规定，企业的重大决策、重大事项、重要人事任免及大额资金支付业务等，应当按照规定的权限和程序实行集体决策审批或者联签制度。任何个人不得单独进行决策或者擅自改变集体决策意见。事实上，早在企业内部控制规范指引体系形成之前，党中央就提出了凡属重大决策、重要人事任免、重大项目安排和大额度资金运作（简称“三重一大”）事项必须由领导班子集体作出决定的要求。为此，2010 年 6 月中共中央办公厅、国务院办公厅专门印发了《关于进一步推进国有企业贯彻落实“三重一大”决策制度的意见》，强调国有企业应当健全议事规则，明确“三重一大”事项的决策规则和程序，完善群众参与、专家咨询和集体决策相结合的决策机制。

“三重一大”事项的主要范围包括：

（1）重大决策事项。是指依照《中华人民共和国公司法》以及其他有关法律法规和党内法规规定的应当由股东大会（股东会）、董事会、未设董事会的经理班子、职工代表大会和党委（党组）决定的事项。主要包括企业贯彻执行党和国家的路线方针政策、法律法规和上级重要决定的重大措施，企业发展战略、破产、改制、兼并重组、资产调整、产权转让、对外投资、利益调配、机构调整等方面的重大决策，企业党的建设和安全稳定的重大决策，以及其他重大决策事项。

（2）重要人事任免事项。是指企业直接管理的领导人员以及其他经营管理人员的职务调整事项。主要包括企业中层以上经营管理人员和下属企业、单位领导班子成员的任免、聘用、解除聘用和后备人选的确定，向控股和参股企业委派股东代表，推荐董事会、监事会成员和经理、财务负责人，以及其他重要人事任免事项。

河南神火煤电股份有限公司“三重一大”决策制度实施办法

（3）重大项目安排事项。是指对企业资产规模、资本结构、盈利能力以及生产装备、技术状况等产生重要影响的项目的设立和安排。主要包括年度投资计划，融资、担保项目，期权、期货等金融衍生业务，重要设备和技术引进，采购大宗物资和购买服务，重大工程建设项目，以及其他重大项目安排事项。

（4）大额度资金运作事项。是指超过由企业或者履行国有资产出资人职责的机构所规定的企业领导人员有权调动、使用的资金限额的资金调动和使用。主要包括年度预算内大额度资金调动和使用，超预算的资金调动和使用，对外大额捐赠、赞助，以及其他大额度资金运作事项。

《企业内部控制应用指引第 1 号——组织架构》第五条指出，重大决策、重大事项、重要人事任免及大额资金支付业务的具体标准由企业自行确定。

思政课堂 5-2　履行好监督基本职责　以案促改防范国企廉政风险①

以案促改是一体推进不敢腐、不能腐、不想腐的重要举措。江苏省连云港市纪委监委深化系统施治、标本兼治，在严肃查处国有企业腐败问题基础上，着力发现腐败背后的问题根源，深入查找体制机制方面存在问题，深化以案促改，推进深度治理，有效防范和化解国有企业廉政风险隐患。

1. 聚焦"关键少数"，严格防范决策风险。连云港市纪委监委通过审查调查和市委巡察发现，个别国有企业存在"一把手"违规决策、盲目决策，造成国有资产损失问题。对此，深入剖析决策风险的主要表现和产生根源，细分"盲目决策""虚假决策""越权决策"三种类型，靶向施策、对症施治。针对重大事项不经集体决策就擅作主张、盲目决策问题，督促案发单位完善"三重一大"事项决策程序，强化执行情况监督；针对以传阅、会签或口头商议等方式来代替正规程序、虚假决策问题，督促案发单位在整改过程中细化会前、会中、会后的调查研究、论证评估、规范表决等决策环节，对未履行集体决策程序的，由派驻纪检监察组追究责任；针对未执行请示报告规定、越权决策问题，督促案发单位对下属子公司的重要决策事项实施提级管理、重点监督，加强重点信息定期披露公示，实行"嵌入式"监督，推动正确决策。

2. 聚焦权力运行，严格防范经营风险。国有企业下属层级多，各层级负责人既管经营又管项目，有的利用监督管理漏洞，在经营中大肆谋取私利。连云港市纪委监委在查办案件时，坚持一案一剖析、一案一整改，聚焦靠企吃企问题，明确划出国企从业人员禁业范围，开展国企领导干部及其亲属违规经商办企业问题专项清理整治；聚焦内外勾结问题，对工程招标、物资采购等重点领域的权力行使进行内部督查，依托大数据监管系统，对关键业务实施全流程监管；聚焦设租寻租问题，对制度执行情况开展监督检查，推动工程项目的集体决策、全程监管。如，针对某国企下属海运公司原总经理王某利用经营管理权力，以他人名义购买集装箱，再返租给公司谋取巨额非法利益的问题，市纪委监委督促案发单位出台《经营管理人员在关联竞业中"六条禁令"》，划定禁业红线；同时，建立健全商务业务、物资采购、对外服务等领域的信息管理系统，推动生产经营关键领域全流程监管、阳光操作。

3. 聚焦信贷融资，严格防范资金风险。资金风险多与严重腐败问题交织，给国有资产安全带来极大隐患，是查办国有企业腐败案件时发现的一个突出特点。连云港市纪委监委针对隐藏在信贷业务、融资贸易、资金拆借等操作背后的腐败问题，在坚决查处利益输送、损公肥私、滥权渎职的资金"蛀虫"同时，秉承依法办案与追赃挽损一体推进的理念，在查清个案严重违纪违法事实的同时，坚持以案追损，帮助追回损失或盘活资产，传导国有资产保值增值责任，严格防范资金风险。如，某国有企业原副总裁张某某收受他人巨额贿赂，屡次违反公司董事会决定，以贸易融资为掩护，为信用缺失企业提供巨额流动资金，甚至利用监管漏洞，监守自盗非法占有巨额国有资产。连云港市纪委监委在案

① 选自2023年1月4日中央纪委国家监委网站文章，原题为《履行好监督基本职责|以案促改防范国企廉政风险》，通讯员：覃克插、王义荣。

件查结后，帮助企业追回损失，督促指导案发企业完善风险管理框架，切实加强体制机制建设。在督促推进整改时，组织开展“回头看”工作，重点检查案发单位日常监管是否严格有效、风险防控是否安全到位、如何防患于未然等问题，推动案发单位原因剖析到位、整改落实到位、机制建立到位，构建以案促改的工作闭环。

第三节　会计系统控制

一、会计系统控制的定义

会计系统控制是指利用记账、核对、岗位职责落实和职责分离、档案管理、工作交接程序等会计控制方法，确保企业会计信息真实、准确、完整。会计控制系统既可以为内部控制系统的有效运行提供信息上的支持，成为企业内部控制信息的主要来源，又可以间接地服务于财产保护控制、预算控制等控制措施。《企业内部控制基本规范》第三十一条明确规定：会计系统控制要求企业严格执行国家统一的会计准则制度，加强会计基础工作，明确会计凭证、会计账簿和财务会计报告的处理程序，保证会计资料的真实完整。

二、会计系统控制的内容

企业通过会计系统控制，应该确保企业能够严格执行会计法律法规和国家统一的会计准则制度，并根据企业实际情况合理选择会计政策和会计估计，同时加强对财务报告编制、对外提供和分析利用会计信息全过程的管理，明确相关工作流程和要求，落实责任制，确保会计信息的真实性、及时性和完整性，并确保财务报告合法合规、真实完整和有效利用。

在此过程中，企业应关注以下主要风险的控制：其一，会计信息处理违反会计法律法规和国家统一的会计准则制度，从而导致企业承担法律责任和声誉受损。其二，披露虚假会计信息，误导会计信息使用者，造成决策失误，干扰市场秩序。

案例 5-4　证监会：2020 年以来共办理 59 起上市公司财务造假案件①

证监会 2021 年 4 月 16 日通报 2020 年以来上市公司财务造假案件办理情况。据介绍，2020 年以来，证监会共办理该类案件 59 起，占办理信息披露类案件的 23%，向公安机关移送相关涉嫌犯罪案件 21 起。

此类案件主要呈现以下特点：

一是造假模式复杂，系统性、全链条造假案件仍有发生。主要表现为虚构业务实施系统性财务造假、滥用会计处理粉饰业绩等。如航天通信子公司智慧海派连续三年在采购、生产、销售、物流等各环节虚构业务；同洲电子通过提前确认福利费用、推迟计提长期股权

① 中国证监会：《证监会：2020 年以来共办理 59 起上市公司财务造假案件》，载于《经济日报》2021 年 4 月 16 日。

投资减值等方式调节利润。

二是造假手段隐蔽，传统方式与新型手法杂糅共生。除伪造合同、虚开发票、银行和物流单据造假等传统方式外，还利用新型或复杂金融工具、跨境业务等实施造假。如广东榕泰利用保理业务虚构债权等方式虚增收入；宜华生活通过虚增出口销售额、虚构境外销售回款等方式进行海外业务造假。

三是造假动机多样，并购重组领域造假相对突出。造假动机涵盖规避退市、掩盖资金占用、维持股价、应对业绩承诺等因素。如延安必康以虚假账务处理、伪造银行对账单等方式掩盖大股东资金占用；科融环境通过篡改原始单据等方式延期确认收入。造假行为涉及并购重组领域的案件占比达到40%。

四是造假情节及后果严重，部分案件涉嫌刑事犯罪。个别案件造假金额大、时间跨度长，且伴生资金占用、违规担保等多种违法违规行为。如豫金刚石除通过自有资金循环、虚假出售亏损子公司等方式虚增利润外，还未依法披露对外担保、关联交易合计数十亿元。办理案件中，情节严重涉嫌犯罪的占比超过三分之一。

证监会表示，近年来，按照党中央、国务院关于严厉打击资本市场欺诈、造假等恶性违法的总体要求，集中执法力量，创新工作机制，优化办案模式，不断强化日常监管与稽查执法的衔接配合，提高线索发现的及时性、有效性，强化稽查执法办案资源的集中调配，保障重大案件的高效查处，强化行政执法与刑事司法的紧密协作，加大证券违法成本，多措并举，严厉打击财务造假等上市公司信息披露违法活动，持续净化市场生态。

下一步，证监会将坚决贯彻中央《关于依法从严打击证券违法活动的若干意见》，按照“零容忍”工作要求，以落实新证券法、刑法修正案（十一）为契机，加强执法司法协同，坚持“一案双查”，重拳打击财务造假、欺诈发行等恶性违法行为，坚决追究相关机构和人员的违法责任，不断健全行政执法、民事追偿和刑事惩戒的立体式追责体系，有效维护市场“三公”秩序。

同时，认真落实《国务院关于进一步提高上市公司质量的意见》，继续加强对上市公司的全链条监管，坚持科学监管、分类监管、专业监管、持续监管，督促上市公司和大股东严守“四条底线”（不披露虚假信息、不从事内幕交易、不操纵股票价格、不损害上市公司利益），压实上市公司主体责任，提高公司治理水平，有效化解风险，不断提高上市公司质量。

三、会计系统控制的方法

会计系统控制主要包括会计凭证控制、会计账簿控制、财务报告控制、会计档案控制等常规方法，在这里特别强调以下三种控制。

（一）会计岗位设置和权责划分

企业应当依法设置会计机构，配备会计专业人员。会计机构负责人应当具备会计师以上专业技术职务资格。大中型企业应当设置总会计师。设置总会计师的企业，不得设置与其职权重叠的副职。

企业应根据自身规模大小、业务量多少等具体情况设置会计岗位，且应该贯彻制衡性原则，实行不相容职务分离控制。小企业应当根据会计业务的需要，设置会计机构；或者在有关机构中设置会计人员并指定会计主管人员；或者委托经批准设立从事会计代理记账业务的中介机构代理记账。

思政课堂 5-3　90后会计的豪车梦①

“为了满足虚荣心，我开始挪用村民小组的资金，自己亲手种下的恶果只有自己吞下。”法庭上，江苏省扬中市新坝镇永平村90后联队会计赵宇泪流满面、悔恨不已。

年轻的村干部为何会走上违法犯罪之路？2020年8月，扬中市委第二巡察组在对新坝镇巡察中发现，永平村第八村民小组存在账实不符的情况。市纪委监委在收到问题线索后，随即成立调查组进行调查。

在调取该异常账户的银行资料、财务账簿等材料后，调查人员发现该账户存在将集体资金转入私人账户等异常操作。为了解情况，调查人员直接找到负责八组的联队会计赵宇进行谈话。

“这些钱大部分被我租车用了。”在调查人员环环相扣的问话与细致耐心的思想工作之下，赵宇如实交代了挪用村民小组资金用于个人消费的违法犯罪事实。

原来，2018年下半年，赵宇受周边朋友影响，开始迷恋上高档轿车，在无意中接触到一款租车APP后，先后通过该平台租用过英菲尼迪、奥迪、宝马等多种品牌的汽车。由于这些豪车租金较高，工资不够的赵宇便打起了村民小组资金的主意。

据调查，当时永平村财务管理较为混乱，为了便于分配补偿款，财务印鉴章一直由赵宇保管，小组资金开支均由赵宇一人经手，村会计很少对小组资金的使用情况进行监督查看。一边是开豪车的梦想，另一边是毫无监管的组级资金，赵宇在虚荣中逐渐迷失自我。最终，赵宇共挪用72万元用于个人消费，其中有40余万元都用在了租车上。

2021年7月，赵宇因挪用资金罪被判处有期徒刑六个月，缓刑一年。针对永平村财务管理不规范、监督形同虚设等问题，扬中市纪委监委对相关责任人进行了严肃追责问责。同时，该市纪委监委从加强廉政警示教育、开展暖心回访、堵塞制度漏洞等方面入手，强化年轻干部教育、监督、管理，为他们健康成长创造便利条件。

（二）业务流程控制

企业应当采用业务流程图的形式清晰地反映其会计业务处理流程，使得财务人员能够充分理解企业各种会计业务的处理流程，从而明确自己在整个业务流程中的地位，采取适当的工作方式履行自己的岗位责任。其中，会计核算业务流程一般由填制和审核会计凭证、设置会计科目和账户、复式记账、登记会计账簿、成本计算、财产清查、编制财务会计报告等基本步骤构成。它们相互联系、紧密结合，确保会计工作有序进行。

（三）会计复核控制

会计复核控制，是指对各项经济业务记录采用复查核对的方法进行的控制，其目的是避

① 节选自中央纪委国家监委网站2021年10月17日报道《巡察组在行动｜90后会计的豪车梦》，通讯员：高慧君、吴延华，https://www.ccdi.gov.cn/yaowenn/202110/t20211017_151560.html。

免发生差错和舞弊，保证财务会计信息的准确与可靠，及时发现并改正会计记录中的错误，做到证、账、表记录相符。复核人员必须对会计凭证、会计账簿、财务会计报表和所附单据认真审查、逐笔复核，复核过的凭证及账表应加盖名章。未经复核人员复核的，出纳人员不得对外付款，会计人员不得对外签发单据或纳入会计报表当中。

案例 5-5　首单特别代表人诉讼案件落地　康美药业及相关责任人遭重罚①

2021 年 11 月 12 日，广东省广州市中级人民法院（简称广州中院）作出康美药业特别代表人诉讼一审判决，投服中心代表原告方胜诉。康美药业等相关被告承担 5.2 万余名投资者损失总金额达 24.59 亿元。这标志着以投资者“默示加入、明示退出”为特色的中国式集体诉讼司法实践成功落地。本次判决是中国法制史上的里程碑，也是资本市场法治建设的新标杆。

全国首单特别代表人诉讼

2020 年 12 月 31 日，11 名自然人请求发起康美药业虚假陈述民事赔偿普通代表人诉讼。2021 年 3 月 26 日，广州中院发布普通代表人诉讼权利登记公告。同日，投服中心公开接受投资者委托。4 月 8 日，投服中心向广州中院申请转换为特别代表人诉讼。4 月 16 日，经最高人民法院指定管辖，广州中院发布公告，同意转换特别代表人诉讼。历经庭前会议、开庭审理及多次调解会议后，广州中院于 11 月 12 日开庭宣判。

广州中院一审判决认定，本案实施日 2017 年 4 月 20 日，揭露日 2018 年 10 月 16 日。中国证券投资者保护基金有限责任公司受广州中院委托采用移动加权平均法计算损失，以“个体相对比例法”测算投资者证券市场系统风险扣除比例，损失测算后受损投资者 52 037 名，损失约 24.59 亿元。判决认定该损失由康美药业向投资者予以赔偿。

此外，判决特别明确了各被告尤其是实控人、时任董监高等应承担的责任比例，其中，实际控制人马兴田等将承担 100%连带责任。

本案是《证券法》2019 年修订后全国首单特别代表人诉讼。投服中心认真履行公益投资者保护机构职责，积极为被代表投资者争取合法利益最大化，2021 年 7 月 22 日代表康美药业特别代表人诉讼原告向破产管理人申报债权，并被选为康美药业破产重整案 9 家债权人委员会委员之一。后续投服中心将继续发挥投保机构作用，参与债权人会议并行使表决权，切实维护特别代表人诉讼债权人合法权益。

证监会将推动完善代表人诉讼制度机制

证监会有关部门负责人 12 日就康美药业特别代表人诉讼案作出判决答记者问时表示，康美药业证券纠纷案是我国首单特别代表人诉讼案件。康美药业公司连续 3 年财务造假，涉案金额巨大，持续时间长，性质特别严重，社会影响恶劣，严重损害了投资者的合法权益。作为投资者保护，机构中证中小投资者服务中心响应市场呼声，依法接受投资者委托，作为代表人参加康美药业代表人诉讼，为投资者争取最大权益。

此次法院依法作出一审判决，示范意义重大，是落实新《证券法》和中办、国办《关于依

① 节选自《新民晚报》2021 年 11 月 13 日报道，原题：《全国首单特别代表人诉讼一审胜诉，责令康美药业赔偿投资者损失 24.59 亿元》，记者：连建明。

法从严打击证券违法活动的意见》的有力举措，也是资本市场史上具有开创意义的标志性案件，对促进我国资本市场深化改革和健康发展，切实维护投资者合法权益具有里程碑意义。证监会对此表示支持，并将依法监督投资者保护机构，配合人民法院做好后续相关工作。

下一步，证监会将在全面总结首单案件经验的基础上，推动完善代表人诉讼制度机制，支持投资者保护机构进一步优化案件评估、决策、实施流程，依法推进特别代表人诉讼常态化开展。

实现“惩首恶”的目标

该负责人表示，此次康美药业案实现了“惩首恶”的目标，判决马兴田夫妇及邱锡伟等4名原高管人员组织策划实施财务造假，属故意行为，依法承担100%的连带赔偿责任（24.59亿元），有利于强化对资本市场违法作恶者的惩罚和震慑。同时，在广东省及各方的协调努力下，10月30日，康美药业公告披露，经揭阳中院对公司控股股东关联方资产进行强制执行，所得款项共计16.41亿元已支付至公司管理人账户，用于冲抵关联方占用公司资金。通过追收原大股东、实际控制人占用资金，有利于更好地保护广大中小投资者的合法权益，也让上市公司重新轻装上阵。

第四节　财产保护控制

一、财产保护控制的定义

保证资产安全是《企业内部控制基本规范》规定的内控目标之一。《企业内部控制基本规范》第三十二条规定，财产保护控制要求企业建立财产日常管理制度和定期清查制度，采取财产记录、实物保管、定期盘点、账实核对等措施，确保财产安全。

獐子岛“跑路”扇贝迎来“全剧终”

二、财产保护控制的内容

财产保护控制针对企业所拥有或控制的资产，既包括货币资金、存货、固定资产等有形资产，也包括品牌、商标、专利、专有技术、土地使用权等无形资产。企业应当通过建立和实施资产管理制度，包括财产日常管理制度、定期清查制度、资产投保制度等，加强各项资产管理，全面梳理资产管理流程，及时发现资产管理中的薄弱环节，切实采取有效措施加以改进，并关注资产减值迹象，合理确认资产减值损失，不断提高企业资产管理水平。

综合《企业内部控制应用指引第6号——资金活动》《企业内部控制应用指引第8号——资产管理》等相关规定，企业应关注以下主要风险：一是资金活动管控不严，可能导致资金被挪用、侵占、抽逃或遭受欺诈；二是存货积压或短缺，可能导致流动资金占用过量、存货价值贬损或生产中断；三是固定资产更新改造不够、使用效能低下、维护不当、产能过剩，可能导致企业缺乏竞争力、资产价值贬损、安全事故频发或资源浪费；四是无形资产缺乏核心技术、权属不清、技术落后、存在重大技术安全隐患，可能导致企业陷入法律纠纷、缺乏可持续发展能力。

案例 5-6　出纳 8 年挪用公款近 6 000 万元①

湖南省常德市国土资源局武陵区分局财务股的一名副股长兼出纳，在 8 年时间里，累计挪用公款 5 940.925 万元。

8 年，82 次，挪走 5 940 余万元

这名副股长名叫姚正斌，他的歧路从迷上打牌赌博开始。一次偶然的机会，姚正斌盯上了单位的公款。2011 年 5 月，他发现自己管理的某拆迁账户的工程已基本完工，尚存一笔资金未结算，并且没有日常支出款项。他觉得可以偷偷挪点，只要能及时还上，事就不大。这一次，他挪走了 24 万元。

尝到甜头后，姚正斌觉得这是个能“致富”的好办法。在接下来的日子里，他把单位账户当成了自己的“信用卡”，想用就用。从 2016 年 10 月到案发，两年多的时间里，他先后挪用公款 53 次合计 4 484.83 万元，用于网络赌博。

2019 年 3 月，姚正斌通过网络转账向单位还款，因银行系统延迟，当日未能到账，被其他财务人员发现……

8 年挪用为何未被发现

“我 2007 年就在财务股工作，到今年已经是第 12 个年头，再严苛的制度，工作这么长时间，难免会发现一些‘漏洞’或者是可以回旋的空间。”姚正斌说，在一个岗位上久了，不仅会有一种倦怠感，同时也会积累很多“经验”和人脉。

姚正斌说，他之所以挪用公款长达 8 年之久都没有被发现，一方面是利用资金的回转空当，另一方面，就是通过虚列的发票，私自加盖单位领导的私人印章，然后再夹在正规开支的发票内列支出来。

此前他想过轮岗，但未能获得批准。慢慢地，他也习惯了，甚至还“喜欢”上了这里，“现在回过头来看，定期轮岗是十分必要的。”

可惜世上没有回头路，武陵区人民法院作出一审判决，姚正斌犯挪用公款罪判处有期徒刑 12 年，责令限期退还 751 万元。

成立整改小组立行立改

在案件调查中，武陵区纪委监委发现，常德市国土资源局武陵区分局财务管理粗放，支票、印章管理混乱，财务监督流于形式，制度监管存在严重漏洞，客观上让姚正斌有了可乘之机。该局 3 名相关责任人被给予党纪处分。

针对制度漏洞，该局成立了专门的整改领导小组，根据区纪委监委下达的监察建议书立行立改。比如，请审计人员对财务账目进行全面审计和清理清查；调整财务股办公场所，由楼上楼下两间调整为一间，方便财务人员相互监督；每名财务人员配备单独保险柜，方便留存票据，厘清责任；细化单位印章管理规定，法人私章由财务股代管变为单位法人自行保管，增加票据审核把关环节……

① 湖南省纪委监委：《出纳 8 年挪用公款近 6 000 万元，暴露的问题值得深思》，中央纪委国家监委官网，2019 年 11 月 1 日，https://www.ccdi.gov.cn/yaowen/201910/t20191028_203154.html。

三、财产保护控制的方法

财产保护控制的具体方法主要包括：

（一）财产记录控制

财产记录控制是指企业应当全面、及时地反映企业财产的增减变动，以实现对企业资产的动态记录和过程控制，同时妥善保管涉及资产的各种文件资料，避免记录受损、被盗、被毁。首先，企业应严格限制接近记录的人员，以保证财产保管、批准和记录不相容职务分离的有效性。其次，企业应通过目录、卡片、台账等方式全面及时地记录资产的增减变动，如对固定资产，应当编制详细的目录，对每项固定资产进行编号，按照单项资产建立固定资产卡片，详细记录各项固定资产的来源、验收、使用地点、责任单位和责任人、运转、维修、改造、折旧、盘点等相关内容。再者，企业应妥善保存各种记录，如可以设置专门的档案室、档案柜等保护设施保存财产记录，尽可能减少记录丢失、毁损、被篡改的可能性。最后，对于某些重要的信息资料，应当留有备份记录，以便在遭受意外损失或毁坏时重新恢复，这在计算机处理条件下尤为重要。

（二）限制接触控制

限制接触控制是指严格限制未经授权的人员对资产的直接接触，只有经过授权批准的人员才能接触资产。限制接触包括限制对资产本身的接触和通过文件批准方式对资产使用或分配的间接接触。

一般情况下，对货币资金、有价证券、存货等变现能力强的资产必须限制无关人员的直接接触。现金的保管与记账人员相分离，平时将现金放在保险箱并由出纳人员保管钥匙；支票、汇票、发票、有价证券等易变现的非现金资产一般采用确保两个人同时接近资产的方式加以控制，或在银行租用保险柜存放这些特殊资产；对于实物财产如存货、固定资产等的控制，可以让保管人员看管，或安装监视系统、采取防盗措施。

（三）盘点清查控制

财产清查是定期或不定期对各项财产物资、货币资金和债权债务进行实地盘点和账目核对，并将盘点核对的结果与会计记录进行核对，同时进行差异分析和处理的控制措施。主要包括两个步骤：

一是清查资产并与会计记录核对。企业对库存现金、存货、固定资产等进行实地盘点，对银行存款、债权债务进行账目核对，将清查结果与账簿记录进行比较，可以及时发现资产管理中存在的缺陷和漏洞，通过后续的改进措施来防范资产的流失，能够在很大程度上保证资产的安全。

在进行资产盘点时，需要注意两个方面，一方面，企业应根据具体情况进行定期或不定期财产清查，并将定期盘点与不定期盘点结合起来。定期清查是在规定的时间内进行的，盘点的时间一般是在月末、季末和年末。不定期清查属于临时清查，在更换财产保管人员或发生财产损失等情况时进行。对于重要的、容易被侵占的财产，更需要进行不定期清查，以便可以及时发现问题。另一方面，企业要根据资产的性态确定盘点的次数或频率。通常情况下，动产较之于不动产，可携带性物品较之于不可携带性物品，消费品较之于生产用品，货币性资产较之于非货币性资产，其盘点的频率要高一些。

二是差异调查与调整财产。由于财产溢余、短缺或会计记录错误等原因，在盘点时经常会出现盘点结果与账面记录不一致的情况。差异通常表现为盘盈或盘亏，盘点结果与会计记录如果不一致，说明资产管理上可能出现错误、浪费、损失或其他不正常现象。为防止差异再次发生，应详细分析原因、查明责任，并根据资产性质、现行的制度以及差异数额与产生的原因，采取有针对性的保护性控制。实物盘点结果与有关会计记录之间的差异应由独立于保管和记录职务的人员进行调查。

案例 5-7　盘点清查困难　多家公司存货“爆雷”①

存货是企业重要的流动资产，上市公司财报中披露的存货水平是资本市场投资者关注并借以分析企业财务状况的重要依据，此外，在公司财务报告公告前夕，公司出于维持或提升股价、获取贷款、保住上市地位等原因，会进行利润操纵，而存货由于其品种繁多、流动性强、计价方式多样等特点，成为被操纵的重灾区，存货盘点对公司经营管理就显得尤为重要。

存货盘点的目的是为了及时发现并清理呆滞品，提高资产使用效率，其具体的流程是：①每月对重点库存进行抽样盘点；②每个季度对重点库存进行全盘；③每年对所有库存进行全盘。对期末存货进行盘点，可以及时发现并清理呆滞品，提高资产使用效率。

然而，距离 2017 年年报披露的最后时间还有三个月左右，多家上市公司的存货盘点却接连出现问题，且原因多种多样，有的甚至让人哭笑不得。表 5-2 列示了抚顺特钢、獐子岛、皇台酒业和深桑达 A 公司存货盘点的基本情况。

表 5-2　多家公司存货盘点情况表

公　司	存货盘点发现问题	问题出现的原因	预期带来的影响
抚顺特钢	存货等实物资产不实	形成原因较为复杂，具体情况需进一步核实	可能导致公司 2017 年及调整后以前年度实现归属于上市公司股东的净利润为负，从而出现连续亏损的情形，且净资产为负值；公司股票可能存在被实施退市风险警示、暂停上市或终止上市的风险
獐子岛	存货异常，需计提跌价准备或核销处理	部分海域的海水温度异常导致扇贝部分死亡	投资者情绪低落，预期股价一字跌停
皇台酒业	存货亏损：库存成品酒出现严重亏库的问题	公司正在核查亏库原因	公司将全额计提资产减值损失，对 2017 年度业绩产生较大影响
深桑达 A	库存钢材鉴定为假冒产品	交易对方存在合同诈骗	该业务形成的库存钢材 3 139.04 吨，存货合同金额 1.06 亿元，神彩物流付出的货款总额 8 763 万元，但具体损失还在评估当中

从表 5-2 看出，不同行业的公司受行业所限，存货管理确实存在难以规避的风险。例如对獐子岛这类农业企业来说，历来存货盘点较难。农业类企业的存货多为生物资产，

① 常佳瑞：《多家存货公司“暴雷”》，载于《中国证券报》2018 年 2 月 1 日。

“看山难数树，看池难点鱼”。生物资产的活动性使得其数量盘点一直是审计难以解决的问题。此外，一些生物资产的存放地点特殊，如在深山、水下等，审计人员难以进行实地盘点。

但即便如此，通过表 5-2 可以看出企业在存货管理控制中仍存在诸多的管理不善问题。例如，盘点清查中要求企业在发现存货管理上错误、浪费、损失或其他不正常现象时应当及时分析原因，查明责任。但是，抚顺特钢和皇台酒业在发现存货实物不实或者库亏时竟不能及时找到问题的原因，这不得不让人怀疑公司的存货管理能力。而且对于存货盘点较为困难的獐子岛，这也不是其第一次出现存货盘点异常问题，2014 年 10 月，獐子岛就曾经公告超百万亩虾夷扇贝“受灾”绝收，在资本市场引起轩然大波，其扇贝一会“饿死”，一会“跑了”的消息使其成为资本市场的笑话，也让人怀疑其是否利用存货操纵公司业绩。

可见，盘点清查作为一项重要的存货管理制度不仅在发现并清理呆滞品、提高资产使用效率上具有重要作用，对揭示公司经营管理中的其他问题同样具有重要意义。

（四）财产保险控制

企业经营环境往往存在不确定性，比如，火灾、洪水、雷击、爆炸等各种自然灾害或意外事故等，这些事件往往很难避免，一旦发生，轻则影响生产，重则中断生产经营，甚至破产倒闭。财产保险控制是指运用财产投保（如火灾险、盗窃险、责任险等），增加实物资产受损后的补偿程度或机会，从而将意外情况发生、资产受损时给企业带来的影响降到最低，目前已经成为企业防范和规避资产风险的重要手段。企业应当重视和加强各项资产的投保工作，采用招标等方式确定保险人，降低资产损失风险，防范资产投保舞弊。

江西赣能股份有限公司固定资产管理办法

第五节　预算控制

一、预算控制的定义

预算控制其实质就是要求企业实施全面预算管理制度。全面预算管理作为企业内部控制的一种主要方法，自从 20 世纪 20 年代在美国的通用电气、杜邦、通用汽车等公司产生之后，很快就成为许多大型工商企业的标准作业程序。从最初的计划、协调，发展到现在的兼具控制、激励、评价等诸多功能的一种综合贯彻企业经营战略的管理工具，在企业内部控制中日益发挥核心作用。通过预算控制，企业凭借其计划、协调、控制、激励、评价等综合管理功能，规范组织的目标和经济行为过程，调整与修正管理行为与目标偏差，保证各级目标、策略、政策和规划的实现，促进企业资源得到优化配置，提升企业运行效率，实现企业发展战略。

《企业内部控制基本规范》第三十三条规定，预算控制要求企业实施全面预算管理制度，明确各责任单位在预算管理中的职责权限，规范预算的编制、审定、下达和执行程序，强化预算约束。从定义中可以看到，预算控制是企业在实施全面预算的基础上开展的全面预算管理。全面预算是指企业对一定期间的经营活动、投资活动、筹资活动等作出的预算安排，由经营预算(也称业务预算)、资本预算与财务预算等一系列预算组成的相互衔接和勾稽的综合预算体系，如图 5-2 所示。

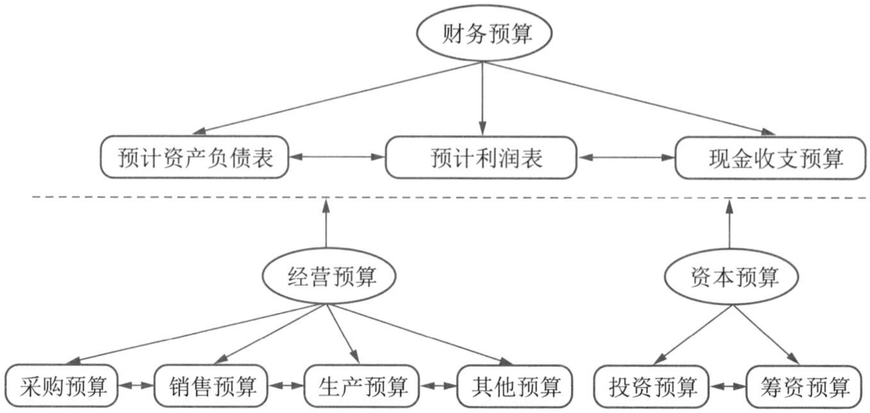

图 5-2　全面预算体系

杭州汽轮机股份有限公司全面预算管理办法(试行)

二、预算控制组织体系

《企业内部控制应用指引第 15 号——全面预算》第四条指出，企业应当加强全面预算工作的组织领导，明确预算管理体制以及各预算执行单位的职责权限、授权批准程序和工作协调机制。企业设置全面预算管理体制，应遵循合法科学、高效有力、经济适度、全面系统、权责明确等基本原则。预算控制组织体系一般分为预算管理决策机构、预算日常工作机构和预算执行单位 3 个层次，如图 5-3 所示。

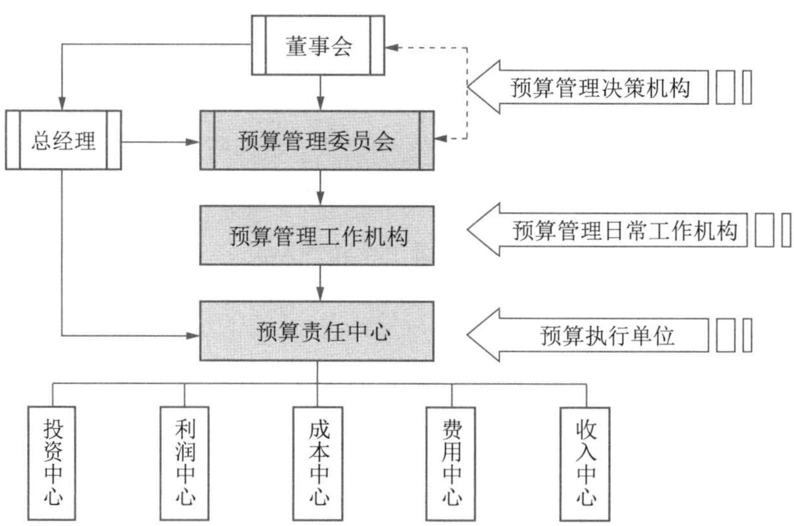

图 5-3　预算控制组织体系

三、预算控制基本流程

企业预算控制一般包括预算编制、预算执行和预算考核三个阶段，如图 5-4 所示。

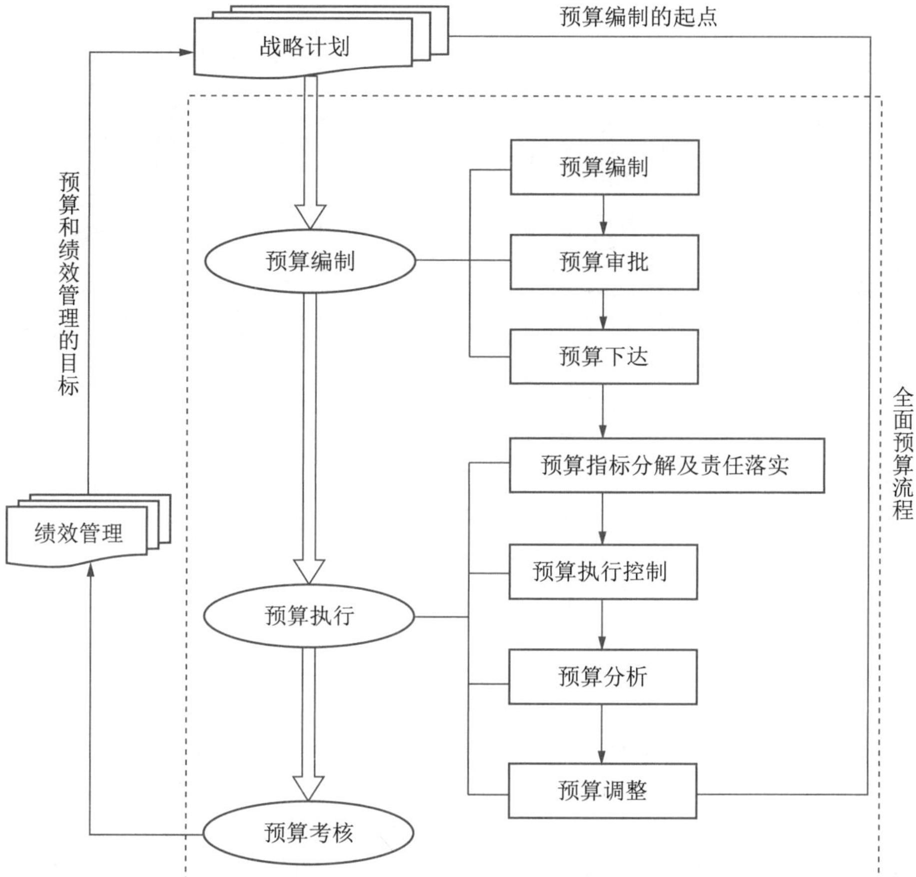

图 5-4　企业预算控制的基本流程

（一）预算编制

预算编制主要由预算编制、预算审批和预算下达 3 个方面构成。

企业在预算编制环节应当关注以下风险：不编制预算或预算不健全，可能导致企业经营缺乏约束或盲目经营；预算目标不合理，编制不科学，可能导致企业资源浪费或发展战略难以实现。

（二）预算执行

预算执行是全面预算的核心环节。预算执行即预算的具体实施，它是预算目标能否实现的关键。预算执行主要包括预算指标的分解及责任落实、预算执行控制、预算分析和预算调整等 4 部分。

案例 5-8　西门子的预算反馈报告体系[①]

西门子预算管理成功的关键就在于其十分注重预算管理中的事中控制，专门实施了一套完善的预算反馈报告体系，具体如图 5-5 所示。

① 郭菁晶、池国华、张玉缺：《绩效导向的西门子预算反馈报告体系及其启示》，载于《财务与会计（理财版）》2014 年第 7 期。

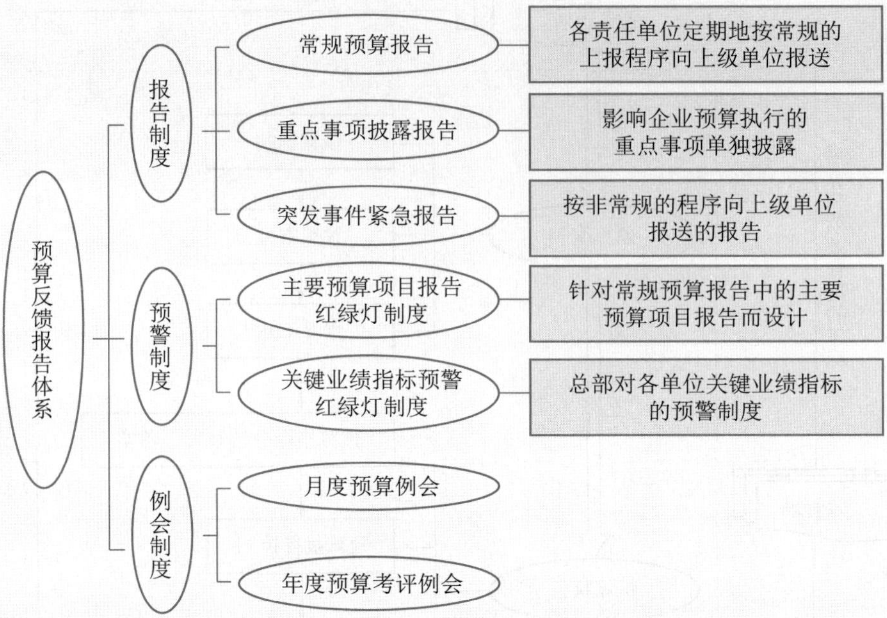

图 5-5　西门子的预算反馈报告体系

西门子预算反馈报告体系中最引人关注的就是“红绿灯”预警制度。这项制度始于2005年年初西门子首席执行官克劳斯·柯菲德上任伊始。“红绿灯”预警制度已经成为西门子的一种绩效文化，柯菲德表示：“要明确哪些是我们要继续的，哪些是我们要改善的，哪些是有比较大的问题、需要我们做出大的努力的。对不同的业务集团、不同的业务我们要采取不同的态度。”对不同业务集团区分预算的执行情况进行差异化管理，正是“红绿灯”预警制度的精髓所在。

在具体操作过程中，西门子对于信号灯的划分界限并非只是一个简单的“刚性”的评判标准值，而是允许存在一定的偏差。西门子定期对各业务集团的预算关键指标的实现情况进行偏差程度的判断，主要包括月度、季度和年度偏差。如表5-3所示，D1、D2、D3分别表示利润率、营业收入、货款回笼率三个预算指标实际完成数与预算目标的偏差率，D4反映的是存货周转天数实际结果与预算目标的偏差量。这种对于预算实际执行结果偏差的容忍度体现了预算管理的柔性。

表 5-3　**预算关键指标“红绿灯”预警制度示例**

信号分类	偏差程度	信号含义	问题警示与管理对策
绿灯	D1/D2/D3<5% D4<15天	正常	指出成绩，发出保持运营状态信号，同时检查预算标准的合理性
黄灯	5%≤D1/D2/D3<10% 15≤D4<30天	预警	有问题，但不严重，需要采取必要的整改措施
红灯	D1/D2/D3≥10% D4≥30天	异常	指出问题，发出危机防范信号，适时监控风险变动趋势，谨防风险恶化，并责成有关责任人做出解释与限期改进计划

当然，预算报告的基本内容应该包括以下内容：预算执行的实际结果计量，预算实际结果与预算控制标准之间的差异及其形成原因，对于不利差异的整改措施。实践中，许多企业为了保证预算目标的顺利实现，通常采用预算例会制度，以便及时发现预算执行过程中的问题，并且有利于部门之间的协调和问题的及时解决。预算报告的频度应遵循及时性和灵活性的基本原则要求，而且必须考虑成本效益原则。

企业在预算执行环节应当关注以下风险：预算缺乏刚性、执行不力，可能导致预算管理流于形式。

案例 5-9　DBSY 公司利用信息系统实施预算执行控制

DBSY 公司为了控制其费用支出，特别设计了费用预算与资金预算管理系统，并采用信息技术将其固化为预算管理信息系统。该系统会自动地检查凭证中所涉及的费用预算、资金预算是否超出该明细项目的年度、月度费用预算控制标准，并分别记录发生的费用额、资金支出额，从而进行控制预警和余额控制。在预算执行的过程中，当费用发生部门持相关凭证到财务部门进行报销时，财务人员首先根据其凭证录入信息到预算管理信息系统，然后区分不同情形进行审核。

如图 5-6 所示，如果属于预算内项目且金额未超出预警控制线，则直接进入会计核算信息系统；如果属于预算内项目但金额超出预警控制线，也可进入会计核算信息系统，但系统会对费用发生部门发出警告，提醒当期应该控制费用的发生和资金的拨付；如果属于预算内项目但金额已经超出预算，或者完全属于预算外项目，则都需要进入预算调整程序。可见，预算审核控制对业务发生、费用报销和资金拨付起到实时控制和过程控制的作用。

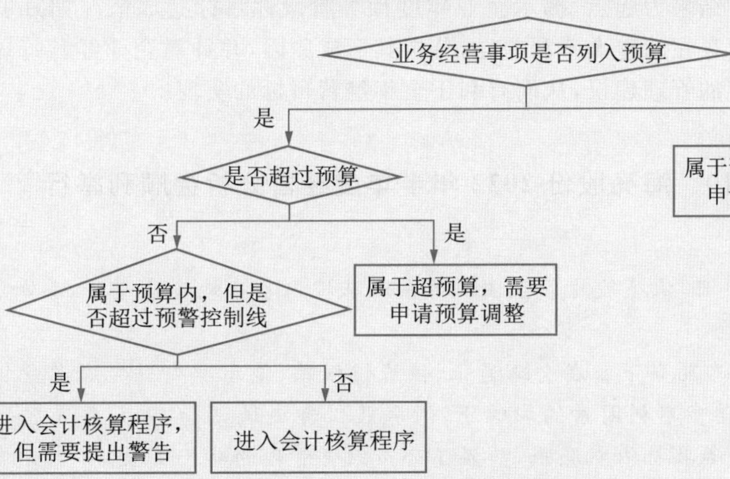

图 5-6　预算审核控制基本原理

原则上，为维护预算的严肃性，预算一经制定并下达执行，原则上不应随意变动，但预算并不是僵化的、一成不变的。当企业内外部环境发生与预算制定时所预测的情况显著不同的变化时，如果依旧遵循现有预算是不可取的，这时应考虑进行预算调整，这体现了预算灵活性的

江苏连云港港口股份有限公司全面预算管理制度(节选)

一面。当然,预算调整也不是随意的,需要满足一定的前提条件、遵循一定的审批程序。

(三)预算考核

预算考核是对企业内部各级责任部门或责任中心预算执行结果进行评价,将预算的评价结果与预算执行者的薪酬相挂钩,实行奖惩制度,即预算激励。

企业在预算考核环节应当关注以下风险:预算考核不严,也可能导致预算管理流于形式。

第六节 运营分析控制

一、运营分析控制的定义

《企业内部控制基本规范》第三十四条规定,运营分析控制要求企业建立运营情况分析制度,经理层应当综合运用生产、购销、投资、筹资、财务等方面的信息,通过对比分析、比率分析、趋势分析、因素分析、综合分析等方法,定期开展运营情况分析,发现存在的问题,及时查明原因并加以改进。

运营分析,也叫经营分析,与通常的财务报表分析不同,主要体现在以下三个方面:第一,分析角度不同。财务报表分析主要是站在企业外部角度对企业进行分析,而经营分析主要是基于企业内部角度进行分析。第二,分析目标不同。财务报表分析主要是为企业的投资者、债权人等外部利益相关者的投资、筹资等决策提供信息支撑,而经营分析主要是为企业经营管理层实施全面预算、实现年度经营目标提供对策建议。第三,分析思路不同。财务报表分析主要是围绕企业的财务报表进行分析和解读,即在分析企业盈利能力、偿债能力、营运能力和增长能力的基础上对企业的未来发展进行综合评价和全面评估,而经营分析主要是以企业预算执行结果为起点,揭示企业年度预算阶段性目标完成情况如月度经营指标实际值与目标值之间存在的重大不利差异,分析其形成原因,并针对企业经营管理中存在的问题和风险提出相应的管理建议,从而有利于全年经营目标的实现。

案例 5-10 海亮股份 2022 年半年度经营分析会顺利举行①

2022 年 7 月 25 日,海亮股份管理团队百余人从境内各基地齐聚重庆,参加公司 2022 年半年度经营分析会。

(1) 总结过去,布局当下。在全球通胀、供应链短缺、俄乌冲突引发能源危机、房地产及家电行业下行等诸多不利因素的影响下,海亮股份却逆风飞扬,近 5 年复合增长率、渠道销售、新客户开发等指标依然亮眼,凸显了公司经营管理的非凡成效。

(2) 降本增效,重庆之光。考核细化,机制推动,降本增利;项目驱动,创新改善,提质增效;新品开发,专项推进,增量增利;细化管理,重视标准,规范执行。

① 节选自浙江海亮股份有限公司:《稳根基,抓机遇|海亮股份 2022 年半年度经营分析会顺利举行》,浙江海亮股份有限公司官网,2022 年 7 月 29 日,https://www.hailiangstock.com/news/newsinfor/763.html。

（3）稳扎根基，抢抓机遇。朱张泉董事长以《经济寒冬稳根基，创新储能抓机遇》为主题，通过外部环境、经营回顾、未来计划、抢抓机遇共四大板块的丰富内容，全面透析了公司在现阶段所面临的形势、获得的成绩、未来战略规划和度过“经济寒冬”的信心、决心、雄心。

朱总指出，公司之所以在外部环境复杂多变的局势中仍然能稳健发展，牢牢占据铜管产销量全球第一、管件产销量中国第一的市场地位，主要得力于独特的经营举措，诸如全球基地布局、风险管控、推进蓝领工程、技术创新、数字化等。尤其对上海基地疫情下的执着坚守并创下喜人效能，和重庆基地在石墨模具寿命延长、成材率提升方面的经营成果给予了高度评价。

面对寒冬期是危机还是机会的疑问，朱总非常肯定地表示一定会抢抓机遇，以“有所为，有所不为”的战略思想，赋能高质量发展，着力提升公司价值，积极构建产业生态，从科技赋能、管理变革、人才培养三个方面深耕细作，抓住时代机遇，树立信心，集聚能量，蓄势爆发，实现成为全球有色产业生态引领者之宏伟愿景！

（4）分组讨论，共谋未来。7 月 27 日上午进行了分组讨论会议，共分为四个会场：销售组、技术研发组、财务组、大生产品质组。各组分别就 2022 年上半年各自的工作运营情况进行了深入剖析，对存在的问题总结探讨，共同寻求解决方案，为公司下半年发展出谋划策。

二、运营分析控制的流程

运营分析控制的流程一般包括以下四个阶段：

（1）数据收集。企业各职能部门应根据本部门运营分析的目的收集相关数据，一方面在履行本部门职责过程中应注意相关数据的收集与积累，另一方面可以通过外部各种渠道（如网络媒体、行业协会、中介机构、监管部门等）广泛收集各种数据。

（2）数据处理。数据是血液、是资产，但也可能是垃圾。也就是说，不是所有的数据都能够产生有用的信息。企业各职能部门只有对数据进行有效的清理与筛选，即消除噪音和删除不合格的数据，数据才能变成有用的信息。

（3）数据分析。企业各职能部门围绕本部门运营分析的目的采用各种分析方法（包括对比分析法、比率分析法、趋势分析法、因素分析法、综合分析法等）对处理后的数据进行分析，充分挖掘数据背后所隐藏的风险与问题，并深入分析风险与问题形成的主要原因。

（4）结果运用。在数据分析结果的基础上形成总结性结论，并提出相应的建议，为企业年度经营目标的实现提供有力的保障。

三、运营分析控制的方法

按照《企业内部控制基本规范》的规定，企业可以结合财务和业务两方面的数据，综合应用因素分析、对比分析、趋势分析等方法开展运营分析控制。除此以外，在实践中，可用于运营分析的方法还包括比率分析、结构分析、综合分析等。

（一）比率分析法

比率分析法是运用相对数来揭示企业不同项目或类别之间的某种关联关系，借以考察、计量和评价企业生产经营状况的一种分析方法。比率分析法以其简单、明晰、可比性强等优点在经营分析实践中被广泛采用。“比率”与我们在实际中经常提到的另一个概念“指标”是不一样的。指标按照其表现形式可以划分为绝对数指标和相对数指标两种类型，这里的相对数指标实际上就等同于“比率”。可见，指标的范畴包含了比率。比率按照反映的内容可以分为财务比率和非财务比率，财务比率进一步可以划分为盈利能力比率、营运能力比率、偿债能力比率、增长能力比率四种类型。常用的盈利能力比率包括销售毛利率、销售净利率、净资产收益率等，营运能力比率包括应收账款周转率、存货周转率、总资产周转率等，偿债能力比率包括资产负债率、流动比率、速动比率等，增长能力比率包括销售增长率、资本保值增值率、技术投入比率等。

（二）对比分析法

对比分析法也叫水平分析法，是将需分析的指标与所选取的标准进行比较，其目的是发现重大不利差异。进行比较时，一般分别计算变动额和变动率，前者反映该指标变动规模，后者反映该指标变动程度。比较标准可以是历史标准、预算标准和行业标准等。将指标本期数与上期数、上年同期数或历史最好水平进行比较，可以反映企业在某一方面是否进步；将指标实际数与预算目标值进行比较，可以反映企业执行预算进度，揭示预算重大偏差；将本企业指标与同行业平均水平、优秀水平或先进企业的实际值进行比较，可以找出自身差距和短板。

（三）结构分析法

结构分析法也叫纵向分析法或垂直分析法。所谓结构，反映的就是部分与整体之间的关系，或者在一个整体当中各部分之间的关系。结构分析法的作用有点类似于管理学中的“二八定律”，是一种确定整体中的重点的方法。与水平分析法不同，结构分析法是通过计算构成整体的各部分占整体数据的比重，来反映整体中各部分之间的关系和各部分在整体中的重要性。一般而言，某一部分的占比越大，说明其越重要，对总体的影响越大。因此结构分析法可用于揭示企业的关键风险。

案例 5-11　格力电器 2020—2021 年收入结构①

2021 年，面对原材料成本高企，疫情反复多变等严峻复杂的宏观经济形势，格力电器公司坚持自主创新，加快多元化布局，加强电商运营，实施爆款策略，在高质量发展道路上不断取得新的突破。公司 2021 年实现营业总收入 1 896.54 亿元，同比增长 11.24%；实现归母净利润 230.64 亿元，同比增长 4.01%。格力电器的销售收入结构从行业、产品和地区三个维度进行了划分，表 5-4 反映了格力电器的 2021 年和 2020 年营业收入结构及其变化情况。从中可以看出格力电器具有哪些风险呢？

表 5-4　格力电器 2021 和 2020 年营业收入结构情况表

	2021 年度		2020 年度		变动
	金额（单位：元）	比重	金额（单位：元）	比重	
营业收入合计	187 868 874 892.71	100%	168 199 204 404.53	100%	
分行业					
制造业	144 840 537 601.90	77.10%	130 427 766 473.54	77.54%	0.44%
其他业务	43 028 337 290.81	22.90%	37 771 437 930.99	22.46%	−0.44%
分产品					
空调	131 712 664 218.81	70.11%	115 576 822 921.57	68.71%	−1.40%
生活电器	4 881 607 693.72	2.60%	4 521 756 518.81	2.69%	0.09%

① 节选自深圳证券交易所 2022 年 4 月 30 日披露的《珠海格力电器股份有限公司 2021 年年度报告》，http://www.szse.cn/disclosure/listed/bulletinDetail/index.html? 9cf12602-1eb0-4fd5-b54f-c81c5d366fdb。

续 表

	2021 年度		2020 年度		变动
	金额(单位:元)	比重	金额(单位:元)	比重	
工业制品	3 194 552 084.04	1.70%	2 304 816 992.20	1.37%	−0.33%
智能装备	857 741 120.95	0.46%	600 778 785.76	0.36%	−0.10%
绿色能源	2 907 445 769.91	1.55%	1 782 282 335.29	1.06%	−0.49%
其他主营	1 286 526 714.47	0.68%	5 641 308 919.91	3.35%	2.67%
其他业务	43 028 337 290.81	22.90%	37 771 437 930.99	22.46%	−0.44%
分地区					
内销—主营业务	122 305 111 567.10	65.10%	110 407 002 220.87	65.64%	0.54%
外销—主营业务	22 535 426 034.80	12.00%	20 020 764 252.67	11.90%	−0.10%
其他业务	43 028 337 290.81	22.90%	37 771 437 930.99	22.46%	−0.44%

(四) 趋势分析法

趋势分析法，是根据企业连续若干会计期间(至少 3 期)的指标，通过计算定基指数或环比指数，比较与分析该指标在不同会计期间的变动情况和发展趋势的一种方法，也叫动态分析法。定基指数就是各个时期的指数都是以某一固定时期为基期来计算的，环比指数则是各个时期的指数以前一期为基期来计算的。根据指数计算结果，可以评价与判断企业该指标的变动趋势及其合理性。在此基础上，可以总结该指标的变动规律，预测该指标的发展趋势。因此，该方法可以用于判断企业某一方面的风险是降低了还是恶化了。

(五) 因素分析法

因素分析法具体是指依据所分析指标与其影响因素之间的关系，按照一定的程序和方法分析各因素对该指标差异影响程度的一种分析方法。因素分析法主要用来确定指标前后期发生重要变化或产生重大差异的主要原因。因素分析法适用于由多种因素构成的综合性指标的分析，如成本、收入、利润等。因素分析法按分析特点可以分为连环替代法和差额计算法两种。连环替代法是在通过比较分析确定差异的基础上，利用各种因素的顺序“替代”，从数值上测定各个相关因素对指标差异的影响程度的计算方法。差额分析法是连环替代法的一种简化形式，它是利用各个因素在分析期值与基期值之间的差异，依次按顺序替换，直接计算出各个因素对指标变动影响程度的一种分析方法。

京东的经营分析是如何做的？

(六) 综合分析法

综合分析法，是指将反映企业运营各个方面的指标纳入一个有机的整体之中，以系统、全面、综合地对企业运营状况进行分析与评价。目前在实践工作当中应用比较广泛的综合分析体系包括杜邦财务分析体系、可持续增长率分析体系、EVA 价值树分析体系等。

第七节 绩效考评控制

5

一、绩效考评控制的定义

《企业内部控制基本规范》第三十五条规定，绩效考评控制要求企业建立和实施绩效考

东阿阿胶股份有限公司经理层成员绩效管理办法

评制度，科学设置考核指标体系，对企业内部各责任单位和全体员工的业绩进行定期考核和客观评价，将考评结果作为确定员工薪酬以及职务晋升、评优、降级、调岗、辞退等的依据。

二、绩效考评控制的流程

企业开展绩效考评的基本流程如下：

（一）明确绩效考评主体

绩效考评主体主要是董事会和各级管理者，按照企业的组织层级，由其对企业内部各责任单位和全体员工的业绩进行定期考核和客观评价。

（二）确定绩效考评目标

绩效考评目标应当具有针对性和可操作性。企业应当建立以绩效为核心的分配激励制度，将绩效考评与员工薪酬以及职务晋升、评优、降级、调岗、辞退等相挂钩，切实做到薪酬安排、职务调整与员工贡献相协调，既体现效率优先又兼顾公平。

（三）构建绩效考评指标体系

企业应以企业发展战略为导向，根据企业的年度经营目标，结合企业内部经营状况和外部经营环境，针对不同类型的责任单位和不同岗位的员工，单独或综合运用关键绩效指标法、经济增加值法、平衡计分卡等工具方法构建兼具科学性、公平性和可行性的绩效考评指标体系。

（四）设置绩效考评标准

绩效考评标准是企业对绩效考评指标设定的目标值，它既是对考评客体进行绩效评价的基准和尺度，也是反映绩效考评指标实现结果优劣的具体参照物和对比尺度。绩效目标值的确定可参考内部标准与外部标准。内部标准有预算标准、历史标准、经验标准等；外部标准有行业标准、竞争对手标准、标杆标准等。

（五）形成绩效考评结果

企业依据考评指标和考评标准，采用一定的绩效考评方法对企业内部各责任单位和全体员工的业绩进行定期考核，并根据评价指标和评价标准，对企业全体员工的业绩进行定期考核和客观评价，形成绩效考评结果。绩效评价计分方法可分为定量法和定性法。定量法主要有功效系数法和综合指数法等；定性法主要有素质法和行为法等。

（六）运用绩效考评结果

绩效考评的结果一定要反馈给被考核者，以起到激励和引导的作用。企业应当依据绩效考评结果分配薪酬，并作为员工职务晋升、评优、降级、调岗、辞退等的依据。

三、绩效考评控制的方法

北京海新能源科技股份有限公司高级管理人员任期制契约化管理及薪酬绩效考核制度

目前在实践中得到普遍应用的绩效考评控制方法主要有以下三种：

（一）关键绩效指标法(KPI)

按照《管理会计应用指引第 601 号——关键绩效指标法》的规定，关键绩效指标法，是指基于企业战略目标，通过建立关键绩效指标(Key Performance Indicator，简称 KPI)体系，将价值创造活动与战略规划目标有效联系，并据此进行绩效管理的方法。

关键绩效指标，是对企业绩效产生关键影响力的指标，是通过对企业战略目标、关键成果领域的绩效特征分析，识别和提炼出的最能有效驱动企业价值创造的指标，可以通过关键成果领域分析法、组织功能分解法和工作流程分解法进行选取。关键绩效指标的权重分配应以企业战略目标为导向，反映被评价对象对企业价值贡献或支持的程度，以及各指标之间的重要性水平，单项关键绩效指标权重一般设定在5%～30%，对特别重要的指标可适当提高权重。对特别关键、影响企业整体价值的指标可设立“一票否决”制度，即如果某项关键绩效指标未完成，无论其他指标是否完成，均视为未完成绩效目标。

关键绩效指标法的主要优点是：一是使企业业绩评价与战略目标密切相关，有利于战略目标的实现；二是通过识别的价值创造模式把握关键价值驱动因素，能够更有效地实现企业价值增值目标；三是评价指标数量相对较少，易于理解和使用，实施成本相对较低，有利于推广实施。

关键绩效指标法的主要缺点是：关键绩效指标的选取需要透彻理解企业价值创造模式和战略目标，有效识别核心业务流程和关键价值驱动因素，指标体系设计不当将导致错误的价值导向或管理缺失。

思政课堂5-4　优化中央企业经营指标体系　推动加快实现高质量发展①

贯彻落实党的二十大关于加快构建新发展格局、着力推动高质量发展的决策部署，国资委将中央企业2023年主要经营指标由原来的“两利四率”调整为“一利五率”，提出了“一增一稳四提升”的年度经营目标，推动中央企业提高核心竞争力，加快实现高质量发展，建设世界一流企业。

党的二十大提出，高质量发展是全面建设社会主义现代化国家的首要任务，要深化国资国企改革，加快国有经济布局优化和结构调整，推动国有资本和国有企业做强做优做大，提升企业核心竞争力，加快建设世界一流企业。刚刚召开的中央经济工作会议进一步强调，坚持发展是党执政兴国的第一要务，发展必须是高质量发展，要完整、准确、全面贯彻新发展理念，明确了深化国资国企改革、提高企业核心竞争力和增强核心功能、加快建设世界一流企业等一系列重点任务。为全面深入贯彻党的二十大精神和中央经济工作会议精神，推动中央企业进一步聚焦提升核心竞争力，聚焦实现高质量发展，聚焦培育世界一流企业，国资委在总结近几年工作成效基础上，结合国资央企新时代新征程新使命，对中央企业经营指标体系进行了优化调整，将“两利四率”调整为“一利五率”。

一是用净资产收益率替换净利润指标。原有的“两利”指标中，保留了利润总额指标，主要考虑利润总额包含净利润和上缴税费，能直观反映为社会创造的价值。同时，利润总额也是劳动生产总值的重要组成部分，可以直接体现对GDP的贡献。中央企业要保持一定规模的增长以支撑GDP的增长。对于与利润总额较为同质化的净利润调整为净资产收益率，主要考虑净资产收益率能够衡量企业权益资本的投入产出效率，反映企业为股东创造价值的能力，体现了国资委履行保障出资人权益、防止国有资产损失的法定职责，体现了国资委作为出资人对中央企业资本回报质量的要求，符合以“管资本”为主的监管导向，有利于引导中央企业更加注重投入产出效率，加大亏损企业治理力度，加快“两非”“两资”剥离处置，盘活存量资产，提高资产使用效率，提升净资产创利能力和收益水平。

二是用营业现金比率替换营业收入利润率指标。这两个指标的分母均为营业收入，但营业收入利润率的分子为营业利润，营业现金比率的分子为经营活动产生的现金流量

5

① 节选自《国资报告》2023年第1期刊发的国资委党委委员、副主任袁野的署名文章《优化中央企业经营指标体系　推动加快实现高质量发展》。

净额。营业现金比率与净资产收益率的结合，实现了财务三张主表的紧密耦合，体现了资产负债表观、损益表观与现金流量表观的统一融合。考核营业现金比率主要是为了体现国资委“要有利润的收入和要有现金的利润”的监管要求，有利于落实国有资产保值增值责任，有利于推动中央企业在关注账面利润基础上，更加关注现金流的安全，更加关注可持续投资能力的提升，从而全面提高企业经营业绩的“含金量”，真正实现高质量的发展。

三是继续保留资产负债率、研发经费投入强度、全员劳动生产率指标。从近年监管实践看，国资委坚持对资产负债率的考核很好地约束了部分企业盲目扩张的冲动，因此要继续坚持对资产负债率的约束。研发经费投入强度指标反映了高质量发展的内在要求，近几年在鼓励科技创新、推动技术转化、促进新型产业发展方面发挥了积极作用，也是解决创新能力不足的重要抓手，需要继续坚持并加大投入强度。下一步将加大对研发经费投入效果的后评价和考核，提高投入的效率和效益。全员劳动生产率指标主要衡量劳动力要素的投入产出效率，综合反映企业在国民经济中的社会贡献，部分中央企业还有很大提升空间，与世界一流企业相比存在较大差距，要通过提高全员劳动生产率深化三项制度改革，最大限度发挥广大员工的价值创造能力，从而推动全要素生产率的稳步提升。

国资委将从2023年开始试行“一利五率”指标体系，后续还将根据实践情况不断完善。总的来看，此次从“两利四率”到“一利五率”指标体系的调整，虽然幅度不大，但基本形成了一个更加严谨、更加科学、更加成熟的体系。一是坚持系统观念。“一利五率”指标相互衔接、有效贯通，既强调经营效益的合理增长，也强调发展质量的有效提升，实现了规模和速度、质量和效益、发展和安全的有机统一。二是坚持守正创新。“一利五率”是对原“两利四率”指标的继承和发展，既巩固了“两利四率”实践中的成功经验，又突出了新阶段实现高质量发展、提升核心竞争力和建设世界一流企业的新要求，实现了继承中发展，巩固中提升。三是坚持问题导向。“一利五率”指标体系的调整优化，重点针对当前部分中央企业存在的回报水平不优、盈利质量不高、市场竞争力不强、创新能力不足等短板，着力于推动中央企业在实现高质量发展上取得新的突破，尤其是通过引入净资产收益率和营业现金比率，从根本上引导企业增强自生能力、积累能力、可持续发展能力和价值创造能力。四是坚持底线思维。“一利五率”体现了统筹发展和安全的导向，通过强化研发投入，推动科技创新，着力解决“卡脖子”问题和产业链“断链”风险；通过对负债率和现金流的约束，引导企业增强风险意识，加强风险防控，提升抵御风险的能力，有效应对“黑天鹅”“灰犀牛”的冲击。各中央企业自觉将“一利五率”与本企业发展战略进行深入融合，以“一利五率”目标统领企业生产经营工作，通过“一利五率”指标的持续改善提升，加快实现高质量发展。

（二）经济增加值法（EVA）

按照《管理会计应用指引第602号——经济增加值法》的介绍，经济增加值法，是指以经济增加值（Economic Value Added，简称EVA）为核心，建立绩效指标体系，引导企业注重价值创造，并据此进行绩效管理的方法。经济增加值，是指税后净营业利润扣除全部投入资本的成本后的剩余收益。其计算公式如下：

经济增加值＝税后净营业利润－平均资本占用×加权平均资本成本

计算经济增加值时，需要进行相应的会计项目调整，以消除财务报表中不能准确反映企业价值创造的部分，常用的调整项目包括研究开发费、大型广告费、在建工程等。经济增加值及其改善值是全面评价经营者有效使用资本和为企业创造价值的重要指标。经济增加值为正，表明经营者在为企业创造价值；经济增加值为负，表明经营者在损毁企业价值。

经济增加值法的主要优点是：考虑了所有资本的成本，更真实地反映了企业的价值创造能力；实现了企业利益、经营者利益和员工利益的统一，激励经营者和所有员工为企业创造更多价值；能有效遏制企业盲目扩张规模以追求利润总量和增长率的倾向，引导企业注重长期价值创造。

经济增加值法的主要缺点是：一是计算主要基于财务指标，无法对企业的营运效率与效果进行综合评价；二是不同行业、不同发展阶段、不同规模等的企业，其会计调整项和加权平均资本成本各不相同，计算比较复杂，影响指标的可比性。

案例 5-12　招商港口 2021 年财务业绩未达标①

招商局港口集团股份有限公司（以下简称“招商港口”或“公司”）于 2023 年 1 月 19 日召开第十届董事会 2023 年度第一次临时会议和第十届监事会 2023 年度第一次临时会议，会议分别审议通过了《关于公司股票期权激励计划（第一期）股票期权（首批授予部分）第二个行权期行权条件未满足的议案》。根据《招商局港口集团股份有限公司股票期权激励计划（第一期）》（以下简称《股票期权激励计划》）的相关规定和公司 2020 年度第一次临时股东大会的授权，董事会认定公司股票期权激励计划（第一期）股票期权（首批授予部分）第二个行权期行权条件未满足。现将有关事项说明如下：

一、本次激励计划已履行的相关审批程序（略）

二、股票期权激励计划（第一期）股票期权（首批授予部分）第二个行权期行权条件未满足的说明

根据公司《股票期权激励计划》及其摘要、《股票期权激励计划实施考核办法》相关规定，当各业绩指标同时满足生效条件，且公司不存在国务院国资委、中国证监会相关规定所列的不得生效的情形时，股票期权方可按照生效安排生效，其中，公司股票期权激励计划（第一期）股票期权（首批授予部分）第二个行权期的公司财务业绩生效条件为（表 5-5）：

表 5-5　招商港口财务业绩指标、生效条件与是否达标情况说明表

业绩指标	生效条件	是否达标的情况说明
归母净资产收益率（ROE）	生效时点最近一个会计年度（即 2021 年）招商港口归母净资产收益率（ROE）不低于 7.0%，且不低于对标企业同期 75 分位值	公司 2021 年归母净资产收益率（ROE）高于生效绝对值 7.0%，但是低于对标企业同期 75 分位值，本项行权条件未满足

① 节选自深圳证券交易所官网 2023 年 2 月 4 日披露的《招商局港口集团股份有限公司关于公司股票期权激励计划（第一期）股票期权（首批授予部分）第二个行权期行权条件未满足的公告》，http://www.szse.cn/disclosure/listed/bulletinDetail/index.html?f89961c3-1270-4d31-a46b-b089a07209bf。

续 表

业绩指标	生效条件	是否达标的情况说明
净利润复合增长率	生效时点最近一个会计年度(即 2021 年)招商港口净利润相较于 2018 年的复合增长率不低于 22%,且不低于对标企业同期 75 分位值	公司 2021 年净利润相较于 2018 年的复合增长率为 38.43%,不低于 22%,且不低于对标企业同期 75 分位值,本项行权条件满足
经济增加值(EVA)	生效时点最近一个会计年度(即 2021 年)招商港口 EVA 达成招商局集团有限公司下达的目标	公司 2021 年 EVA 达到招商局集团有限公司考核目标,本项行权条件满足

基于上述情况,公司股票期权激励计划(第一期)股票期权(首批授予部分)第二个行权期的行权条件未满足。

三、股票期权激励计划(第一期)股票期权(首批授予部分)第二个行权期行权条件未满足的处理方式

根据公司《股票期权激励计划》的规定,因公司股票期权激励计划(第一期)股票期权(首批授予部分)第二个行权期的行权条件未满足,公司根据《关于调整公司股票期权激励计划(第一期)激励对象数量和授予股票期权数量的公告》对授予对象和期权数量进行调整后,将注销股票期权激励计划(第一期)股票期权(首批授予部分)第二个行权期对应的 388.68 万份股票期权。

(三)平衡计分卡(BSC)

按照《管理会计应用指引第 603 号——平衡计分卡》的介绍,平衡计分卡,是指基于企业战略,从财务、客户、内部业务流程、学习与成长四个维度,将战略目标逐层分解转化为具体的、相互平衡的绩效指标体系,并据此进行绩效管理的方法,其基本框架如图 5-7 所示。

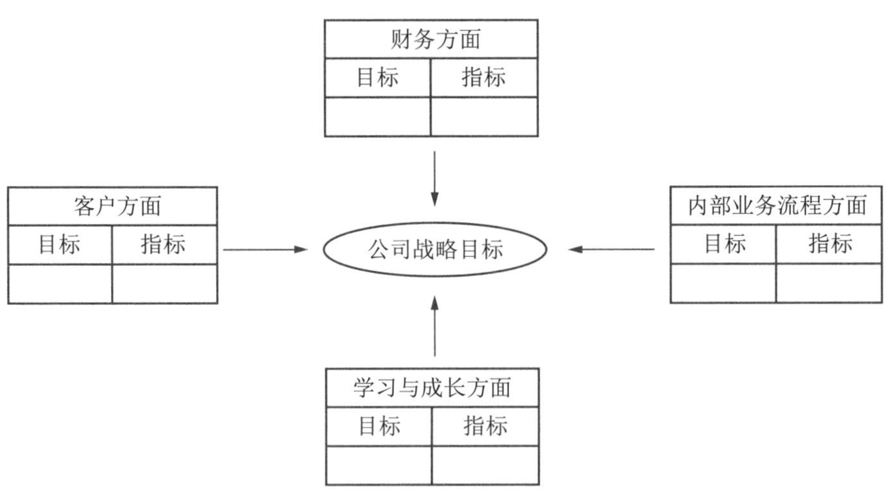

图 5-7 平衡计分卡的基本形式

平衡计分卡指标体系构建时,应注重短期目标与长期目标的平衡、财务指标与非财务指标的平衡、结果性指标与动因性指标的平衡、企业内部利益与外部利益的平衡。平衡计分卡

每个维度的指标通常为4～7个，总数量一般不超过25个。企业可根据实际情况建立通用类指标库，不同层级单位和部门结合不同的战略定位、业务特点选择适合的指标体系。

平衡计分卡指标的权重分配应以战略目标为导向，反映被评价对象对企业战略目标贡献或支持的程度，以及各指标之间的重要性水平。企业绩效指标权重一般设定在5%～30%，对特别重要的指标可适当提高权重。对特别关键、影响企业整体价值的指标可设立"一票否决"制度，即如果某项绩效指标未完成，无论其他指标是否完成，均视为未完成绩效目标。

平衡计分卡的主要优点是：一是战略目标逐层分解并转化为被评价对象的绩效指标和行动方案，使整个组织行动协调一致；二是从财务、客户、内部业务流程、学习与成长四个维度确定绩效指标，使绩效评价更为全面完整；三是将学习与成长作为一个维度，注重员工的发展要求和组织资本、信息资本等无形资产的开发利用，有利于增强企业可持续发展的动力。

应用平衡计分卡的主要缺点是：一是专业技术要求高，工作量比较大，操作难度也较大，需要持续地沟通和反馈，实施比较复杂，实施成本高；二是各指标权重在不同层级及各层级不同指标之间的分配比较困难，且部分非财务指标的量化工作难以落实；三是系统性强、涉及面广，需要专业人员的指导、企业全员的参与和长期持续地修正与完善，对信息系统、管理能力有较高的要求。

案例5-13　限制性股票激励计划绩效考核办法(节选)[①]

第三章　考核内容

第七条　考核指标类型

根据平衡记分卡原则，公司各部门、下属机构以及各岗位的绩效指标由公司层面的绩效指标分解而来。考核类型根据人员所处具体岗位、职责不同分为三大类：

(一) 董事考核指标类型(表5-6)

表5-6　董事考核指标类型

指标类别	考核目的	指标举例
战略管理类	强调董事会成员对于公司战略风险承担的责任，促使董事会成员为公司总体战略决策贡献自己的力量	◆ 战略决策 ◆ 重大项目投融资决策 ◆ 经营团队建设
风险管理类	促使董事会提升科学决策的能力，控制潜在风险	◆ 风险控制 ◆ 审计监督 ◆ 独立董事发挥的作用 ◆ 信息披露质量
财务绩效类	促使公司当期财务成果实现，为股东创造最大价值	◆ 净利润增长率

5

① 烽火通信科技股份有限公司：《2021年限制性股票激励计划绩效考核办法》，上海证券交易所官网，2021年7月26日，http://www.sse.com.cn/disclosure/listedinfo/announcement/c/new/2021-07-26/600498_20210726_7_wWS3Gdra.pdf。

（二）高级管理人员及核心管理骨干的考核指标类型(表 5-7)

表 5-7　高级管理人员及核心管理骨干考核指标类型

指标类别	考核目的	指标举例
战略类	强调被考核对象对于公司战略风险承担的责任，促使被考核对象为公司总体战略的制定和执行贡献自己的力量	◆ 战略决策与制定 ◆ 战略执行
财务类	促使公司当期财务成果实现，为股东创造最大价值	◆ 净资产收益率 ◆ 销售收入 ◆ 产品毛利率 ◆ 费用预算执行情况
运营类	促进公司内部运营水平改善，运营效率提升	◆ 研发计划完成情况 ◆ 市场占有率 ◆ 客户满意度 ◆ 研发人才队伍建设

（三）核心业务技术骨干的考核指标类型(表 5-8)

表 5-8　核心业务技术骨干考核指标类型

指标类别	考核目的	指标举例
绩效目标	促使被考核对象完成工作计划	◆ 研发项目完成情况 ◆ 技术/项目支持 ◆ 研发成果转化率 ◆ 专利 ◆ 项目(含销售)交付周期 ◆ 合同/回款情况 ◆ 客户(含内部)满意度
关键行为	考察行为要项促使被考核对象达成绩效目标	◆ 团队合作

第八条　指标选取的原则

（一）可控性：指标能够测量或具有明确的评价标准，必须是被考核对象所能影响或改变的；

（二）关键性：指标项不宜过多，注重于对业绩有直接影响的关键指标；

（三）挑战性：目标应综合考虑历史业绩、未来发展预测、同行业竞争对手的业绩、客户特征、个人能力经验确定，不宜过高或过低，应使被考核对象经过努力可以达到；

（四）一致性：各层次目标应保持一致，下一级目标要以分解、完成上一级目标为基准；

（五）民主性：所有考核目标的制定均应由考核对象与其直接上级共同商定。

第九条　考核计分规则

（一）定量指标评分标准

单项指标分值根据单项指标的完成情况来确定。假设 A 为单项指标的完成情况，

B 为单项指标分值，则

A=单项指标完成值÷单项指标目标值×100(适用于目标值为增长类的指标，如净资产收益率、总资产周转率、收入增长率等指标)

或 A=100+(1-单项指标完成值÷单项指标目标值)×100(适用于控制类指标，如成本费用率、存货周转天数、应收账款周转天数等指标)

为避免单项考核指标分值过高或过低影响综合考评分值，真实反映被考核对象的总体业绩，限定各项考核指标分值在 0～150 分之间，为了提高对各单位的管理要求，当 A≥150 时，取 B=150；当 0<A<150 时，B=A。

(二) 定性指标评分标准(表 5-9)

表 5-9 定性指标评分标准

评价等级	A	B	C	D
	超出目标	达到目标	接近目标	低于目标
分值区间	100<分值≤120	90≤分值≤100	60≤分值<90	0≤分值<60
定　　义	实际表现显著超出预期计划/目标或岗位职责/分工要求，取得特别出色的成绩	实际表现达到预期计划/目标或岗位职责/分工要求，取得比较出色的成绩	实际表现基本达到预期计划/目标或岗位职责/分工要求，有明显不足	实际表现未达到预期计划/目标或岗位职责/分工要求，有重大失误

(三) 关键事件

关键事件指对激励对象的绩效有重大影响、公司鼓励或禁止的行为。限定关键事件，总分值在-10 至 10 之间。

(四) 否决性指标

考核指标中还有一类为否决性指标，其特点是没有完成该特定目标时，将全盘否定其他成绩，但完成该特定目标时，不影响整体考核结果。否决性指标主要为“重大安全事故”。

(五) 综合分值计算

综合分值由各项指标考核得分经加权平均得出后，与关键事件得分汇总得出，公式如下：

当否决性指标不出现，综合考核分值=∑(单项指标分值×指标权重)+关键事件得分；当否决性指标出现时，综合考核分值为 0。

第十条　考核指标及目标的设定

(一) 指标及目标值设定的程序

1. 确定年度经营计划及预算：董事会下达公司年度经营计划及年度经营目标，并下达年度预算，分解至各部门及子公司；

2. 制定年度绩效考核指标及目标值：按照第六条考核主体的分工，由各层考核主体制定考核对象的年度绩效考核指标和目标值；

3. 各级考核主体与被考核者沟通绩效考核指标及目标值；

4. 董事会薪酬与考核委员会审核绩效考核指标及目标值；

5. 董事会审批绩效考核指标及目标值；

6. 签订绩效考核合同：根据已确定的考核指标、权重及目标值，各级考核主体与被考核对象签订绩效考核合同，以契约的形式明确被激励对象应实现的业绩。

（二）考核目标值设定的原则

目标值的确定遵循挑战性与现实性相结合的原则。挑战性是指目标值是要经过企业员工的努力才能够完成，挑战性目标有利于调动企业员工的积极性和实现企业目标。现实性是指被激励对象经过努力确实具有完成目标的可能性。

目标值的设定考虑下列因素：

1. 企业所处的行业水平：以同行业水平为参考，向行业水平看齐；烽火通信科技股份有限公司应该向行业先进水平靠拢，以国内国际行业领先的公司为标杆企业进行对标；

2. 企业的历史水平：考虑企业历史盈利水平及运营效率状况，在历史基础上实现公司的快速增长；

3. 企业的战略要求：烽火通信科技股份有限公司应对照发展战略及目标，考虑目前发展阶段与发展速度等因素，按照合理的步骤实现战略要求。

（三）考核指标的调整

考核指标及目标值每年核定一次。指标一经确定，一般不作调整。如确需调整，由董事会薪酬与考核委员会提出调整方案，并按规定程序审批。未获批准的，仍以原考核指标为准。

第八节　合同控制

一、合同控制的定义

《企业内部控制应用指引第 16 号——合同管理》对合同以及合同控制作出了明确的定义。指引中规定"合同是指企业与自然人、法人及其他组织等平等主体之间设立、变更、终止民事权利义务关系的协议，其中不包括企业与职工签订的劳动合同。

在市场经济环境中，合同已成为企业最常见的契约形式，甚至可以说，市场经济就是合同经济。然而，合同的订立和履行往往又是企业内部控制中最容易疏忽和薄弱的环节，往往会给企业带来风险，主要包括：①未订立合同、未经授权对外订立合同、合同对方主体资格未达要求、合同内容存在重大疏漏和欺诈，可能导致企业合法权益受到侵害；②合同未全面履行或监控不当，可能导致企业诉讼失败、经济利益受损；③合同纠纷处理不当，可能损害企业利益、信誉和形象。

针对上述风险，企业需要加强合同控制，确定合同归口管理部门，明确合同拟定、审批、执行等环节的程序和要求，定期检查和评价合同管理中的薄弱环节，采取相应控制措施，促进合同有效履行，切实维护企业的合法权益。

案例 5-14 两年时间 102 份李鬼合同 银行内控漏洞频出①

苏州银行近年来不良贷款持续增加，内控漏洞频出，市场关注不断。

最近又被曝出“内鬼”违规贷款案件：苏州银行洋河支行客户经理徐某在两年多的时间里共 102 次为不具有公务员等身份的借款人签订“公务贷”“精英贷”等合同，先后骗取苏州银行洋河支行贷款合计 2 720 万元，被判处有期徒刑 8 年 6 个月。

案件的结果让人信服，但让人难以理解的是徐某作为银行的一名普通客户经理是如何绕开贷款到放款的若干流程中的审核的？以风险管控为核心的银行为何出现了如此大的漏洞两年内都不自知？其风控防控是否合规，尤其在合同控制方面？相关人士认为这恰恰是苏州银行合同控制方面存在的几大问题导致的：

（一）公司的授权管理制度存在问题。下级单位认为确有需要签署涉及上级管理权限的合同，应当提出申请，并经上级合同管理机构批准后办理。上级单位应当加强对下级单位合同订立、履行情况的监督检查。但在该案中徐某仅有客户经理的权限，却能够为不具有公务员等身份的借款人签订“公务贷”“精英贷”等个人借款合同挪用公司公款，说明上级单位对下级单位授权管理制度并不完善。

（二）合同监控不当，导致诉讼失败使经济利益受损。合同订立之前、中、后都应该对合同尽到监督检查义务。经法院查明，2015 年 10 月 14 日，徐某在张某的介绍下，仅一天之内就为三人编造了虚假的公务员身份，通过签订“公务贷”个人借款合同，从苏州银行洋河支行分别挪用资金人民币 20 万元、20 万元及 8 万元，两人更是伙同无业者陈某，一年内先后为 7 名借款人办理虚假“公务贷”，挪用苏州银行洋河支行贷款 166 万元人民币，苏州银行两年都没有发现该漏洞，表明其在合同履行和监控上存在缺陷。

（三）合同控制制度不完善。企业应该根据实际情况指定法律部门等作为合同归口管理部门，对合同实施统一规范管理，具体负责制定合同控制制度，审核合同条款的权利义务对等性，管理合同标准文本，管理合同专用章等，本案例中，徐某利用职务之便，私刻公章，伪造材料，为不具有公务员等身份的借款人签订“公务贷”“精英贷”等个人借款合同，表明苏州银行在合同控制制度上存在内部控制的漏洞。

事实上，此前苏州银行早已发生过类似案例，例如，2017 年 2 月 20 日，苏州银行淮安支行因贷后资金监控不力，贷款资金被挪用作为商票保贴业务质押存单，被中国银行业监督管理委员会淮安银监分局罚款人民币 20 万元；同年 9 月 8 日，苏州银行股份有限公司泰州分行又因贷前调查不全面、贷款资金被挪用，严重违反审慎经营规则，被泰州银监分局罚款人民币 20 万元。这进一步表明了苏州银行在合同控制制度上的缺陷，未来其应该加强合同控制，防控类似风险。

5

二、合同控制的流程

合同控制的基本流程如图 5-8 所示。

---

① 金丽：《苏州银行内控 BUG 频出，两年时间签订 102 份李鬼合同》，载于《投资时报》2018 年 11 月 1 日。

天津膜天膜科技股份有限公司合同管理制度

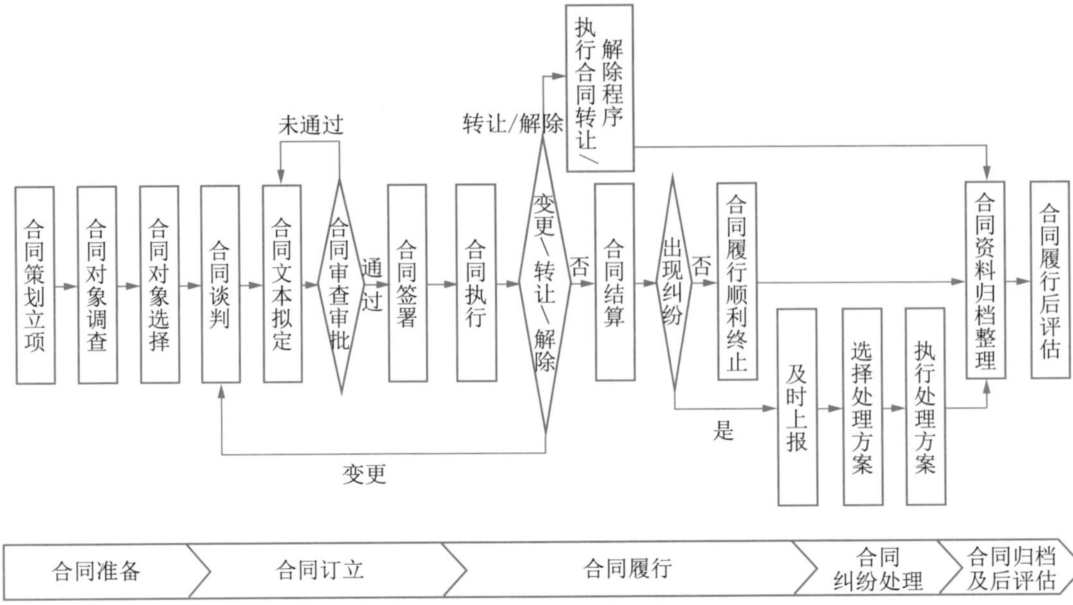

图 5-8　合同控制的基本流程

案例 5-15　腾讯与老干妈合同案件①

裁判文书网 2020 年 6 月 29 日公示的一条民事裁定书将两家著名的中国企业——腾讯和老干妈推上了风口浪尖。

裁定书显示，原告腾讯计算机系统有限公司向法院提出查封、冻结老干妈公司 1 624.06 万元财产的请求获得法院支持，担保人新疆前海联合财产保险有限公司深圳分公司和中国人民财产保险股份有限公司深圳分公司联合为本案财产保全提供信用担保。

法院认为，原告的申请符合法律规定，裁定查封、冻结被告贵阳南明老干妈风味食品销售有限公司、贵阳南明老干妈风味食品有限责任公司名下价值 16 240 600 元的银行存款或查封、扣押其等值的其他财产。如不服本裁定，可向该院申请复议一次，复议期间不停止裁定的执行。

国浩律师（北京）事务所律师段松告诉记者，针对腾讯公司与老干妈公司纠纷的裁定书，是法院依据腾讯公司申请，在腾讯公司正式提起诉讼前作出的程序性裁定，并未对双方之间的实体问题进行审理和裁判。

6 月 30 日腾讯方面对《中国经营报》记者表示：“此事系老干妈公司在腾讯投放了千万元广告，但无视合同长期拖欠未支付，腾讯被迫依法起诉，申请冻结了对方应支付的欠款金额。”

在此前的 2019 年 3 月，腾讯与老干妈公司签订了一份《联合市场推广合作协议》，腾讯侧投放资源用于老干妈油辣椒系列推广，腾讯已依约履行相关义务，但老干妈公司未按照合同约定付款。腾讯方面称，多次催办仍分文未获，因此不得不依法进行起诉。

① 节选自《中国经营报》2020 年 7 月 2 日发表的报道《腾讯老干妈案件疑点重重》，作者：李静。

根据搜索可以发现，2019 年 4 月，老干妈和腾讯开始了跨界合作，老干妈成了电竞赛事《QQ 飞车手游》S 联赛的冠名商。

2020 年 6 月 30 日晚 8 点，老干妈通过官方微信公众号发出声明称，从未与腾讯公司或授权他人与腾讯公司就“老干妈”品牌签署《联合市场推广合作协议》，且从未与腾讯公司进行过任何商业合作。

老干妈方面进一步表示，公安机关已经于 6 月 20 日决定对此案予以立案侦查。并且对该事件给公司造成的不良影响，保留追究相关主体法律责任的权利。

7 月 1 日，贵州警方通报：“经初步查明，系犯罪嫌疑人曹某（男，36 岁）、刘某利（女，40 岁）、郑某君（女，37 岁）伪造老干妈公司印章，冒充该公司市场经营部经理，与腾讯公司签订合作协议。其目的是为了获取腾讯公司在推广活动中配套赠送的网络游戏礼包码，之后通过互联网倒卖非法获取经济利益。”通报进一步表示，目前，曹某等 3 人因涉嫌犯罪已被依法刑事拘留，案件正在进一步办理中。

根据贵州警方公布的资料，两个事实浮出水面：老干妈公司的公章是伪造的；3 名嫌疑人不是老干妈公司的员工。

假合同的情况逐步浮出水面，腾讯是否会改诉目前没有回应，老干妈方面也没有作出更多回应。

浙江垦丁律师事务所律师欧阳昆泼告诉记者，如果警方通报的情况属实，这份合同对老干妈公司则无效，责任由 3 个诈骗嫌疑人承担。

北京志霖律师事务所律师赵占领对记者表示，警方通报中所述 3 人的犯罪行为包括私刻公司印章和合同诈骗，私刻公司印章是手段，目的是通过虚构事实，骗取腾讯签订合同、赠送游戏礼包码，法律上属于牵连犯，应以合同诈骗罪定罪量刑。

对于案件涉及的，腾讯配套赠送网络游戏礼包码，有观点认为如果不是向老干妈公司赠送，则腾讯可能涉嫌商业贿赂。

赵占领对记者表示，根据修改后的《反不正当竞争法》规定，商业贿赂的第一种情景是向交易相对方的工作人员贿赂。“该案件涉及的是赠送，如果根据合同规定是赠送给老干妈公司，就谈不上商业贿赂。具体还要看合同规定。”

对于冻结财产裁定书，北京市盈科律师事务所律师史金国表示，腾讯公司的诉讼和查封老干妈相关财产，若给老干妈公司造成了名誉上、财产上的损失，老干妈公司有权要求赔偿损失。

不过，在该案当中腾讯公司采取了保全措施，冻结了老干妈公司的财产。

段松告诉记者，法律要求诉前财产保全必须提供担保，是为了防止由于申请人申请财产保全错误给被告造成损失而无力赔偿的情况。是否查封错误，取决于法院如何认定老干妈和腾讯签的这个合同的真实性。

欧阳昆泼表示：“如果腾讯真的被骗，那么其申请保全，也是被骗的延续，相当于腾讯也是受害者，很难认定其主观上具有过错，即使因此给老干妈造成损失，也无须承担侵权赔偿责任。”

当前案件仍然有众多疑点。为什么 2019 年签署的合同到如今才浮出水面？腾讯“多次催办无果”是催告了谁？腾讯做得热火朝天的广告，老干妈是否知情？

三、合同控制的方法

企业在进行合同控制时可采用以下基本方法：

（一）建立分级授权管理制度

企业应当根据经济业务性质、组织机构设置和管理层级安排，建立合同分级管理制度。属于上级管理权限的合同，下级单位不得签署。对于涉及重大投资类、融资类、担保类、知识产权类、不动产类合同，上级部门应加强管理。下级单位认为确有需要签署涉及上级管理权限的合同，应当提出申请，并经上级合同管理机构批准后办理。上级单位应当加强对下级单位合同订立、履行情况的监督检查。

（二）实行统一归口管理

企业可以根据实际情况指定法律部门等作为合同归口管理部门，对合同实施统一规范管理，具体负责制定合同管理制度，审核合同条款的权利义务对等性，管理合同标准文本，管理合同专用章，定期检查和评价合同管理中的薄弱环节，采取相应控制措施，促进合同的有效履行等。

（三）进行必要的合同调查

合同订立前，企业应当进行必要的调查，充分了解合同对方的主体资格、信用状况等有关情况，确保对方当事人具备履约能力。如果有必要，可以对被调查对象进行现场调查，实地了解和全面评估其生产能力、技术水平、产品类别和质量等生产经营情况，分析其合同履约能力。另外，企业可以与被调查对象的主要供应商、客户、开户银行、主管税务机关和工商管理部门等沟通，了解其生产经营、商业信誉、履约能力等情况。

（四）实行合同的联合审核

企业应当建立合同联合审核或合同会审制度，不同部门根据其职责，对合同文本进行严格审核。比如法律事务部门重点关注合同的主体、内容和形式是否合法，合同内容是否符合企业的经济利益，对方当事人是否具有履约能力，合同权利和义务、违约责任和争议解决条款是否明确等，财务部门重点关注资金收付、发票开具等方面。相关部门提出不同意见的，应当认真分析研究，慎重对待，并准确无误地加以记录；必要时应对合同条款作出修改。

（五）严格合同印章的管理

企业应严格实施合同专用章保管制度，合同经编号、审批及企业法定代表人或由其授权的代理人签署后，方可加盖合同专用章。用印后保管人应当立即收回，并按要求妥善保管，以防止他人滥用。保管人应当记录合同专用章使用情况以备查，如果发生合同专用章遗失或被盗现象，应当立即报告公司负责人并采取妥善措施，如向公安机关报案、登报声明作废等，以最大限度消除可能带来的负面影响。为防止已签署的合同被篡改，企业可以采取恰当措施，如在合同各页码之间加盖骑缝章、使用防伪印记、使用不可编辑的电子文档格式等。

（六）强化合同履行并实行有效监控

企业一方面需要强化对自身履行合同情况及效果的检查、分析和验收，另一方面对合同对方的合同履行情况实施有效监控，一旦发现有违约可能或违约行为，应当及时提示风险，并立即采取相应措施将合同损失降到最低。另外，企业在履行合同过程中应根据需要结合实际情况及时补充、变更甚至解除合同。

（七）加强合同纠纷管理

在履行合同过程中发生纠纷的，应当依据国家相关法律法规，在规定时效内与对方当事人协商并按规定权限和程序及时报告。合同纠纷经协商一致的，双方应当签订书面协议；合同纠纷经协商无法解决的，根据合同约定选择仲裁或诉讼方式解决。企业内部授权处理合同纠纷，应当签署授权委托书。纠纷处理过程中，未经授权批准，相关经办人员不得向对方当事人作出实质性答复或承诺。

重大合同管理办法（节选）

本章习题

一、单项选择题

1. 不相容职务分离控制的核心是（　　）。

A. 各司其职　　B. 各负其责　　C. 协调合作　　D. 内部牵制

2. 下列各项中，符合不相容职务相分离规定的是（　　）。

A. 甲负责保管银行印鉴和企业财务专用章

B. 乙负责客户信用调查评估和销售合同审批

C. 丙负责工程项目概预算编制和项目验收

D. 丁负责看管仓库及定期盘点存货

3. 下列选项中，属于授权审批控制的是（　　）。

A. 甲公司建立举报投诉制度和举报人保护制度，设置举报专线

B. 乙公司规定金额在 5 万元至 30 万元的采购必须取得总经理批准

C. 丙公司定期进行固定资产盘查

D. 丁公司规定出纳专职负责货币资金的收支业务，除现金和银行存款日记账外，不兼记总账和债权债务等明细账

4. 下列关于授权审批控制的说法中，不正确的是（　　）。

A. 授权审批可分为常规授权和特别授权

B. 企业各级管理人员应当在授权范围内行使职权和承担责任

C. 对于重大的业务和事项，只要符合企业规定，可由总经理进行决策

D. 企业应当编制常规授权的权限指引，严格控制特别授权

5. 企业对于重大决策、重大事项、重要人事任免及大额资金运作等事项，应当实行（　　）。

A. 少数服从多数原则　　B. 集体决策审批或者联签制度

C. 董事会统一指挥　　D. 总经理审批制度

6. 下列选项中，不属于会计系统控制内容的是（　　）。　5

A. 甲公司规定凭证必须连续编号，并按编号顺序使用

B. 乙公司建立内部审计制度

C. 丙公司建立会计稽核岗

D. 丁公司要求记账凭证的内容必须与原始凭证的内容保持一致

7. 下列选项中，不属于财产保护控制的是（　　）。

A. 妥善保管涉及资产的各种文件资料　　B. 为大楼或其内的区域设立门禁系统

C. 定期对实物资产进行盘点　　D. 明确会计凭证的装订和保管手续责任

8. 下列各项中，不符合《企业内部控制应用指引第 15 号——全面预算》规定的是（　　）。

A. 预算控制一般包括预算编制、预算执行和预算考核三个阶段

B. 预算管理委员会属于预算管理日常工作机构

C. 预算编制主要包括预算编制、预算审批和预算下达三个环节

D. 当企业内外部环境发生显著变化应考虑进行预算调整

9. 下列关于运营分析控制的说法正确的是（　　）。

A. 运营分析控制流程一般包括数据收集、数据分析和结果运用三个阶段

B. 通过分析影响重要指标的各项因素，计算其对指标的影响程度，来说明指标变化的方法是比较分析法

C. 趋势分析法中进行对比的各个时期的指标，计算口径必须一致

D. 数据分析的对象仅来自企业内部

10. 下列关于合同控制的说法不正确的是（　　）。

A. 企业与职工签订的劳动合同适用《企业内部控制应用指引第 16 号——合同管理》指引

B. 合同订立前企业应当进行必要的调查

C. 合同文本一般由业务承办部门起草、多部门联合审核

D. 加盖骑缝章可以防止已签署的合同被篡改

二、多项选择题

1. 下列选项中属于控制措施的有（　　）。

A. 绩效考评控制　　B. 不相容职务分离控制

C. 运营分析控制　　D. 预算控制

2. 不相容职务相分离的内容包括（　　）。

A. 可行性研究与业务执行相分离　　B. 业务执行与决策审批相分离

C. 业务执行与会计记录相分离　　D. 业务执行与财产保管相分离

3. 企业应当建立销售与收款的岗位责任制，其不相容岗位包括（　　）。

A. 销售合同协议的审批、签订与办理发货

B. 销售退回货品的验收、处置与相关会计记录

C. 坏账准备的计提与审批、坏账的核销与审批

D. 销售货款的确认、回收与相关会计记录

4. 关于授权审批控制，下列说法正确的是（　　）。

A. 销售人员想要调动资金，由财务总监、销售分管经理、总经理三人中一人审批即可

B. 审批人员既要依据法律法规和规章制度进行审批，还要考虑合同、预算等事项

C. 授权的方式一般分为常规授权和特别授权

D. 不可将自己权利授予下属的下级，也不能代替下属把权利授予他的下级

5. 企业授权审批的体系包括(　　　　)。

A. 授权批准的范围　B. 授权批准的层次　C. 授权审批的责任　D. 授权批准的程序

6. “三重一大”事项的主要范围包括(　　　　)。

A. 重大决策事项　　　　　　　　B. 重要人事任免事项

C. 重大项目安排事项　　　　　　D. 大额度资金运作事项

7. 关于财产保护控制表述正确的是(　　　　)。

A. 建立财产档案

B. 建立资产日常管理制度和定期清查机制

C. 采取资产定期盘点、账实核对等措施,确保资产安全完整

D. 仓库保管员执行定期存货盘点,并向会计部门汇报

8. 在实施财产保护控制的过程中,应关注的主要风险有(　　　　)。

A. 资金活动管控不严,可能导致资金被挪用、侵占、抽逃或遭受欺诈

B. 无形资产权属不清,可能导致企业法律纠纷

C. 存货积压或短缺,可能导致流动资金占用过量、存货价值贬损或生产中断

D. 固定资产使用效能低下、维护不当,可能导致资源浪费或安全事故频发

9. 目前在实践中得到普遍应用的绩效考评控制方法主要有(　　　　)。

A. 关键绩效指标法　B. 经济增加值法　C. 平衡计分卡法　D. 绩效棱柱法

10. 企业在订立和履行合同过程中,应关注的主要风险有(　　　　)。

A. 合同对方主体资格未达要求,可能导致企业合法权益受到侵害

B. 合同纠纷处理不当,则可能损害企业利益、信誉和形象

C. 合同内容存在重大疏漏和欺诈,可能导致企业合法权益受到侵害

D. 合同未被全面履行或监控不当,可能导致企业诉讼失败、经济利益受损

三、判断题

1. “常在河边走,哪有不湿鞋”体现的是轮岗的必要性。　(　　)

2. 担保业务的审批和执行属于不相容岗位,应当分离。　(　　)

3. 决策审批、业务执行和审核监督相分离是最基本的要求,即通常强调的“三权分离”。　(　　)

4. 对于审批人超越授权范围审批的货币资金业务,经办人员可先帮其办理,并同时向审批人的上级授权部门报告。　(　　)

5. 财务部门经理王某指定会计人员李某保管财务专用章,王某亲自保管个人名章,王某出差期间,个人名章交由李某保管。　(　　)

6. 授权必须符合规范,不可越权授权,但可以越级授权。　(　　)

7. 重大决策、重大事项、重要人事任免及大额资金支付业务的具体标准由企业自行确定。　(　　)

8. 小企业可以委托经批准设立从事会计代理记账业务的中介机构代理记账。　(　　)

9. 支票、汇票、发票、有价证券等易变现的非现金资产一般采用确保两个人同时接近资产的方式加以控制。　(　　)

10. 在合同管理过程中不应实行统一归口管理。　(　　)

四、简答题

1. 根据《企业内部控制基本规范》的规定，基本控制措施包括哪些类型？

2. 一般而言，一项业务需要分离的不相容职务主要包括哪些类型？

3. 授权控制应遵循哪些原则？

4. 审批控制应遵循哪些原则？

5. 会计系统控制要求是什么？会计系统控制应关注哪些主要风险？

6. 财产保护控制的具体方法有哪些？

7. 简要说明预算控制的基本流程。

8. 运营分析控制的具体方法有哪些？

9. 简要说明绩效考评控制的基本流程。

10. 合同控制的基本方法有哪些？

五、案例分析题

1. 某企业仓库保管员负责登记存货明细账，以便对仓库中所有存货项目的验收、发、存进行永续记录。当收到验收部门送交的存货验收单后，根据验收单登记存货领料单。平时，各车间或其他部门如果需要领取原材料，都可以填写领料单，仓库保管员根据领料单发出原材料。公司辅助材料的用量很少，因此领取辅助材料时，没有要求使用领料单，可直接到仓库领取。如果仓库保管员有时间，偶尔也会对存货进行实地盘点。

要求：

(1) 从内部控制活动角度，分析企业在存货管理方面存在的问题及其可能导致的弊端。

(2) 针对发现的问题，提出改进措施。

2. 甲公司是一家拟上市公司，为了进一步加强和改进内部控制，近期由审计部对公司内部控制进行了一次监督检查，发现以下问题：

(1) 单位财务处长负责支票的签署，外出时其职责由副处长代为履行；副处长负责银行预留印鉴卡的保管和财务专用章的管理，外出时其职责由财务处长代为履行；财务人员乙负责空白支票的管理，仅在出差期间交由财务处长管理。负责签署支票的财务处长的个人名章由其本人亲自掌管，仅在出差期间交由处长代管。

(2) 部门或个人用款时，应提前向审批人提交申请，注明款项的用途、金额、支付方式或相关证明；对于金额在10 000元以下的用款申请，必须经过财务副处长的审批，金额在10 000元以上的用款申请，应经过财务处长的审批。出纳人员根据已经批准的支付申请，按规定办理货币资金支付手续，及时登记现金和银行存款日记账；货币资金支付后，应由专职的复核人员进行复核，复核货币资金的批准范围、权限、程序、手续、金额、支付方式、时间等，发现问题后及时纠正。

(3) 公司规定单笔采购金额在10万元以下的，由生产部经理批准，单笔采购金额超过10万元的，由总经理批准。但由于总经理经常出差而生产车间又急需采购材料，所以生产部经理未经请示多次批准了单笔金额超过10万元的采购业务。另外，燃料采购由采购部业务员冯某负责，由于冯某对燃料市场比较熟悉且与供货商建立了良好关系，因此采购价格和供应商授权由冯某自行决定。

要求：请指出甲公司的内部控制存在哪些漏洞，并提出改进建议。

第六章
信息与沟通

学习目标

1. 知识目标：理解财务报告内部控制的重要意义，了解财务报告业务的基本流程；理解管理报告内部控制的重要意义，了解管理报告业务的基本流程；理解信息系统内部控制的重要意义，了解信息系统业务的基本流程；理解反舞弊的重要意义。

2. 技能目标：学会识别财务报告业务的关键风险，并掌握财务报告内部控制的总体要求；学会识别管理报告业务的关键风险，并掌握管理报告内部控制的总体要求；学会识别信息系统业务的关键风险，并掌握信息系统内部控制的总体要求；学会识别反舞弊的工作重点，并掌握反舞弊机制的重要内容。

3. 思政目标：(1)剖析财务报告造假典型案例，一方面把握中国资本市场的监管政策，强化法治观念，另一方面提高维护公共利益的使命担当，树立底线思维。(2)领会习近平总书记关于反舞弊斗争的重要论述，塑造诚信敬业的核心价值观，强化反舞弊的职业操守和社会责任感。

引例

瑞幸咖啡造假事件始末

2020 年 1 月 31 日，知名做空机构浑水声称，收到一份有关瑞幸咖啡的匿名做空报告，这份报告用长达 89 页的篇幅揭露了瑞幸咖啡的数据造假问题。2 月 3 日，瑞幸否认浑水所有指控。

2020 年 4 月 2 日，瑞幸咖啡突然发布公告，承认虚假交易 22 亿人民币，股价暴跌 80%，盘中数次暂停交易，市值蒸发近 50 亿美元。同日，瑞幸审计机构安永表示，在对公司 2019 年年度财务报告进行审计工作的过程中，安永发现公司部分管理人员在 2019 年第二季度至第四季度通过虚假交易虚增了公司相关期间的收入、成本及费用。

2020 年 4 月 3 日，中国证监会发布声明，高度关注瑞幸咖啡财务造假事件，对该公司财务造假行为表示强烈的谴责。不管在何地上市，上市公司都应当严格遵守相关市场的法律和规则，真实准确完整地履行信息披露义务。中国证监会将按照国际证券监管合作的有关安排，依法对相关情况进行核查，坚决打击证券欺诈行为，切实保护投资者权益。瑞幸咖啡注册地在开曼群岛，经境外监管机构注册发行证券并在美国纳斯达克股票市场上市。

2020 年 5 月 19 日，瑞幸咖啡公告称，收到纳斯达克交易所通知，要求从纳斯达克退市。6 月 27 日，瑞幸咖啡发布声明称，公司将于 6 月 29 日在纳斯达克停牌，并进行退市备案。

2020 年 7 月 31 日，中国证监会宣布，瑞幸咖啡财务造假调查处置工作取得了重大进展。调查显示，瑞幸咖啡境内运营主体及相关管理人员、相关第三方公司大规模虚构交易，虚增收入、成本、费用，虚假宣传等行为，违反了我国会计法、反不正当竞争法的相关规定。财政部、市场监管总局、证监会将依法对瑞幸咖啡境内运营主体及相关责任人、协助造假及帮助虚假宣传的多家第三方公司、两家新三板关联公司及相关责任人予以行政处罚。

2020 年 12 月 17 日，美国证券交易委员会(SEC)宣布，瑞幸咖啡此前严重虚报公司营收、费用和净运营亏损，以此欺骗投资者，试图使其看起来像是实现了快速的增长和提高了盈利能力，并达到该公司的盈利预期。面对这项指控，瑞幸咖啡则同意支付 1.8 亿美元的罚款以和解委员会的这一指控。

瑞幸咖啡造假事件表明，有效的信息与沟通对企业避免风险减少损失乃至实现可持续发展是至关重要的。《企业内部控制基本规范》规定，企业应当建立信息与沟通制度，明确内部控制相关信息的收集、处理和传递程序，确保信息在内外部及时沟通和反馈，促进内部控制有效运行；同时指出，企业应当利用信息技术促进信息的集成与共享，充分发挥信息技术在信息与沟通中的作用；另外，特别强调了企业应当建立反舞弊机制。因此，本章按照《企业内部控制基本规范》的要求，结合《企业内部控制应用指引第 14 号——财务报告》《企业内部控制应用指引第 17 号——内部信息传递》和《企业内部控制应用指引第 18 号——信息系统》，主要介绍企业信息与沟通制度的四项重要组成部分：财务报告、管理报告、信息系统与反舞弊机制，它们也是企业实现信息与沟通的主要载体。

第一节 财务报告内部控制

一、财务报告内部控制的重要意义

财务报告是指反映企业某一特定日期财务状况和某一会计期间经营成果、现金流量的文件，包括财务报表、财务报表附注和财务情况说明书。财务报表是财务报告的核心，主要包括资产负债表、利润表、现金流量表、所有者权益变动表等。财务报告内部控制，是指公司的董事会、监事会、经理层及全体员工实施的旨在合理保证财务报告及相关信息真实、完整而设计和运行的内部控制，以及用于保护资产安全的内部控制中与财务报告可靠性目标相关的控制。

财务报告内部控制的意义在2022年3月财政部、证监会联合发布的《关于进一步提升上市公司财务报告内部控制有效性的通知》中得以进一步的明确。通知指出，内部控制特别是财务报告内部控制，是加强财会监督、遏制财务造假、提高上市公司会计信息质量的重要基础。通知要求有关地方和单位要高度重视，切实提升上市公司财务报告内部控制的有效性，充分发挥内部控制在上市公司财务报告中的控制关口前移、提升披露透明度、保护投资者权益等重要作用。

思政课堂6-1　胜通集团连续五年造假　四家中介机构相继被罚[①]

胜通集团信息披露违法违规案，既是证监会公布的2021年资本市场20起典型违法案例之一，也是一起债券市场财务造假的典型案例。

胜通集团主营业务是钢帘线和化工业务，曾经被誉为山东的“钢帘线大王”。2011年以来，胜通集团在证券交易所债券市场和银行间债券市场累计发行债券136.5亿元。但就在2018年，胜通集团及其子公司多笔到期债务违约，偿债能力恶化，向法院申请破产，引发市场广泛关注。

证监会调查发现，2013年至2017年期间，胜通集团通过编制虚假财务报表、直接修改经审计的财务报表等方式，连续5年将亏损披露为盈利，累计虚增收入615亿元，虚增利润119亿元。胜通集团是通过什么手段造出了如此天价收入的呢？胜通集团的主要造假手段有两点：

第一个手段是“无中生有”，长期利用已经停产的业务板块连续造假。胜通集团旗下有一个子公司叫做胜通化工，就对外披露的材料来看，它是胜通集团的第二大收入来源。但是经证监会调查发现，由于环保质量等原因，这家公司早在2013年就已经停产了。但是在胜通对外披露的材料中，这家公司平均每年还在贡献约30亿元的收入。

第二个手段是“偷梁换柱”。胜通集团为了让公司的财务数据报表更好看一些，在审计机构已经对胜通集团的虚假财务报表出具审计意见之后，又修改了审计机构出具的合并的财务报表，并且加盖了虚假的会计师事务所印章，通过此种方式虚增利润6亿元。

2021年8月，证监会依法对胜通集团作出行政处罚及市场禁入决定。胜通集团恶性财务造假案件的背后，也暴露出相关中介机构的“看门人”职责失守问题。继粤开证券、国海证券、中天运等机构为胜通集团提供相关服务被罚后，评级机构大公国际近期也受到了证监会处罚。

调查发现，相关中介机构对于胜通集团财务造假中多处明显舞弊现象均没有予以充分关注并进行核查。比如胜通化工的停产问题，这些中介机构其实有实地走访企业的职责，他们都没有发现胜通化工早在2013年就已经停产了。当时企业以可能有一些有害

① 转载于中国证监会官网2022年5月24日披露的报道，原题为：典型案例：连续五年财务造假！虚增利润超100亿元！这家企业的“天价收入”，竟是“无中生有”……，来源：央视财经，http://www.csrc.gov.cn/csrc/c100201/c2941292/content.shtml。

气体的释放等各种原因，没让他们进去参观，中介机构的工作人员就没有去。根据胜通集团披露的虚假财务数据，测算出的钢帘线产品数量，是胜通集团设备总产能的 3 倍以上，远超胜通集团的实际生产能力。如此异常的情况，中介机构并未对此怀疑。

目前，证监会已对为胜通集团提供中介服务的四家中介机构作出行政处罚。中天运会计师事务所被没收业务收入 575 万元，并处以 1 150 万元罚款；主承销商粤开证券被没收违法所得 660 万元，被罚款 60 万元；承销商国海证券被没收违法所得 1 798 万元，并被处以 60 万元罚款；评级机构大公国际没收业务收入 165.09 万元，并处以 330.1 万元罚款。

二、财务报告业务的基本流程

企业应当严格执行会计法律法规和国家统一的会计准则制度，加强对财务报告编制、对外提供和分析利用全过程的管理，明确相关工作流程和要求，落实责任制，确保财务报告合法合规、真实完整和有效利用。总会计师或分管会计工作的负责人负责组织领导财务报告的编制、对外提供和分析利用等相关工作。企业负责人对财务报告的真实性、完整性负责。财务报告业务的基本流程如图 6-1 所示。企业在实际操作中，构建和优化财务报告内部控制流程应当充分结合自身业务特点和管理要求。

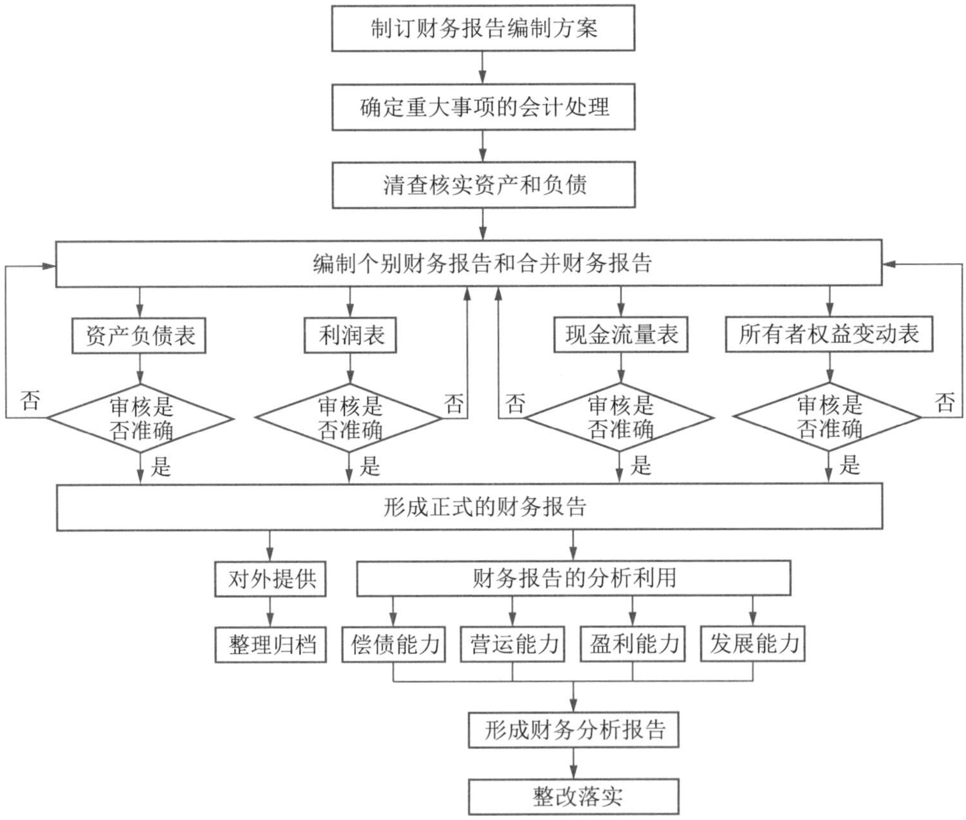

图 6-1　财务报告内部控制的基本流程

三、财务报告业务的关键风险

企业建立和实施财务报告内部控制的目的是防控风险。企业编制、对外提供和分析利用财务报告,至少应当关注下列风险:

(1)编制财务报告违反会计法律法规和国家统一的会计准则制度,可能导致企业承担法律责任和声誉受损。

(2)提供虚假财务报告,误导财务报告使用者,造成决策失误,干扰市场秩序。

(3)不能有效利用财务报告,难以及时发现企业经营管理中存在的问题,可能导致企业财务和经营风险失控。

案例 6-1 巨额财务造假 证监会出手重罚①

2022 年 11 月 20 日晚间,*st 星星发布公告称,公司及相关当事人收到证监会送达的《行政处罚及市场禁入事先告知书》。根据告知书,公司存在虚增营业收入、利润的情形,其中 2019、2020 年两年合计虚增营收 45.76 亿元。

证监会拟决定对该公司给予警告,并处以 600 万元罚款,对多位相关责任人处以 50 万至 450 万元金额罚款,同时开出多份终身禁入罚单。

证监会查明,通过虚构销售、虚构租赁和加工业务、虚构采购、虚假采购折扣等方式,星星科技 2019 年度虚增营业收入 14.4 亿元,虚增营业成本 2.7 亿元,虚增利润总额 11.7 亿元(不考虑税费、期间费用等调整),分别占当期披露营业收入的 22.68%,营业成本的 4.98%,利润总额的 761.20%。2020 年度,星星科技通过财务造假活动虚增营业收入 32.6 亿元,虚增营业成本 15.9 亿元,虚增利润总额 16.6 亿元(不考虑税费、期间费用等调整),分别占当期披露营业收入的 39.26%,营业成本的 22.22%,利润总额的 3 799.51%。

证监会表示,公司涉嫌虚增营业收入、利润总额,少计商誉减值损失等违法事实。上述违法事实,有相关定期报告、财务资料、情况说明、银行流水、相关人员询问笔录等证据证明。其中,时任董事长刘建勋,时任董事、总经理潘清寿,时任副总经理刘琅问,时任财务总监陈美芬,时任监事张绍怀、李娟,保证星星科技 2019 年年度报告内容真实、准确、完整,并签署了年报书面确认意见。

证监会认为,公司时任董事长刘建勋,时任董事、总经理潘清寿,时任董事刘琅问组织、实施星星科技信息披露违法行为,是对星星科技信息披露违法直接负责的主管人员。时任监事张绍怀、李娟,时任副总经理王君,时任财务总监陈美芬、董胜连等人未勤勉尽责,是星星科技信息披露违法的其他直接责任人员。

此外,杨述明自 2019 年 7 月至 2021 年 10 月,先后任星星科技财务副总监、财务中心总经理、财务中心总裁助理等职,其虽不是星星科技董事、监事、高级管理人员,但在星星科技信息披露违法活动中起主要作用,是星星科技信息披露违法行为的主要参与者、实施者之一。

6

① 节选自《中国证券报》2022 年 11 月 21 日报道,原题为:爆雷! 巨额财务造假,证监会出手:多人将被终身市场禁入,作者:杨烨。

为此，证监会给与 * st 星星警告，并处以 600 万元的罚款；对时任董事长刘建勋，时任董事、总经理潘清寿，时任副总经理刘琅问给予警告，并分别处以 450 万元的罚款；对相关责任人杨述明给予警告，并处以 300 万元的罚款；对相关责任人张绍怀、陈美芬、李娟、王君、董胜连给予警告，并分别处以 50 万至 80 万元不等的罚款。

证监会认为，刘建勋、潘清寿、刘琅问组织、实施了上述信息披露违法行为，并采取了编造重要事实等恶劣手段，涉案数额特别巨大，违法情节特别严重，分别采取终身市场禁入措施，杨述明在星星科技信息披露违法行为中起主要作用，违法情节较为严重，对杨述明采取 10 年市场禁入措施。

四、财务报告内部控制的总体要求

为有效应对上述风险，结合《企业内部控制应用指引第 14 号——财务报告》的相关规定，企业建立和实施财务报告内部控制应遵循以下总体要求：

（一）规范企业财务报告控制流程

企业应当制定明确的财务报告编制、报送及分析利用等相关流程，职责分工、权限范围和审批程序应当明确规范，机构设置和人员配备应当科学合理，并确保全过程中财务报告的编制、披露和审核等不相容岗位相互分离。企业总会计师或分管会计工作的负责人负责组织领导财务报告编制和分析利用工作；企业负责人应对财务报告的真实性和完整性承担责任；企业财会部门负责财务报告编制和分析报告编写工作；企业内部参与财务报告编制的各部门应当及时向财会部门提供编制财务报告所需的信息；参与财务分析会议的部门应当积极提出意见和建议以促进财务报告的有效利用；企业法律事务部门或外聘律师应当对财务报告对外提供的合法合规性进行审核。

（二）健全财务报告各环节授权批准制度

企业应当健全财务报告编制、对外提供和分析利用各环节的授权批准制度，具体包括：编制方案的审批、会计政策与会计估计的审批、重大交易和事项会计处理的审批、对财务报告内容的审核审批等。为此，企业应做好以下几项工作：第一，根据经济业务性质、组织机构设置和管理层级安排，建立分级管理制度；第二，规范审核审批的手续和流程，切实履行检查审核义务等；第三，建立相关政策，限制对现有财务报告流程进行越权操作。

（三）建立日常信息核对制度

企业应当从会计记录的源头做起，建立日常信息定期核对制度。企业在日常会计处理中应及时进行对账，将会计账簿记录与实物资产、会计凭证、往来单位或者个人等进行相互核对，发现差异及时查明原因予以解决，并记录在适当的会计期间，以保证账证、账账、账实相符，确保会计记录的数字真实、内容完整、计算准确、依据充分、期间适当。

（四）充分利用会计信息技术

企业应当充分利用信息技术，提高工作效率和工作质量，减少或避免编制差错和人为调整因素。同时，企业也应当注意防范信息技术带来的特有风险，比如要建立访问安全制度，对操作权限、信息使用、信息管理应当有明确规定，确保财务报告数据安全保密，防止对数据的非法修改和删除。

案例 6-2　浙江省国有资本运营有限公司财务共享中心高质量赋能企业发展①

作为全国首家国有资本运营类公司财务共享中心，浙江省国有资本运营有限公司财务共享中心于 2021 年 10 月上线运行以来，以“业财资税一体化”为目标，积极推动财务数字化转型，有效提升企业管理效能，高质量赋能企业发展。

自 2017 年 2 月公司组建设立以来，公司领导就高度重视财务信息化建设工作，推动完成了财务软件网络化应用、盐业集团业财一体化等工作。随着外部资产不断划入、管理资产规模持续增加、经济业态逐渐丰富，财务管控面临新的挑战。为更有效地落实财务标准化和实现财务转型，2021 年，公司启动财务共享中心建设。2021 年 7 月，经省国资委推选，国务院国资委将公司财务标准化项目列入国有重点企业管理标杆创建行动标杆项目。

公司财务共享中心建设坚持高起点规划、高标准定位、高质量建设，制定建设规划，分步推进，按照管理制度化、制度标准化、标准流程化、流程信息化，信息集约化思路，搭建模块功能集成、系统数据集中、业务涵盖全面、多级协同应用的共享平台，完成网上报账、电子影像、资金管理、税务管理、财务核算、财务报表、电子档案等模块建设，运行以来成效良好。

1. 有效规范了企业财务行为和经营行为。通过财务共享平台，运用统一的财务管理制度，建立标准化的财务处理流程，统一规范集团内成员单位的财务行为。通过财务共享平台，集成合同管理系统、投资资产管理系统、办公自动化系统、出租物业管理系统等各类业务系统，使财务管控延伸至业务源头，风险从事前控制，财务与业务相互融合、相互支撑，推动集团内成员单位经营行为不断规范，实现企业有效风险管控。

2. 有效提高了财务工作效率。财务共享平台利用移动互联技术，实现了发票自动查重与验真，银企直联不落地支付，财务凭证自动生成等简单、重复性劳动的自动化，提高了财务工作效率。借助于财务共享系统，为后续新纳入的成员企业提供了完整的信息化支撑能力，能够快速进行信息化的覆盖和流程标准的统一，实现财务共享规模化效应。

3. 有效节约了人工成本。通过财务共享平台，将财务核算、资金结算、报表编制等基础性工作交由共享中心集中统一处理，减少人工劳动，实施财务共享后，在业务量不变的前提下节省约 30%的人工成本。并且随着二期、三期成员单位的新增，财务共享中心节约人工成本的效果将更加显著。

4. 有效实现了财务管理和财务人员的双转型。通过财务共享中心，将财务人员从传统单一、重复的会计基础工作中跳脱出来，转而进入更高水平的财务管理职能之中。财务共享中心将重复性强、附加值低的业务事项集中起来处理，将决策支持、预算管理、资金管理、税务筹划等更能创造价值的活动分离出来，将更加优质的信息化财务资源分散于各个业务板块，发挥财务的各项职能对决策的支持以及资源配置的功能，全面支撑企业构建以管理会计为核心、以价值链管理为主线的价值创造型财务管理体系。

目前，浙资运营财务共享中心已完成一期建设，下一步，将积极推进二期、三期建设，最终实现财务数据中台，全面实现“支撑战略、支持决策、服务业务、创造价值、防控风险”目标，形成“战略财务、业务财务、共享财务”三位一体的财务管控体系。

① 浙江省国有资本运营有限公司：《数字化转型提升财务管理效能——浙资运营财务共享中心高质量赋能企业发展》，2022 年 5 月 13 日。

第二节 管理报告内部控制

一、管理报告内部控制的重要意义

信息资源是一个企业赖以生存的重要因素之一，企业在制定决策和日常运作中需要各种形式的信息。内部信息传递是企业内部各管理层级之间通过内部报告(即管理报告)形式传递生产经营管理信息的过程。企业的内部控制活动离不开信息的沟通和传递。为了促进企业生产经营管理信息在内部各管理层级之间的有效沟通和充分利用，财政部等五部委专门制定了《企业内部控制应用指引第 17 号——内部信息传递》，突出强调了内部报告的形成、使用和评估，提出了内部信息传递应当关注的主要风险以及相应的管控措施。这里的内部报告是指企业运用统计分析、财务分析、管理会计等方法，根据财务和业务的基础信息加工整理形成的，满足企业经营管理需要而编制的报告，它不同于企业编制的财务报告，财务报告主要是为满足外部利益相关者如投资者、债权人、监管部门的决策和监管需求而编制的报告，通常又称作外部报告。而内部报告的目标是为企业经营管理各层级进行规划、决策、控制和评价等管理活动提供有用信息，因此又称为管理报告。为区别于第一节财务报告内部控制，本节主要采用管理报告的说法。因此，管理报告内部控制就是指公司的董事会、监事会、经理层及全体员工实施的旨在合理保证管理报告及相关信息真实、完整而设计和运行的内部控制。

加强管理报告内部控制重要意义主要体现在以下方面：

(1) 管理报告是提高企业管理能力的重要抓手。管理报告特别是经营分析报告好比人的神经中枢。如果神经中枢不敏锐，管理者就会变成“聋子”和“瞎子”，也就难以引领企业实现发展战略。

(2) 管理报告是提升企业市场竞争力的重要支撑。现代市场竞争异常激烈，外部环境瞬息万变。如果没有有效的管理报告支撑，企业就难以知己知彼，在商海中航行就会失去指南针，以致迷失方向，也就没有办法有效应对经营管理中的各种风险。

管理会计应用指引第801号——企业管理会计报告

(3) 管理报告是有效实施内部控制的重要保证。信息与沟通是建立与实施内部控制的重要条件，无论是实现内部控制的五项目标，还是贯彻落实内部控制的其他四要素，没有信息与沟通在其中穿针引线，都是难以完成的。管理报告作为信息与沟通的重要方式之一，在建立与实施内部控制中具有不可或缺的重要作用。

案例 6-3 优化管理会计报告体系 支持管理层实时有效决策①

A 公司是一家大型建筑企业，年施工能力超 1 000 亿元，年生产规模以 10% 的速率攀升，旗下所属分支机构千余个，分布在全国 30 多个省市和境外 10 多个国家，管理链条长、

① 节选自《管理会计研究》2022 年第 2 期文章《基于企业数字化的管理会计报告体系优化研究》，作者：蒋盛煌。

业务数据分散、决策效率低下。A 公司于 2014 年搭建了财务共享平台，其间经过不断的升级改造，现在的财务共享平台已经发展成为企业的数据中台，同时作为管理会计体系信息化平台（图 6-2），实现了财务系统与多个业务系统的对接，正向着数字化、智能化的方向迈进，为实现数据实时共享、信息实时互通、数字赋能业务、业财共创价值的目标努力。

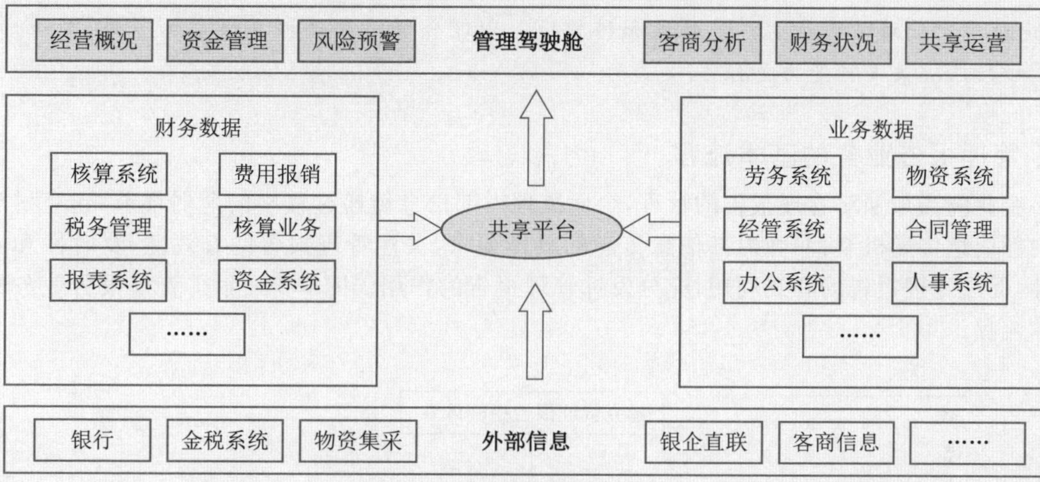

图 6-2　管理会计体系信息化平台

A 公司协同财务与各业务部门，以财务共享平台为基础，集成现有数据管理软件，链接财务系统、资金系统、经管系统、劳务系统、物资系统、合同管理系统、人事系统等，通过业务流、资金流、信息流的畅通流转，实现数据的实时有效共享。A 公司重视数据的应用规划，借助强大的数据计算引擎，支持在线实时统计、分析，利用预算管理、风险管理、成本管理、绩效管理等管理会计工具，发现数据与业务之间的关系，从而对业务做出基于数据的判断。同时借助信息化平台，进一步发挥数据价值，按不同需求建立业务模型和财务分析模型，创建了管理型报表，搭建了管理驾驶舱，实现了多层面管理数据的报告和展示。模拟不同场景，通过业务数据的纵向穿透和横向协同，可追踪到各个板块各个重点业务单元，从而进行经营决策的调整，过程管理变得更为丰富。集团各层级之间数据可以实现共享，使得业务对接更加顺畅，数据分析更加高效，财务服务能力得到更大提升。

管理型报表利用财务共享平台与各系统的对接，通过从各系统提取数据，形成了实时的管理数据报告；管理驾驶舱则通过数字化、智能化运作，对管理会计数据进行了全方位展示。

例如：

（1）经营层面：围绕企业经营战略，实时展示各区域、各板块、各单位、各种模式下的经营分布及业务增长趋势以及历年发展态势，助力决策层、管理层随时了解市场经营状况，调整经营布局，同时了解自身的优势和劣势，解决各单位间发展不平衡的问题。

（2）管理层面：从效率和风险角度展示了企业当前的基本状况，包括预算执行情况、资金周转情况、两金占用及年度变化情况、资金动态使用情况、责任成本动态管理情况，帮助管理者及时关注风险，积极采取管控措施化解风险并提升资产运营效率。

(3) 财务层面：从风险角度展示了债权债务状况、企业资产负债率的现状、资金收付款情况、保证金管理情况、对上对下计价拨款情况、经营性净现金流情况等，助力财务部门确定工作重点，加大管控力度改善财务管理现状。

(4) 绩效层面：展示了企业经营成果，包括企业利润情况、税负情况及收益情况等，从而通过对比使绩效考核更具激励性和科学性。管理会计报告数据变得更加多维，颗粒度更加精细，决策支持能力更强。

二、管理报告业务的基本流程

企业应当加强对管理报告的管理，全面梳理内部信息传递过程中的薄弱环节，建立科学的内部信息传递机制，明确内部信息传递的具体要求，关注管理报告的有效性、及时性和安全性，促进管理报告的有效利用，充分发挥管理报告的作用。图 6-3 列示了管理报告业务的基本流程。

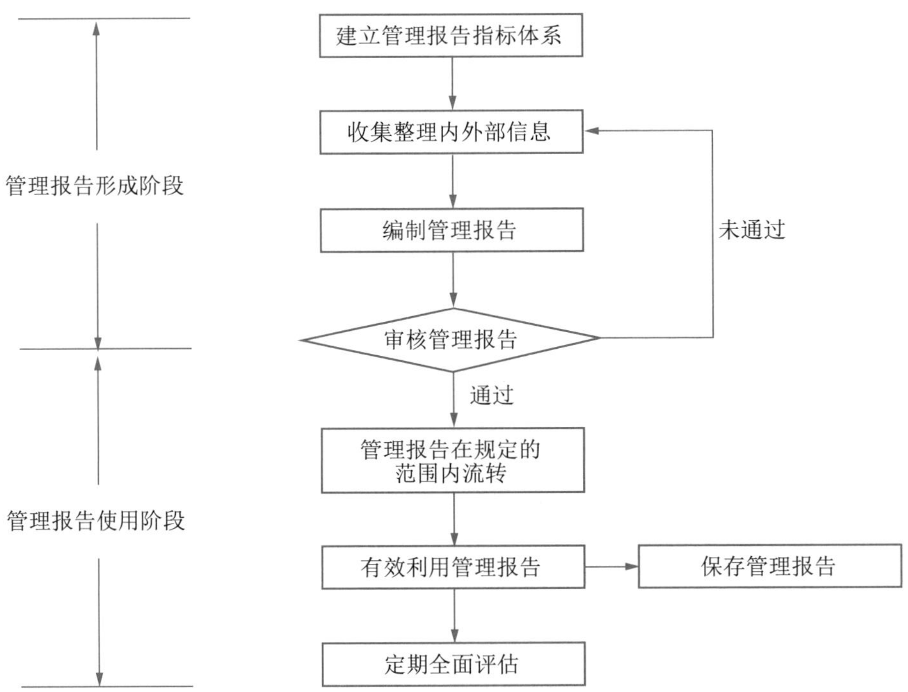

图 6-3 管理报告内部控制的基本流程

三、管理报告业务的关键风险

建立和实施管理报告内部控制的主要目的在于防控风险。企业编制、传递和使用管理报告，至少应当关注下列风险：

(1) 管理报告系统缺失、功能不健全、内容不完整，可能影响生产经营有序运行。

(2) 内部信息传递不通畅、不及时，可能导致决策失误、相关政策措施难以落实。

(3) 内部信息传递中泄露商业秘密，可能削弱企业核心竞争力。

案例 6-4 德国“最愚蠢的银行”①

2008 年 9 月 15 日上午 10 时，拥有 158 年历史的美国第四大投资银行——雷曼兄弟公司，向法院申请破产保护，消息转瞬间通过电视、广播和网络传遍了地球的各个角落。匪夷所思的是，当天 10 时 10 分，德国国家发展银行居然按照外汇掉期协议的交易，通过计算机自动付款系统，向雷曼兄弟公司即将冻结的银行账户转入 3 亿欧元。毫无疑问，这笔钱将是“肉包子打狗，有去无回”。

转账风波曝光后，德国社会各界大为震惊。时任德国财政部长的佩尔·施泰因布吕克发誓，一定要查个水落石出，并严厉惩罚相关责任人。一家律师事务所受财政部的委托，进驻德国国家发展银行进行全面调查。

几天后，律师事务所向国会和财政部递交了一份调查报告，调查报告并不复杂深奥，只是一一记载了被询问人员在这 10 分钟内忙了些什么。

首席执行官乌尔里奇·施罗德：“我知道今天要按照协议约定转账，至于是否撤销这笔巨额交易，应该让董事会开会讨论决定。”

董事长保卢斯：“我们还没有得到风险评估报告，无法及时作出正确的决策。”

董事会秘书史里芬：“我打电话给国际业务部催要风险评估报告，可那里总是占线。我想，还是隔一会儿再打吧。”

国际业务部经理克鲁克：“星期五晚上准备带全家人去听音乐会，我得提前打电话预订门票。”

国际业务部副经理伊梅尔曼：“忙于其他事情，没有时间去关心雷曼兄弟公司的消息。”

负责处理与雷曼兄弟公司业务的高级经理希特霍芬：“我让文员上网浏览新闻，一旦有雷曼兄弟公司的消息就立即报告，现在，我要去休息室喝杯咖啡了。”

文员施特鲁克：“10 时 3 分，我在网上看到雷曼兄弟公司向法院申请破产保护的新闻，马上跑到希特霍芬的办公室。当时，他不在办公室，我就写了张便条放在办公桌上，他回来后会看到的。”

结算部经理德尔布吕克：“今天是协议规定的交易日子，我没有接到停止交易的指令，那就按照原计划转账吧。”

结算部自动付款系统操作员曼斯坦因：“德尔布吕克让我执行转账操作，我什么也没问就做了。”

信贷部经理莫德尔：“我在走廊里碰到施特鲁克，他告诉我雷曼兄弟公司破产的消息。但是，我相信希特霍芬和其他职员的专业素养，一定不会犯低级错误，因此也没必要提醒他们。”

公关部经理贝克：“雷曼兄弟公司破产是板上钉钉的事。我本想跟乌尔里奇·施罗德谈谈这件事，但上午要会见几个克罗地亚客人，觉得等下午再找他也不迟，反正不差这几个小时。”

德国经济评论家哈恩说，在这家银行，上到董事长，下到操作员，没有一个人是愚蠢的，可悲的是，几乎在同一时间，每个人都开了点小差，加在一起，就创造出了“德国最愚蠢的银行”。

① 王伟：《德国最愚蠢的银行》，载《南方都市报》，2011 年 5 月 27 日。

四、管理报告内部控制的总体要求

为有效应对上述风险，结合《企业内部控制应用指引第 17 号——内部信息传递》的相关规定，企业建立和实施管理报告内部控制应遵循以下总体要求：

（1）真实准确性。虚假或不准确的信息将严重误导信息使用者，甚至导致决策失误，造成巨大的经济损失。管理报告的信息应当与所要表达的现象和状况保持一致，若不能真实反映所计量的经济事项，就不具有可靠性。因此，企业应对信息进行审核和鉴别，对已经筛选的资料作进一步的检查，确定其真实性和合理性；同时建立管理报告审核制度，设定审核权限，确保管理报告信息质量。

（2）及时有效性。如果信息未能及时提供，或者及时提供的信息不具有相关性，或者提供的相关信息未被有效利用，都可能导致企业决策延误，经营风险增加，甚至可能使较高层次的管理陷入困境，不利于对实际情况进行及时有效的控制和矫正，同时也将大大降低内部报告的决策相关性。只有那些切合具体任务和实际工作并且能够符合信息使用单位需求的信息才是有价值的。企业应当制定管理报告传递制度，根据信息的重要性、内容等特征，确定不同的流转环节，严格按设定的传递流程进行流转；及时更新信息系统，确保管理报告有效安全地传递，对于重要紧急的信息，可以越级向董事会、监事会或经理层直接报告，便于相关负责人迅速做出决策。

英力特2020年度全面风险管理报告

（3）遵守保密规定。企业内部的运营情况、技术水平、财务状况以及有关重大事项等通常涉及商业秘密，内幕信息知情者（包括董事会、监事会、高级管理人员及其他涉及信息披露有关部门的涉密人员）都负有保密义务。这些内部信息一旦泄露，极有可能导致企业的商业秘密被竞争对手获知，使企业处于被动境地，甚至造成重大损失。企业应当制定严格的管理报告保密制度，明确保密内容、保密措施、密级程度和传递范围，通过职责分离、授权接触、监督和检查等手段防止商业秘密泄露。

案例 6-5　中海油国际一流管理会计报告体系实践探索[①]

中国海洋石油集团有限公司面对新时代、新际遇、新要求，提出了以“建设中国特色一流能源公司”为目标的“1534”发展思路。在上述时代背景下，如何构建与中国特色国际一流能源公司相适应的管理会计报告体系显得极为迫切。经过近 20 年的发展，中国海洋石油有限公司（简称中海油）管理会计报告体系从无到有，从简单到丰富，从传统的成本会计向逐步成型的管理会计，再到更高层面的战略会计方向发展。

中海油管理会计报告体系的构建，牢牢立足于服务生产经营这条主线，强化管理分析时效的及时性、管理建议对资源配置的指导性、管理会计报告反馈形式与业务运营的协同性，通过横向跨部门融合，纵向分子公司贯通，以构建多维度“关键绩效指标”（KPI）同心圆为切入点，以桶油成本、重大关键效率指标作为管控抓手，借助信息化、数字化手段，齐心协力，切实发挥管理会计报告的赋能作用和杠杆效应。

---

① 节选自《国际石油经济》2021 年第 5 期文章《中海油国际一流管理会计报告体系实践探索及转型思考》，作者：李洪成。

中海油当前的管理会计报告体系在以提升信息质量为导向的经营信息系统基础上，建立了以生产经营为导向的常规分析，以发展目标为导向的对标分析，以提质增效为导向的专项分析在内的三大体系（图 6-4）。其中，“标准化、协同化、信息化”理念贯穿始终，注重业务部门协同。

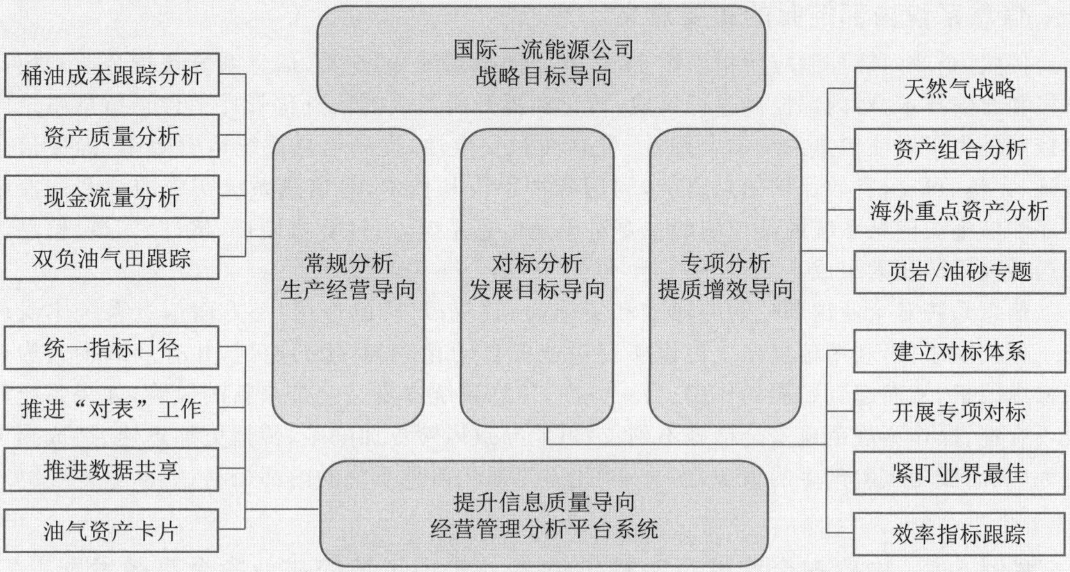

图 6-4　中海油管理会计报告体系

1. 常规分析体系。作为勘探与生产公司，桶油成本是中海油最为核心的竞争力。加强桶油成本跟踪，成为常规分析的关键之关键。目前中海油已经初步建立“区域、业务单元、作业区或油气田”三层管理体系、三级桶油成本指标体系的搭建。

2. 对标分析体系。中海油密切关注油气行业发展趋势，跟踪国际一流能源公司经营业绩及战略动向，知己知彼，顺应时代和行业发展，争做时代的弄潮儿。通过对标，树立公司的发展标杆，深挖与标杆公司的差距与不足，学习标杆公司的先进管理经验；通过对标，选取关键指标进行比较，指导公司的资源配置策略和方向；通过对标，了解公司的竞争优势，弥补公司经营管理中的短板。

3. 专项分析体系。不同于常规分析和对标分析，专项分析更加强调针对性、精准性和不定性。根据《矛盾论》中的两点论和“二八定律”，专项分析以提质增效为主线，结合行业发展态势，聚焦资产规模、创效能力以及对公司发展战略影响大的资产，精准剖析存在的问题，提出合理性建议。

在上述三大体系的基础上，中海油管理会计报告体系更加注重“中国特色”。作为中央企业，中海油注重党建在工作中的引领和主导作用，由于管理会计报告与业务部门、分（子）公司联系紧密，公司尝试以联合党建作为抓手，就管理工作中的热点、难点问题进行联合攻关，实现了党建与业务的深度融合，通过几次实践摸索，均取得了不错的预期效果。

第三节 信息系统内部控制

一、信息系统内部控制的重要意义

按照《企业内部控制应用指引第 18 号——信息系统》的定义，信息系统是指企业利用计算机和通信技术，对内部控制进行集成、转化和提升所形成的信息化管理平台。信息系统内部控制是为了保证信息系统的合理性、可靠性和安全性，提高信息系统运营效率，确保信息准确、完整、可靠，有效保护信息资产，利用各种手段和技术，对信息系统实施的一系列控制程序和措施。信息系统内部控制的主要对象是信息系统，由计算机硬件、软件、人员、信息流和运行规程等要素组成。

信息系统对企业内部控制的建立和实施起到“双刃剑”的作用：一方面信息系统本身属于一种控制手段，利用信息系统可以实现对业务自动化、实时化的控制，并有效减少人为违规操纵因素，从而起到赋能的作用；另一方面，信息系统本身又会带来新的风险，如果系统开发不合理、操作不规范或安全措施不到位，可能导致风险更加隐蔽、传播更加迅速、造成损失更大，从而成为风险产生的根源之一。因此需要强化信息系统的内部控制。

案例 6-6 构建安全智能风险管控体系 实现了黄陵矿业安全高效发展①

黄陵矿区属黄陇侏罗纪煤田，受鄂尔多斯盆地煤炭、石油、天然气等多种矿产资源共生、伴生地质条件影响，地质条件复杂，煤、油、气共存，煤层赋存有薄、中、厚煤层，其中 1.8 米以下的占 32%，矿井水、火、瓦斯、煤尘、顶板以及油型气、油气井“七害”俱全，安全形势严峻复杂。

近年来，陕煤集团黄陵矿业深入学习贯彻习近平总书记关于安全生产重要论述和重要指示批示精神，始终坚持“安全第一、预防为主、综合治理”的安全生产方针，以“新理念”指引“高标准”，以“智能化”升级“硬装备”，以“强管理”提升“软实力”，建成了独具黄陵特色的安全智能风险管控体系，实现了企业安全高效发展。

其中，黄陵矿业通过实施“人工＋智能”风险管控，构建安全预控机制，即树立“每一时、每一处、每一事、每一人都存在风险”的意识，通过人防与技防融合，把风险控制在隐患形成之前、把隐患消灭在事故发生之前，确保安全生产。具体措施包括：

1. 创新落实岗位风险管控

引进 NOSA 管理工具，将岗位风险辨识出来，进行系统评估，划分为四个等级；制定针对性的防控措施，形成蓝本，让职工知道岗位风险和措施；悬挂作业流程和风险提示牌，编制风险管控口袋书，提醒职工岗位规范操作，在全矿区营造了“人人重视安全、时时防范隐患、事事有人监督、处处杜绝违章”的安全氛围。

---

① 节选自《中国煤炭工业》2022 年第 9 期文章《构建安全智能风险管控体系 打造安全管理“黄陵模式”》，作者：雷贵生。

2. 创建AI智能风险管控系统

针对人工难以实现全时段全方位风险管控的短板，黄陵矿业联合华为公司，首创AI智能风险管控系统，变“人盯人”为“机器盯人”，开创了“人工和AI智能双重管控风险”的先河，实现了对人的不安全行为、物和环境的不安全状态、关键作业的不规范操作等的智能预警、后台记录、现场制止、联动闭锁，有效防止了零敲碎打事故发生，目前四对矿井已实现井下全覆盖。同时，黄陵矿业在安全管理上制定发布《煤矿安全风险智能管控系统建设规范》《煤矿安全生产管理体系规范》两项企业标准和《煤矿安全风险分级管控和隐患排查治理体系实施指南》一项团体标准，对煤炭行业安全管理起到了积极的推动作用。

3. 搭建智能安全风险防控平台

整合智能风险管控、安全监测监控、双重预防等系统，建立智能安全风险综合防控平台，集业务管理、数据管理、监测预警、风险评估、隐患排查、辅助决策等功能于一体，实现风险可感知、分析、预测、管控，做到安全分级管控、闭环管理。

二、信息系统业务的基本流程

企业应当重视信息系统在内部控制中的作用，根据内部控制要求，结合组织架构、业务范围、地域分布、技术能力等因素，制定信息系统建设总体规划，加大投入力度，有序组织信息系统开发、运行与维护，优化管理流程，防范经营风险，全面提升企业现代化管理水平。信息系统业务的基本流程如图6-5所示。

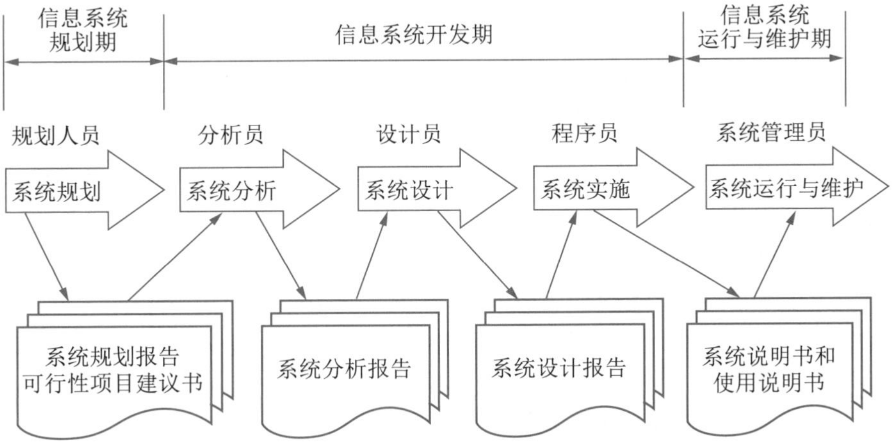

图6-5 信息系统业务的基本流程

案例6-7 中国电信合同管理数字化转型助力企业风险防范[①]

一、基本情况

合同是企业所有经营活动的载体，合同管理是防范风险的“牛鼻子”。针对企业合同

① 节选自国务院国资委官网2022年9月28日报道《中国电信合同管理数字化转型助力企业风险防范》，作者：法规局，http://www.sasac.gov.cn/n4470048/n16518962/n20648677/n20648722/c26092012/content.html。

6

管理法务人员少、工作量大、风险高等痛点难点，对标世界一流企业合同管理实践，中国电信以提质增效为核心，利用人工智能、大数据等现代信息技术，推动合同全生命周期数字化转型，提高管理效率，增强风险防范能力，为企业高质量发展提供坚实的法治保障，取得了良好成效。荣获2020年通信行业企业管理现代化创新一等成果。

二、经验做法

（一）建设纵向贯通，横向共享的信息化系统，夯实数字化管理基础

依托中国电信集中MSS(Management Support System)系统（简称“MSS系统”），探索并实践以人工智能新技术和自主研发成果为基础的“智慧合同”系统，构建集团、省、地市及区县公司四级纵向贯通，与工程建设、采购库存、财务管理、业务管理等信息系统横向数据共享的合同数字化管理体系，推动合同管理实时在线、全程可视、动态监控、及时预警。全集团统一合同管理界面、流程、审批表字段、合同编码、合同文本、合同打印防伪标识，促进合同管理制度化、标准化、规范化、流程化、智能化。

（二）深化数字化转型，构建合同全生命周期管理新模式

深化数字化转型，对“资质资信审核、合同拟稿、合同审批、合同签署、合同归档、合同履行”等合同全生命周期进行监控，推动合同管理由点到线、由点及面，人机结合预判风险，有效提升风险防范水平。资质资信动态监控，信用异常及时预警。上线“信用管理”平台，整合内外部数据，对合作方信息“一点汇聚、全网共享、实时更新、及时预警”，实现信用情况一键查询，失信情况实时预警，协助业务部门及时判断合作方资质资信和履约能力，降低企业合作风险和损失。智能辅助合同拟稿，为业务人员减负。上线在线知识库，智能辅助业务人员合同拟稿；基于规范合同文本库，利用大数据分析智能推荐使用规范合同文本；开发合同关键字段结构化模块，实现合同文本自动生成。构建“智能审核模型”，辅助合同审查。分析汇集全集团法律专家合同审核经验和标准，提炼合同审核规则库，构建“智能审核模型”，快速定位风险点，自动输出合同“智能审核报告”，以“机审”减轻“人审”负担，快速提升合同审批效率。推进合同电子化签约和电子档案，防范用印风险。开发合同电子印章系统，实现合同拟稿、审批、签署、归档全流程线上办理，“随时随地”无接触签约，降低人工及管理成本，提高合同签署归档效率。构建合同履行监控全景视图，实现合同闭环管理。统一合同履约监控模型，建立业务、财务、采购、法律联动机制，实现欠费及时提示、诉讼时效到期前自动督发欠费追缴函、欠费客户支出类合同付款报账预警等功能，强化合同履约监控，提高应收账款回款率。

（三）强化大数据分析，防范风险赋能决策

充分利用合同信息，整合业务、财务、采购等多系统数据，开展大数据分析，形成面向不同需求的大数据分析报表，辅助经营决策，防范风险，降本增效。通过对渠道代理合同、房屋租赁合同关键数据比对分析，结合业务数据，输出对核心商圈门店投入产出比的效益分析报告，辅助业务部门进一步优化门店选址，促进业务发展。结合租赁房屋周边市场租金、租赁面积、位置以及中国电信历史房屋租赁合同数据等，多维度智能分析，构建房屋租赁决策视图，预警当前房屋承租成本是否过高或者出租收入是否过低，避免房屋/场地租赁时，因不了解房产周边和历史租赁情况，导致企业经营成本增加或者经营收入降低。建立客商视图数据平台，就客户行业、规模、趋势等进行深入分析，助力完善客户服务。强化

合同大数据分析，合同管理从传统注重合同审批到重视数据资产价值，数据驱动防范风险赋能决策，助力企业高质量发展，不断提升合同管理价值。

三、取得成效

（一）大幅提升使用规模

“智慧合同”系统已覆盖约100万用户，其中活跃用户占比约60%，年合同量约300万份；同时信用管理平台总计十余项信用指标，覆盖用户达40余万，年查询量约690万次。

（二）显著提高合同审核效率

智能辅助合同审核，每份合同可在15秒内完成机器审核，并根据系统出具的“智能审核报告”，进行人工补充审核，每年节约2.2万人/天，同时反向促进全集团规范文本使用率提升约29%。截至2022年8月底已在中国电信31省公司累计发起合同约5.73万份，以单份合同节省签约时间5天计算，签约效率提升可达59%。信用管理功能，节省了签约前多点搜集对方资质资信和履约能力信息的时间，并简化信用资质资信审核流程，纳入合同审批环节，每年节省约14.4万人/天。

（三）有效降低管理成本

合同电子化签约，以单份合同打印、盖章、邮寄等耗时0.5小时，1人/天人力成本100元计算，合同电子化签约试点至今节省人力成本约30万元；全面推广后按60%应用率计算，每年节省人力成本约540万元；以单份合同胶装打印成本10元，寄送成本20元计算，每年可节约资源成本约3 456万元。

三、信息系统业务的关键风险

建立和实施信息系统内部控制的主要目的在于防控风险。企业在规划、开发、运行和维护信息系统过程中，至少应当关注下列风险：

（1）信息系统缺乏或规划不合理，可能造成信息孤岛或重复建设，导致企业经营管理效率低下；

（2）系统开发不符合内部控制要求，授权管理不当，可能导致无法利用信息技术实施有效控制；

（3）系统运行维护和安全措施不到位，可能导致信息泄露或毁损，系统无法正常运行。

案例6-8　光大证券的乌龙指事件[①]

据中国之声《新闻纵横》报道，2013年8月30下午，在“8.16光大证券事件”发生两周后，中国证监会正式通报了调查处理结果。光大证券被处以超过5亿元的罚款，创新业务暂停、直接责任人罚款并终身禁入证券市场等处罚。

又一个周五，距离“光大证券8.16事件”过去整整两周。下午股市闭市，证监会新闻发布例会。记者印象中，上一次看到稽查总队、法律部、机构部和处罚委的负责人齐齐出现，还是三个月前的“万福生科案”发布会。不过这一次，主角从平安证券变成了光大证券。

① 丁飞、高庆秀：《光大证券被罚五亿元　乌龙指事件起因是技术系统缺陷》，载《中国广播网》，2013年8月31日。

造成"8.16股市惊魂"的，是光大证券策略投资部自营业务的策略交易系统，简单说就是公司用自己的钱在市场里交易自己赚钱的那套系统有问题。系统分订单生成和订单执行两个部分，前者由光大程序员设计，后者由铭创科技设计专供光大一家使用。但谁都不知道，错误从一开始就存在。

证监会：订单生成系统中ETF套利模块的"重下"功能（用于未成交股票的重新申报），在设计时错误地将"买入个股函数"写成"买入ETF一篮子股票函数"。订单执行系统错误地将市价委托订单的股票买入价格默认为"0"，系统对市价委托订单是否超出账户授信额度不能进行正确校验。

这就是说，一个是因为按键的功能从A搞成了B；一个是设置错了价格和没有校正功能；这两大硬伤，再加上整个部门像个独立王国一样，不在公司风控体系内，且系统实际运行还不到15个交易日，最终导致一个结果——早晚要出事，这也造成了证监会对光大证券违法行为的第一个认定：违反证券公司内控管理规定。

在8.16事件过去两周后，证监会的这场专项发布会本不在记者的预料中。但从史无前例的长达两个多小时的问答、多达5页的处理情况和处理意见，以及记者听到的几乎全部事件完整经过和细节通报的过程，这些背后是监管层对光大事件信息透明的决心。当然未来，还有许多留待解决。其中，对券商而言，是风控问题。出问题的高频交易系统目前国内只有为数不多的几家大型券商拥有，速度极快，以毫秒和微妙为单位，全电子化操作，没有人为监控环节，但却能给公司带来丰厚收益，也因此几乎独立于公司而存在。未来风控和逐利，孰轻孰重，是每一家券商都必须思考的课题。

美国信用评级机构泄露1.43亿用户信息，司法部介入高管减持调查

四、信息系统内部控制的总体要求

为有效应对上述风险，按照《企业内部控制应用指引第17号——内部信息传递》的相关规定，企业建立和实施信息系统内部控制应遵循以下总体要求：

（1）强调企业负责人对信息系统建设工作负责。也就是信息系统建设是企业"一把手"工程，只有企业负责人站在战略和全局的高度亲自组织领导信息系统建设工作，才能统一思想、提高认识、加强协调配合，从而推动信息系统建设在整合资源的前提下高效、协调推进。

（2）指定专门机构对信息系统实施归口管理。鉴于信息系统在实施内部控制和现代化管理中具有十分独特而重要的作用，加之信息系统本身的复杂性和高风险特征，企业应当指定专门机构对信息系统建设实施归口管理，明确相关单位的职责权限，建立有效工作机制。

（3）选择适当的信息系统开发方式。信息系统的开发建设是信息系统生命周期中技术难度最大的环节。在开发建设环节，要将企业的业务流程、内控措施、权限配置、预警指标、处理规则嵌入各类业务信息系统之中，促使各项经营管理决策和执行活动可控制、可追溯、可检查，因此开发建设的好坏直接影响信息系统的成败。开发建设主要有自行开发、外购调试、业务外包等方式。各种开发方式有各自的优缺点和适用条件，企业应根据自身实际情况合理选择。无论选择何种方式，信息系统建设实施归口管理部门都应负责牵头组织和实施监督检查。

（4）加强信息系统的日常运行维护。企业应制定信息系统使用操作程序、信息管理制度以及各模块子系统的具体操作规范，及时跟踪、发现和解决系统运行中存在的问题，确保

信息系统按照规定的程序、制度和操作规范持续稳定运行；切实做好系统运行记录，尤其是对于系统运行不正常或无法运行的情况，应将异常现象、发生时间和可能的原因作出详细记录；重视系统运行的日常维护，在硬件方面，日常维护主要包括各种设备的保养与安全管理、故障的诊断与排除、易耗品的更换与安装等，这些工作应由专人负责；配备专业人员负责处理信息系统运行中的突发事件，必要时应会同系统开发人员或软硬件供应商共同解决。

（5）严格控制信息系统变更。企业应当建立标准流程来实施和记录系统变更，保证变更过程得到适当的授权与管理层的批准，并对变更进行测试。信息系统变更应当严格遵照管理流程进行操作。信息系统操作人员不得擅自进行软件的删除、修改等操作；不得擅自升级、改变软件版本；不得擅自改变软件系统的环境配置。系统变更程序（如软件升级）需要遵循与新系统开发项目同样的验证和测试程序，必要时还应当进行额外测试。企业应加强紧急变更的控制管理。企业应加强对将变更移植到生产环境中的控制管理，包括系统访问授权控制、数据转换控制、用户培训等。

（6）重视信息系统的安全保密工作。企业应当根据业务性质、重要性程度、涉密情况等确定信息系统的安全等级，建立不同等级信息的授权使用制度，采用相应技术手段保证信息系统运行安全有序。企业应当建立信息系统安全保密、泄密责任追究制度、用户管理制度和系统数据定期备份制度。企业应当采取安装安全软件等措施防范信息系统受到病毒等恶意软件的感染和破坏，加强网络安全，防范来自网络的攻击和非法侵入。企业应当加强对重要业务系统的访问权限管理，定期审阅系统账号，避免授权不当或存在非授权账号，禁止不相容职务用户账号的交叉操作。企业应当建立信息系统开发、运行与维护等环节的岗位责任制度和不相容职务分离制度，防范利用计算机舞弊和犯罪。

案例 6-9　中国联通以供应链创新推动高质量发展①

近年来，中国联通以国资委组织的中央企业采购管理对标评估为契机，持续夯实管理基础、构建平台体系、整合资源力量，积极开展现代供应链创新与实践，着力打造敏捷供应、开放共享的供应链，促进企业实现高质量发展。

一、夯实管理基础　打造高效供应链体系

加强采购管理对于企业提升核心竞争力具有重要意义。中国联通按照国资委的工作要求，持续优化采购管理机制，完善支撑手段，强化监督检查，稳步提升采购管理水平。从近年巡视、审计结果看，中国联通采购领域发现的问题大幅减少，应招未招等突出问题基本杜绝。

（一）加强制度和队伍建设。有效践行“阳光采购”，大力推进制度与流程重构优化工作，建立全过程管理的制度体系，覆盖招投标、合同签订与执行、后评估等采购各关键环节，确保采购人员有章可循。2019 年，中国联通举办“互联网＋阳光采购”技能竞赛，参与人员涉及全集团各省公司、专业单位，参与人数达 3 300 余人，促进法律法规、制度要求入脑入心。

（二）完善信息化支撑。将制度要求嵌入供应链管理系统，实施寻源采购、合同执行、物流仓储、调拨处置等各环节的标准化、规范化管理，严格控制采购风险，优化审批流程，

① 王子铭、梁晨：《中国联通以供应链创新推动高质量发展》，载于《人民邮电报》2020 年 4 月 29 日。

实现全集团规范、效益、效率的同步提升，推动供应链全过程的可视、可管、可控和协同高效。

（三）强化监督检查。每年组织全集团采购工作联合检查，采用线上和线下相结合的方式提高检查效率和准确性，检查结果与 KPI 考核挂钩，并对检查中发现的问题进行问责和追责，确保制度落地执行。

二、推进互联网化　构建智慧供应链平台

通过互联网化手段实现供应链平台的改造，是企业转型升级的必由之路。近年来，中国联通加快电子商务平台建设，努力实现采购管理信息系统高度集成化，充分发挥互联网化驱动引领作用，为实现高质量发展增添新动力。

（一）打造平台，实现全流程互通。着力打造全集团集中、共享的信息化供应链平台，实现物资从寻源采购到报废全过程的互联网化操作，并与公司 ERP、合同管理等内部系统和国家招投标公共服务平台、阿里拍卖等外部系统互通。所有招标项目从发标、评标、签订合同至合同执行全过程上平台、无纸化，招投标双方全过程无需见面，大幅减少交易成本。新冠肺炎疫情防控期间，迅速推出“中国联通电子商城防疫物资专区”，组建“总部＋31 省”共计 130 人的支撑队伍，打通防疫物资上架、需求对接调配、下单、配送全流程，有力地保障了疫情防控物资供应。

（二）招募入驻，满足全业务需求。在构建平台的基础上，公开招募 3.6 万家合格供应商入驻平台，并与京东、苏宁等电商平台对接，引入商品约 180 万件。2019 年实现交易金额 615 亿，日交易峰值 4.2 亿元、订单 7 300 多张，满足全集团网络建设、运行维护、市场营销、综合行政、员工福利和消费扶贫等采购需求。

（三）深入挖掘，加强全系统管理。通过大数据等技术手段，深入挖掘交易信息，推进智能管理及风险防控。例如，对同一商品进行自动比价，控制采购价格风险；对采购全过程疑似违规行为进行预警，控制不按合同条款执行等风险；通过订单评价数据累积智能分析对供应商实施考核，控制供应商违法失信风险，对违法供应商实施黑名单管理。

三、携手混改伙伴　探索供应链开放共享

作为首家集团层面整体进行混合所有制改革试点的中央企业，中国联通纵深推进混改，持续加强与混改伙伴的协同合作，充分发挥混改优势，探索供应链开放共享，培育企业管理，提升新动能。

（一）供需匹配，高效协作。借助混改带来的资源优势，中国联通将供应链向上下游延伸，对接大型供应商及主流物流服务商系统，实现交易、配送、结算、支付各环节互联网化协同，实现供应链合作共享。

（二）拓展价值，降低风险。通过突破性建立企业阳光物资处置体系，在提升净收益率的同时也降低了廉洁风险。例如，对接阿里、京东互联网拍卖平台，实施废旧物资和再生资源社会化线上公开竞价交易，拓展废旧物资回收和再利用空间，累计实现收入 9.6 亿元。

（三）输出成果，扩大影响。截至目前，中国联通已将供应链平台推广到 20 余家央企及大型民企，输出供应链管理成果，帮助各企业快速建立供应链管理体系，形成新动能，提升管理能力，提高企业效益。

多年来，中国联通通过供应链创新与应用取得显著成效，得到上级单位、上下游合作伙伴和社会各界的多方认可。

第四节 反舞弊机制

一、反舞弊的重要意义

目前关于舞弊的定义存在不同的观点，如《亚洲审计组织反舞弊和腐败指南》将舞弊概括为“为了获得某种不公正或不合法的经济利益而采取的故意欺骗、隐瞒事实和/或重大信息的行为”；《中国注册会计师审计准则第 1141 号——财务报表审计中与舞弊相关的责任》将舞弊定义为“舞弊，是指被审计单位的管理层、治理层、员工或第三方使用欺骗手段获取不当或非法利益的故意行为”；中国内部审计协会发布的《第 2204 号内部审计具体准则——对舞弊行为进行检查和报告》认为“舞弊，是指组织内、外人员采用欺骗等违法违规手段，损害或者谋取组织利益，同时可能为个人带来不正当利益的行为。”可见，舞弊是一个非常宽泛的法律概念，它是一个属类名词，包括所有通过违法违规手段以牟取不当或非法利益的现象。

在实际中，人们常常将舞弊和腐败相提并论。关于腐败的定义，也有许多不同的观点，较为权威的如国际货币基金组织（International Monetary Fund，IMF）认为“腐败是滥用公共权力以谋取私人的利益”，世界银行（World Bank，WB）也持类似的观点“腐败是为谋取个人私利而滥用公共权力”。按照这两种定义，腐败的主体通常为行使公共权力的公职人员。但国际透明组织（Transparency International，TI）提出，腐败的主体应不仅限于公职人员，而应扩展为所有的委托权力，因此，腐败的定义应扩展为“滥用委托权力以谋取私利”，即判断是否属于腐败在于是否存在“以权谋私”，这是腐败的本质。综上，舞弊和腐败两者之间既有联系也有差别，两者的主体和动机一样，但舞弊的手段要比腐败要更加多样化，腐败主要是“滥用权力”，而舞弊还包括欺骗等其他违法违规手段。

要理解反舞弊的重要意义，还需要了解舞弊的危害。舞弊行为给企业带来重大损失、增加企业营运成本的同时，也会沉重打击投资者对企业的信任和社会公众对资本市场的信心，同时也违背了社会主义核心价值观，影响了社会主义市场经济的可持续发展。因此，无论从内部控制角度还是合规管理角度，反舞弊都是其中重要的、不可或缺的核心内容。

通过反舞弊机制的构建和实施，不仅可以进一步完善企业制度流程，减少企业经济损失，维护企业品牌形象，打造廉洁企业文化，推动企业可持续发展，而且也有助于改善营商环境、净化社会风气、促进经济发展、弘扬社会主义核心价值观。

思政课堂 6-2 习近平总书记关于反腐败斗争的重要论述

如果升学、考公务员、办企业、上项目、晋级、买房子、找工作、演出、出国等各种机会都要靠关系、搞门道，有背景的就能得到更多照顾，没有背景的再有本事也没有机会，就会严重影响社会公平正义。这种情况如不纠正，能形成人才辈出、人尽其才的生动局面吗？这个社会还能有发展活力吗？我们党和国家还能生机勃勃向前发展吗？

——在第十八届中央纪律检查委员会第二次全体会议上的讲话，2013 年 1 月 22 日要加强对权力运行的制约和监督，把权力关进制度的笼子里，形成不敢腐的惩戒机制、不能腐的防范机制、不易腐的保障机制。

——习近平在第十八届中央纪律检查委员会第二次全体会议上的讲话，2013 年 1 月 22 日

我们的制度有些还不够健全，已经有的铁笼子门没关上，没上锁。或者栅栏太宽了，或者栅栏是用麻秆做的，那也不行。现有制度都没执行好，再搞新的制度，可以预言也会是白搭。所以，我说一分部署还要九分落实。制定制度很重要，更重要的是抓落实，九分力气要花在这上面。

——在参加河南省兰考县委常委班子专题民主生活会时的讲话，2014 年 5 月 9 日

要加强反腐败综合执法国际协作，强化对腐败犯罪分子的震慑。要强化不敢腐的震慑，扎牢不能腐的笼子，增强不想腐的自觉。要通过改革和制度创新切断利益输送链条，加强对权力运行的制约和监督，形成有效管用的体制机制。

——在中国共产党第十九届中央纪律检查委员会第二次全体会议上的讲话，2018 年 1 月 11 日

要坚持靶向治疗、精确惩治，聚焦党的十八大以来着力查处的重点对象，紧盯事关发展全局和国家安全的重大工程、重点领域、关键岗位，加大金融领域反腐力度，对存在腐败问题的，发现一起坚决查处一起。

——在中国共产党第十九届中央纪律检查委员会第三次全体会议上的讲话，2019 年 1 月 11 日

要坚决查处各种风险背后的腐败问题，深化金融领域反腐败工作，加大国有企业反腐力度，加强国家资源、国有资产管理，查处地方债务风险中隐藏的腐败问题。要坚决查处医疗机构内外勾结欺诈骗保行为，建立和强化长效监管机制。要完善境外国有资产监管制度。

——在中国共产党第十九届中央纪律检查委员会第四次全体会议上的讲话，2020 年 1 月 13 日

要持续压实金融管理部门、监管机构和地方党委、政府主体责任，做好金融反腐和处置金融风险统筹衔接，强化金融领域监管和内部治理。

——在中国共产党第十九届中央纪律检查委员会第五次全体会议上的讲话，2021 年 1 月 22 日

腐败是危害党的生命力和战斗力的最大毒瘤，反腐败是最彻底的自我革命。只要存在腐败问题产生的土壤和条件，反腐败斗争就一刻不能停，必须永远吹冲锋号。坚持不敢腐、不能腐、不想腐一体推进，同时发力、同向发力、综合发力。

——在中国共产党第二十次全国代表大会上的报告，2022 年 10 月 16 日

要把不敢腐、不能腐、不想腐有效贯通起来，三者同时发力、同向发力、综合发力，把不敢腐的震慑力、不能腐的约束力、不想腐的感召力结合起来。

——在中国共产党第二十届中央纪律检查委员会第二次全体会议上的讲话，2023 年 1 月 9 日

二、反舞弊的工作重点

《企业内部控制基本规范》第四十二条规定，企业至少应当将下列情形作为反舞弊工作的重点：

（1）未经授权或者采取其他不法方式侵占、挪用企业资产，牟取不当利益。

（2）财务会计报告和信息披露等方面存在的虚假记载、误导性陈述或者重大遗漏等。

（3）董事、监事、经理及其他高级管理人员滥用职权。

（4）相关机构或人员串通舞弊。

案例 6-10　腾讯公布 2022 年反舞弊通报①

2023 年 1 月 16 日，腾讯集团发布反舞弊通报。2022 年全年，腾讯反舞弊调查部共发现并查处触犯“腾讯高压线”案件 70 余起，100 余人因触犯“腾讯高压线”被辞退，10 余人因涉嫌犯罪被移送公安机关处理。

腾讯表示，全年查处的案件和人员数量较 2021 年有所增加，针对公司内部出现的贪腐、舞弊等问题，腾讯反舞弊调查部持续加强打击力度，查处了一系列存在共性问题的违规案件。同时，不断强化内外部宣导工作，持续推动阳光文化建设，进一步提升员工反舞弊意识，预防各类违规行为的发生。

腾讯集团通报的 2022 年度因涉嫌受贿或职务侵占被查处、移送司法以及被法院判决的部分案件包括：

1. 有关前期通报的原 PCG 影视内容制作部张某利用职务便利，为外部公司谋取利益，并收取外部公司好处费被移送公安机关处理的案件，经法院审理认定，张某犯非国家工作人员受贿罪，判处有期徒刑三年；外部行贿公司犯对非国家工作人员行贿罪，判处罚金十万元人民币，该公司法定代表人判处有期徒刑二年。

2. 有关前期通报的原 PCG 资讯运营部李某某利用职务便利，为外部公司谋取利益，并收取外部公司好处费被移送公安机关处理的案件，经法院审理认定，李某犯非国家工作人员受贿罪，判处有期徒刑二年；外部行贿公司犯对非国家工作人员行贿罪，判处罚金三万元人民币，该公司法定代表人判处有期徒刑六个月，缓刑一年。

3. 有关前期通报的原 PCG 资讯运营部李某利用职务便利，为外部公司谋取利益，并收取外部公司好处费被移送公安机关处理的案件，经法院审理认定，李某犯非国家工作人员受贿罪，判处有期徒刑一年六个月。

4. 有关前期通报的原 PCG NBA 业务中心宋某、原 PCG 体育直播及节目部刘某某利用职务便利，为外部公司谋取利益，并收取外部公司好处费被移送公安机关处理的案件，经法院审理认定，宋某犯非国家工作人员受贿罪，判处有期徒刑十个月，缓刑一年；刘某某犯非国家工作人员受贿罪，判处有期徒刑十个月，缓刑一年；外部行贿人犯对非国家工作人员行贿罪，判处有期徒刑八个月，缓刑一年。

5. CSIG 区域业务部吴某某利用职务便利，虚构项目合同，非法侵占公司资金，且存在

6

① 节选自百家号“北青网”2023 年 1 月 16 日报道，原题为：100 余人被辞退，10 余人被移送公安机关，腾讯公布 2022 年反舞弊通报，作者：《北京青年报》记者温婧。

伪造并非法使用印章等行为，其行为触犯了“腾讯高压线”，被解聘处理，永不录用。同时，吴某某因涉嫌犯罪，被移送公安机关处理。经法院审理认定，吴某某犯职务侵占罪，判处有期徒刑一年；犯伪造国家机关印章罪，判处有期徒刑六个月；犯伪造公司印章罪，判处有期徒刑六个月，数罪并罚决定执行有期徒刑一年八个月。

企业内部控制应用指引还结合不同的业务类型更加具体地界定了不同种类的舞弊情形，主要包括：①《企业内部控制应用指引第 6 号——资金活动》指出，企业应当关注下列风险：资金活动管控不严，可能导致资金被挪用、侵占、抽逃或遭受欺诈。②《企业内部控制应用指引第 7 号——采购业务》指出，企业应当关注下列风险：供应商选择不当，采购方式不合理，招投标或定价机制不科学，授权审批不规范，可能导致采购物资质次价高，出现舞弊或遭受欺诈。③《企业内部控制应用指引第 9 号——销售业务》指出，企业应当关注下列风险：销售过程存在舞弊行为，可能导致企业利益受损。④《企业内部控制应用指引第 10 号——研究与开发》指出，企业应当关注下列风险：研发人员配备不合理或研发过程管理不善，可能导致研发成本过高、舞弊或研发失败。⑤《企业内部控制应用指引第 11 号——工程项目》指出，企业应当关注下列风险：项目招标暗箱操作，存在商业贿赂，可能导致中标人实质上难以承担工程项目、中标价格失实及相关人员涉案。⑥《企业内部控制应用指引第 12 号——担保业务》指出，企业应当关注下列风险：担保过程中存在舞弊行为，可能导致经办审批等相关人员涉案或企业利益受损。⑦《企业内部控制应用指引第 13 号——业务外包》指出，企业应当关注下列风险：业务外包存在商业贿赂等舞弊行为，可能导致企业相关人员涉案；等等。

因此，舞弊存在不同的类型。按舞弊行为主体不同，可分为员工舞弊和管理层舞弊；按舞弊行为对象可分为侵占资产舞弊和财务报告舞弊；按舞弊的性质可将舞弊分为组织舞弊和职务舞弊；按舞弊者与公司的关系来看，分为内部舞弊与外部舞弊。

思政课堂 6-3　为游戏账号上榜，他挪用公款 387 万余元①

郭东明挪用公款案是平凉市灵台县查处的一起年轻干部严重违法案件，“年龄小、金额大”是该案的最大特点，社会影响恶劣，教训十分深刻。

郭东明，1991 年 6 月出生，2016 年 6 月起在甘肃水务灵台供水公司工作，其间任该公司财务部出纳员。2018 年 5 月，因涉嫌挪用公款罪，被灵台县监委依法采取留置措施。经查，郭东明利用职务便利，挪用公司公款达 387 万余元，用于网络游戏和个人消费。

郭东明从上学时就沉迷于一款网络游戏，游戏里各类玩家每次数千、数万的充值金额，火爆的装备、“召唤兽”交易，都让他颇为心动。然而单凭自己的正常收入远远不能满足这样的需求，于是他开始对自己掌握的公款动起了歪心思。

为了让自己的账号在服务器内“榜上有名”，他利用管理公司网银（U 盾）、库存现金

① 引自中央纪委国家监委网站 2021 年 8 月 29 日报道《以案为鉴｜为游戏账号上榜，他挪用公款 387 万余元》，作者：甘肃省纪委监委，责任编辑：于露，https://www.ccdi.gov.cn/yaowenn/202108/t20210829_145399.html。

及银行存款的便利，将一笔笔资金通过网银转到个人账户用来购买游戏装备、“召唤兽”，同时又寄希望于通过线上装备和“召唤兽”交易赚取利益。

一旦陷入违法泥潭，他的胆子越来越大，最后甚至动用公款买高档手机、电脑，给单位造成了300多万元的资金损失。

人们不禁要问，一名公司的出纳，为什么能够对公款如此随意支取呢？问题就在于该公司不规范的财务管理。

由于该公司会计人员对支付宝、网银等金融平台一知半解，本应由会计保管的公司网银（U盾），交由郭东明一人保管。他独自就可以通过网银完成资金从申请到审批再到拨付的全流程操作，数万元的支出只需几分钟。此外，公司财务管理制度缺失、财务监管漏洞百出，会计人员与出纳核对账目不认真，财务监管长期“挂空档”。这样的财务管理情况，出问题也只是迟早的事。

2018年12月13日，灵台县人民法院判决郭东明犯挪用公款罪，判处有期徒刑六年六个月，并责令退赔公司被挪用的资金3 873 804.91元。

同时，时任灵台供水公司主要负责人、分管领导分别被给予党纪政务处分，公司财务资产部会计刘某被解除劳动聘用合同。

莫用贪腐赌未来

三、反舞弊机制的主要内容

按照《企业内部控制基本规范》的要求，企业应当建立反舞弊机制，坚持惩防并举、重在预防的原则，明确反舞弊工作的重点领域、关键环节和有关机构在反舞弊工作中的职责权限，规范舞弊案件的举报、调查、处理、报告和补救程序。

《企业内部控制基本规范》同时规定，企业应当建立举报投诉制度和举报人保护制度，设置举报专线，明确举报投诉处理程序、办理时限和办结要求，确保举报、投诉成为企业有效掌握信息的重要途径。举报投诉制度和举报人保护制度应当及时传达至全体员工。

案例6-11　中集集团的三类舞弊治理措施①

中国国际海运集装箱（集团）股份有限公司（简称：中集集团），是世界领先的物流装备和能源装备供应商，总部位于中国深圳。作为一家为全球市场服务的多元化跨国产业集团，中集在亚洲、北美、欧洲、澳洲等地区拥有300余家成员企业及3家上市公司，客户和销售网络分布在全球100多个国家和地区。2021年，7万优秀的中集员工，创造了约1 637亿元的销售业绩，净利润约84亿元。

中集集团内设审计监察部，作为制定廉洁制度、执行内部审计监督、督导内控建设、调查舞弊事件并监督履职人员从业行为的专门机构，以实现对本集团风险的全方位控制。根据舞弊由动机（或压力）、机会和借口三要素产生的铁三角理论，中集集团制定了三类舞弊治理措施，即通过体系化的宣传与教育，制度的建立与完善、惩治与执法手段，不断提高

① 引自中集集团官网（http://www.cimc.com.cn/）、企业反舞弊联盟官网（http://www.fanwubi.org/）公开披露的信息。

员工的舞弊风险防范意识，致力于营造“不想舞弊、不能舞弊、不敢舞弊”的反舞弊大环境。

“不想舞弊”

中集集团注重开展全方面、多层次的廉洁从业警示教育和宣贯工作。定期对内部晋升人员和外部招聘的管理人员进行“中集集团干部的护身宝典——廉洁从业警示集”的培训；定期对新员工进行“企业内部控制与风险管理”的培训，培训内容包括对销售、采购等典型舞弊案件的剖析和警示；近年集团下属重点企业邀请所在地检察院给企业进行了廉洁从业专题培训；集团还以在线学习、在线答题的方式开展廉洁从业制度宣贯活动，集团及成员企业相关高管人员全体参加；重大节日来临之前，集团纪委发布《关于重申反对节日期间收受节礼等不正之风的通知》。通过警钟长鸣，从正面积极营造风清气正的廉洁从业环境，帮助员工养成“不想舞弊”的自律习惯，坚守职业底线，正确对待各种诱惑利益，避免误入歧途。

“不能舞弊”

要想将“不想舞弊”、上升为“不能”，必须配以有效的监督和制衡机制，使得“不能舞弊”成为可能。为健全监督制度和内控体系，中集集团制定发布了《中集集团干部及敏感岗位人员监察制度》《中集集团监察投诉举报管理办法》《中集集团责任事件问责办法》《中集集团干部及敏感岗位人员廉洁从业规定》《中集集团公司员工行为守则》《中集集团纪委关于党员干部员工在商(公)务活动中收受礼品礼金的管理办法》等。通过书面的政策和程序严格管控舞弊风险，同时还定期对舞弊风险级别高的重点部门、敏感岗位以及生产经营的薄弱环节，分类开展舞弊风险点识别及内控建设，控制舞弊的机会要素。

“不敢舞弊”

为有效遏制舞弊行为的产生，中集集团每年组织集团总部及所有成员企业的干部和敏感岗位员工签署《廉洁从业声明》，庄重承诺在从业过程中杜绝行贿受贿，并有专门的事后监督查办。为及时发现舞弊风险，防止“舞弊”有可乘之机，中集集团明确规定监察举报的渠道和内容，建有内外部举报投诉平台，并在高危岗位人员名片上印有廉政举报热线，受理任何人的举报。为防止小节不惩，大节必生，定期对干部开展任期审计、评优和晋升前实施监察，有舞弊行为的，取消评优、晋升资格，并按员工奖惩管理、内部行政处罚规定处理，涉嫌触犯刑法的，移送司法机关处理，绝不姑息养奸。同时，在审计过程中一旦发现被审单位存在重大舞弊行为，即可行使内控达标和考核的一票否决权。通过自我承诺、受理举报和严厉的处罚措施“三管齐下”，强化“不敢舞弊”的效力。

本章习题

一、单项选择题

1. 下列选项中，不属于财务报告内部控制的重要意义的是(　　)。

A. 加强财会监督、遏制财务造假的重要基础

B. 提高上市公司会计信息质量的重要基础

C. 有助于提升披露透明度、保护投资者利益

D. 提高企业管理能力的重要抓手

2. 下列选项中，不属于财务报告内部控制的目标是（　　）。

A. 合理保证财务报告真实、完整

B. 合理保证企业经营管理合法合规

C. 合理保证财务报告相关信息真实、完整

D. 合理保证与财务报告可靠性目标相关的资产安全

3. 下列选项中，不属于财务报告业务基本流程的是（　　）。

A. 财务报告的编制　　B. 财务报告的对外提供

C. 会计凭证的填制　　D. 财务报告的分析利用

4. 下列选项中，不属于财务报告业务关键风险的是（　　）。

A. 不能有效利用财务报告，可能导致企业财务和经营风险失控

B. 内部信息传递中泄露商业秘密，可能削弱企业核心竞争力

C. 提供虚假财务报告，误导财务报告使用者，造成决策失误，干扰市场秩序

D. 编制财务报告违反会计法律法规，可能导致企业承担法律责任和声誉受损

5. 下列选项中，不属于与信息与沟通要素直接相关的企业内部控制应用指引的是（　　）。

A.《企业内部控制应用指引第 18 号——信息系统》

B.《企业内部控制应用指引第 14 号——财务报告》

C.《企业内部控制应用指引第 17 号——内部信息传递》

D.《企业内部控制应用指引第 6 号——资金活动》

6. 下列选项中，不属于管理报告形成阶段的主要工作的是（　　）。

A. 建立管理报告指标体系　　B. 收集内外部信息

C. 有效利用管理报告　　D. 编制及审核内部报告

7. 企业建立和实施管理报告内部控制应遵循的总体要求不包括（　　）。

A. 真实准确性　　B. 及时有效性

C. 遵守保密规定　　D. 全面系统性

8. 下列选项中，不属于内幕信息知情者的是（　　）。

A. 供应商　　B. 高级管理人员

C. 董事会　　D. 涉及信息披露有关部门的涉密人员

9. 信息系统内部控制的主要对象是（　　）。

A. 信息系统　　B. 实物资产　　C. 文字系统　　D. 销售系统

10. 不属于信息系统内部控制的目标的是（　　）。

A. 有效保护信息资产

B. 推动企业可持续发展

C. 提高信息系统运营效率

D. 保证信息系统的合理性、可靠性和安全性

二、多项选择题

1. 下列有关财务报告职责分工说法正确的是(　　)。

A. 企业总会计师负责组织领导财务报告编制和分析利用工作

B. 企业负责人应对财务报告的真实性和完整性承担责任

C. 企业财会部门负责财务报告编制和分析报告编写工作

D. 企业内部审计部门应当对财务报告对外提供的合法合规性进行审核

2. 财务报告内部控制的总体要求是(　　)。

A. 规范企业财务报告控制流程,明晰各岗位职责

B. 健全财务报告各环节授权批准制度

C. 建立日常信息核对制度

D. 充分利用会计信息技术

3. 加强管理报告内部控制重要意义主要体现在以下方面(　　)。

A. 管理报告是提高企业管理能力的重要抓手

B. 管理报告是提升企业市场竞争力的重要支撑

C. 管理报告是有效实施内部控制的重要保证

D. 管理报告是加强财会监督的重要基础

4. 财务报告的编制阶段包括的环节有(　　)。

A. 制定财务报告编制方案　　B. 确定重大事项的会计处理

C. 清查核实资产债务　　D. 编制财务分析报告

5. 企业通过及时对账,发现差异及时查明原因予以解决,并记录在适当的会计期间,目的是确保会计记录的(　　)。

A. 数字真实　　B. 内容完整

C. 依据充分　　D. 期间适当

6. 企业健全财务报告各环节授权批准制度,应做好以下工作(　　)。

A. 根据经济业务性质、组织机构设置和管理层级安排,建立分级管理制度

B. 利用信息技术,提高工作效率和工作质量,减少或避免编制差错和人为调整因素

C. 规范审核审批的手续和流程,切实履行检查审核义务等

D. 建立相关政策,限制对现有财务报告流程进行越权操作

7. 企业编制、传递和使用管理报告,至少应当关注下列风险(　　)。

A. 管理报告系统缺失、功能不健全、内容不完整,可能影响生产经营有序运行

B. 内部信息传递不通畅、不及时,可能导致决策失误、相关政策措施难以落实

C. 内部信息传递中泄露商业秘密,可能削弱企业核心竞争力

D. 不能有效利用财务报告,可能导致企业财务和经营风险失控

8. 信息系统业务的基本流程包括(　　)。

A. 信息系统规划

B. 信息系统开发

C. 信息系统运行

D. 信息系统维护

9. 下列选项中，属于信息系统业务的关键风险（　　）。

A. 信息系统缺乏或规划不合理，可能造成信息孤岛或重复建设，导致企业经营管理效率低下

B. 报告系统缺失、功能不健全、内容不完整，可能影响生产经营有序运行

C. 系统运行维护和安全措施不到位，可能导致信息泄露或毁损，系统无法正常运行

D. 系统开发不符合内部控制要求，授权管理不当，可能导致无法利用信息技术实施有效控制

10. 按照《企业内部控制基本规范》规定，企业至少应当将下列情形作为反舞弊工作的重点（　　）。

A. 相关机构或人员串通舞弊

B. 董事、监事、经理及其他高级管理人员滥用职权

C. 未经授权或者采取其他不法方式侵占、挪用企业资产，牟取不当利益

D. 财务会计报告和信息披露等方面存在的虚假记载、误导性陈述或者重大遗漏等

三、判断题

1. 企业在实际操作中，构建和优化财务报告内部控制流程应当充分结合自身业务特点和管理要求。（　　）

2. 企业总经理负责组织领导财务报告编制和分析利用工作。（　　）

3. 企业应当从会计记录的中间环节做起，建立日常信息定期核对制度。（　　）

4. 企业应当充分利用信息技术，提高工作效率和工作质量，减少或避免编制差错和人为调整因素，不必特意防范信息技术带来的特有风险。（　　）

5. 管理报告又叫内部报告，和财务报告共同构成了企业财务报告体系。（　　）

6. 对于重要紧急的信息，应按组织层级向相关负责人汇报，不可越级向董事会、监事会或经理层直接报告。（　　）

7. 企业负责人对财务报告真实可靠负责，但不对信息系统建设工作负责。（　　）

8. 企业应将生产经营管理业务流程、关键控制点和处理规则嵌入各类业务信息系统程序，促使各项经营管理决策和执行活动可控制、可追溯、可检查。（　　）

9. 按舞弊行为主体不同，可分为员工舞弊、管理层舞弊和组织舞弊。（　　）

10. 举报投诉制度和举报人保护制度应当及时传达至企业经营管理层，不包括基层员工。（　　）

四、简答题

1. 财务报告业务的关键风险有哪些？

2. 企业建立和实施财务报告内部控制应遵循哪些总体要求？

3. 管理报告业务的关键风险有哪些？

4. 企业建立和实施管理报告内部控制应遵循哪些总体要求？

5. 信息系统业务的关键风险有哪些？

6. 企业建立和实施信息系统内部控制应遵循哪些总体要求？

7. 请结合企业具体业务类型，举例说明有哪些舞弊情形？

8. 简要说明反舞弊机制的工作重点。

9. 简要说明反舞弊机制的主要内容。

五、案例分析题

1. A股份有限公司(以下简称A公司)系B大型国有企业集团公司(以下简称B公司)的境外控股公司,成立于1993年,注册地和经营地均在C国,并在C国证券交易所主板上市。20×4年11月30日,A公司突然向C国证券交易所申请停牌,并于次日发布公告称,A公司在某能源品种的期权交易中遭受重创,累计损失5亿多美元。这一消息,震惊了国内外市场。B公司迅速派出调查组,对A公司内部控制与风险管理等进行全面调查。经过调查,发现了以下情况:

(1) 20×2年8月,A公司在其总经理甲的策划和推动下,开始从事能源品种期权交易。由于A公司自成立以来一直从事能源采购业务,包括总经理甲及期权交易员在内的多数员工对期权交易业务缺乏基本常识。A公司董事会事后通过其他渠道得知本公司在从事期权交易,但从未采取任何有效措施予以制止。

(2) 20×3年7月,面对能源价格持续攀升的走势,在未对能源市场作出全面、冷静分析的情况下,总经理甲仍主观认定能源价格将发生逆转,并授意交易员进行了看跌期权交易,导致A公司发生较大损失。在随后的近一年中,能源价格继续大幅上涨。为扭转颓势,总经理甲仍抱着侥幸心理坚持进行看跌期权交易,并进一步加大了交易量。为了满足不断增加的交易量对交易保证金的需求,总经理甲授意公司财务部将董事会明确规定有其他用途的3亿多美元贷款用以支付交易保证金。总经理甲对上述期权交易行为和改变贷款用途的行为,未向董事会报告;同时,对期权交易发生的损失,也未在公司财务报表中予以反映和披露。

(3) 20×4年8月,尽管已在期权交易中遭受巨大损失,但总经理甲仍在公开场合表示,A公司收入稳定,经营状况和财务状况良好。

(4) 根据A公司《风险管理手册》的规定,A公司的期权交易业务,实行"交易员—风险管理委员会—审计部—总经理—董事会"层层上报、交叉控制制度。同时规定,损失20万美元以上的每一笔交易要提交风险管理委员会评估,任何将导致50万美元以上损失的交易将强制平仓(即了结期权交易行为)。《风险管理手册》中还明确规定公司的止损限额是每年500万美元。但是,交易员没有遵守交易限额规定和平仓规定,风险管理委员会也没有进行任何必要的风险评估,审计部因直接受命于总经理而选择了附和,总经理甲为挽回损失一错再错,董事会对期权交易盈亏情况始终不知情。

调查工作结束后,调查组向B公司董事会提交了一份调查报告。报告对A公司内部控制中存在的缺陷进行了深入分析,并就B公司如何加强对包括A公司在内的境外控股公司的控制提出了改进建议。

要求:

(1) 根据《企业内部控制基本规范》和《企业内部控制应用指引第17号——内部信息传递》,分析、判断A公司在信息与沟通方面存在的缺陷,并简要说明理由。

(2) 就B公司如何加强对境外控股公司内部信息传递控制提出你的建议。

2. 2005年12月8日,日本四大金融集团之一的瑞穗金融集团下属瑞穗证券公司因错误操作造成公司损失约300亿日元(120日元约合1美元)。

嘉克姆是日本一家人才派遣公司，8 日在东京证券交易所创业板上市。该公司股票认购价格为每股 61 万日元，并已售出 3 000 股。瑞穗证券公司操盘手当天将“以 61 万日元的价格出售 1 股股票”操作为“以 1 日元价格出售 61 万股股票”，这时操作屏上市场价格栏中出现了输入有误的警告，但由于这一警告经常出现，操盘手忽视警告继续操作。随后，东京证交所发现错误，电话通知瑞穗证券公司操盘手立即取消交易，但取消交易操作未能成功。

受错误操作影响，嘉克姆股票马上从开盘价每股 67.2 万日元暴跌至当日停盘价 57.2 万日元。由于抛售 61 万股的预约已被认可，嘉克姆股票实际上以接近停盘价被成交，而非 1 日元。另外，嘉克姆公司实际发行股票数量只有 1.45 万股，瑞穗证券公司预约售出的股票数量是其发行量的 42 倍，属于卖空行为。瑞穗证券公司必须大量买入嘉克姆公司股票，以使交易成立。因此，嘉克姆股票又马上急涨至每股 77.2 万日元结束当天交易。

瑞穗证券公司总裁福田真 8 日表示，公司已经损失 270 亿日元，预计最终经济损失将超过 300 亿日元。这一因操作错误带来的损失规模是史无前例的。

由于市场人士担心瑞穗证券公司为弥补错误操作带来的损失将会大量抛售所持股票，东京股市 8 日全线下跌，日经平均股指较上一交易日下跌 301.3 点，以 15 183.36 点报收。

时任日本首相小泉纯一郎 9 日对瑞穗证券公司操作过失一事发表讲话时说，希望采取万全之策防止此类事件重演。同一天，日本经济财政金融大臣与谢野馨在记者会上表示，必须彻底查明为什么没能防止这种人为错误出现的原因，必须最大限度地维持证券市场的稳定。日本金融厅表示要考虑对瑞穗证券公司进行处分，同时也要求有关方面查明证券交易系统是否存在问题。

要求：根据《企业内部控制应用指引第 18 号——信息系统》，分析、评价日本瑞穗证券公司交易信息系统控制中存在的缺陷，并指出其关键风险和可采取的主要控制措施。

第七章
内部监督

学习目标

1. 知识目标：了解内部监督机构的分类，理解审计委员会、监事会、内部审计机构、内部控制机构在内部监督方面的职责分工；了解日常监督和专项监督的定义，并理解两者的区别与联系；了解内部控制评价的定义和主体，理解内部控制评价原则和内容，了解内部控制评价报告的内容。

2. 技能目标：掌握内部监督的程序；掌握内部控制评价的程序和方法，学会不同类型内部控制缺陷的划分和认定。

3. 思政目标：学习贯彻落实习近平总书记关于坚持和完善党和国家监督体系重要论述，深刻认识内部监督的重要意义；深入领会习近平总书记在中央审计委员会第一次会议重要讲话的精神，树立内部审计及相关职业理想，增强从事内部审计相关工作的职业责任感；剖析因内部控制缺陷、内部监督失效被处罚的典型案例，践行社会主义核心价值观，同时塑造风险意识，树立法治理念。

引例

包商银行发生风险事件的根源在于监督失效①

包商银行前身为包头市商业银行，成立于1998年12月，2007年9月更名为包商银行，在内蒙古自治区及北京、成都、深圳、宁波等地共设立18家一级分行，拥有员工10 171人。

从1998年开始，“明天系”陆续通过增资扩股和受让股权等方式不断提高其在包商银行的股权占比，截至2019年5月末，已有35户“明天系”企业共持有42.23亿股，占全部股份的89.27%。在控股包商银行期间，“明天系”通过虚构业务，以应收款项投资、对公贷款、理财

① 资料来源：(1)中央人民银行金融稳定分析小组：《中国人民银行发布〈中国金融稳定报告(2020)〉》，中国金融出版社，2020年11月；(2)周学东：《中小银行金融风险主要源于公司治理失灵——从接管包商银行看中小银行公司治理的关键》，载于《中国金融》2020年第15期。

产品等多种交易形式，共占用包商银行资金逾 1 500 亿元，占包商银行资产总规模近 30%。

自 2018 年，"明天系"未偿还包商银行任何资金，全部占款都成为包商银行的不良资产，加之评级公司将包商银行主体评级展望由稳定调整为负面，引发同业市场猜疑，融资成本不断上升，同业融资能力大幅下降，资金头寸严重不足，流动性风险一触即发。

2019 年 5 月 24 日，中国人民银行、中国银保监会联合对包商银行实施接管。在接管期间，稳妥推进债权保障与处置工作。作为中国金融发展史上的一个重大事件，包商银行事件背后既有公司治理失败的因素，也存在金融监管失效等原因。

包商银行接管组组长周学东在《中国金融》撰文，披露了接管包商银行的始末，并以解剖麻雀的方式，深入剖析了包商银行公司治理"六宗罪"，分别为：

(1) 党的领导缺失，党委主要负责人附庸于大股东并演化为内部控制人，总行党委、纪委的作用被严重弱化，逐渐成了摆设；

(2) 大股东操纵股东大会，干预银行正常经营，通过各种方式进行利益输送；

(3) 董事会形同虚设，缺乏全面有效的风险管理体系，风险管控职能失效，核心作用被董事长个人取代；

(4) 监事会监督职能弱化，监事专业性不足、独立性不强，监督履职失灵；

(5) 管理层凌驾于制度之上，以领导指示或领导集体决策代替规章制度；

(6) 监管失效，"内部人"内外勾结，银行经营管理混乱，风险管理和内控管理机制失灵。

其中，监事会是对公司业务状况和财务状况进行监督检查的重要组织机关，是对执行董事和管理层进行监督的主要力量，其宗旨是维护股东、债权人、员工等利益相关者的合法权益，防范和减少会计信息失真。一直以来，包商银行监事会就是一个摆设，其检查监督功能没有真正发挥作用。包商银行的 7 名监事（1 名股东监事、4 名职工监事和 2 名外部监事）中，4 名职工监事均为包商银行中高层管理者，双重身份导致职工监事很大程度上必须听命于董事会或者管理层；部分监事缺乏必要的专业知识和能力，难以很好地履行职责；监事会没有配备具有财务专业背景的监事。其结果导致监事会不是对公司负责，也不是对全体股东尤其是中小股东负责，而是俯首听命于大股东、董事会或者管理层。

由此可见，包商银行内部监督形同虚设，再加上外部监管严重失效，从而使得包商银行的风险管理体系和内部控制机制失灵，是导致包商银行被依法接管并最终破产的根本原因。企业要规避上述风险，实现可持续增长，就要完善内部监督体系，强化内部控制评价机制，充分发挥内部监督作用，及时发现内部控制缺陷，并进行有效整改，从而促进内部控制持续改进。本章主要对内部监督的机构、职责、程序和方式以及内部控制评价等相关内容进行具体介绍。

第一节　内部监督的机构与职责

一、内部监督的机构分类

《企业内部控制基本规范》第四十四条规定，企业应当根据本规范及其配套办法，制定内部控制监督制度，明确内部审计机构（或经授权的其他监督机构）和其他内部机构在内部监督中的职责权限，规范内部监督的程序、方法和要求。

按照监督主体的性质和职责，内部监督机构可以分为专职的内部监督机构和其他机构两类。一方面，为保证内部监督的客观性，内部监督应由独立于内部控制执行的机构进行监督检查，如审计委员会、监事会、内部审计机构等，并根据需要开展日常监督和专项监督。另一方面，企业内部任何一个机构甚至个人，在内部控制建立与实施过程中都需承担相应的监督职责。比如，财会部门对采购部门的付款行为、销售部门的赊销行为等负有监督责任。同时还需要注意内部监督各个机构的协调，构建内部大监督体系，避免各自为战或相互扯皮现象出现。本节主要从内部控制视角重点介绍内部监督的专业机构职责。

案例 7-1　构建"六位一体"大监督体系　保障改革引领发展①

2022 年截至 11 月底，甘肃电投集团完成营业收入 106 亿元，同比增长 28%；完成工业总产值 101 亿元，同比增长 29%；完成投资额 50.14 亿元，同比增长 189%。营业收入和工业总产值创历史新高，首次双双突破百亿元大关，为全省经济社会高质量发展贡献了甘肃电投力量。

正本清源、固本培元，如今的高质量发展，与集团公司聚焦原任领导班子成员系列腐败案件推进以案促改促建促治密不可分。针对甘肃电投集团原任领导班子成员系列腐败案件中暴露出的在投资决策、招标采购、选人用人等方面的突出问题，集团纪委结合国有资本投资公司试点改革和国企改革三年行动，协助公司党委制定了《内部监督体系管理暂行办法》和《六位一体大监督体系工作实施方案》，将加强党的领导与完善公司治理相结合，推动党内监督与管理监督深度融合，构建形成了党委统一领导，纪检监察、巡察、审计、财务、法务、外部董事等监督力量组成的"六位一体"大监督体系，把监督工作融入企业经营管理、项目投资决策、深化改革发展、规范公司治理等各环节，探索出一条国有企业强化内部监督的改革创新之路。

大监督体系坚持点面结合，构筑起业务监督和职能监督的第一道防线，法务合规内控监督的第二道防线，纪检监察监督、巡察监督和审计监督的第三道防线，形成立体式监督网，为集团规范管理和合规经营提供了监督保障。

强化第一道防线。电投集团各职能部门充分发挥专业优势和业务管理职能，深入一线开展业务监督，聚焦项目投资、财务管控、经济运行、安全环保、选人用人等方面，抓早抓小，及时提醒，防止小隐患变成大问题。

扎紧第二道防线。法律合规部门加强企业合规内控体系建设，编制《甘肃电投集团合规管理手册》，用内控合规制度约束和规范经营管理活动。协助做好重大项目谈判，严把合同签订关，及时组织处置涉法事务，有效防范法律风险。

筑牢第三道防线。创新审计监督方式，探索嵌入式融合审计，切实发挥审计"经济卫士"作用。扎实开展巡察监督，对子公司党的建设和经营管理活动全范围、全过程"扎针"

① 节选自甘肃纪检监察网 2022 年 12 月 16 日报道《甘肃电投集团：构建"六位一体"大监督体系　保障改革引领发展》，作者：李学仁，http://www.gsjw.gov.cn/Wap/show/id/51683。

"把脉"。集团纪委聚焦巡察、审计和各项业务监督发现的普遍问题、突出问题和频发问题,扎实做好监督的再监督,确保大监督工作实现闭环。

"'六位一体'大监督体系不是各监督主体工作的简单'加法',而是党委全面把控,有机整合监督资源,将各监督主体拧成一股绳。"集团纪委负责人介绍,外部董事综合决策、法务部门专项审核、审计部门定向跟踪、财务部门实时监控、巡察部门重点关注、纪检机构全程监督,实现事前预防、事中控制、事后问责的全过程监督。

电投集团同步建立统筹协调、协同联动、动态监督、违规追责、信息共享、对外沟通等"六大机制",定期召开联席会议,交流监督情况,协调研究监督事项,避免因政策理解、专业能力、工作认知等方面差异带来判断偏差,解决好监督真空和重复监督的问题,变"单打独斗"为"联合作战"。

二、审计委员会的职责

《企业内部控制基本规范》第十三条明确规定,企业应当在董事会下设立审计委员会。审计委员会负责审查企业内部控制,监督内部控制的有效实施和内部控制自我评价情况,协调内部控制审计及其他相关事宜等,并要求审计委员会负责人应当具备相应的独立性、良好的职业操守和专业胜任能力。2013 年 12 月,上海证券交易所制定了《上海证券交易所上市公司董事会审计委员会运作指引》,详细规定了审计委员会的人员构成、职责、会议以及相关信息的披露,强调了审计委员会监管的有效性。

2018 年 9 月,证监会发布了新修订的《上市公司治理准则》,对审计委员会的主要职责作了进一步强化。其中,《上市公司治理准则》第三十八条规定,上市公司董事会应当设立审计委员会,并可以根据需要设立战略、提名、薪酬与考核等相关专门委员会。专门委员会对董事会负责,依照公司章程和董事会授权履行职责,专门委员会的提案应当提交董事会审议决定。专门委员会成员全部由董事组成,其中审计委员会、提名委员会、薪酬与考核委员会中独立董事应当占多数并担任召集人,审计委员会的召集人应当为会计专业人士。另外,《上市公司治理准则》第三十九条明确了审计委员会的主要职责,具体包括:①监督及评估外部审计工作,提议聘请或者更换外部审计机构;②监督及评估内部审计工作,负责内部审计与外部审计的协调;③审核公司的财务信息及其披露;④监督及评估公司的内部控制;⑤负责法律法规、公司章程和董事会授权的其他事项。

上市公司治理准则

三、监事会的职责

《企业内部控制基本规范》指出,监事会对股东(大)会负责,监督企业董事、经理和其他高级管理人员依法履行职责,同时明确监事会对董事会建立与实施内部控制进行监督。2018 年 9 月证监会修订的《上市公司治理准则》第四十七条规定,监事会依法检查公司财务,监督董事、高级管理人员履职的合法合规性,行使公司章程规定的其他职权,维护上市公司及股东的合法权益,同时强调监事会发现董事、高级管理人员违反法律法规或者公司章程的,应当履行监督职责,并向董事会通报或者向股东大会报告,也可以直接向中国证监会及其派出机构、证券交易所或者其他部门报告。监事会可以独立聘请中介机构提供专业意见。

2018 年 10 月全国人大修订的《公司法》也进一步明确了监事会的设立、组成、职权等相关事项,有关监事会的职权内容包括:①检查公司财务;②对董事、高级管理人员执行公司职

夯实法治根基 提振发展信心——公司法修订草案提请二审

务的行为进行监督，对违反法律、行政法规、公司章程或者股东会决议的董事、高级管理人员提出罢免的建议；③当董事、高级管理人员的行为损害公司的利益时，要求董事、高级管理人员予以纠正；④提议召开临时股东会会议，在董事会不履行本法规定的召集和主持股东会会议职责时召集和主持股东会会议；⑤向股东会会议提出提案；⑥依照本法第一百五十一条的规定，对董事、高级管理人员提起诉讼；⑦公司章程规定的其他职权。

可见，公司监事会的职能实质上是行使监督权。概括来说，其职能主要有两类：公司财务监督和违法违规行为监督。

四、内部审计机构的职责

《企业内部控制基本规范》第十五条指出，企业应当加强内部审计工作，保证内部审计机构设置、人员配备和工作的独立性，同时规定内部审计机构应当结合内部审计监督，对内部控制的有效性进行监督检查。内部审计机构对监督检查中发现的内部控制缺陷，应当按照企业内部审计工作程序进行报告；对监督检查中发现的内部控制重大缺陷，有权直接向董事会及其审计委员会、监事会报告。

2018 年 1 月，审计署发布新修订的《审计署关于内部审计工作的规定》，对内部审计的定义进行了重新界定：内部审计是指对本单位及所属单位财政财务收支、经济活动、内部控制、风险管理实施独立、客观的监督、评价和建议，以促进单位完善治理、实现目标的活动。

《审计署关于内部审计工作的规定》同时强调，国家机关、事业单位、社会团体等单位的内部审计机构或者履行内部审计职责的内设机构，应当在本单位党组织、主要负责人的直接领导下开展内部审计工作，向其负责并报告工作。国有企业内部审计机构或者履行内部审计职责的内设机构应当在企业党组织、董事会（或者主要负责人）直接领导下开展内部审计工作，向其负责并报告工作。国有企业应当按照有关规定建立总审计师制度。总审计师协助党组织、董事会（或者主要负责人）管理内部审计工作。

《审计署关于内部审计工作的规定》第七条明确内部审计人员应当具备从事审计工作所需要的专业能力，内部审计机构负责人应当具备审计、会计、经济、法律或者管理等工作背景。

《审计署关于内部审计工作的规定》第十二条规定，内部审计机构或者履行内部审计职责的内设机构应当按照国家有关规定和本单位的要求，履行下列职责：①对本单位及所属单位贯彻落实国家重大政策措施情况进行审计；②对本单位及所属单位发展规划、战略决策、重大措施以及年度业务计划执行情况进行审计；③对本单位及所属单位财政财务收支进行审计；④对本单位及所属单位固定资产投资项目进行审计；⑤对本单位及所属单位的自然资源资产管理和生态环境保护责任的履行情况进行审计；⑥对本单位及所属单位的境外机构、境外资产和境外经济活动进行审计；⑦对本单位及所属单位经济管理和效益情况进行审计；⑧对本单位及所属单位内部控制及风险管理情况进行审计；⑨对本单位内部管理的领导人员履行经济责任情况进行审计；⑩协助本单位主要负责人督促落实审计发现问题的整改工作；⑪对本单位所属单位的内部审计工作进行指导、监督和管理；⑫国家有关规定和本单位要求办理的其他事项。

与此同时，《审计署关于内部审计工作的规定》第十三条规定，内部审计机构或者履行内部审计职责的内设机构应有下列权限：①要求被审计单位按时报送发展规划、战略决策、重大措施、内部控制、风险管理、财政财务收支等有关资料（含相关电子数据，下同），以及必要的计算机技术文档；②参加单位有关会议，召开与审计事项有关的会议；③参与研究制定有关的规章制度，提出制定内部审计规章制度的建议；④检查有关财政财务收支、经济活动、内部控制、风险管理的资料、文件和现场勘察实物；⑤检查有关计算机系统及其电子数据和资料；⑥就审计事项中的有关问题，向有关单位和个人开展调查和询问，取得相关证明材料；⑦对正在进行的严重违法违规、严重损失浪费行为及时向单位主要负责人报告，经同意作出临时制止决定；⑧对可能转移、隐匿、篡改、毁弃会计凭证、会计账簿、会计报表以及与经济活动有关的资料，经批准，有权予以暂时封存；⑨提出纠正、处理违法违规行为的意见和改进管理、提高绩效的建议；⑩对违法违规和造成损失浪费的被审计单位和人员，给予通报批评或者提出追究责任的建议；⑪对严格遵守财经法规、经济效益显著、贡献突出的被审计单位和个人，可以向单位党组织、董事会（或者主要负责人）提出表彰建议。

思政课堂 7-1　加强体系建设　提升监督效能——学习贯彻习近平总书记在中央审计委员会第一次会议重要讲话①

“努力构建集中统一、全面覆盖、权威高效的审计监督体系，更好发挥审计在党和国家监督体系中的重要作用。”习近平总书记 2018 年 5 月 23 日主持召开中央审计委员会第一次会议，审议通过了《中央审计委员会工作规则》等文件，并发表重要讲话。讲话从新时代党和国家工作全局出发，深刻阐述审计工作的重要作用，就进一步改进审计监督、深化制度改革、加强自身建设作出具体部署，为审计事业发展注入了思想和行动的力量。

审计是党和国家监督体系的重要组成部分。党的十八大以来，全国各级审计机关共审计 65 万多个单位，促进增收节支和挽回损失 2.5 万亿元，为促进党中央令行禁止、维护国家经济安全、推进廉政建设等作出了重要贡献。进入新时代，审计在经济社会发展中的重要作用越发凸显。改革审计管理体制，组建中央审计委员会，是深化党和国家机构改革的重要内容，也是加强党对审计工作领导的重大举措。以习近平新时代中国特色社会主义思想为指导，认真落实党中央对审计工作的部署要求，对于全面履行审计监督职责、开创审计事业发展新局面具有重大而深远意义。

更好发挥审计在党和国家监督体系中的重要作用，需要准确把握审计工作的发力点。审计机关应以促进经济高质量发展，促进全面深化改革，促进权力规范运行，促进反腐倡廉为工作重点，做到应审尽审、凡审必严、严肃问责。要拓展审计监督广度和深度，消除监督盲区，加大对党中央重大政策措施贯彻落实情况跟踪审计力度，加大对经济社会运行中各类风险隐患揭示力度，加大对重点民生资金和项目审计力度。特别是要围绕打好“三大攻坚战”，进一步聚焦审计重点，发挥审计专业性强、触角广泛、反应快速等优势，切实在及时预警风险隐患、防止扶贫资金被非法违规使用、促进生态环境保护等方面起到有效监督作用。

更好发挥审计在党和国家监督体系中的重要作用，还要准确把握审计制度改革的切

7

① 资料来源：审计署官网 2018 年 5 月 23 日转发新华社报道《加强体系建设　提升监督效能——学习贯彻习近平总书记在中央审计委员会第一次会议重要讲话》，作者：新华社评论员，https://baijiahao.baidu.com/s?id=1601269494894171504&wfr=spider&for=pc。

审计署关于内部审计工作的规定

比亚迪股份有限公司内部审计制度

入点。审计工作只有解放思想、与时俱进，创新审计理念，及时揭示和反映经济社会各领域的新情况、新问题、新趋势，才能有效履行职责、充分发挥作用。“审，非严谨无以明透；计，非细致无以致深。”要善于运用新技术、新手段，坚持科技强审，加强审计信息化建设，积极推进大数据审计，强化上级审计机关对下级审计机关的领导，加强对内部审计工作的指导和监督，调动内部审计和社会审计的力量，进一步增强审计监督合力，提升审计监督效能。

更好发挥审计在党和国家监督体系中的重要作用，也要准确把握审计机关自身建设的关键点。依法审计是职业的准绳，廉洁勤政是职业的保证。打铁还需自身硬。加强审计机关自身建设，要以审计精神立身，以创业精神立业，以自身建设立信，认真履行管党治党政治责任，用智慧创新审计工作，用制度规范审计行为，用廉政维护审计形象，努力建设信念坚定、业务精通、作风务实、清正廉洁的高素质专业化审计干部队伍。各地区各部门特别是各级领导干部，则要把支持配合审计工作作为应尽责任，依法自觉接受审计监督，认真整改审计查出的问题，深入研究和采纳审计提出的建议，以审计监督的力量促进各领域政策措施和制度规则的完善，不断把各项工作推向前进。

第二节　内部监督的程序与方式

一、内部监督的程序

企业内部监督的程序一般分为以下四个环节：

（一）建立健全内部监督制度

由于内部控制制度由人设计，所以难免存在漏洞；而内部控制制度也是靠人执行，因此在执行过程中可能会出现偏差。为此，企业需要建立健全内部监督制度，一方面通过内部监督可以检查出制度设计存在的漏洞，及时修订制度堵住漏洞；另一方面通过内部监督可以发现制度执行出现的偏差，及时采取措施纠正偏差。这样企业的内部控制制度就能够得到持续的改进。而要发挥内部监督这一作用，企业首先需要建立健全内部监督制度，明确组织架构、岗位设置、权责划分、工作流程、方式方法等内容，尤其应制定内部控制缺陷的认定标准及其整改机制。

（二）实施监督查找内部控制问题

《企业内部控制基本规范》第四十七条规定，企业应当以书面或者其他适当的形式，妥善保存内部控制建立与实施过程中的相关记录或者资料，确保内部控制建立与实施过程的可验证性。也就是说，内部控制建立与实施过程应当“留有痕迹”。企业内部负责内部监督职责的相关部门及其岗位应根据制度的要求，按照规定的工作流程，采取合适的方式和方法，对企业内部控制的建立与实施过程中的相关记录或者资料进行监督检查，以便于发现企业内部控制存在的问题和薄弱的环节。

（三）分析和报告内部控制缺陷

针对监督检查过程中发现的内部控制问题，相关部门应认真对照企业事先建立的内部控制缺陷的认定标准系统分析，客观判断内部控制缺陷的性质和成因，并有针对性地提出整改方案，明确整改责任部门、责任人和完成时限，并按相关要求采取适当的形式及时向董事会、监事会或经理层报告。

（四）对内部控制缺陷进行整改

企业应重视内部控制缺陷的整改工作，加大督促整改工作力度，强调对整改效果的检查评价，并按照制度要求，对整改不力进行相应处罚，进一步落实整改责任，避免出现重复整改、形式整改等问题。

案例 7-2　海亮集团的内部审计工作[①]

海亮集团有限公司创建于1989年，主营有色金属加工、教育、健康三大产业，2018年营业收入1 736亿元，位列中国企业500强第110位，中国民营企业500强第18位；旗下有境内外3家上市公司。海亮集团的诚信文化打造了良好的内控审计环境，2002年起在所属公司门口自挂“诚信承诺”牌匾，向供应商承诺逾期付款按照同期银行利率的十倍偿付。

公司审计部门1998年成立之初仅有区区几个人，至2019年已发展到40多人。

1. 在治理结构层面规范内部审计定位

集团审计部门隶属于海亮集团董事会，各产业集团的内控审计部门直接隶属于本产业集团董事会，并接受集团内控审计中心的业务指导(图7-1)。历任内控审计负责人都是董事局成员，进入集团核心管理层，参与公司重大决策，并对集团重大事项拥有一票否决权。集团审计部门建立了《内部审计管理制度》《工程审计管理制度》等七项制度，形成了较为完整的制度体系。

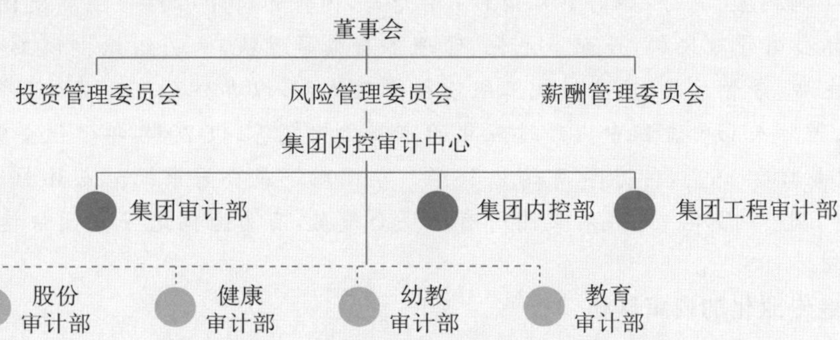

图 7-1　海亮集团内部审计组织体系

面对集团多元化的业务，内部审计与时俱进，从刚成立时的财务审计为主到现在覆盖公司主要业务领域，多次获得诸暨市、绍兴市、浙江省及全国内部审计先进单位荣誉称号，内控审计负责人为中国内部审计协会理事，入选浙江省“内审实务专家”。

2. 聚焦审计价值创造

(1) 倒“二八”模式促进审计整改。审计发现问题并出具报告，工作量完成了约80%，但对企业价值可能仅为20%；只有强化整改，才能真正实现剩余的80%价值，可以说审计

① 傅怀全：《海亮文化名片中的内审色彩》，载于《中国内部审计》2019年第8期。

整改是审计创造价值的核心。海亮探索了多种方法来实践倒"二八"整改体系，取得了较好效果。一是强化"两会三签"。"两会"指审计进场时的开工会、审计结束时的闭工会；"三签"指意见交换书、审计报告书、整改计划书由被审计单位签字确认。与被审计单位充分沟通、促成被审计单位风险认同是整改重要因素。相较于邮件、电话等远程沟通方式，面对面现场沟通的效果更好，审计组在审计开工、闭工会议期间，与被审计单位负责人、相关部门负责人沟通，充分听取被审计单位意见。意见交换书、审计报告书、整改计划书由被审计单位签字确认，落实审计发现及整改责任部门/责任人，加强了审计质量控制。二是进行风险等级量化，强化整改重点。在审计发现问题定性过程中引入风险等级量化标准，通过对风险等级的分类甄别，对被审计单位整改强制性提出要求：高风险必须整改、中风险原则上也需整改、低风险可自己评估整改成本后申请不整改。三是采取整改跟踪复核"4＋1"模式，形成整改闭环。对于整改完成情况进行复核，采取"4＋1"模式，即"被审计单位自检→审计经理复核→专项审计→后续常规审计＋专人销号"，保障整改到位，形成闭环，确保"责任不落实不放过、问题不解决不放过、整改不到位不放过"。四是量化审计人员考核。审计整改率纳入审计人员绩效考核，督促审计人员在提出审计整改建议及整改情况追踪时，能充分与被审计单位沟通，提高整改方案落地性。倒"二八"整改体系的实施，使得整改率逐年提升，2017 年整改率达到 92%（比 2016 年提高 21%），2018 年达到 96%。高风险及必须整改的风险整改率近 100%。同时也助推了企业内控体系的完善，其中 2018 年内控审计查处各类违规违纪案件 14 起，涉及人员处理 24 人，其中 1 人移送司法机关、14 人解除劳动合同；提出审计建议 288 条，绝大部分得到整改，有效保障了集团的高速健康发展。

（2）IT 与内控"充分"融合。从 2013 年开始，内控审计中心结合海亮集团总部—产业集团—单体公司管理架构，产业多元化、管理多层级等现状，牵头组织授权工作，逐步搭建起董事局主席、分管总裁、产业板块三级授权管理体系，以办公 OA 为载体，将内控关键控制点、授权等融入 OA 流程中。经过五年的不断优化完善，仅 2018 年优化全集团流程 826 个，流程数量减少 36%，待办事项减少 68%。集团对下属公司审批节点数由 3 058 个减少至 1 770 个，减少 42%。完成对集团所有板块全覆盖，有力地促进了集团快速发展过程中的风险管理。

3. 打造专业化的内审队伍

海亮集团打造了一支年轻的专业化内控及审计队伍，平均年龄仅有 31 岁，全部为本科以上学历，除刚毕业的大学生外全部有 CIA、CPA、中级职称等证书。集团主要从三个方面入手来持续提高队伍的专业性。首先，优化人才结构，审计队伍除财务背景外，还有其他专业背景人才加入。其次，持续完善知识结构，部门每月不低于两次的内部培训，不断推出财务、法务、工程管理、项目控制、信息技术等方面专业培训课程。最后，引入科学合理的绩效考核机制，通过制定契合公司总体目标的考核标准，对内控及审计工作进行评价与考核，并与绩效奖励挂钩。

二、内部监督的方式

内部监督的方式可以分为日常监督和专项监督两种。

（一）日常监督

日常监督是指企业对建立与实施内部控制的情况进行常规、持续的监督检查。它是企业对建立和实施内部控制的整体情况所进行的连续的、全面的、系统的、动态的监督。日常监督存在于单位日常的经营管理活动之中，随环境的改变做出动态反应，能较快地发现问题和识别风险。日常监督的程度越高，其有效性就越高，企业所需的专项监督就越少。

日常监督是业务部门在开展日常业务活动时所进行的监督，正如之前在不相容职责划分时所强调的那样，任何一项业务在划分流程时都应该坚持“三权分离”，即业务的决策权、执行权和监督权两两相分离，从而形成集体决策、高效执行与独立监督相结合的管理体系。通常所见的日常监督岗位如财务部门的稽核、生产部门的质检、采购部门的验收等。

有效的日常监督能够合理保证内部控制的有效性。组织内部应由相关部门定期地、独立地、持续地对各部门内部控制制度的设计和执行情况实行严格的检查和反馈，必要时向董事会和高级管理层报告，确保内部控制体系的持续有效性。有效的内部控制体系可以促进日常监督的有效实施，提高内部监督的效果和效率。

思政课堂 7-2　习近平关于坚持和完善党和国家监督体系的重要论述

要突出监督重点，强化对关键岗位、重要人员特别是一把手的监督管理，完善“三重一大”决策监督机制，严格日常管理，整合监督力量，形成监督合力。

——2016 年 10 月 10 日—11 日，在全国国有企业党的建设工作会议上的讲话

健全依法决策机制，构建决策科学、执行坚决、监督有力的权力运行机制。

——2017 年 10 月 18 日，在中国共产党第十九次全国代表大会上的报告

党的十九大对健全党和国家监督体系作出部署，目的就是要加强对权力运行的制约和监督，让人民监督权力，让权力在阳光下运行，把权力关进制度的笼子。

——2018 年 2 月 26 日至 28 日，《关于深化党和国家机构改革决定稿和方案稿的说明》

要有效防止腐败滋长，把反腐败防线前移，加强日常管理监督，精准运用“四种形态”，抓早抓小、防微杜渐、层层设防。

——2022 年 6 月 17 日，在中共中央政治局第四十次集体学习时的讲话

健全党统一领导、全面覆盖、权威高效的监督体系，完善权力监督制约机制，以党内监督为主导，促进各类监督贯通协调，让权力在阳光下运行。

——2022 年 10 月 16 日，在中国共产党第二十次全国代表大会上的报告

（二）专项监督

专项监督是对内部控制的某一或者某些方面进行有针对性的监督检查。专项监督的范围和频率应根据风险评估结果以及日常监督的有效性等予以确定。

专项监督的主体以企业内部审计机构、内控管理职能部门为主，必要时，也可以聘请外部中介机构参与其中，但参与专项监督的人员必须具备相关专业知识和一定的工作经验，且不得参与对自身的业务活动的监督检查。

专项监督主要关注以下两个方面：①风险较高且重要的项目。企业需要依据日常监督的结果，对风险较高且重要的项目要进行专项监督。②内部环境发生较大变化。当企业发

展战略、组织结构、经营活动、业务流程、关键岗位员工等发生较大调整或变化的情况下，企业需要进行专项监督。

案例 7-3　顺丰的数字化审计模式①

顺丰数字化审计的模式，是一个“审计分析—监控—作业”三位一体的系统平台。它基于顺丰审计团队对各个业务板块底层真实数据的全覆盖，顺丰审计团队不局限于财务提供的报表数据，他们知道财务报表上的数据是人家让我们看到的信息，那么不在财务报表上的数据呢？所以，刘总的团队以“业务风险研究”的成果为基础，通过对端到端流程、系统的全面检测，建立“审计风险框架”，明确监控的方法。

顺丰审计团队的第一个平台是“数据分析平台”。他们结合审计经验，以该平台为工具，通过对大数据的分析挖掘，对风险系统化监控的逻辑进行探索和验证，明确监控规则；第二个平台是“审计监控平台”。顺丰审计团队将风险监控逻辑植入其中，按既定的周期自动运算，通过“人工智能”规则，自动化输出审计线索。第三个平台是“审计作业平台”，顺丰审计团队将审计线索集成至该平台，自动运算实施“风险评估”，根据“风险评估的结果”，驱动审计计划和任务，进入标准化审计实务环节后，审计人员可在审计底稿界面查询线索的具体描述，对线索进行核实与记录，实现闭环管理。

更为形象的来说，即顺丰审计团队以“分析平台”为引擎，源源不断的输出监控规则，以“监控平台”为导航，告诉审计团队风险在哪，以“作业平台”为操作仓，落地监控思路，实现线索的闭环管理，推动数字化审计的价值发挥。

数字化审计的蓝图易于规划，系统开发也仅仅是技术问题，真正的难点在审计职责和作业流程的打通，这就是业审融合。为真正推行数字化审计，顺丰对审计部的组织架构进行了变革，将顺丰的审计团队分为前、中、后三端，以使数字化审计的规划得以顺畅的落实。首先是，专注进行业务研究与技术研究，研发监控规则和审计方法；然后是中端的“情报中心”，实施线索的识别和处置，将线索转化为审计方案；最终由前端的“前线作战部队”实施现场鉴证和核实，并深入分析问题背后的深层次原因，提出解决方案。

小米通报2022年全年139起违规违纪案件

顺丰的数字化审计监控模型体系的建设，还需要在未来持续进行不断更新。顺丰审计团队对数字化审计还有一个更远大美好的梦：在现阶段实现“预警”的基础上，顺丰审计团队还要变“业务驱动、经验驱动”为大数据、云审计的技术运用，挖掘数据背后的规律与真相，实现云协同，实现对风险的事前预测及审计人员的无障碍作业；甚至在数字化审计样本的进一步丰富后，利用机器学习、人工智能等技术，实现人工智能审计。

（三）日常监督和专项监督的联系

日常监督和专项监督应当有机结合，前者是后者的基础，后者是前者的有效补充。如果发现专项监督需要经常性地进行，那么企业就有必要将其纳入日常监督中，进行持续的监控。日常监督如果失效，就需要加大专项监督的力度。

---

① 节选自雪球2019年9月9日发表的文章《顺丰数字化审计》，作者：审计之家，链接：https://xueqiu.com/3943536014/132519366。

案例 7-4　构建“新焦煤大监督体系”提升监督治理效能①

吕梁山煤电公司党委构建“新焦煤大监督体系”以来，坚持目标导向、问题导向、结果导向，以小切口向监督要效益、多领域强监督降风险、大融合促监管提质效为主要抓手，监督效率、效益、效果显著提升，上半年，公司向监督要效益实现 3 930 万元。

小切口抓监督促管理

吕梁山煤电公司紧盯“80 个突出问题”，通过前期调研过程中出现的 41 个突出廉洁风险问题，逐条梳理，不断强化“95＋X”项监督举措，把煤炭调运、工矿物资保全领域作为切口，通过抓监督促管理提效益。

针对煤炭调运领域存在的偷煤、盗煤、换煤等廉政风险，开展煤炭领域调运保全监督专项行动，不断建立修订完善制度 13 项 115 条，有效堵塞了管理漏洞；系统打造数智化、信息化平台，吕梁山煤电选煤厂先后投用产品运输“一卡通”管理系统、“天眼”高清监控管理系统、远程自动定量装车管理系统、化验室信息化管理系统，数智化赋能大监督成效明显。上半年稽查检查发现各类问题 14 个，处理 15 人，处罚 33 000 元。

短周期强监督降风险

为更好推进构建“新焦煤大监督体系”落实落地，吕梁山煤电公司在 657 名监察对象中开展廉洁从业风险点排查，共计梳理出 1 259 个风险点，修订完善制度 11 项，以岗位为点、以程序为线、以制度为面的风险防控体系初步形成，廉洁风险同比下降了 20％。

吕梁山煤电公司充分发挥纪委在构建“新焦煤大监督体系”建设中主抓主管作用，全面推行“双月监督检查”机制，围绕三公经费、薪酬管理等重点敏感领域开展监督检查。上半年每两月在三矿两厂中围绕三公经费、薪酬管理等重点敏感领域开展监督检查三次，发现问题 78 条，下发整改通知单 5 份，以查促改，起到了良好的效果。

大融合促监管提质效

吕梁山公司积极探索构建“新焦煤大监督体系”与精益化管理项目深度融合新机制，以全公司 98 项精益化项目为切入点，以开展专项监督治理为抓手，成立课题攻关专班小组，推行挂图、挂牌管理模式，将“新焦煤大监督体系”与精益化管理提升深度融合，全力释放“大监督＋精益化”监管模式的强劲动能。

店坪矿作为吕梁山煤电公司“大监督＋精益化”的试点单位，不断将监督精准嵌入精益化管理全过程。在精益化项目设立之初，该矿就分层建立了“系统、部室、岗位”三级廉洁从业风险防控机制，通过开展“廉洁三讲”，让各级党员干部进一步熟知规章制度、岗位职责、业务流程，进一步提升廉洁从业意识和岗位风险意识。在精益化项目实施过程中，该矿将精益化监督与考核齐抓并举，围绕合同签订和审批管理，实施会审、会签、会协“三会”审签，彻底打破管理壁垒，消除推诿扯皮、无效重复和时间等待浪费，实现了合同办理由 20 天缩短为 7 天；围绕物资供应材料配件精益管理，通过设立“物资供应超市”和线上快捷领用平台，彻底取缔队组小库房，盘活资产 258 万元，实现材料配件全过程精益管控、

① 引自百家号“黄河新闻网”2022 年 7 月 27 日报道《构建“新焦煤大监督体系”提升监督治理效能》，作者：赵牡丹，https://baijiahao.baidu.com/s?id=1739468671696056559&wfr=spider&for=pc。

定量供应，材料配件消耗同比减少8.5%；开展物资设备采购使用领域专项监督，正规循环率达90%以上，设备开机率达85%以上，回采率提升20吨/工，保证了安全高效生产，大融合监管效果凸显。

通过“大监督十精益化”监管模式的实施，有力促进了监督工作专业性、整体性、针对性、有效性的有机统一，逐步实现由“抓显性浪费”向“抓隐性浪费”转变，确保精益管理取得实效。

第三节　内部控制评价

一、内部控制评价的含义

《企业内部控制基本规范》第四十六条规定，企业应当结合内部监督情况，定期对内部控制的有效性进行自我评价，出具内部控制自我评价报告。内部控制自我评价的方式、范围、程序和频率，由企业根据经营业务调整、经营环境变化、业务发展状况、实际风险水平等自行确定。根据财政部、证监会、审计署、银监会、保监会2010年联合发布的《关于印发企业内部控制配套指引的通知》的要求，执行《企业内部控制基本规范》及企业内部控制配套指引的上市公司和非上市大中型企业，应当对内部控制的有效性进行自我评价，披露年度自我评价报告，同时应当聘请会计师事务所对财务报告内部控制的有效性进行审计并出具审计报告。可见，内部控制评价和内部控制审计已经成为上市公司和非上市大中型国有企业的强制性要求。

思政课堂7-3　广东榕泰涉嫌违法被处罚　新《证券法》彰显威慑力①

新《证券法》实施一年后，A股迎来首家因涉嫌财务造假等被罚千万余元的上市公司。

2021年3月12日晚间，广东榕泰实业股份有限公司（以下简称“广东榕泰”）发布公告称，公司收到广东证监局《行政处罚及市场禁入事先告知书》，因“虚增利润”“未按规定披露关联关系”等违法行为，上市公司及其实控人、董监高合计被处罚款1 500万元。该告知书内容显示，经广东证监局查明，广东榕泰存在四方面涉嫌违法事实：①未在规定期限内披露2019年年报；②相关报告未按规定披露关联关系、日常经营性关联交易；③2018年和2019年年报虚增利润；④董事、监事和高级管理人员履职相关情况。据其2019年年报显示，当年公司全体董监高薪酬合计为375万元。

为了打击上市公司违法违规，2020年3月1日开始实施的新《证券法》大幅提高了对

① 资料来源：(1)茹阳阳、吴可仲：新《证券法》发威！广东榕泰涉嫌违法被罚1 500万元，《中国经营报》，2021年3月17日；(2)杨成万：内控报告又被否ST榕泰风险加大，《金融投资报》，2021年5月6日。

上市公司证券违法行为，尤其是加大了对财务造假的处罚力度，罚款金额从原来最高 60 万元提高至 1 000 万元；对于发行人的控股股东、实际控制人组织、指使从事虚假陈述行为，或者隐瞒相关事项导致虚假陈述的，规定最高可处以 1 000 万元罚款。广东榕泰构成违规行为涉及 2019 年的年报，并于 2020 年 6 月份披露，晚于新《证券法》实施的时间。

另外，广东榕泰因大华会计师事务所认为该公司在项目投资决策、客户信用评价和应收账款催收、资金管理、存货管理等方面存在重大缺陷，对该公司 2020 年度内部控制出具了否定意见的审计报告。自 2021 年 5 月 6 日起，公司股票被实施其他风险警示，股票简称变更为“ST 榕泰”，日涨跌幅限制为 5%。

一年前大华会计师事务所就曾经因为 ST 榕泰的子公司北京森华易腾通信技术有限公司信息系统控制存在重大缺陷，对 ST 榕泰 2019 年度的财务报告内部控制的有效性出具过否定意见。

《广东榕泰实业股份有限公司 2021 年度内部控制评价报告》

二、内部控制评价主体

《企业内部控制评价指引》第二条规定，企业内部控制评价是指企业董事会或类似权力机构对内部控制有效性进行全面评价、形成评价结论、出具评价报告的过程。可见，企业内部控制评价的责任主体是董事会。

而《企业内部控制评价指引》第十二条指出，企业可以授权内部审计部门或专门机构（以下简称内部控制评价部门）负责内部控制评价的具体组织实施工作。因此，企业内部控制评价的实施主体一般由内部审计部门担任。

国务院国资委有关内部控制监督评价的最新规定

三、内部控制评价原则

《企业内部控制评价指引》第三条规定，企业实施内部控制评价至少应当遵循下列原则：

（1）全面性原则。评价工作应当包括内部控制的设计与运行，涵盖企业及其所属单位的各种业务和事项。

（2）重要性原则。评价工作应当在全面评价的基础上，关注重要业务单位、重大业务事项和高风险领域。

（3）客观性原则。评价工作应当准确地揭示经营管理的风险状况，如实反映内部控制设计与运行的有效性。

案例 7-5 深圳华强公司关于内部控制评价范围的确定①

公司按照风险导向原则确定纳入评价范围的主要单位、业务和事项以及高风险领域。纳入评价范围的主要单位包括：深圳华强实业股份有限公司本部、深圳华强电子世界管理有限公司、深圳华强广场控股有限公司、深圳华强电子网集团股份有限公司、深圳华强半导体集团有限公司本部、华强半导体有限公司、深圳市湘海电子有限公司、深圳市鹏源电子有限公司、深圳淇诺科技有限公司、深圳市芯斐电子有限公司等，纳入评价范围单位资

① 节选自深圳证券交易所官网 2022 年 3 月 11 日《深圳华强实业股份有限公司 2020 年度内部控制评价报告》，http://www.szse.cn/disclosure/listed/bulletinDetail/index.html?7acaaf0a-80ce-4d3f-bab0-630606c0c71f。

产总额占公司合并财务报表资产总额的90.69%，营业收入合计占公司合并财务报表营业收入总额的90.46%。纳入评价范围的主要业务和事项包括：组织架构、投资立项、人力资源、资金活动、采购业务、资产管理、销售业务、工程管理、财务报告、全面预算、合同管理、信息系统等。

重点关注的高风险领域主要包括：

电子元器件授权分销业务的销售定价、客户开发，采购业务管理、存货管理以及应收账款管理等。

电子元器件及电子终端产品实体交易市场铺位资源、广告位资源租赁的定价及日常管理，物资管理、采购管理，以及收款与收入确认业务。

电子元器件产业互联网业务的信息系统数据安全管理、线上线下销售定价、客户开发、存货管理、采购业务管理、结算与收入确认以及应收账款的回款等。

电子专业市场配套物业（如商业、写字楼等）的销售管理等。

上述纳入评价范围的单位、业务和事项以及高风险领域涵盖了公司经营管理的主要方面，不存在重大遗漏。

四、内部控制评价内容

企业应当根据《企业内部控制基本规范》、应用指引、评价指引以及本企业的内部控制制度，围绕内部环境、风险评估、控制活动、信息与沟通、内部监督等要素，确定内部控制评价的具体内容，对内部控制设计与运行情况进行全面评价。

（一）内部环境评价

企业组织开展内部环境评价，应当以组织架构、发展战略、人力资源、企业文化、社会责任等应用指引为依据，结合本企业的内部控制制度，对内部环境的设计及实际运行情况进行认定和评价。

（二）风险评估评价

企业组织开展风险评估机制评价，应当以《企业内部控制基本规范》有关风险评估的要求，以及各项应用指引中所列主要风险为依据，结合本企业的内部控制制度，对日常经营管理过程中的风险识别、风险分析、应对策略等进行认定和评价。

（三）控制活动评价

企业组织开展控制活动评价，应当以《企业内部控制基本规范》和各项应用指引中的控制措施为依据，结合本企业的内部控制制度，对相关控制措施的设计和运行情况进行认定和评价。

（四）信息与沟通评价

企业组织开展信息与沟通评价，应当以内部信息传递、财务报告、信息系统等相关应用指引为依据，结合本企业的内部控制制度，对信息收集、处理和传递的及时性、反舞弊机制的健全性、财务报告的真实性、信息系统的安全性，以及利用信息系统实施内部控制的有效性等进行认定和评价。

（五）内部监督评价

企业组织开展内部监督评价，应当以《企业内部控制基本规范》有关内部监督的要求，以及各项应用指引中有关日常管控的规定为依据，结合本企业的内部控制制度，对内部监督机制的有效性进行认定和评价，重点关注监事会、审计委员会、内部审计机构等是否在内部控制设计和运行中有效发挥监督作用。

国海证券股份有限公司内部控制评价办法

案例 7-6　更正内部控制评价报告　承认“内部控制存在缺陷”①

2022 年 6 月 9 日，上市公司福成股份发布了一系列公告，对 2021 年年度报告、2021 年内部控制评价报告进行更正，其承认报告期内财务报告存在内部控制缺陷。

具体来看，福成股份在更正完内部控制评价报告之后，公司新增一项采购风险。福成股份方面表示，采购风险来自活牛采购控制活动。据悉，福成股份活牛采购活动较大数量发票与资金流不一致，影响合理保证 2021 年财务报表编制的真实、准确的目标。

针对此项风险，福成股份的整改计划为适当增加采购成本，且要求在活牛采购过程中发票需与资金流一致。同时，福成股份方面表示，公司已经建立了全面的内控体系，下一报告期内将彻底整改 2021 年度出现的少量内控缺陷，改善活牛采购活动控制活动、改革付款审批流程，进一步完整和完善内控流程，促进公司健康、可持续发展。

福成股份此次“内控风波”起始于 2021 年年报。4 月 29 日，福成股份披露了 2021 年年报。年报显示，公司时任财务总监未签署年度财务报告书面确认意见，不保证年度报告中财务报告的真实、准确、完整。此外，该财务总监也拒绝在福成股份 2022 年一季度报告上签字。

4 月 27 日，该财务总监签署的一则声明显示，由于近一年来公司的生产经营管理受来自大股东方面的影响非常严重，违背了上市公司“五独立三分开”的原则，对上市公司的独立性，对财务工作的正常独立履职影响也十分巨大，其已无法正常履行财务总监的职责。

据悉，2021 年福成股份大量采购活牛，累计资金支出超过 1 亿元，在福成股份未核实清楚采购资料及原始凭证前，存在采购价格不真实和生物资产成本虚高的风险。同时，在福成股份采购活牛的过程中，公司实际控制人存在未按程序参与公司财务管理等问题。

在福成股份披露 2021 年年报之后，上交所随即便向福成股份下发了监管工作函，要求福成股份就“财务总监拒签”一事认真自查并核实有关情况，充分披露相关信息，特别是全面自查公司内部控制、财务管理等方面存在的相关问题。5 月 6 日，河北证监局同样向福成股份下发了问询函。

5 月 17 日，河北证监局对福成股份实际控制人、财务总监下发行政监管措施事先告知书，通知两人在一定期限内将不得担任上市公司董监高。同时，福成股份时任董事长、董事会秘书则因为公司内控存在重大缺陷，被采取出具警示函的行政监管措施。

6 月 7 日，福成股份回复监管函表示，公司在 2021 年活牛采购过程中出现发票与采购资金流向不一致的问题，主要归结于公司从多个不同个体养殖户采购活牛数量较大，部分个体养殖户委托市场交易员等代开税务发票。公司不存在舞弊现象，未产生损失，但在财务独立性和活牛采购方面存在内控问题，需要整改。

6 月 9 日，福成股份也发布公告承认，公司存在内部控制缺陷，正在整改。股价方面，6 月 17 日，福成股份报收 6.93 元/股，跌幅为 2.81%。

① 节选自《华夏时报》2022 年 6 月 20 日报道，原题为：财务总监拒签年报后“失联”，福成股份发公告称“公司存在内部控制缺陷”，作者：李凯旋、李贝贝。

五、内部控制缺陷的类型

按照《企业内部控制基本规范》的要求，企业在进行内部控制评价之前应事先制定内部控制缺陷认定标准，对内部控制评价过程中发现的内部控制缺陷，应当分析缺陷的性质和产生的原因，提出整改方案，采取适当的形式及时向董事会、监事会或者经理层报告。内部控制缺陷按照不同的标准可以有不同的分类。

（一）设计缺陷和运行缺陷

按照内部控制缺陷的形成原因，可以将内部控制缺陷分为设计缺陷和运行缺陷。

设计缺陷是指企业内部控制制度缺失或者不完善，或者内部控制制度设计不合理，即使正常运行也难以实现控制目标。内部控制设计缺陷的存在，会对内部控制的设计有效性造成影响。

案例 7-7　易见供应链管理股份有限 2020 年度内部控制评价报告（节选）①

根据易见供应链管理股份有限公司披露的 2020 年度内部控制评价报告，其具有以下内部控制重大缺陷（表 7-1）：

表 7-1　易见供应链管理股份有限公司财务报告内部控制重大缺陷及其整改情况表

财务报告内部控制重大缺陷	缺陷描述	业务领域	缺陷整改情况/整改计划
重要前期会计差错更正事项	因采矿权无形资产 2020 年末账面价值减值测试的确认不恰当，公司存在重要前期会计差错更正事项，追溯调整影响公司合并财务报表无形资产、资产总额、净资产等相关资产项目，以及资产减值损失、利润总额、净利润等相关利润项目的列报，公司在财务核算合规性方面存在重大缺陷	财务管理	1. 公司于 2022 年 4 月 28 日，审议通过了《关于前期会计差错更正及追溯调整的议案》，对公司就本次整改过程发现的前期会计差错事项进行了更正。 2. 公司已深入探讨及反思，组织相关人员认真学习《企业会计准则第 8 号——资产减值》，进一步加强对资产减值会计处理的学习，增强财务人员专业水平。后续，将更加审慎判断及采用评估报告中所采用关键参数及合理性，并严格按照资产减值测试流程的规定预测数据，业务单位在提供相关数据时，亦应提供合理支撑依据，保障后续财务数据的合理性和准确性。 3. 公司要求财务、内部审计等部门加强联动，强化内审部对会计核算工作的不定期监督和检查，对各级公司的运营情况及资产状况、财务状况加强跟踪和了解，发现问题及时反馈并作出处理方案，并及时向审计委员会报告检查结果，切实监督财务核算的准确性及合规性

① 节选自上海证券交易所官网 2021 年 7 月 6 日披露的《易见供应链管理股份有限公司 2020 年度内部控制评价报告》，http://www.sse.com.cn/disclosure/listedinfo/announcement/。

续　表

财务报告内部控制重大缺陷	缺陷描述	业务领域	缺陷整改情况/整改计划
公司的持续经营能力存在多项重大不确定性	公司2020年度在对外支付供应链业务款项时存在部分业务未经适当审批的情况，形成大额预付账款。截至2020年12月31日，预付账款余额为4 553 152 484.27元	资产管理	整改情况： 1. 公司已对业务审批流程进行了全面梳理，2020年12月已经开始优化业务资金支付流程，并于2021年3月29日下发了新的资金支付环节管理流程，所有业务付款需经过公司财务总监、总裁审批，同一业务连续付款金额超过500万元的须由公司董事长审批。 2. 付款申请单附件需全部在审批系统扫描上传，审核人严格审核合同金额、结算方式、业务模式等关键信息。预付货款时，将根据对供应商的授信额度，遵循前笔订单未清，后笔不付的原则，控制预付账款的额度。 3. 对于超过交货期限未结算的供应商，督促对方及时供货结算，并取得对方盖章确认的对账单及供货承诺函
保理业务管理相关内控未有效执行，存在大额保理款项逾期	根据公司保理业务管理制，在保理业务发生后，对于单笔超过1亿元的客户需在保理款发放后实时关注核心企业以及保理客户的财务状况，业务经理负责不定期走访客户、实时更新客户情况，异常情况需及时上报，到期催收保理本金。 公司2020年投放的保理款项自7月起出现逾期情况，截至2020年12月31日，已逾期的保理本金为3 043 627 632.29元；至审计报告日，逾期的保理本金为9 882 888 549.25元。公司存在大额逾期或即将逾期的保理款项，但公司未按照保理业务管理相关内控规定，及时执行相关风险评价及时上报以及采取有效措施进行催收、追偿，应收保理款项回收风险有加大迹象。公司于2021年4月起，组织启动了对逾期保理款项的确权、催收工作	资产管理	整改情况： 1. 为加快逾期欠款的清收工作，公司于2021年3月5日下发了《追讨逾期欠款专项工作(考核)方案》和《逾期欠款催收考核管理办法》并抽调相关人员组织实施。催收催欠工作专班和催收团队到客户单位进行实地对账，并取得对方盖章确认的对账单及还款承诺函。 2. 公司拟重点从以下几个方面修改和完善子公司保理业务管理制度：(1)完善对应收账款金额及应收账款期限的确认流程；(2)完善应收账款直接回款账户的管理；(3)完善关于保理业务的保障措施

续 表

财务报告内部控制重大缺陷	缺陷描述	业务领域	缺陷整改情况/整改计划
资管计划借款无对应的基础资产，筹资活动中存在违规情况	2020年8月5日，公司子公司深圳滇中商业保理有限公司与C公司签订了《应收账款债权转让合同》，形成D单一资产管理计划并取得筹资款3亿元，上述转让合同中的应收账款为不实债权，不符合公司《筹资管理制度》第六条合法性原则之规定，相关筹资合同的审核未得到有效执行	其他	整改情况： 1. 公司将根据《筹资管理制度》加强对筹资管理的管控，对筹资活动做到依法依规，杜绝上述问题再次发生。 2. 公司已对业务审批流程进行了全面梳理，并于2021年3月29日下发了新的资金支付环节管理流程，融资类合同评审需经过公司总裁审批，同一业务金额超过500万元的须由公司董事长审批。后续将加强融资业务的内部控制

运行缺陷是指控制主体没有全面有效执行内部控制制度，包括不执行、执行不到位、执行错误、越权操作等情形。内部控制运行缺陷的存在，会影响到内部控制的运行有效性。

案例 7-8　日海智能科技股份有限公司的财务报告重大缺陷及其整改情况①

根据日海智能公司披露的2021年度内部控制评价报告，其于内部控制评价报告基准日，存在财务报告内部控制重大缺陷3项，具体情况如下(表7-2)：

表 7-2　日海智能科技股份有限公司财务报告重大缺陷及其整改情况

财务报告内部控制重大缺陷	缺陷描述	业务领域	缺陷整改情况/整改计划
销售与收款业务流程内部控制未能有效执行	日海智能公司的销售与收款业务在收入确认时点上财务部门缺少对业务信息进行必要的审验和监督流程，公司内部对工程施工进度管控和重大合同履行监督不到位，影响营业收入及营业成本确认的准确性、往来款项及存货等财务报表项目的计价，与之相关的财务报告内部控制设计和运行失效	财务管理	进一步夯实财务基础，提高财务核算信息质量及效率，保证信息披露的及时性与准确性。按照国家及公司有关会计基础工作规范和要求，进一步规范各项财务业务标准和流程，加强财务内审，及时全面、如实反映财务信息；加强对财务人员的专业知识培训，提高财务人员的业务素质和专业胜任能力；进一步提高财务会计信息质量，认真总结基础工作规范化的经验教训，进一步强化对财务会计基础工作的监督和检查。加强企业内部审计，促进企业规范发展

① 节选自深圳证券交易所官网2022年4月30日披露的《日海智能科技股份有限公司2021年度内部控制评价报告》，http://www.szse.cn/disclosure/listed/notice/index.html。

续 表

财务报告内部控制重大缺陷	缺陷描述	业务领域	缺陷整改情况/整改计划
备用金使用内部控制未能有效执行	日海智能公司的个人备用金使用制度未有效执行，造成期末存在部分个人备用金余额较大且备用金账龄超过1年的情况	财务管理	公司将按照制度要求严格执行备用金请款及报销执行，做好成本费用管理的各项基础工作、明确费用的开支标准和范围。加强内部审计，强化内部控制意识与文化，保障制度的有效实施
关联交易内部控制未能有效执行	日海智能公司与关联方及关联交易的识别和披露相关的内部控制存在重大缺陷，无法保证关联方及关联方交易被及时识别，并履行相关的审批和披露事宜，影响财务报告中关联方及关联方交易信息披露的完整性和准确性，与之相关的财务报告内部控制运行失效	公司治理	2021年公司子公司芯讯通与关联公司Cathay Tri-Tech., Inc发生产品购销的日常关联交易，交易金额为2 678.20万元。上述关联交易已提交公司第五届董事会第三十四次会议和第五届监事会第二十六次会议补充确认。公司、董事、监事及高管等将加强学习上市公司相关法律、法规及规范性文件，进一步规范公司治理和三会运作机制，提升公司规范化运作水平。同时加强全员学习，要求各职能部门、各子公司管理层和员工通过内训、外训等方式加强对法律法规及各项内控制度的培训学习，强化规范意识，保障各项规章制度的有效落实，建立良好的内部控制文化，强化内部控制监督检查，优化内部控制环境，提升内控管理水平，促进公司长期健康、可持续发展

（二）重大缺陷、重要缺陷和一般缺陷

按照内部控制缺陷的影响程度，可以将内部控制缺陷分为重大缺陷、重要缺陷和一般缺陷。

重大缺陷，是指一个或多个控制缺陷的组合，可能导致企业严重偏离控制目标。当存在任何一个或多个内部控制重大缺陷时，应当在内部控制评价报告中做出内部控制无效的结论。

重要缺陷，是指一个或多个控制缺陷的组合，其严重程度低于重大缺陷，但仍有可能导致企业偏离控制目标。重要缺陷的严重程度低于重大缺陷，不会严重危及内部控制的整体有效性，但也应当引起董事会、经理层的充分关注。

一般缺陷，是指除重大缺陷、重要缺陷以外的其他控制缺陷。

重大缺陷、重要缺陷和一般缺陷的具体认定标准，由企业根据上述要求自行确定。

案例 7-9　海螺水泥的内部控制缺陷认定标准①

1. 财务报告内部控制缺陷认定标准

公司确定的财务报告内部控制缺陷评价的定量标准如下(表 7-3)：

7

① 节选自上海证券交易所官网2022年3月26日披露的《安徽海螺水泥股份有限公司2020年度内部控制评价报告》，http://static.sse.com.cn/disclosure/listedinfo/announcement/c/new/2022-03-26/600585_20220326_7_3pxhDzs4.pdf。

表 7-3　**财务报告内部控制缺陷评价的定量标准**

指标名称	重大缺陷	重要缺陷	一般缺陷
内控缺陷或缺陷组合可能导致的财报错报	由该缺陷或缺陷组合可能导致的财务报告错报＞财务报表重要性水平(即公司期末合并财务报表的营业收入的 2％或资产总额的 2％或利润总额的 5％)	财务报表重要性水平×50％＜由该缺陷或缺陷组合可能导致的财务报告错报≤财务报表重要性水平	由该缺陷或缺陷组合可能导致的财务报告错报≤财务报表重要性水平×50％

公司确定的财务报告内部控制缺陷评价的定性标准如下(表 7-4)：

表 7-4　**财务报告内部控制缺陷评价的定性标准**

缺陷性质	定　性　标　准
重大缺陷	1. 董事、监事和高级管理人员舞弊。 2. 公司更正已经公布的财务报表。 3. 注册会计师发现当期财务报表存在重大错报，而内部控制在运行过程中未能发现该错报。 4. 公司审核委员会和监察审计室对内部控制的监督无效。 5. 内部控制评价的结果特别是重大或重要缺陷未得到整改。 6. 重要业务缺乏制度控制或制度系统性失效
重要缺陷	/
一般缺陷	/

2. 非财务报告内部控制缺陷认定标准

公司确定的非财务报告内部控制缺陷评价的定量标准如下(表 7-5)：

表 7-5　**非财务报告内部控制缺陷评价的定量标准**

指标名称	重大缺陷	重要缺陷	一般缺陷
利润总额和现金流的不利影响	1. 造成或可能造成年度利润总额变化的金额超过年度利润总额的3％(含 3％)； 2. 对现金流产生或可能产生影响的金额(现金收入减少或者现金支出增加)超过年度现金流金额的3％(含 3％)	1. 造成或可能造成年度利润总额变化的金额介于年度利润总额的1.5％(含 1.5％)至 3％之间； 2. 对现金流产生或可能产生影响的金额(现金收入减少或者现金支出增加)介于年度现金流金额的 1.5％(含 1.5％)至 3％之间	1. 造成或可能造成年度利润总额变化的金额小于年度利润总额金额的 1.5％； 2. 对现金流产生或可能产生影响的金额(现金收入减少或者现金支出增加)小于年度现金流金额的1.5％

续 表

指标名称	重大缺陷	重要缺陷	一般缺陷
声誉的影响范围和恢复程度	对企业声誉造成重大损害，需要大于等于1年的时间恢复声誉	对企业声誉造成一定损害，需要大于等于6个月且小于1年的时间恢复声誉	造成的声誉损害可以在6个月以内的时间恢复
违法违规或违反合同所导致的罚款或者赔偿金额（说明①）	1. 违反法规，导致政府部门或者监管机构的罚款或者处罚金额大于主营业务收入（自产品销售）的0.08%（含0.08%）； 2. 重大商业纠纷、各类重大诉讼所导致的赔偿损失金额大于主营业务收入（自产品销售）的0.08%（含0.08%）	1. 违反法规，导致政府部门或者监管机构的罚款或者处罚金额介于主营业务收入（自产品销售）0.04%（含0.04%）—0.08%之间； 2. 重大商业纠纷、各类重大诉讼所导致的赔偿损失金额介于主营业务收入（自产品销售）0.04%（含0.04%）—0.08%）之间	1. 违反法规，导致政府部门或者监管机构的罚款或者处罚金额小于主营业务收入（自产品销售）的0.04%； 2. 重大商业纠纷、各类重大诉讼所导致的赔偿损失金额小于主营业务收入（自产品销售）的0.04%
对供应商/顾客关系的损害程度（说明②）	由于产品质量异议导致的损失金额大于主营业务收入（自产品销售）的0.08%（含0.08%）	由于产品质量异议导致的损失金额介于主营业务收入（自产品销售）0.04%（含0.04%）—0.08%之间	由于产品质量异议导致的损失金额小于主营业务收入（自产品销售）的0.04%
员工积极性和稳定性的影响（说明③）	导致核心团队超过20%（含20%）的流失	导致核心团队10%（含10%）到20%的流失	导致核心团队不超过10%的流失
不能正常经营所造成的损失经营目标的实现程度	造成重要的业务/服务中断且恢复需要大于等于6个月时间	企业日常业务受一些影响，造成个别的业务/服务中断，但恢复时间大于等于3个月且小于6个月	对营运有一定影响，造成个别服务/业务中断，但可以在3个月内恢复
人身安全健康、环境受损（说明④）	发生安全事故造成下列情形：一次工亡10人（含10人）以上；对环境产生如下损害：造成主要环境损害需要1年以上（含1年）的时间来恢复	发生安全事故造成下列情形之一：一次工亡5—10人（含5人）；对环境产生如下损害：对环境造成中等影响需6个月—1年（含6个月）的时间才能恢复	发生安全事故造成下列情形：一次工亡5人以下

说明：

①对违反法规遭受处罚或是由于纠纷（诉讼）产生的赔偿，考虑同业数据、历史数据、法规的处罚条文，以及公司目前签订的商业条款的累计。②对于产品质量造成的损失，考虑参考历史数据及财务数据。③对于核心团队的具体组成部分，考虑技术管理骨干、中层以上管理人员等，然后从核心团队的人数上，考虑百分比，确定内控缺陷等级。④对于安全，考虑安全事故造成人员伤亡的人数，对于环境，考虑恢复对环境造成的损害所需要的时间。

公司确定的非财务报告内部控制缺陷评价的定性标准如下(表 7-6):

表 7-6 非财务报告内部控制缺陷评价的定性标准

缺陷性质	定性标准
重大缺陷	1. 负面消息在整个业务领域(包括延伸至产业链)内流传,或者被全国性媒体及公众媒体的关注; 2. 损害与大供应商/大客户或潜在大供应商/大客户管理层的关系,严重影响与大供应商/大客户的关系; 3. 较大程度损害整体员工的工作积极性,大大降低工作效率,对企业文化、企业凝聚力产生重大不利影响; 4. 企业失去部分业务能力,情况需要付出较大的代价才能得以控制,但对企业存亡无重大影响; 5. 受内控缺陷影响的部门/单位无法达成其部分的关键营运目标或业绩指标; 6. 对环境产生如下损害: ● 大规模的公众投诉 ● 应采取重大的补救措施
重要缺陷	1. 负面消息在行业内部流传,或者被地方媒体报道或关注; 2. 对大供应商/大客户的关系有明显影响,对一般供应商/客户有严重的影响; 3. 损害多数员工的工作积极性并影响其工作效率,对企业文化、企业凝聚力产生某些重要的不利影响; 4. 受内控缺陷影响的部门/单位较难达成其部分的关键营运目标或业绩指标; 5. 对环境产生如下损害: ● 出现个别投诉事件 ● 应采取一定程度的补救措施
一般缺陷	1. 负面消息在企业内部流传,对企业声誉造成轻微损害; 2. 收到供应商/客户的正式投诉,但对供应商/客户关系基本没有影响; 3. 损害少数员工的工作积极性并影响其工作效率,对于企业文化、企业凝聚力方面几乎没有影响; 4. 对环境产生如下损害: ● 对环境或社会造成一定的影响,但不破坏生态系统 ● 被政府有关部门关注/或需要通知政府有关部门,可不采取行动

(三)财务报告内部控制缺陷和非财务报告内部控制缺陷

按照影响内部控制目标的表现形式,还可以将内部控制缺陷分为财务报告内部控制缺陷和非财务报告内部控制缺陷。

根据《企业内部控制审计指引》的规定,注册会计师应当对财务报告内部控制的有效性发表审计意见,并对内部控制审计过程中注意到的非财务报告内部控制的重大缺陷,在内部控制审计报告中增加“非财务报告内部控制重大缺陷描述段”予以披露。其中,财务报告内部控制是指旨在合理保证财务报告及相关信息真实、完整而设计和运行的内部控制,以及用于保护资产安全的内部控制中与财务报告目标相关的控制;非财务报告内部控制是指除财务报告内部控制之外的其他控制,即为了合理保证企业经营管理合法合规、提高经营效率和效果、促进企业实现发展战略而设计和运行的控制，以及用于保护资产安全的内部控制中与财务报告目标无关的控制。

按照上述定义，财务报告内部控制缺陷主要是指影响财务报告目标实现的内部控制设计和运行缺陷。非财务报告内部控制缺陷是指影响除财务报告之外的其他内部控制目标（包括战略目标、经营目标、合规目标、资产安全目标）实现的内部控制设计和运行缺陷。

案例 7-10　海航投资集团股份有限公司 2020 年度内部控制评价报告（节选）[①]

（三）内部控制缺陷认定及整改情况

1. 财务报告内部控制缺陷认定及整改情况

根据上述财务报告内部控制缺陷的认定标准，结合公司开展内控自查、各部门日常检查、审计监督及整改情况，我们发现报告期内公司在担保业务、关联交易活动方面存在重大缺陷。

(1) 未履行程序为关联方提供担保。海航投资公司存在为关联方提供担保的情况，截至 2020 年 12 月 31 日，担保责任尚未完全解除。海航投资公司在对外担保的过程中未履行公司内部控制制度的审批程序，未履行关联交易的决策程序且未及时进行信息披露，违反了海航投资公司《对外担保管理制度》《关联交易管理制度》《信息披露管理办法》等内控制度相关规定。

(2) 未充分履行程序与关联方发生资金往来。于 2020 年度，海航投资公司存在未获得股东大会授权的情况下，与关联方发生资金往来，截至 2020 年 12 月 31 日，除 2 亿元外(2021 年 2 月 10 日收回)，其余资金已收回。海航投资公司在办理资金支付时未履行公司内部控制制度的审批程序，未履行关联交易的决策程序且未及时进行信息披露，违反了海航投资公司《关联方资金往来管理制度》《关联交易管理制度》《信息披露管理办法》等内控制度相关规定。

公司下年度将进一步加强担保业务、关联交易相关制度的管理，规范内控制度的执行，强化内控制度的监督检查，对管理中发现的问题及时进行整改，提高防范风险能力，提升公司治理水平。

六、内部控制评价程序

《企业内部控制评价指引》第十二条规定，企业应当按照内部控制评价办法规定的程序，有序开展内部控制评价工作。内部控制评价程序一般包括以下环节。

（一）制定评价工作方案

内部控制评价机构应当以内部控制目标为依据，结合企业内部监督情况和管理要求，分析企业经营管理过程中的影响内部控制目标实现的高风险领域和重要业务事项，确定检查评价方法。制定科学合理的评价工作方案，经董事会批准后实施。评价工作方案应当明确：

7

---

① 海航投资集团股份有限公司：《2020 年度内部控制评价报告》，深圳证券交易所官网，2021 年 4 月 30 日，http://www.szse.cn/disclosure/listed/bulletinDetail/index.html?af96e403-839f-49db-a8f4-328179e9dbde。

评价主体范围、工作任务、人员组织、进度安排和费用预算等相关内容。评价工作方案既可以以全面评价为主，又可以根据需要采用重点评价的方式。

（二）组成评价工作组

企业内部控制评价部门应当根据经批准的评价方案，组成内部控制评价工作组，具体实施内部控制评价工作。评价工作组应当吸收企业内部相关机构熟悉情况的业务骨干参加。评价工作组成员对本部门的内部控制评价工作应当实行回避制度。

（三）实施现场测试

内部控制评价工作组可以综合运用个别访谈法、调查问卷法、专题讨论法、穿行测试法、实地查验法、抽样法和比较分析法等各种方法，对被评价单位进行现场测试，充分收集被评价单位内部控制设计和运行是否有效的证据，按照评价的具体内容，如实填写评价工作底稿，研究分析内部控制缺陷。

案例 7-11　国投资本股份有限公司内部控制评价管理办法（节选）[①]

第四章　内部控制评价的程序和方法

第十八条　公司实行内部控制分级监督评价机制，公司审计部统一组织开展内部控制监督评价工作，各下属企业负责完成本单位的内控评价工作。

第十九条　内部控制评价工作一般包括四个阶段，即准备阶段，实施阶段，汇总评价结果、编制评价报告阶段，报告反馈和跟踪阶段。

（一）准备阶段

（1）制定评价工作方案。评价方案应当明确评价主体范围、工作任务、人员组织、进度安排和费用预算等相关内容。

（2）组建评价工作组。公司按经批准的评价方案，挑选具备独立性、业务胜任能力和职业道德素养的评价人员实施评价。

（二）实施阶段

（1）了解被评价单位（部门）基本情况。评价工作组应充分了解企业发展战略和环境、领导层成员构成及分工、部门设置及职责分工等基本情况。

（2）确定检查评价范围和重点。评价工作组根据掌握的情况进一步确定评价范围、检查重点和抽样数量，并结合评价人员的专业背景进行合理分工。检查重点和分工情况可以根据需要进行适时调整。

（3）开展现场检查测试。评价工作组根据评价人员分工，综合运用各种评价方法对内部控制设计与运行的有效性进行现场检查测试，按要求填写工作底稿、记录相关测试结果，并对发现的内部控制缺陷进行初步认定。

评价工作底稿应详细记录执行评价工作的内容，包括评价要素、评价标准、评价和测试方法、主要风险点、采取的控制措施、有关证据资料以及认定结果等。

---

① 国投资本股份有限公司：《内部控制评价管理办法》，上海证券交易所官网，2021 年 8 月 27 日，http://static.sse.com.cn/disclosure/listedinfo/announcement/c/new/2021-08-27/600061_20210827_3_6UVAm11u.pdf。

评价工作底稿应当设计合理、证据充分、简便易行、便于操作。

（三）汇总评价结果，编制评价报告阶段

（1）评价工作组汇总评价人员的工作底稿，初步认定内部控制缺陷，形成现场评价报告。评价工作组将评价结果及现场评价报告向被评价单位（部门）进行沟通，由被评价单位（部门）相关责任人签字确认后，返回评价工作组。

（2）评价工作组应当实施评价质量交叉复核，工作组组长应当对评价工作底稿和现场评价报告进行严格审核，并对所认定的评价结果签字确认后，提交审计部。

（3）审计部对工作组现场初步认定的内部控制缺陷进行全面复核、分类汇总。

（4）审计部以汇总的评价结果和认定的内部控制缺陷为基础，编制内部控制评价报告。审计部应当关注自内部控制评价报告基准日至内部控制评价报告发出日之间是否发生影响内部控制有效性的因素，并根据其性质和影响程度对评价结论进行相应调整。内部控制评价报告应报送公司经理层、董事会审计与风险管理委员会、董事会和监事会，由董事会最终审定后对外披露。

（四）报告反馈和跟踪阶段

对于认定的内部控制缺陷，审计部应当结合董事会和审计与风险管理委员会要求，提出整改建议，要求责任单位（部门）制定切实可行的整改方案并按期整改，并跟踪其整改落实情况，已经造成损失或负面影响的，公司应当追究相关人员的责任。

第二十条　内部控制评价具体测试方法包括：

（一）个别访谈法

个别访谈法主要用于了解公司内部控制的现状，在公司层面评价及业务层面评价的了解阶段使用。访谈前应根据内部控制评价需求形成访谈提纲，撰写访谈纪要，记录访谈的内容。

（二）调查问卷法

调查问卷法主要用于公司层面评价。调查问卷应尽量扩大对象范围，包括公司各个层级员工，应注意事先保密性，题目尽量简单易答（如：答案只需为“是”“否”“有”“没有”等）。

（三）穿行测试法

穿行测试法是指在内部控制流程中任意选取一笔交易作为样本，追踪该交易从最初起源直到最终在财务报表或其他经营管理报告中反映出来的过程，即该流程从起点到终点的全过程，以此了解控制流程和控制措施设计的有效性，并识别出关键控制点。

（四）抽样法

抽样法分为随机抽样和其他抽样。随机抽样是指按随机原则从样本库中抽取一定数量的样本；其他抽样是指人工任意选取或按某一特定标准从样本库中抽取一定数量的样本。

（五）实地查验法

实地查验法主要针对业务层面控制，它通过使用统一的测试工作表，与实际的业务、财务单证进行核对的方法进行控制测试。

（六）比较分析法

比较分析法是指通过数据分析，识别评价关注点的方法。数据分析可以是与历史数据、行业（公司）标准数据或行业最优数据等进行比较。

（七）专题讨论法

对于同时涉及财务、业务、信息技术等方面的控制缺陷，需由内部控制管理部门组织召开专题讨论会议，综合内部各部门、各方面的意见，研究确定缺陷整改方案。

（八）其他方法

包括观察、抽查、审阅、重新执行、标杆、实际工作经验等方法。

第二十一条 内部控制评价工作组对被评价单位（部门）进行测试，应综合运用上述方法，广泛收集被评价单位（部门）内部控制设计和运行是否有效的证据，按照评价的具体内容，如实填写评价工作底稿，研究分析内部控制缺陷。

（四）认定控制缺陷

内部控制评价工作组应当根据现场测试获取的证据，对内部控制缺陷进行初步认定，并按其影响程度分为重大缺陷、重要缺陷和一般缺陷。

企业内部控制评价工作组应当建立评价质量交叉复核制度，评价工作组负责人应当对评价工作底稿进行严格审核，并对所认定的评价结果签字确认后，提交企业内部控制评价部门。

（五）汇总评价结果

企业内部控制评价部门应当编制内部控制缺陷认定汇总表，结合日常监督和专项监督发现的内部控制缺陷及其持续改进情况，对内部控制缺陷及其成因、表现形式和影响程度进行综合分析和全面复核，提出认定意见，并以适当的形式向董事会、监事会或者经理层报告。重大缺陷应当由董事会予以最终认定。

（六）编报评价报告

企业内部控制评价部门应当根据年度内部控制评价结果，结合内部控制评价工作底稿和内部控制缺陷汇总表等资料，按照规定的程序和要求，及时编制内部控制评价报告，并报经董事会或类似权力机构批准后对外披露或报送相关部门。企业应当以 12 月 31 日作为年度内部控制评价报告的基准日，并于基准日后 4 个月内报出。企业内部控制评价部门应当关注自内部控制评价报告基准日至内部控制评价报告发出日之间是否发生影响内部控制有效性的因素，并根据其性质和影响程度对评价结论进行相应调整。

内部控制评价报告应当分别内部环境、风险评估、控制活动、信息与沟通、内部监督等要素进行设计，至少应当披露下列内容：①董事会对内部控制报告真实性的声明；②内部控制评价工作的总体情况；③内部控制评价的依据；④内部控制评价的范围；⑤内部控制评价的程序和方法；⑥内部控制缺陷及其认定情况；⑦内部控制缺陷的整改情况及重大缺陷拟采取的整改措施；⑧内部控制有效性的结论。

本章习题

一、单项选择题

1. 下列选项中，不属于内部监督专业机构的是(　　)。

A. 审计委员会　　B. 监事会　　C. 销售部门　　D. 内部审计机构

2. 下列选项中，不属于《企业内部控制基本规范》规定的审计委员会职责的是(　　)。

A. 负责审查企业内部控制　　B. 依法检查公司财务

C. 负责监督内部控制的有效实施　　D. 负责监督内部控制自我评价情况

3. 内部监督的程序一般不包括(　　)。

A. 建立健全内部监督制度　　B. 监督检查单位财政财务收支

C. 分析和报告内部控制缺陷　　D. 对内部控制缺陷进行整改

4. 内部控制建立与实施过程应当“留有痕迹”，是为了确保内部控制建立与实施过程的(　　)。

A. 可核查性　　B. 可记录性　　C. 可验证性　　D. 可追溯性

5. 日常监督的功能作用不包括(　　)。

A. 获取内部控制执行的证据　　B. 关注高风险且重要的项目

C. 印证内外部信息　　D. 核对数据记录和实物资产

6. 下面关于日常监督和专项监督的关系的表述，错误的是(　　)。

A. 日常监督是专项监督的基础

B. 专项监督是日常监督的有效补充

C. 日常监督有效性高时，可以不设置专项监督

D. 对风险较高且重要的项目应进行专项监督

7. 企业内部控制评价的责任主体是(　　)。

A. 监事会　　B. 董事会　　C. 经理层　　D. 审计委员会

8. 下列选项中，不属于《审计署关于内部审计工作的规定》规定的内部审计机构履行的职责是(　　)。

A. 对本单位及所属单位贯彻落实国家重大政策措施情况进行审计

B. 对本单位及所属单位固定资产投资项目进行审计

C. 参加单位有关会议，召开与审计事项有关的会议

D. 协助本单位主要负责人督促落实审计发现问题的整改工作

9. 下列选项中，不属于《企业内部控制评价指引》规定的企业实施内部控制评价至少应遵循的原则的是(　　)。

A. 全面性原则　　B. 重要性原则

C. 权威性原则　　D. 客观性原则

10. 企业内部控制评价的对象是(　　)。

A. 内部控制规章制度　　B. 内部控制有效性

C. 财务报告的公允性　　D. 内部控制环境

二、多项选择题

1. 按照《上市公司治理准则》的规定，审计委员会的主要职责具体包括(　　)。

A. 审核公司的财务信息及其披露

B. 监督及评估公司的内部控制

C. 监督及评估内部审计工作，负责内部审计与外部审计的协调

D. 监督及评估外部审计工作，提议聘请或者更换外部审计机构

2. 根据《审计署关于内部审计工作的规定》，内部审计的内容主要包括(　　)。

A. 内部控制　　B. 风险管理

C. 经济活动　　D. 财政财务收支

3.《审计署关于内部审计工作的规定》规定，内部审计机构或者履行内部审计职责的内设机构应有下列权限(　　)。

A. 检查有关财政财务收支、经济活动、内部控制、风险管理的资料、文件和现场勘察实物

B. 参与研究制定有关的规章制度，提出制定内部审计规章制度的建议

C. 就审计事项中的有关问题，向有关单位和个人开展调查和询问，取得相关证明材料

D. 提出纠正、处理违法违规行为的意见和改进管理、提高绩效的建议

4. 内部监督的形式包括(　　)。

A. 日常监督　　B. 内部监督

C. 专项监督　　D. 外部监督

5. 确定专项监督的范围和频率时应考虑的因素包括(　　)。

A. 市场竞争环境　　B. 宏观经济环境

C. 风险评估结果　　D. 日常监督的有效性

6. 内部控制评价的内容包括(　　)。

A. 内部环境评价　　B. 风险评估评价

C. 控制活动评价　　D. 信息与沟通评价

7. 按照内部控制缺陷的形成原因可以将内部控制缺陷分为(　　)。

A. 重大缺陷　　B. 财报缺陷　　C. 运行缺陷　　D. 设计缺陷

8. 内部控制缺陷并按其影响程度可以分为(　　)。

A. 重大缺陷　　B. 重要缺陷　　C. 一般缺陷　　D. 财报缺陷

9. 内部控制评价工作组对被评价单位进行现场测试时可以采用的方法有(　　)。

A. 个别访谈法　　B. 调查问卷法

C. 专题讨论法　　D. 穿行测试法

10. 内部控制评价报告至少应当披露的内容有(　　)。

A. 内部控制有效性的结论　　B. 内部控制缺陷及其认定情况

C. 内部控制评价的程序和方法　　D. 内部控制缺陷的整改情况

三、判断题

1. 当董事、高级管理人员的行为损害公司的利益时，监事会有权要求董事、高级管理人员予以纠正。（　）

2. 对监督检查中发现的内部控制重大缺陷，内部审计机构应直接向经理层报告。（　）

3. 专项监督是指企业对建立与实施内部控制的情况进行常规、持续的监督检查。（　）

4. 日常监督的程度越大，其有效性就越高，只要日常监督的程度足够大，企业就不需要专项监督。（　）

5. 专项监督的范围和频率应根据风险评估结果以及日常监督的有效性等予以确定。（　）

6. 总经理是内控体系监管工作第一责任人，负责组织领导建立健全内控体系。（　）

7. 日常监督是专项监督的基础，专项监督是日常监督的补充。（　）

8. 上市公司应当对内部控制的有效性进行自我评价，披露年度自我评价报告，同时应当聘请会计师事务所对内部控制有效性进行审计并出具审计报告。（　）

9. 企业可以授权内控管理职能部门负责内部控制评价的具体组织实施工作。（　）

10. 企业重大缺陷由监事会予以最终认定。（　）

四、简答题

1. 请列举说明审计委员会的监督职责。

2. 请列举说明内部审计机构应履行的职责。

3. 企业内部监督的程序一般分为哪些环节？

4. 请阐述日常监督和专项监督之间的联系。

5. 请解释企业内部控制评价的原则。

6. 内部控制缺陷可以划分为哪些类型？

7. 请简要说明企业内部控制评价的程序。

8. 请举例说明内部控制评价过程中可以用于现场测试的方法。

五、案例分析题

1. A公司属于国有控股的有限责任公司，本年年初聘请某会计师事务所对公司内部控制设计和执行有效性进行检查与评价。检查中发现A公司上一年生产经营管理中出现了以下问题：

(1) 1月，A公司在总经理李总的推动下进入大豆期货市场，公司高层管理人员对期货交易并不十分了解，仅根据当前市场的行情进行大额投资。公司董事会虽然知道公司进行期货投资，但总经理并没有向董事会报告，董事会也没有及时制止。

(2) 3月，A公司某车间员工持领料单到仓库领取一种特殊材料，此材料属于稀有金属，价格比黄金贵重。根据规定领料单必须经公司副总以上职位的高层签字，且必须由车间主任亲自领取，但是车间主任已经病休10天，车间又急用，况且公司副总已经签字，为避免生产部门停工，材料保管员向持单员工发出了相关材料。后经查实，高层签字系伪造，车间员工携带材料当晚潜逃。

(3) 4 月，A 公司准备采购一批原材料，采购部门接到一个不熟悉人员电话，表示可以送货上门，并分两批送货。采购经理认为风险较小，且价格优惠，所以双方签订了采购合同。由于是首次交易，根据公司内部控制制度规定，验货合格后付款，第一批货物到达后，经检验合格，在第二批货物到达前，对方来电说明因资金紧张，让 A 公司先付款。由于经过检验上批货物质量很好，所以公司采购经理指示财务人员，可以先付款。财务人员先行付款，但对方未及时送货，经查此公司系空壳公司，公司负责人已潜逃。

(4) 5 月，为加强财务管理，公司规定会计和出纳人员分设，出纳人员不得兼任账目登记工作，A 公司的银行预留印鉴的印章和票据全部由财务经理统一保管。

(5) 6 月，A 公司董事长刘某经朋友介绍认识了自称是甲投资公司（以下简称甲公司）总经理的彭某，双方约定，由 A 公司向甲公司投入 1 000 万元，期限 1 年，无论资金的回报如何，甲公司均按固定收益率 20% 支付给 A 公司收益。考虑到这项投资能给 A 公司带来巨额回报，且收益固定，为避免错失良机，刘某指令财会部先将 1 000 万元资金汇往甲公司，之后再向董事会补办报批手续、补签投资协议。财会部汇出资金后向对方核实是否收到汇款时，却始终找不到彭某。后经查实，甲公司纯系子虚乌有。

(6) 8 月，A 公司有一笔对外提供重大担保的业务，根据公司相关控制制度的规定，由总经理批准。后经查实，被担保方已资不抵债，给 A 公司带来较大资产损失。

(7) 12 月，A 公司有关人员对当年内部控制的日常监控情况向公司董事会作了口头说明，揭示了内部控制存在的缺陷。

(8) 12 月 30 日，A 公司根据内部控制制度的规定，进行存货的盘点，但是对于长春的一家露天仓库，由于下大雪，无法进行盘点，所以直接根据会计记录给予确认。公司制度规定每两年进行一次存货的全面盘点清查。

要求：根据上述事项，分别各业务分析其内部控制方面是否存在缺陷，如果存在缺陷，则请说明理由。

2. 甲上市公司由审计部制定了内部控制评价方案，该方案摘要如下：

(1) 关于内部控制评价的组织领导和职责分工。董事会及其审计委员会负责内部控制评价的领导和监督。经理层负责实施内部控制评价，并对本公司内部控制有效性负全责。审计部具体组织实施内部控制评价工作，拟订评价计划、组成评价工作组、实施现场评价、审定内部控制重大缺陷、草拟内部控制评价报告，及时向董事会、监事会或经理层报告。其他有关业务部门负责组织本部门的内控自查工作。

(2) 关于内部控制评价的内容和方法。内部控制评价围绕内部环境、风险评估、控制活动、信息与沟通、内部监督等五要素展开。鉴于本公司已按《公司法》和公司章程建立了科学规范的组织架构，组织架构相关内容不再纳入企业层面评价范围。同时，本着重要性原则，在实施业务层面评价时，主要评价证券交易所重点关注的资金活动、对外担保和关联交易等业务或事项。考虑到公司现阶段经营压力较大，为了减轻评价工作对正常经营活动的影响，在本次内部控制评价中，仅采用调查问卷法、专题讨论法实施测试和评价。

(3) 关于实施现场评价。评价工作组应与被评价单位进行充分沟通，了解被评价单位的基本情况，合理调整已确定的评价范围、检查重点和抽样数量。评价人员应依据《企业内部控制基本规范》《企业内部控制配套指引》和《公司内部控制手册》实施现场检查测试，按要求填写评价工作底稿，记录测试过程及结果，并对发现的内部控制缺陷进行初步认定。现场评价结束后，评价工作组汇总评价人员的工作底稿，形成现场评价报告。现场评价报告无须和被评价单位沟通，只需评价工作组负责人审核、签字确认后报审计部。审计部应编制内部控制缺陷认定汇总表，对内部控制缺陷进行综合分析和全面复核。

(4) 关于内部控制评价报告。审计部在完成现场评价和缺陷汇总、复核后，负责起草内部控制评价报告。评价报告应当包括：董事会对内部控制报告真实性的声明、内部控制评价工作的总体情况、内部控制评价的依据、内部控制评价的范围、内部控制评价的程序和方法、内部控制缺陷及其认定情况、内部控制缺陷的整改情况、内部控制有效性的结论等内容。对于重大缺陷及其整改情况，只进行内部通报，不对外披露。内部控制评价报告报董事会审定后对外披露。

要求：根据《企业内部控制基本规范》及《企业内部控制配套指引》，逐项判断甲公司内部控制评价方案中的(1)至(4)项内容是否存在不当之处；存在不当之处的，请逐项指出不当之处，并逐项简要说明理由。

第八章

内部控制体系建设

学习目标

1. 知识目标：了解内部控制体系建设的组织分工。

2. 技能目标：掌握内部控制制度建设的总体思路和操作步骤，并能够结合企业的实际情况组织和开展内部控制制度体系的建设。

3. 思政目标：结合内部控制制度体系建设的总体思路，领会习近平总书记关于“把权力关进制度的笼子里”指示的精神；分析财务人员违纪违法问题典型案例，塑造爱岗敬业、廉洁自律的职业操守，树立正确的世界观、人生观和价值观；学习民营企业制度反腐经验，强化反腐败信念，重视内部控制体系建设。

引例

上市公司奇葩事件频发，内部控制建设任重道远①

回顾2019年，A股上市公司发生了不少奇葩事件，以下是一些典型。

1. 雏鹰农牧：没钱买饲料，猪被饿死了

2019年1月30日晚，“养猪第一股”雏鹰农牧的一则公告，刷新了人们对上市公司的认知。该公司在公告中称，公司预计2018年度亏损29亿至33亿元。其中，由于资金紧张，饲料供应不及时，公司生猪养殖死亡率高于预期，致使生猪养殖成本及管理费用高于预期，叠加其他因素影响，公司较前次预测相比减少利润3.91亿元。“猪饿死了”的消息引发大众热议，上市公司股价也渐渐“撑不住”了。2019年8月19日，由于连续20个交易日收盘价均低于股票面值（1元），深交所决定雏鹰农牧的股票终止上市。10月15日，*ST雏鹰以0.17元/股的价格退市。

2. 獐子岛：扇贝“一跑再跑”，股价一跌再跌

獐子岛上演的“扇贝去哪儿了”大型连续剧则从2014年一直持续到2019年，5年的时

---

① 资料来源：(1)周琦：《2019年A股上市公司十大奇葩事件盘点》，载于《中国经济周刊》，2020年1月6日。(2)阎侠：《A股2019：猪和扇贝“双亡” “两康”遇黑天鹅》，载于《新京报》，2020年1月6日。

间里，獐子岛的扇贝变着花样地消失了 4 次，而且原因各异：有冻死的，有饿死的，有受灾的，还多次出现"活不见贝死不见壳"。按照獐子岛的说法，2014 年 10 月，前两年底播海域虾夷扇贝因冷水团异动，近乎绝收；2018 年 1 月，因"降水减少导致饵料生物数量下降"，扇贝被"饿死"；2019 年 1 季度，"底播虾夷扇贝受灾"；2019 年 11 月，"底播扇贝出现大比例死亡"。截至 2019 年 12 月 31 日，獐子岛报收于 2.75 元/股，相较 2010 年历史最高点位 34.59 元/股，区间跌幅超过 92%。

3. 康得新：122 亿元存款"不翼而飞"

2019 年 4 月 30 日，ST 康得发布的 2018 年年度报告被会计师事务所出具非标准审计意见，3 位独立董事则在公告中透露，无法判断康得新 122.1 亿元银行存款期末余额的真实性、准确性及披露的恰当性。会计师事务所则称，银行回函显示前述存款账户余额为 0 元。当日，ST 康得被实施"退市风险警示"，变成了 *ST 康得。直到证监会再三追问，才弄清原委：*ST 康得的母公司康得集团和北京银行签订了一个协议，*ST 康得的账户是子账户，只要存钱进去，就会归集到母公司康得集团的账户。"钱没了"并不是全部，财务造假的迷雾更是让投资者心寒。证监会在调查中发现，康得新涉嫌多年财务造假，在 2015 年至 2018 年的 4 年间虚增利润 119 亿元。

4. 赫美集团：高管无法保证年报真实性

有这么一家上市公司，不仅会计师事务所对年报"无法表示意见"，公司总经理、副总经理、财务总监也在公告中明确表示无法保证公司 2018 年度报告内容的真实、准确、完整——这家公司就是赫美集团。赫美集团 2018 年年报显示，报告期内，公司实现营业收入 19.18 亿元，同比下降 20.44%；归属于上市公司股东的净利润为亏损 16.15 亿元，同比下降 1 221.45%；扣非净利润为亏损 19.06 亿元，同比下降 2 729.87%。可谓是惨不忍睹。但即便是这样的年报，连公司三大高管都不敢保证其真实性，赫美集团的实际情况恐怕难以想象。市场用行动给出了答案。年报公布后，赫美集团不仅"披星戴帽"变成 *ST 赫美，还直接迎来 19 个跌停，市值蒸发近百亿。

这些频频发生的奇葩事件表明，中国相当数量的企业包括上市公司，其内部控制还存在着巨大的漏洞，中国企业的内部控制水平提升，仍然任重道远。尽管财政部、证监会、国资委等部门自 2008 年出台了一系列法规指引，然而从这些频发的丑闻看，上市公司内部控制质量的高低，不仅取决于内部控制制度标准的完善，更重要的是内部控制体系的科学建设和有效实施。那么，如何才能进行内部控制体系的科学建设呢？本章重点介绍风险控制体系的总体思路、组织分工和基本步骤。

第一节　内部控制体系建设总体思路

为实现内部控制目标，企业内部控制体系建设应该在贯彻内部控制原则的基础上还需要满足全覆盖、有实效和可操作的要求。为此，结合国务院国资委 2019 年 10 月《关于加强中央企业内部控制体系建设与监督工作的实施意见》所提出的"管理制度化、制度流程化、流程信息化的"内部控制理念，企业建设内部控制体系的总体思路应该围绕内控制度化、制度流程化＋标准化＋表单化、内控信息化这五个方面进行。

一、内控制度化

2013 年 1 月，习近平总书记在十八届中央纪委二次全会上指出，要加强对权力运行的制约和监督，把权力关进制度的笼子里，形成不敢腐的惩戒机制、不能腐的防范机制、不易腐的保障机制。内控制度化就是指当企业发展到一定阶段，一定要构建正式的内部控制与风险管理制度，用制度防控企业的风险才是根本之道和长久之计。内部控制体系要落脚于企业经营活动过程中各项具体业务，包括采购、研发、生产、销售等，范围涉及企业生产经营管理的各部门各层次，以实现对企业所有业务活动的事前、事中、事后的全方位、全过程的控制与监督，换句话说就是将内部控制嵌入到企业各项业务运行当中，使其成为一项系统化制度。《企业内部控制基本规范》及配套指引对企业各项基本业务活动和事项进行了较为详细的说明，如图 8-1 所示，是企业建设科学合理的内部控制体系的重要参考依据。

北海国发川山生物股份有限公司内部控制管理制度

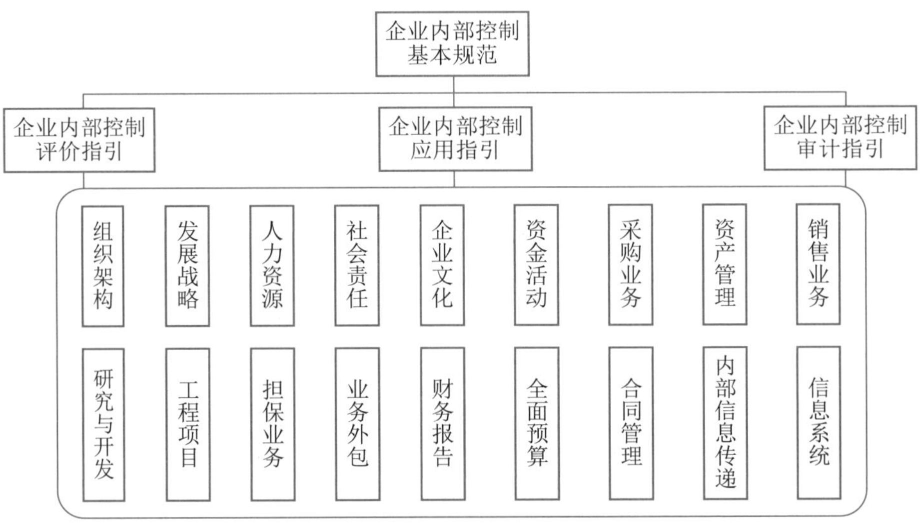

图 8-1　企业内部控制规范框架体系

国务院国资委《关于加强中央企业内部控制体系建设与监督工作的实施意见》

案例 8-1　中国海外发展有限公司打造体系化风险管理“软实力”和“硬科技”[①]

中国海外发展有限公司（以下简称中海发展）隶属于中国建筑集团有限公司，是中国内地最大的写字楼发展运营商，盈利能力行业领先，连续 18 年获中国蓝筹地产企业，连续 17 年获中国房地产行业领导品牌。中海发展充分认识开展对标世界一流管理提升行动的重要意义，矢志不渝建设一流、学习一流、赶超一流；在行业的剧烈波动调整中，恪守稳健经营，筑牢风险防线，坚持体系化风险管理思维，革新技术防控手段，稳步建立风险管理长效机制，形成了一套行之有效的风险管理体系。

① 引自国务院国资委官网 2022 年 10 月 25 日发布的《【对标世界一流　央企加速奔跑】中国海外发展有限公司：对标一流　打造体系化风险管理“软实力”和“硬科技”》，作者：中国建筑集团有限公司，http://www.sasac.gov.cn/n2588025/n2588124/c26314638/content.html。

筑牢三层架构 实现风险管理组织保障有力

房地产行业具有资金集聚密、项目开发周期长、产业链辐射领域广、受政策影响大等特征，风险贯穿项目开发运营全过程。中海发展坚持系统思维，把风险管理工作纳入全局考虑，同部署、同推动、同监督，不断巩固“风险管理委员会—总部职能部门—地区子公司”管理架构，保证组织坚强有力。

强化顶层设计，健全领导机制。建立健全党委会、执行董事会（执董会）对风险管理的领导机制，将公司重大风险事项纳入公司党委会前置研究审议清单，落实主要负责人对公司重大风险承担“一把手”责任，执董会下设风险管理委员会（以下简称风委会），审议公司各类风险事项，监督推进决策执行，向党委会、执董会负责并定期报告。

明确职能分工，打造协同体系。各职能部门共同参与风控体系建设。由风委会下设办公室统筹负责制度建设、机制运行及监督、风险决策事项提报和执行跟踪，强化办公室牵头组织落实责任。各部门按照职责分工负责风险制度建设、机制运行及风险应对，参与风委会项目审议。

坚持精准授权，赋能一线管控。根据风险事项的性质、影响、紧急程度、涉及金额大小等因素，赋予各子公司风险管理的相应职责。如对于运营风险事项，由总部负责监控三星级风险，区域负责监控二星级风险，地区公司负责识别全部风险事项，初步定级后上报，并负责风险事项推进解除。各子公司在授权范围内承担本单位风险管理主体责任，接受公司风委会监督检查。

聚焦三个平台 突出风险管理软实力和硬科技

卓越的风险管控能力是世界一流企业必备的核心竞争力之一。公司对标行业内外优秀案例，利用数据科技优势建设“技防”平台，搭建“后台、中台、前台”，即风险动态评估机制、监控协同机制、风险处置和追责机制，确保风险管理系统显实效。

将风控措施融入业务管理全流程各环节。从房地产开发业务全流程、各环节入手，使用科学化、信息化、刻度化管理工具，系统、全面提升风险管控能力。在投资环节，建立投资地图和城市地图辅助决策系统，突出投资重点城市和城市重点板块及投资类别，实现城市解读系统化、深度化，有效降低投资风险；在运营环节，实施运营风险动态评级与控制，将项目按照整体运营风险等级分为集团三星管控项目、区域二星管控项目和地区管控项目三类；在交付环节，开展交付风险评级与控制，对于产品交付前的风险点进行梳理，针对风险项对客户的影响度以及可能产生投诉的风险作出综合评估和评级判定。

编制“风险地图”描绘“风险画像”。将风险指标按照宏观、中观和微观分类，开发出符合实际的“风险地图”。宏观风险指标对公司战略和经营策略都会产生深层次影响，主要包括经济、市场、政策等方面风险。公司每年组织分析梳理影响公司发展的十大风险事项，研究制定防控措施，分解到各职能线，定期向党委会和董事会报告。中观风险指标着眼于对具体某一子公司产生影响的风险，如存货数量和结构是否支持其可持续健康发展等，形成各子公司“风险画像”，为其提升风险管理水平明确方向。微观风险指标针对投资、设计、工程、营销等具体岗位，从效能、程序和廉洁等维度梳理岗位风险，逐一对应制定操作层面防控措施。

培育风险管理“软实力”。牢固树立稳健经营理念，设置经营红线，严控资产负债率、净借贷比等指标，确保在手现金占总资产的比重保持在10%以上。制订风险防控手册，从制度上建立业务活动、职能履行和风险防控之间的直接联系。制作推广“风险书签”“清风锦囊”等8项风险宣教产品，发送风险教育长图18张，确保系统、全面理解企业风险管理文化和管理要求。

积极打造风险管理“硬科技”。启动风险管理信息系统建设，推动年度风险、运营风险、法律风险、日常风险处置模块上线，实现风险管理系统化、动态化、精细化。主动与平安、华为等企业对标，完成风险管理系统框架搭建。建立信息化工具，实现线上识别风险，上线风险预警指标30余项，在利用信息化手段侦测风险事项方面实现了从0到1的突破。

形成PDCA循环　推动风险管理长效建设

中海发展紧扣风险事项发展流程，按照PDCA循环开展风险管理，从全局高度建设长效机制，为公司高质量发展保驾护航。

广泛开展风险识别，推进风险评估。每年定期开展风险识别，由风险管理团队汇总形成公司年度风险清单；法律、运营等职能线对日常经营风险作出识别，形成日常风险清单，并保持逐年刷新，为风险评估提供基础数据。

认真组织风险评估，制定应对措施。风委会办公室协调总部部门确认风险管控措施和责任部门，各部门对年度风险进行评分，得出风险排序和评级；法律、运营等职能线对日常风险评估，并按照三个星级作出区分，定期检测星级评定合理性并适时调整，确保风险应对措施科学性。

精准实施风险化解，确保风险可控。各级单位在授权范围内，比照风险评估结果及应对预案，对发生的风险事项实施精准防控，采取相应应对策略处置后，报送风委会审核或者备案。年度风险应对措施经公司审议后，由主辅责部门协同执行；日常风险由职能部门牵头，各子公司逐一落实。

着力夯实风控效果监督，倒逼风险识别。定期复盘风险应对措施运用情况，检视风险管控效果；风险管理团队与职能部门建立滚动管理机制，向风委会双月汇报。审计部与总部职能部门开展不定期沟通，搭建协商平台，对风险管控进行监督评价。风委会按年综合检查和监督结果，反馈并优化年度风险识别。

中海发展成立43年以来，始终坚守长期主义，坚持财务稳健基础上的高质量发展，切实提升风险管理能力，严守不发生系统性风险底线。上市30年，中海发展市值增长近60倍，每股盈利年复合增长12%。截至2021年末，中海发展资产负债率为58.9%，净借贷比率为32.3%，未触“三条红线”，继续保持处于“绿档”。今年年内，中海发展加权平均融资成本3.55%，持续保持行业最低区间，为企业长期健康奠定了良好基础。

二、制度流程化

企业内部控制制度的设计要以每一项具体业务为落脚点。针对每一项具体业务，企业首先要划分流程，即参考企业内部控制配套指引，结合企业的实际情况，绘制标准的业务流程图。制度流程化既保证了每一项业务流程的不同阶段和不同环节之间的相互配合、相互衔接，也保证了不同部门以及不同岗位角色之间在同一项业务活动中的相互制衡、相互监督，比如某公司的销售退货流程，如图8-2所示。

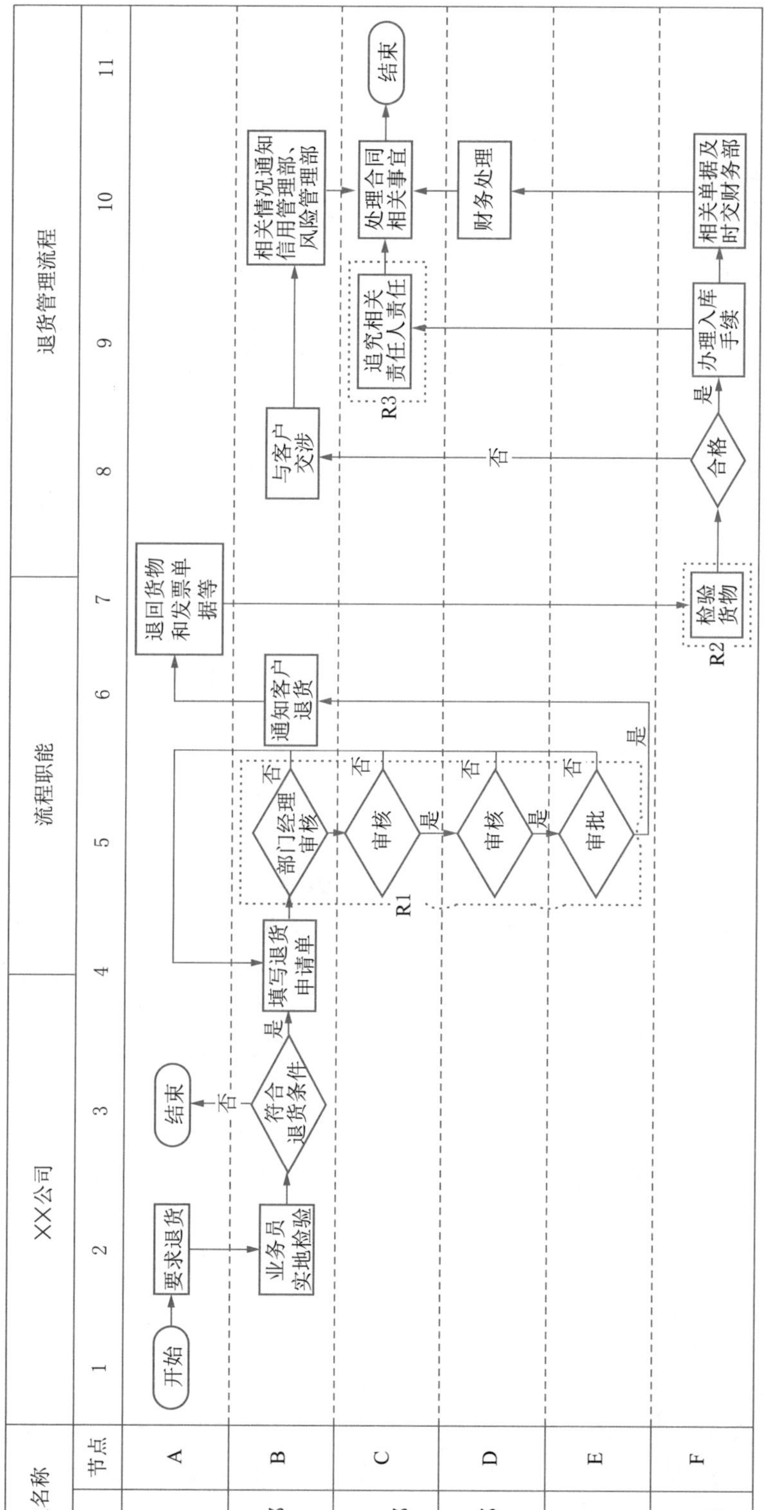

图 8-2 销售退货管理流程图

制度流程化的目的在于：一是促使业务有效运行，提高工作效率；二是降低错误和舞弊的发生，保证工作质量。为了达到以上两个目的，在划分业务流程过程中需要强调以下三点：①应贯彻制衡性的原则，合理划分职责与权限，不相容职责应尽可能相分离，规避同一个人或部门自始至终完成一项业务的情形。②应权衡成本效益，不能一味追求防错纠弊或形式完美而妨碍业务运行效率。因而，应定期梳理业务流程并进行优化，删减冗余或不必要的环节。③应明确各项流程的负责人，避免完整的流程被横向管理所割裂或者跨流程控制指挥而导致流程运转的混乱。

案例 8-2　ofo 经营失败与内控痛点①

2015 年，随着万众创新的口号响彻神州大地，中国大陆同时刮起了一股强劲的资本风暴，投资人们狩猎着一个个有利可图的项目。在这个千载难逢的历史时刻，刚从北大校门走出的 ofo，受到各路投资人的追捧，资金一波波争先恐后地涌进 ofo 的账户，充足的资金让 ofo 如同一头猛兽，在中国乃至全世界，势不可挡。

但以戴威为首的创始人们，刚走出校门，之前既没有太多商业运营的经验也不熟悉资本运作，面对洪水般涌来的资金，难免有些无所适从，好在充足的资金流能掩盖一切的“暗礁”。然而，内部管理风格粗犷，资金使用无计划、无效率、无约束，资源大量浪费，甚至催生出巨大的采购灰色空间等问题，在资金洪流退却时，显得触目惊心。

从 2016 年底至 2017 年，ofo 仅花在市场推广的费用高达数亿元，且从未被有效地质疑：1 000 万元签鹿晗做代言人、2 000 万元给一个卫星冠名、3 000 万元购买一家媒体做一年广告投放……

有新闻提到“城市经理两万元以下出差费用，无人审核事项与费用的匹配性，可以随便找发票报销”。在 ofo 申请买车或做市场活动等大额资金支出审批特别简单，那段时间打款也很快，报销毫无难度。一批车锁从北京邮到某一个地区，在根本没有时间要求的情况下，本可以走邮政等相对便宜的快递，但 ofo 绝对走顺丰。有的城市主管用自己的朋友做供应商，把破车重组当作新车采购进来收取回扣，某城市车辆维修物资的供应商是维修仓库主管好友，把十年前的旧胎当做新胎卖给公司。

果然，当 ofo 被逐利的资本抛弃时，原本粗放的运营模式难以维系，公司资金链捉襟见肘，扩张时期新增的成本部门几乎寸步难行。此后，随着挪用押金等负面新闻频频爆出，ofo 估值一路下降，从最初的 20 亿美元，到 15 亿美元，14 亿美元，再到 10 亿美元，欠的钱已经累计达到 60 多亿美金。ofo 这头曾经名副其实的独角兽最终成为了一只“困兽”。

资金支出与报销流程不完善加剧了资金链的问题。ofo 前期资金充裕，公司经营层对资金支出与费用报销管理未树立管控意识，内部支付程序过于简单：市场推广费与车辆采购费等都不需要层层审核，打款特别快，报销完全无难度；某些级别员工，出差报销费用只要找人贴发票，基本没有内部审核流程；快递费等日常运营费用基本不考虑成本因素。

就 ofo 而言，应完善资金支出与费用报销的内部审批控制，严格规范资金的收支条

① 张明钰、吴颖杰：《当 ofo 被资本抛弃，他的内控痛点究竟在哪儿？》，搜狐网，2019 年 3 月 13 日，https://www.sohu.com/a/300885132_653379。

件、程序和审批权限:其一,业务部门在支出费用前应提报相关负责人款项的用途和预算,部门负责人在费用发生之前有效监督费用列项的合理性,大额资金支出还应由公司经营层集体决策;其二,财务部门在办理报销业务时,应按照规范要求,对费用的合理性二次进行审核,并对报销单据的真实性、准确性进行验证,只有履行公司制度要求规定的审批程序后方可支付与报销。

三、制度标准化

制度标准化是指在制度制定过程中,应明确企业各项业务流程所涉及的各种控制标准,以便为控制提供依据,表8-1为某公司退货范围规定。如果标准缺失或者标准模糊,控制就会失去依据,制度也会缺乏可操作性。

表8-1 某公司退货范围规定

4.1 产品退货范围

产品退货分为质量原因和非质量原因退货。非质量原因产品一经售出,无正当理由,一般不准退货,4.1.1项规定的特殊原因可作退货处理。

4.1.1 非质量原因退货主要指合作方经营困难或其他不能正常销售等特殊原因造成的退货,同时包括公司仓库人员错误发货引起的合作方拒收。如:超过厂方负责期的化妆品不予退货;零箱不予退货;间接客户不予退货;退回的产品无法清点接收的,不予退货;混有假劣产品的,不予退货。

4.1.2 质量原因退货主要涉及产品质量投诉、产品召回等原因引起的退货,同时包括公司运输过程中因运输包装纸箱破损引起的合作方拒收。

在进行制度标准化时需要注意以下三点:

(1) 在制定标准时应处处对照内部控制制度的要求,将内部控制制度的标准内嵌于流程当中。内部控制制度中所涉及的标准有许多类型,如审批标准、销售信用评级标准、合格供应商评价标准、成本费用控制标准、预算标准、绩效考评标准等。

(2) 标准制定一定要明确准确,尽可能数量化和具体化,避免出现抽象的概念和模糊的词语,使得各环节的员工能够以相同的方式理解解释标准,按照既定的标准总能保持实现相同目标。

案例8-3 营运车辆采购招标规则、程序及综合评分①

招标采购须举行招标会就供货商、采购车型及价格进行确定,其包括以下程序,遵循以下规则:

(1) 由法律顾问对竞标单位相关资质进行审查并公布审查结果。

(2) 由车辆采购小组宣布招标会的评标要求和规则。

(3) 由竞标单位分别单独就竞标单位状况、代理(销售)品牌、竞标车型、售后服务等

8

① 节选自深圳证券交易所2018年12月26日披露的《四川富临运业集团股份有限公司营运车辆采购管理制度》,http://www.szse.cn/disclosure/listed/bulletinDetail/index.html?aa7665b8-bb28-4bdb-a480-aa21855916aa。

向车辆采购小组进行介绍、阐释和说明。

(4) 由竞标单位现场进行不限轮次书面竞价，车辆采购小组当场公布各轮竞价情况并由竞标单位确认，直至无人继续报价为止。

(5) 由车辆采购小组成员对各竞标单位管理指标分别进行评分，各成员评分的平均分为各竞标单位管理指标的最终得分(竞标人回避)；管理指标主要因素包括但不限于技术、合作及业绩、品牌及信誉、售后服务以及对招标文件的响应程度等。

(6) 由车辆采购小组对竞标单位最终报价进行开封，同时开启标底进行比对，其中最终最低报价高于标底价再加3%时，原则上应为流标；最终报价可根据各竞标单位要求不予对外公布。

(7) 计算并公布各竞标单位最终得分，最终得分=管理指标得分+价格得分。

(8) 车辆采购小组进行综合评议(竞标人回避)，原则上得分最高者为中标人；若出现车辆采购小组成员意见不一致的情况，按照少数服从多数的原则确定。

(9) 车辆采购小组公布中标单位，若最终议定价格出现异动，则车辆采购小组有权宣布流标或延迟宣布最终结果。

(10) 综合评分因素及标准如表8-2(其中2—6项为管理指标)：

表8-2 营运车辆采购招标综合评分因素及标准

序号	评分因素	评 分 标 准
1	报价	按照竞标单位报价差价比例计算该项得分，报价最低的该项得分为满分
2	技术指标、配置	产品符合国家和行业主管部门相关安全技术标准；结合采购要求进行综合比较，根据样车外观、车内布局的合理性、乘坐的舒适性、内空高度等综合评分，综合比较竞标者车型配置予以评分
3	良好合作与业绩	以竞标人与我司有良好合作优先，并以在当地客车销售业绩予以综合评分
4	品牌知名度及信誉	以竞标人在国内及行业内的知名度以及在本企业的认可度予以评分
5	售后服务	根据售后服务方案(承诺)及以往的售后服务工作评价进行综合比较评分
6	竞标文件规范性	根据竞标文件制作规范就竞标单位竞标文件偏差程度予以扣分

(3) 制定出来的标准应当是可操作的，符合企业客观条件的。比如企业在设置审批标准时就应结合实际遵循“三分”原则，即分业务类型、分金额大小、分管理层级，中石化的审批权限指引表就是一个典型的例子，详见表8-3。

四、制度表单化

内部控制非常强调时时处处留下痕迹，即在进行业务的过程当中，每个阶段、每个环节、每个部门、每个岗位都应留下相应的痕迹。这些痕迹可以是合同、文书、签字、数据、工作台账、档案等。痕迹化的主要目的是留下控制证据，以便于将来审计或评价时可追溯责任。如果出现问题，就可以沿着当初开展业务留下的轨迹倒查责任，如果没有留下痕迹或者痕迹模糊，就会难以分清责任。要实现内部控制留痕的要求，就需要将各项业务流程中涉及的控制措施、控制标准设计成相应的表单。表8-4就是与前述销售退货流程相对应的申请表。

表 8-3

中国石油化工股份有限公司的审批权限指引表（节选）

部门/岗位 业务类型	执行部门	1 股东大会	2 董事会	2.1 董事长	3 总裁办公室	3.1 总裁	… …	4 事业部/职能部主任	… …	5 分公司经理/经理班子	5.1 分公司分管副经理/总会计师	6 分公司处室负责人/业务经理	… …	会签部门或复核岗位
1.4.3　企业自行采购														
1.4.3.3.3　外部采购合同（非框架采购协议项下）	分公司物资供应部门													
(1) 油田炼化企业	分公司物资供应部门									审批： 一类企业：单笔≥1 000 万元； 二类企业：单笔≥500 万元； 三类企业：单笔≥300 万元；	审批： 一类企业：单笔 500 万元（含）—1 000 万元； 二类企业：单笔 300 万元（含）—500 万元； 三类企业：单笔 100 万元（含）—300 万元；	审批： 一类企业：单笔＜500 万元； 二类企业：单笔＜300 万元； 三类企业：单笔＜100 万元；	…	分公司法律事务部门
1.4.3.4　对外付款														
(1) 货到付款；油田炼化企业	分公司财务部门									批准： 一类企业：单笔≥1 000 万元； 二类企业：单笔≥500 万元； 三类企业：单笔≥300 万元；	批准： 一类企业：单笔 500 万元（含）—1 000 万元； 二类企业：单笔 300 万元（含）—500 万元； 三类企业：单笔 100 万元（含）—300 万元；	批准： 一类企业：单笔＜500 万元； 二类企业：单笔＜300 万元； 三类企业：单笔＜100 万元；	…	分公司业务部门

注：除特别注明外，本表所列权限指经总部批准的预算/计划项下的授权。

表 8-4　　**销售退货申请表**

<table>
<tr><td colspan="8">××公司退货申请表</td></tr>
<tr><td>申请人</td><td colspan="2"></td><td>申请日期</td><td colspan="2"></td><td>编号</td><td></td></tr>
<tr><td colspan="8">客户名称及编码：</td></tr>
<tr><td>客户联系人</td><td colspan="2"></td><td>电话</td><td colspan="2"></td><td>传真</td><td></td></tr>
<tr><td colspan="8">客户退货要求的详细情况</td></tr>
<tr><td>序号</td><td>名称</td><td>规格</td><td>合同号</td><td>发货单号</td><td>发货日期</td><td>退货数量</td><td>退货金额</td></tr>
<tr><td></td><td></td><td></td><td></td><td></td><td></td><td></td><td></td></tr>
<tr><td>退货原因</td><td colspan="7"></td></tr>
<tr><td>对该客户的供货情况介绍</td><td colspan="7"></td></tr>
<tr><td>备注</td><td colspan="7"></td></tr>
<tr><td>业务部意见</td><td colspan="7"></td></tr>
<tr><td>财务部意见</td><td colspan="7"></td></tr>
<tr><td>风险管理部意见</td><td colspan="7"></td></tr>
<tr><td>分管副总意见</td><td colspan="7"></td></tr>
</table>

要满足内部控制的痕迹化要求应注意以下几点：①以风险评估为基础，合理留痕；②以业务流程为依托，全程留痕；③以签字为抓手，强化责任意识。在实际工作中应进一步强化责任意识，防止签字不全、越权代签、有签字无意见、只签字不把关等现象的发生，保证控制措施的有效落实。表 8-5 分别是某制造业费用报销审批单，表单上设计了多个签字区域，强调了同一业务负责不同环节的责任主体所承担的不同责任。

表 8-5　　**费用报销审批单**

部门：　　　　　　年　　月　　日填　　　　　　单据及附件共　　页

<table>
<tr><td>用途</td><td>金额（元）</td><td rowspan="2">部门签认</td><td>经办人</td><td>证明人</td><td colspan="2">负责人</td></tr>
<tr><td></td><td></td><td></td><td></td><td colspan="2"></td></tr>
<tr><td></td><td></td><td rowspan="2">财务审核</td><td colspan="4" rowspan="2"></td></tr>
<tr><td></td><td></td></tr>
<tr><td></td><td></td><td rowspan="2">领导审批</td><td colspan="4" rowspan="2"></td></tr>
<tr><td>合计</td><td></td></tr>
<tr><td colspan="3">金额大写：　佰　拾　万　仟　佰　拾　元　角　分</td><td colspan="2">原借款：　　　　元</td><td colspan="2">应退还余款：　　　元</td></tr>
</table>

会计复核：　　　　出纳：　　　　报账员：　　　　报销人：　　　　领款人：

在设计表单时应注意以下基本要求：

（1）表单设置要反映工作全过程，谁来做和怎么做要规定得非常清晰，同时还要控制住整个业务流程的全部风险，要具有逻辑延续性。比如表 8-6 的某集团合同会签审批表，在该表单中合同审批人不再是笼统地签字，而是要对照审核要求进行细致的检查。另外，表单编制的内容应包含时间的要求和填写人员的要求（如制表人、填写人、审批人等），以便于将来可追溯责任。表单是实施内部控制制度的证据，在表单上签字盖章意味着对内部控制制度相关规定进行了相应的操作并需要承担相应的责任。

表 8-6 **某集团合同会签审批表**

（适用集团职能部门直接洽谈的合同）

<table>
<tr><td colspan="2">合同名称</td><td colspan="3"></td><td colspan="2">立项编号</td><td></td></tr>
<tr><td colspan="2">合同类别</td><td colspan="3">□投融资类 □设计、勘探、监理类 □工程施工类 □工程材料设备采购类 □营销类 □行政、人事、法务、IT 等管理服务类 □物业管理、服务类 □其他类</td><td colspan="2">合同编号
（由印章管理员编号）</td><td></td></tr>
<tr><td colspan="2">经办部门及经办人</td><td></td><td>联系电话</td><td></td><td colspan="2">合同终审人</td><td></td></tr>
<tr><td colspan="2">合同总价</td><td colspan="3"></td><td colspan="2">是否预算内/原预算造价</td><td></td></tr>
<tr><td colspan="2">合同对方单位名称</td><td colspan="3"></td><td colspan="2">对方联系人及联系电话</td><td></td></tr>
<tr><td colspan="2">合同会审附件</td><td colspan="6">必备附件：□非招标（直接洽谈）：1. 合同立项表　2. 洽谈纪要
选择附件：</td></tr>
<tr><td colspan="2">合同主要内容</td><td colspan="6"></td></tr>
<tr><td>经办部门</td><td rowspan="4">时限
2 天
（采用同时会审方式）</td><td colspan="6">（审核要点：工程或产品、服务名称、具体内容、工期或服务期、技术要求、验收要求并对合同其他主要内容进行陈述）</td></tr>
<tr><td>成本管理中心</td><td colspan="6">（审核要点：合同金额是否在预算内、计价方式、结算方式、付款方式）</td></tr>
<tr><td>计财中心</td><td colspan="6">（审核要点：付款时间是否符合公司要求、发票）</td></tr>
<tr><td>法务中心</td><td colspan="6">（审核要点：是否采用集团合同范本及违约责任、合同解除、不可抗力、保密、争议解决方式等法律条款）</td></tr>
<tr><td>集团常务副总裁/副总裁/总裁助理</td><td>时限
1 天</td><td colspan="6">（审核要点：对具有终审权的合同进行全面审核，对审核部门提出的意见进行裁决，决定是否签订合同；对不具有终审权的合同提出审核意见）</td></tr>
<tr><td>集团总裁</td><td>时限
1 天</td><td colspan="6">（审核要点：全面审核，对审核部门提出的意见进行裁决，决定是否签订合同）</td></tr>
<tr><td colspan="2" rowspan="5">盖章执行情况</td><td colspan="4">对方盖章时间：　　年　月　日</td><td colspan="2">经办部门人员签字：
年　月　日</td></tr>
<tr><td colspan="4">印章名称：</td><td colspan="2" rowspan="4">印章管理人员签字：

年　月　日</td></tr>
<tr><td colspan="4">印章类别：□公章 □合同章 □法定代表人章</td></tr>
<tr><td colspan="4">盖章合同份数：　　份</td></tr>
<tr><td colspan="4">盖章方式：□落款章 □骑缝章 □更正章</td></tr>
</table>

8

(2) 表单应与组织架构、制度、流程具有一致性，表单的责任部门、岗位、人员与公司当前组织架构、岗位设置和责权分工保持一致，表单需要反映所承载业务的组织、岗位、人员权限等要求简明、清晰，让人一目了然。

(3) 表单应当经公司各相关方仔细研究并得到广泛的认可，并随公司正式的制度、文件一并公开发布，且具有权威性，不能随意增加或减少表单。表单变更(包括修订、废除)要严格执行审核和审批程序。

案例 8-4　以优化内控体系为抓手　推进管理体系现代化①

天津能源投资集团有限公司(以下简称天津能源集团)以习近平新时代中国特色社会主义思想为指导，扎实推进习近平总书记"四个革命、一个合作"能源安全新战略落实落地，深入实施国企改革三年行动，强基础、增活力、促发展，探索建立符合地方能源公益类企业实际的公司治理体系，不断提升治理效能。其中经验之一就是天津能源集团以优化内控体系为抓手，推进管理体系现代化，具体措施包括：

一是强化顶层设计持续完善制度体系建设。制定实施《规章制度体系建设管理办法》，动态发布集团管控清单，搭建起以公司章程为基础，分级分类覆盖全生命周期的规章制度动态管理体系，实现制度建设"年初有计划、定期有督办、实时有更新、审批有流程、发布有宣贯、执行有监督、年度有汇编"工作闭环。目前集团规章制度共 17 类 254 项。

二是深入系统开展诚信合规体系建设。坚持系统筹划组织建设诚信合规体系，制定实施《诚信合规管理办法》和《诚信合规手册》，集团系统全员签署《诚信合规承诺书》。全面深入开展合规专项尽职调查，梳理形成外部《合规义务清单》270 余项，形成《规章制度合规审查报告》和《合规风险诊断报告》，深入抓好整改落实和完善提高。指导各所属企业全面开展合规管理工作，筑牢合规管理基石。

三是全面构建特色化风险防控体系。扎实推进风险管控质量工程，形成覆盖集团系统一本内控手册、一套制度汇编、一套流程表单的"三个一"工作成果，搭建形成多维度立体化的风险防控体系。建设集团会计服务、创新服务、档案服务、资产管理、审计、法务六个中心，通过管理输出和资源共享模式有效提升职能管理水平。建设集团招标采购平台，推动规范管理和降本增效，有效防控经营管理风险。

五、内控信息化

内控信息化是在具备条件的前提下企业内控体系建设部门要与业务部门、内部审计部门、信息化建设部门协同配合，推动企业"三重一大"、投资和项目管理、财务和资产、物资采购、全面风险管理、人力资源等管控信息系统的集成应用，逐步实现内控体系与业务信息系统互联互通、有机融合。

---

① 引自国务院国资委官网 2022 年 4 月 22 日报道《天津能源集团：有效夯实公司治理基础　助力企业高质量发展》，作者：法规局，http://www.sasac.gov.cn/n4470048/n16518962/n20648677/n20648722/c26480546/content.html。

案例8-5 国家电投以“三张清单”为抓手 深化重点领域合规管理①

国家电投全面落实国资委“合规管理强化年”部署安排，选择所属北京公司等7家试点单位，在招标采购、金融业务、境外投资、境内项目、知识产权、产品销售、投资决策和工程管理8个重点领域开展合规风险清单、流程管控和岗位职责清单试点工作，初步实现了将合规要求融入业务流程，推动集团公司系统各单位合规管理水平进一步提升。

高质高效 统筹做好工作部署

国家电投将8个重点领域三张清单试点工作作为推动合规管理要求有效落地的重要途径。

扎实开展。各试点单位接到专项任务后，第一时间组织制定《重点领域三张清单编制实施方案》，成立由主要负责人为组长，分管领导、总法律顾问为副组长，相关部门负责人为成员的专项工作领导小组，全面负责开展三张清单试点工作。

明确目标。以风险防控为导向，以合规风险清单为基础，聚焦重点领域和关键环节，将防控合规风险的合规要求分解落实到重点岗位，嵌入流程，实现合规管理与经营业务融合。

高效协同。在试点过程中，集团公司组织试点单位制定清单模板，先后组织相关部门、咨询机构及所属单位开展线上线下讨论会十余次，多维度多角度多层次深度交流研讨，力求合规风险识别全面，流程节点拆解清晰，合规要素审查准确，充分发挥风险分级管控与三道防线相结合的协同联动。

务实深耕 提升本质合规能力

试点单位聚焦各自负责重点领域的关键环节，分别制定风险识别清单、流程管控和岗位职责清单，并将三张清单有机融合，形成重点领域合规审查表单，嵌入流程，实现合规要求流程化，合规职责岗位化，合规操作表单化，合规表单信息化。

以风险为导向，细化合规风险清单。试点单位遵循国资委“大合规”理念，基于“底线”与“红线”原则，参照外部合规要求，对重点领域适用的现行制度和外部法规进行了系统梳理，汇总违反外法内规要求的条款责任作为违规责任，最终形成443项合规风险。

聚焦关键环节，抓实流程管控清单。试点单位对企业战略目标层层分解至企业定位、职能、职责、关键事项与流程，精准定位流程中的关键环节以及重点岗位参与的具体事项，形成流程管控清单，最终将投资决策、工程管理领域的合规风险应对措施融入现有业务流程和管控环节之中。

以岗位为根本，落实岗位职责清单。在明确重点领域合规义务、合规风险以及流程管控环节的基础上，试点单位将流程分解为节点，定位每一节点中的重点岗位，通过捕捉岗位在流程中扮演的角色，以及该岗位在关键环节相对应的合规要求，提炼形成岗位合规职责清单。

① 引自国务院国资委官网2022年11月17日报道《国家电投以“三张清单”为抓手 深化重点领域合规管理》，作者：法规局，http://www.sasac.gov.cn/n4470048/n16518962/n20648677/n20648722/c26480546/content.html。

落地生根　实现“三张清单”信息化

本次重点领域合规建设过程融入了信息化和数字化理念，在系统梳理合规义务与要求的同时，建立业务、流程、岗位、合规运行规则与关系匹配，通过拆解合规相关关键要素，进行标准化、结构化、标签化管理，构建结构化合规清单和流程管控清单，将合规义务同职能职责、流程、事项等管理要素构建映射关系，最终以合规审查表单的方式嵌入到信息系统中，真正实现合规审批层级化、权限化、模块化管理，贯通二三级单位间的合规审批流程。

根据国务院国资委2019年10月印发的《关于加强中央企业内部控制体系建设与监督工作的实施意见》的要求，企业应进一步梳理和规范业务系统的审批流程及各层级管理人员权限设置，将内控体系管控措施嵌入各类业务信息系统，确保自动识别并终止超越权限、逾越程序和审核材料不健全等行为，促使各项经营管理决策和执行活动可控制、可追溯、可检查，有效减少人为违规操纵因素。另外，集团管控能力和信息化基础较好的企业要逐步探索利用大数据、云计算、人工智能等技术，实现内控体系实时监测、自动预警、监督评价等在线监管功能，进一步提升信息化和智能化水平。

案例8-6　运用数字法治一体化管理平台　构建多维度协同风险管理体系①

为贯彻落实国资委关于进一步深化法治央企建设要求，提升数字化管理能力，国家电投运用数字法治一体化管理平台（以下简称：数字法治平台），全过程、全链条、多维度完善风险防控工作体系和工作机制，全面细化集团各级单位、部门及岗位有关重大风险防范化解职责，逐级分解重大风险防控责任和任务，进一步优化重大风险管控机制。

国家电投数字法治平台按照将风险管控融入业务流程的管理原则，采用“一级部署、三级应用”的顶层设计，历时三年完成了平台搭建、系统接口和基础数据收集，于2021年6月实现集团所有二、三级单位全覆盖。数字法治平台设置了合同、制度、案件、内控、风险、考核等18个模块，对接ERP系统、燃料管理系统、财务共享系统、主数据系统等14个外部系统，打通78个接口，实现了“一岗式审查”“一站式评价”，为“三道防线”提供“全景式”支持。

一是大幅提升规范管理水平。通过数字法治平台，在集团内部基本统一了制度、流程、合同的体系体例和管理标准，明确了尽职调查报告、法律意见书、风险评估报告、典型合同模板和审查标准；统一了依法治企考核标准和法律文件编码；实现了法治建设与风险防控集团化、体系化，业务事项制度化、流程化，法律文件结构化、标准化。

二是持续增强风险防控能力。通过数字法治平台，实现内控评价工作全集团线上管理，评价底稿按年度、项目进行线上填报，缺陷台账自动生成；实现风险台账的填报、风险数量和措施等的汇总统计，建立了集团风险库，将各类风险点汇集成内外部风险库，实现

---

① 引自国务院国资委官网2022年1月13日报道《国家电投：运用数字法治一体化管理平台构建多维度协同风险管理体系》，作者：国务院国资委法规局，http://www.sasac.gov.cn/n4470048/n16518962/n20648677/n20648722/c22662305/content.html。

风险防控集团化、全周期、体系化。

三是有效提高管理质量效率。通过数字法治平台，以一岗式审查取代岗位间传递式审查，节约信息传递与沟通成本，提高工作效率，同时设置复核岗保障审查质量。实现依法治企在线考核，减轻基层工作量。截至目前，用户登录已达 1 200 万余人次，完成合同审批 17 万余份，制度数量近 3 万份，录入项目法律意见书、授权文件、纠纷案件报告等共计 1 万余份，已经初步形成集团公司法律合规风险的数据中台。

四是稳步加快管理手段创新。根据实际业务需求，于 2021 年 12 月上线移动端 App，实现合同、制度、授权等实时审批，同时还增设了“法治宣传”“热点解读”“法治百科”“典型案例”“法治动态”“课程培训”6 个专栏，在确保数据安全性的前提下，实现了业务管控与资源共享。

第二节 内部控制体系建设组织分工

内部控制体系建设的组织分工应该遵循内部控制三道防线的原理，即第一道防线是业务部门，第二道防线是内部控制部门，第三道防线是内部审计部门。正如 2014 年 9 月银监会修订的《商业银行内部控制指引》所指出的，企业应当建立由董事会、监事会、高级管理层、内控管理职能部门、内部审计部门、业务部门组成的分工合理、职责明确、报告关系清晰的内部控制治理和组织架构。在这里，董事会负责内部控制的建立健全和有效实施，监事会负责对内部控制的建立和实施进行监督。国务院国资委 2019 年 10 月印发的《关于加强中央企业内部控制体系建设与监督工作的实施意见》特别强调，企业主要领导人员是内控体系监管工作第一责任人，负责组织领导建立健全覆盖各业务领域、部门、岗位，涵盖各级子企业全面有效的内控体系。因此，内部控制制度体系的实施应该是一把手工程。下面主要阐述业务部门、内控部门和内审部门在实施内部控制制度体系过程中应承担的职责。

案例 8-7 华为内部控制的三层防线[①]

任正非在 2017 年华为公司监管体系座谈会上的讲话中介绍：

公司发展得越快，管理覆盖就越不足，暂时的漏洞也会越多，因此，我们设置了内部控制的三层防线。

第一层防线，业务主管/流程 owner，是内控的第一责任人，在流程中建立内控意识和能力，不仅要做到流程的环节遵从，还要做到流程的实质遵从。流程的实质遵从，就是行权质量。落实流程责任制，流程 owner/业务主管要真正承担内控和风险监管的责任，95%的风险要在流程化作业中解决。业务主管必须具备两个能力，一个能力是创造价值，另一个能力就是做好内控。

① 黄卫伟：《价值为纲：华为公司财经管理纲要》，中信出版社 2017 年版，第 332—334 页。

第二层防线，内控及风险监管的行业部门，针对跨流程、跨领域的高风险事项进行拉通管理，既要负责方法论的建设及推广，也做好各个层级的赋能。稽查体系聚焦事中，是业务主管的帮手，不要越俎代庖，业务主管仍是管理的责任人，稽查体系是要帮助业务主管成熟地管理好自己的业务，发现问题、推动问题改进、有效闭环问题。稽查和内控的作用是在帮助业务完成流程化作业的过程中实现监管。内控的责任不是在稽查部，也不是在内控部，这点一定要明确。

第三层防线，内部审计部是司法部队，通过独立评估和事后调查建立冷威慑。审计抓住一个缝子，不依不饶地深查到底，旁边碰到有大问题也暂时不管，沿着这个小问题把风险查清、查透。一个是纵向的，一个是横向的，没有规律，不按大小来排队，抓住什么就查什么，这样建立冷威慑。冷威慑，就是让大家都不要做坏事，也不敢做坏事。

一、业务部门

业务部门是企业内部控制体系的第一道防线，其在内部控制制度体系建设过程中应承担的职责主要包括：

（1）负责参与制定与自身职责相关的内部控制制度；

（2）负责严格执行与自身职责相关的内部控制制度；

（3）负责组织开展与自身职责相关内部控制制度的监督检查；

（4）负责按照规定时限和路径报告内部控制存在的缺陷，并组织落实整改。

湖北能源集团股份有限公司风险管理与内部控制制度

这里的业务部门是指除内部审计部门和内控管理职能部门外的其他部门。国务院国资委的《关于加强中央企业内部控制体系建设与监督工作的实施意见》也指出应落实各业务部门内控体系有效运行责任。

案例 8-8　构建投、管、退全生命周期的全面风险管理体系①

自 1995 年成立以来，国投始终秉承资产经营与资本经营相结合的经营理念，坚持战略投资、价值投资，持续优化国有资本布局，推动国有资本向关系国民经济命脉和国计民生的重要行业和关键领域集中，向战略性新兴产业集中，推动投资企业高质量发展，实现国有资本保值增值。在此过程中，国投坚持对标先进企业，并结合自身实际情况，不断提高自身管理水平。去年以来，国投推进了“强总部”职能优化改革，进一步完善了集团管控体系，初步形成了一套适应国有多元化资本投资公司特点的“5M”管控模式，该模式在本次管理标杆创建行动中获评标杆模式。

“5M”管控模式是“以价值创造为核心，以协同管理共创价值，以全面风险管理保护价值，以投资管理发现价值，以投后管理提升价值，以退出管理实现价值”的涵盖股权全生命周期的价值管理体系。这套体系以“集团化、专业化、差异化、市场化”为原则，以“总部、子公司、投资企业”三级管理架构为载体，以“要素管理、分类授权、流程把控”为依托，是国投

① 引自国务院国资委官网 2022 年 4 月 19 日报道《【对标世界一流　央企加速奔跑】国投以“5M”管控模式打造具有全球竞争力的投资公司》，作者：国家开发投资集团有限公司，http://www.sasac.gov.cn/n4470048/n16518962/n20648677/n20648722/c22662305/content.html。

多年探索和实践的成果。

特别值得一提的是，国投集团还构建了投、管、退全生命周期的全面风险管理体系，具体做法如下：

一是完成风险管理顶层设计。国投引入风险并表管理理念，将风险管理作为重大管理要素，从顶层设计上搭建了一套覆盖集团全级次、全业务、全流程、全员工，基于法人治理结构，分级、分类管理，适合国有资本投资公司特点的风险管理体系，进一步强化异常管理。

二是健全“三级架构—五个层面—三道防线”的风险管理组织架构。总部成立经营层风险管理委员会，设立以风险管理为工作主线的职能部门。建立“集团总部—子公司—控股投资企业”三级架构，“董事会—经营层—总部部门—子公司—控股投资企业”五个层面，“业务部门—风控部门—审计部门”三道防线的风险管理组织架构。

三是建立健全风险管理“1+N”制度体系。结合监管要求、市场惯例、风险偏好、战略目标、业务特点等，建立适用于集团实业、金融各板块，以全面风险管理办法为核心，包括风险报告、偏好管理、监督检查、考核评价、责任追究等对各类风险实现管理闭环的“1+N”制度体系。四是完善风险管理的流程与机制。以风险控制与效率平衡为目标，健全风险识别评估机制、监测预警机制及风险报告机制，及时跟踪、分析、报告重大风险事件对集团的关联影响。优化风险管理指标体系，梳理完成399项核心风险指标，其中实业板块225项、金融板块174项，并与风险类型相匹配，明确风险偏好和风险限额，设置指标阈值，定期监控并分级预警，全面增强国投对风险的掌控力、可控力。

二、内部控制部门

企业在建设内部控制制度体系过程中，应指定专门部门或者单独设立内控部门作为内控管理职能部门，牵头内部控制体系的统筹规划、组织落实和检查评估。国务院国资委的《关于加强中央企业内部控制体系建设与监督工作的实施意见》也强调企业应明确专门职能部门或机构统筹内控体系工作职责。

《南方电网公司深化内部控制体系建设工作方案》印发

三、内部审计部门

企业内部审计部门在实施内部控制制度体系过程中履行内部控制的监督职能，负责对内部控制的充分性和有效性进行审计，及时报告审计发现的问题，并监督整改。国务院国资委的《关于加强中央企业内部控制体系建设与监督工作的实施意见》也强调企业内部审计部门要加强内控体系监督检查工作，准确揭示风险隐患和内控缺陷，进一步发挥查错纠弊作用，促进企业不断优化内控体系。

思政课堂 8-1　强化监督管理　把制度刚性立起来[①]

今年以来，中央纪委国家监委网站累计发布了14起出纳、会计等岗位财务人员违纪

① 引自国务院国资委官网2022年5月28日报道《管好公家钱袋子　14起财务人员违纪违法问题案例分析》，作者：于露，https://www.ccdi.gov.cn/yaowenn/202105/t20210528_143408.html。

违法问题的案例剖析类报道。梳理这类案件发现，当中暴露出财务人员岗位廉政风险及相关单位财务管理混乱、财务监督流于形式等问题，值得警惕。

从 14 起财务人员违纪违法问题典型案例中可以看出，他们能屡次得逞却未被察觉，暴露出监管失职失责、制度流于形式等共性问题。

案例中，大多数违纪违法的财务人员并不在领导岗位，有的甚至是“编外人员”“临时出纳”，案发单位或出于信任，或疏于监管，致使他们利用手中的财务管理权力，钻制度漏洞大肆敛财。一些违纪者提到，自己一开始的时候很害怕，但是后来却发现根本没有人注意，胆子就越来越大，导致变本加厉。江苏省溧阳市残疾人联合会、市残疾人劳动服务所原出纳会计张某为了在朋友圈“比拼实力”，90 后的她，挪用 129 万公款用于微整形、购买奢侈品、出国旅游消费，以维持自己在同事眼中“白富美”的人设。她在接受调查时提到，他们单位主办会计是外聘的，平时不点保险柜里的现金，自己只要把账面做平就能蒙混过关。

“制度不单要‘上墙’，更要‘上心’。新兴城乡公路建设投资有限责任公司在财务人员岗位安排时，没有严格执行财务印鉴、U 盾应分设的财务制度，也没有监督落实按月对账的财务规定，接到账目异常情况汇报后，也没有采取有效的应对措施。”湖南省吉首市纪委监委第五纪检监察室主任张映西认为，制度执行不力，有章不循，层层失守，是造成彭某花 7 个月挪用数百万元巨额资金的重要原因。因沉迷网络炒股，湖南省吉首市新兴城乡公路建设投资有限责任公司原出纳彭某花 7 个月挪用公款 776.52 万元用于网络平台投资。

因履行监督管理职责不力、管辖范围内发生挪用巨额公款问题，江苏省常州市住房公积金管理中心党组书记、主任陈慧和原党组成员、纪检组长周海涛的名字，出现在中央纪委国家监委去年 12 月公开通报的六起问责典型案例中。

常州市纪委监委党风政风监督室副主任张文伟表示：“履行全面从严治党主体责任不能只喊在口上，教育管理监督也不能只浮在面上。党员领导干部要强化责任担当，在财务人员队伍管理、制度执行等方面加大日常监管力度，紧盯重点人、重点事、重点岗位和重要制度执行，推动监督于问题未发生之时。”

财务人员违纪违法问题的发生，也与个别财务人员放松对自我的要求、对法纪毫无敬畏之心有关。无论是跟钱打交道，还是跟账打交道，爱岗敬业、廉洁自律都是财务人员必须遵守的职业操守。值得注意的是，一些像唐嘉彤这样的年轻财务人员，由于经受考验少、意志力薄弱，加之受到享乐主义、急功近利等不良风气影响，面对诱惑往往败下阵来。

多位受访的纪检监察干部表示，财务人员身处资金密集岗位，面临较高的廉政风险，有关单位要切实加强对他们的廉洁从政教和警示教育，使其自觉提升思想认识，树立正确的世界观、人生观和价值观，主动抵制不劳而获、贪图享受等不良思想的侵蚀，筑牢拒腐防变的思想防线。

第三节　内部控制体系建设基本步骤

企业内部控制体系的建设是一项系统工程，可以按照以下八个阶段依次进行。

案例 8-9　宁夏国投加强内控体系建设　提升企业经营管理水平①

近年来，宁夏国投立足地方国有类金融企业特点，深入推进内控体系建设，持续筑牢风险“防火墙”，不断提升经营管理的科学化、规范化、法治化水平，确保国有资产保值增值，助力公司高质量发展和“十四五”稳步开局。

搭框架，夯基础。构建全方位责任体系，印发了《宁夏国有资产投资控股集团有限公司内控体系建设实施方案》，明确体系建设的组织领导和职责，从集团部室到子企业，从领导班子到基础岗位，横向到边、纵向到底，实现责任全覆盖、无盲区。做好基本动作，结合企业发展战略和经营发展实际，匹配经营规模、业务范围、竞争状况，明确内部环境、风险评估、控制活动、信息与沟通、内部监督五项重点。明确治理主体权责边界，印发《党委会、董事会、总经理办公会运行规则》，修订授权管理办法并制定授权清单。以编制《内控体系建设手册》为切入点，完成对公司基本情况、组织结构、人力资源、法人治理结构、信息与沟通、企业文化建设、战略规划等内容的系统梳理，夯实了体系建设基础，通过对组织架构和业务的全盘梳理，确保将内控体系建设嵌入重要业务领域和关键环节。

查缺陷，补短板。按照全面性、合法性、制衡性、合规性、适应性五项原则为准绳，全面开展制度梳理，通过部门自查、法务审计复查等动作，共梳理制度 82 项，修订完善制度 30 项。明确重点控制环节，全面梳理人力资源、资金管理等控制流程，明确流程控制目标、识别流程风险点，绘制流程图 14 个，审批表单 25 个。建立风险管理评估机制，明确重大决策、业务风控等审查重点，2021 年上半年共计审核基金设立方案 6 支、投资项目 3 个、转贷业务 20 笔，对 26 笔在投项目开展了抵质押物核查工作。聘请第三方会计师事务所进行了为期 3 个月的现场评价，运用个别访谈、穿行测试、抽样测试、专题讨论等方法，评价了包括企业文化、风险管理、投资管理等 24 个业务模块，形成了《内部控制缺陷报告与整改建议书》。对股权投资、不良资产收购、担保、基金、转贷、农村产权登记交易等业务进行流程梳理和风险点识别，通过授权管理、决策审批、风险审查、不相容职务控制等措施，规范重要岗位、关键人员的职责，形成紧密衔接、相互制衡、相互监督的风险防控机制。

重考核，促提升。从“头部管理”做起，党委、董事会、经理层高度重视，定期听取内控体系建设进展情况，督促任务落实。制定时间表、路线图，将体系建设任务按时间、岗位分解细化，将内控体系建设任务纳入全员月度绩效重点工作，让内控体系建设切实与全员的切身利益相挂钩，切实提高思想重视程度。强化体系建设考核和督导，落实内控缺陷整

8

① 引自宁夏回族自治区国资委官网 2021 年 9 月 3 日报道的《宁夏国投加强内控体系建设　提升企业经营管理水平》，http://gzw.nx.gov.cn/gyqy/gqdt/202108/t20210830_2996131.html。

改，印发了《关于加强权属企业内控体系建设的实施意见》，开展调研、督导以及部分权属企业的内控体系建设验收和评价工作，2021 年上半年完成基金公司、投资置业公司、典当公司、融资担保、金资公司、吴忠农产、金科公司、教育信息和生态枸杞 9 家权属企业完成内控体系建设及评价，对照评价体系表进行了验收，督促对问题及时整改，实现体系建设闭环管理，有效、保障各业务、各子企业合规、安全、稳健运行。

一、业务流程梳理

企业内部控制的有效实施必须建立在企业业务流程清晰描述的基础上，从具体业务流程中识别关键风险节点，通过合理设置组织机构与岗位，落实内部控制责任，达到在具体流程环节中，明确内部控制要求与规则，使流程在合规条件下运转的要求。因此，流程梳理是企业内部控制体系建设的起点，即企业首先需要对各项业务进行认真梳理，按照业务特点和复杂程度划分业务流程。业务流程的划分从一级开始，然后逐级细化，目的是将企业的每一项业务划分成各种类型、各个阶段、各个节点，从而便于有序执行和责任划分。业务流程梳理的工作成果包括业务流程目录和业务流程图。在划分流程之后，需要对现行业务流程进行详细描述。企业应当在制度分析和业务操作分析的基础上，采用流程图的形式，直观地反映各项业务的环节和活动，为后续的风险评估奠定基础。图 8-3 展示的是某制造业企业的部分销售业务流程。

在实务中，企业的业务流程很难做到一蹴而就、尽善尽美，因此企业需要通过流程梳理对业务流程不断优化和持续改进，可按以下思路对业务流程进行优化和改进：

一是分类，即应该对业务流程尽可能细分，以实现同一节点不同情形的差异化处理。

二是对标。“他山之石可以攻玉”。企业应该学习行业标杆企业或者世界一流企业的先进做法，持续改进企业自身业务流程的短板和不足。

三是案例。“前车之鉴，后事之师”。企业可以针对本企业或者同行业、同系统出现的风险事故，进行全面剖析和系统研究，并堵住业务流程漏洞和空白，从而避免重蹈覆辙。

中兴通讯：从有效合规到高效合规

四是整合。即以风险为导向，以合规为重点，以流程为载体，将风险管理、合规管理和内部控制三项工作融合为一体，扭转“多头管理，各自为政”的格局。

二、流程风险评估

企业需要在业务流程梳理的基础上对各项业务流程中存在的风险进行识别，分析风险发生的成因和可能性，评估风险发生的后果与风险重要性，并研究确定风险应对策略，为后续关键控制点和控制措施的确定提供依据。

具体操作步骤如下：①分析企业及其所处环境，了解企业所面临的内外部风险因素以及未来经营管理中所存在的潜在风险。②可以通过阅读企业当前所运用的管理制度，包括不限于内部控制手册、业务流程图、文字说明、操作程序等资料，以获取对相关业务流程的全面了解。当然，也可以通过访谈的方式从知情人士处获取信息，包括企业的业务人员和财务人员，也可以通过对管理层的访谈了解该业务流程实际操作模式。③企业可以随机抽取 1 笔业务进行穿行测试来进一步确认对该类业务的了解，以验证对于该类业务的流程记录是否准确，并以此识别业务流程中的潜在风险点。在此可以利用“舞弊三角”原理对业务流程中的潜在风险点进行判断。“舞弊三角”指的是压力、机会和合理化借口三要素，若三要素同时

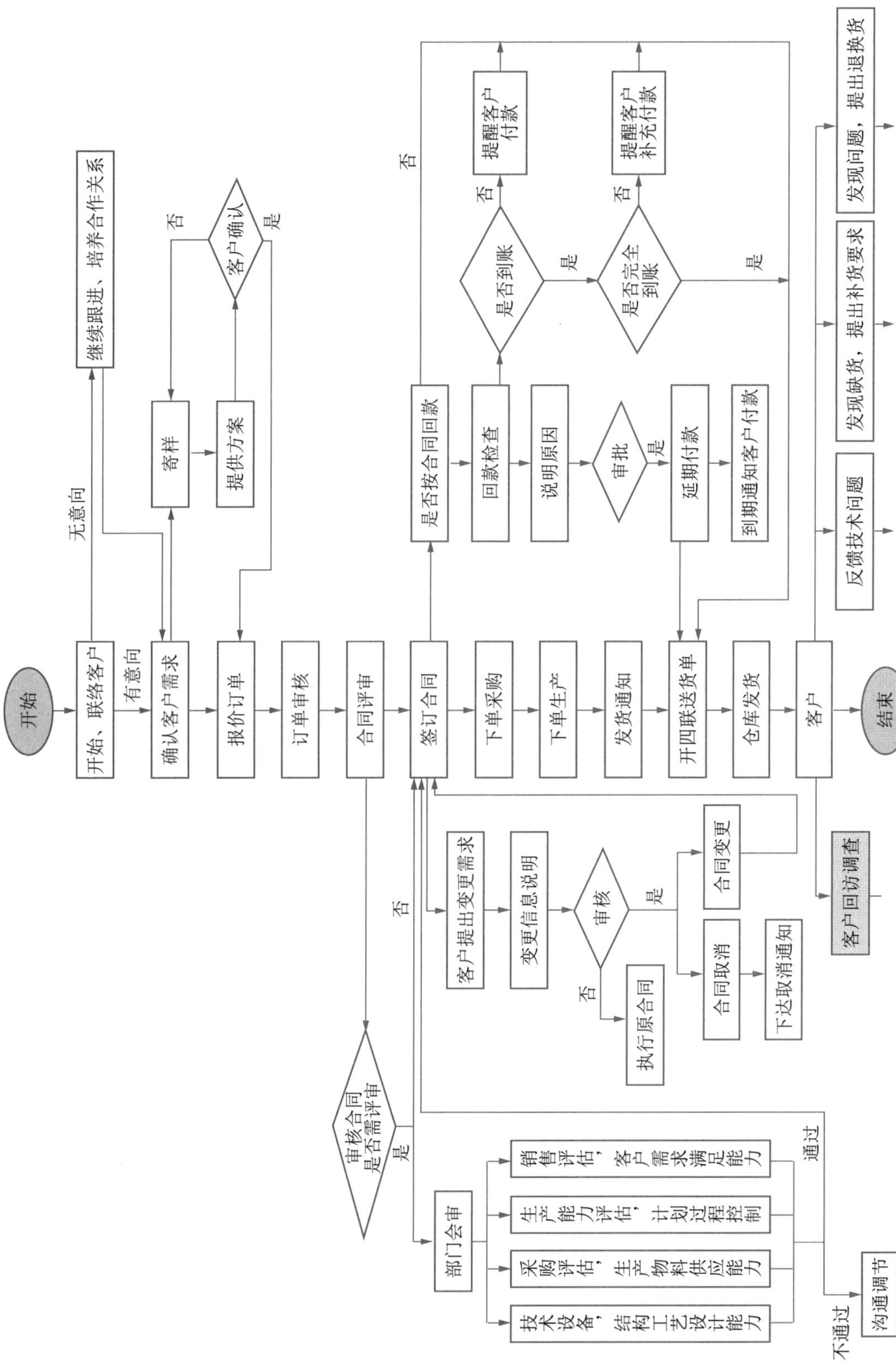

图 8-3　F公司销售业务流程图（节选）

存在，则需要在识别潜在风险点的过程中重点关注舞弊风险发生的可能性。④在采取穿行测试对业务流程进行梳理和确认之后，识别业务流程的各个节点，并考虑哪里最可能出现问题。企业应关注最可能造成差错和舞弊的流程节点，一是关注其发生的可能性大小，二是分析其所造成的影响程度。

思政课堂 8-2　合力推动清廉建设融入民企发展①

“恒威电池”是嘉兴市秀洲区首家创业板上市企业，是一家拥有先进制造设备及核心生产技术、综合实力居行业前列的锌锰电池生产商。该公司以诚信务实为企业立足之本，坚持以人为本、弘扬正能量为经营目标，把创造价值作为企业核心理念，所生产的产品荣获“中国 WTO 推荐产品”称号。

为推动清廉建设融入民企发展，秀洲区纪委监委联合区工商联以“清廉民企”建设为抓手，推动“恒威电池”等一批民企按照有组织领导、有制度规范、有风险防控、有廉洁教育、有文化引领、有纪律保障等“五有”标准，持续深化清廉民营企业建设。“恒威电池”通过建制度、强监督、抓教育、重文化等举措，不断营造企业清正风气，着力打造清廉民营企业示范标杆。

“加强企业清廉建设是企业健康、持续、和谐发展的内在要求，是企业改革、发展的‘精神指南’和‘文化灯塔’，‘清廉’一旦植根于员工心中，就会形成内在有力的约束，进而提升企业的核心竞争力。”“恒威电池”有关负责人表示。

“不得以不正当手段获取客户的订单等事项，不得向客户的有关工作人员馈赠礼物、现金、有价证券及安排高档宴请、高消费娱乐、旅游活动……”近年来，“恒威电池”管理层深刻认识到反商业贿赂、建亲清政商关系的重要性，该公司以制度建设为切入点，以制度执行为落脚点，制定完善公司内部反腐败程序、反不正当交易和商业贿赂的具体规定，督促员工知晓并严格遵守，使员工特别是管理层明晰与客户、供应商、政府交往的底线、红线。

加强对原材料采购、产品销售等易发多发腐败的重点环节、重点部位岗位人员的监督是“恒威电池”廉洁风险防控的关键。为此，“恒威电池”建立了专门负责公司内部事务、员工监督的监督小组，配备了清廉谈话室，加强日常监督、教育引导力度，督促公司管理人员、重点岗位人员以及新员工依法办事，诚实守信，自觉抵制见利忘义、损公肥私、不讲信用、欺骗欺诈等现象。

“对供应商管理不透明、不公正，降低管理标准和要求，想方设法为自己谋取私利，损害企业利益，这是你所在的业务部门可能面临的一些风险点。在今后的工作当中，你要加以防范。”在“恒威电池”清廉谈话室里，监督小组负责人对新入职的员工上岗前做的第一件事，就是进行廉洁教育。

走进“恒威电池”食堂，“反腐败规定细则”几个大字映入眼帘，上面的举报热线也十

① 节选自浙江省纪委省监委网站 2022 年 7 月 6 日的报道《合力推动清廉建设融入民企发展》，作者：嘉兴市秀洲区纪委监委，http://www.zjsjw.gov.cn/zhuantizhuanlan/qlzjnwtx/qinglianminqi/202204/t20220406_5881080.shtml。

分显眼。员工们每日在食堂进餐都会看到细则的内容,举报热线也像是一个"警铃",不断在员工耳边摇响反腐倡廉的警示音。

良好的家风、节约的美德、务实的作风也是企业廉洁文化的题中之义。该公司食堂洗碗池旁展示了"尚德、敬孝、勤学、务实"的家风家训,以及"节约粮食光荣、浪费粮食可耻"的传统美德;在该公司的小公园里,还有姚文和杨继宗的清廉故事,让员工不时接受廉洁文化的熏陶。

"'恒威电池'有70.14%的员工在此工作了三年以上。保持员工粘性不仅仅依靠福利待遇,更需要的是培树企业文化,形成清风正气,增强企业凝聚力和向心力。""恒威电池"主要负责人表示。

三、确定关键控制点

内部控制的全面性原则要求企业对业务流程中的每一个环节建立控制点。但对于企业来说,时时刻刻关注业务流程中的每一个环节,通常是浪费时间精力且没有必要的。内部控制的成本收益原则也决定了企业应当将注意力集中于业务处理过程中发挥作用较大、影响范围最广、对保证整个业务活动的控制目标具有至关重要的关键控制点上。抓住关键控制点就意味着抓住了全局,因此内部控制设计的重点应当放在关键控制点上。选择的关键控制点是否恰当有效很大程度上决定了内部控制的有效性,不仅直接影响到该业务流程的风险是否能够被科学、合理和有效地予以控制,而且会影响到后期内部控制评价和内部控制审计阶段的测试工作量。

在实际操作中,可以按照以下步骤确定关键控制点:①该节点是否有内部控制措施?如果"没有",则该节点对于内部控制是否有必要?如果没有必要,则该节点不涉及关键控制点。如果有必要,则说明该节点属于关键控制点。②如果该节点已采取内部控制措施,那么需要进一步判断该措施是否能够将风险消除或降低至企业可接受风险水平。如果能够,则可确定该节点为关键控制点。如果不能消除或者降低,则需要进入第三步进行判断。③判断该节点的风险是否超过可接受水平,如果不会超过可接受水平,则该节点不是关键控制点。如果超过,则还要进入第四步进行判断。④判断后续流程节点是否可以消除或者降低风险。如果后续流程节点不能实现,则该节点为关键控制点。通过上述四个步骤,企业可以确定业务流程的关键控制点。

除了操作步骤,企业在选择关键控制点时还应在宏观上考虑以下因素:

(1)选择关键的业务活动以及关键的业务环节。比如,传统的成本控制只是强调事后的分析和检查,主要侧重于严格执行成本开支范围和各项规章制度。随着市场竞争的加剧和产品寿命周期的缩短,现代企业尤其是加工制造业,其成本控制的重点应逐渐转移到产品投产前的事前控制,做好经营预测,通过开展价值工程活动,对产品的成本与功能关系进行分析研究,找出支出最大或节约潜力最大的产品或项目,然后利用因素分析法,找出主次因素,将影响成本费用项目的主要因素作为关键控制点。

(2)选择关键业务环节中的关键项目。应着重选择那些对企业竞争力、盈利能力有重大影响的活动或最易发生错误与舞弊且可能造成重大损失的环节进行监督和控制。例如,在材料采购业务中的"验收"控制点,对于保证材料采购业务的完整性、物资安全性等控制目标起着重要的保障作用，因而是材料采购控制系统中的关键控制点，相比之下，“签约”“登记”“记账”等控制点，则属于一般控制点。

（3）选择重要的要素或资源。选择重要的要素或资源必须保证能抓住问题的关键，选择的依据就是对企业的竞争力、盈利能力影响重大或具有较大节约潜力。例如，在库存物资控制中，运用 ABC 分类法将其分为 A、B、C 三类，并对 A 类重要物资实施严格的控制，包括最完整、精确的记录及管理人员经常性检查；当然在选择控制有形资源的同时，还要特别重视各种无形资产或资源的监督和控制，包括对时间的节约和信息技术的有效利用等。

案例 8-10　国家能源集团：科技助力防范非招标采购廉洁风险①

前不久，在国家能源集团物资公司非招标采购智能无人评审系统上，一笔国家能源集团焦化公司液碱询价采购订单的报价、评审工作正在进行。

“项目挂网采购后，有 6 家供应商参与报价，经系统对采购要求及供应商响应情况进行比对分析，生成评审结果，最终包头市一家化工企业成为首选供应商。”国家能源集团物资公司业务管理部高级主管孙云飞熟练地依次点击整单评审、AI 评审结果等模块对记者说，“你看，整个评审过程用时不到 2 分钟，以前非招标物资采购评审环节在线下进行，一般至少需要 3 人花费 1 天左右时间，不仅耗时费力，还具有比较大的廉洁风险。”

孙云飞操作的智能无人评审系统是该公司防范非招标采购领域廉洁风险的创新举措之一。“物资采购因资金密集，属于高风险领域，特别是非招标采购，其适用情形多样，竞争情况复杂，评审规则更加模糊。在采购过程中容易出现采购需求提出不全面、线下沟通较多，采购人自由解释权过大的问题。”国家能源集团物资公司纪委有关负责人告诉记者，此外，在评审环节，由于线下组织讨论评价因素较多、尺度把握不一，主观裁量空间较大容易滋生廉洁风险。

针对相关问题，国家能源集团物资公司纪委深挖制度原因，以信息化手段提升监督水平，推动公司在去年 12 月上线运行非招标采购智能无人评审系统，截至目前，已完成逾一万个订单。据了解，系统上线后，通过将采购人的需求进行结构化规范，使要求更加清晰明了，减少以往非招标采购中采购人的主观经验性判断。同时将评审专家对评审因素的评审规则进行量化，使评审专家的自由裁量权得以有效控制，评审可解释性更强，有效防范权力寻租和干部职工任性用权。“以本次液碱采购为例，采购人在采购单上明确列出需要危险化学品经营许可证，供应商只有在系统上上传相关凭证才可进一步参与评审，压缩了人为操作空间。”国家能源集团物资公司纪委有关负责人说。

记者了解到，近年来，国家能源集团纪检监察组坚持聚焦重点领域，紧盯关键环节，强化对下级纪检监察机构监督指导，深挖彻查招标投标、物资采购领域以权谋私、利益输送等腐败问题。在创新监督上持续用力，积极探索对重点领域监督新路径、新方法，推进监督信息化试点建设，坚持科技支撑，进一步加大大数据、信息化在监督工作中的运用，推动监督向数字化、智能化发展。

---

① 引自中央纪委国家监委网站 2023 年 2 月 11 日报道《国家能源集团：科技助力防范非招标采购廉洁风险》，作者：文子玉，https://www.ccdi.gov.cn/yaowenn/202302/t20230211_246063.html。

四、确定控制措施

确定关键控制点之后，企业应该结合风险评估的结果，采取相应的控制措施。可供选择的控制措施包括以下类型：

一是预防性控制措施。预防性控制措施是指为防止发生错误和舞弊以及防止经营和财务风险所采取的控制措施。只要是在预先知道可能发生错误和舞弊的地方所采取的相应控制程序和政策都属于预防性控制。它主要解决“如何能够在一开始就防止风险的发生”这个问题，如不相容职务分离控制、授权审批控制等。

二是发现性控制措施。该措施也可以称之为检查性控制，是为了查明并纠正已经发生的错误和舞弊而实施的控制措施。这类控制虽然在事后进行，但对发现或纠正错误和舞弊同样具有重要的作用，如对账、盘点、稽核等。它主要解决的是“如果风险仍然发生，如何查明”的问题。

三是补救性控制措施。该措施是在损失已经不可避免时为了尽可能降低损失而采取的控制措施，它主要解决的是“如果风险已经发生了，如何将损失降到最低”的问题，如终止合同履行、终止合作、停止交易等。

思政课堂 8-3　清廉成业　正气兴企[①]

忠恒集团是一家专业从事防盗门锁研发、制造、销售的国家高新技术企业，拥有160余项有效专利技术，智能锁产销量居全国防盗门锁行业前三强。

近年来，忠恒集团始终坚持“廉洁自律、诚实守信、勤勉尽责、高效透明”原则，将清廉建设融入企业发展之中，扎实推动清廉民企建设，助力企业和谐稳固发展。

走进忠恒集团，集团办公区域指示牌上的“廉洁工作站”格外显眼。据集团董事长柳小勇介绍，为有效防范采购、招投标等环节发生以权牟利现象，集团创新建立“廉洁工作站”，以此堵住各重点环节“廉洁风险漏洞”。

除对采购、物资管理、招投标、合同管理、业务招待等中高风险环节进行廉洁合规审查，受理违反合规管理的内外部投诉、举报以及对违规事件组织调查外，“廉洁工作站”还针对识别、评估、监测到的廉洁风险，提出风险防范和应对方案。截至目前，工作站共受理投诉举报22份、排查廉洁风险点47个，提出风险防范和应对方案24个。

重本清源，制度建设是关键。有了“廉洁工作站”这一监督平台，还需要完善的“制度”来助推清廉民企建设。

“乙方及其工作人员不得以考察、参观、洽谈业务、签订合同等借口邀请甲方工作人员参加可能对合同履行有影响的宴请、外出旅游和各种高档娱乐消费活动；不得以任何名义向甲方工作人员提供挂名工资、红包、佣金报酬、回扣和有价证券等”这是集团与业务往来单位签订的“廉洁协议”中的部分内容。

“廉洁协议”逐条列明了甲乙双方的责任，严禁参加宴请活动、收受礼品等，确保甲乙

8

① 引自浙江省纪委省监委网站2022年4月1日报道《清廉成业　正气兴企》，作者：丽水市纪委市监委，http://www.zjsjw.gov.cn/zhuantizhuanlan/QQZSGX/JYJL/202204/t20220414_5924236.shtml。

双方全面、合法、合规地开展业务往来，防止各种违纪、违法、违规行为的发生。

在落实层层签订《廉洁从业承诺书》，与业务往来单位签订《廉洁协议》的基础上，集团紧密结合实际，以易发问题为导向，完善内控制度，建立内部审计督导机制，健全物资采购类、产品销售类、费用报销类等相关管理办法，从源头上规避风险。同时，通过岗位风险排查、民主监督、谈话提醒等防控措施，加强对岗位风险较高部门、科室的监督管理，有效遏制内部贪腐滋生。截至目前，共签订《廉洁协议》156 份、《廉洁从业承诺书》458 份，共对 19 名职工进行谈话提醒。

以德润身，以文化人，良好的廉洁文化是企业实现改革发展的“精神指南”和“文化灯塔”。集团坚持文化引领，结合公司产品特点，打造“防腐锁”，并将其作为集团廉洁文化的标识。同时，通过组织观看警示教育片、开展全员廉洁培训、制作发放廉洁手册、开设廉洁期刊等一系列活动，营造廉洁氛围，让“清廉成业，正气兴企”为核心的廉洁理念植根于每一名职工心中，形成内在有力的约束，进而提升集团的核心竞争力。

“我们深切地感受到——‘清廉是生产力，是竞争力，更是生命力’。”集团董事长柳小勇说，回顾集团三十年的发展历程，正因集团始终坚持清廉体系建设，才有了如今的成就。尤其是在全球疫情形势严峻的情况下，集团仍保持良好的发展态势，2021 年实现总产值 2.13 亿元，纳税增长 23%，外贸增长 23.2%。

五、明确责任主体

在确定各控制点和控制措施的基础上，企业应本着“内部控制，人人有责”的理念，将控制责任落实到相应的部门和岗位上，以保证责任到人，失职必究。

明确责任主体是内部控制制度能够有效执行的前提，其原因在于：①将责任具体到业务流程中的具体环节，能够使该环节上的员工清晰地知道自己的工作内容，有助于内部控制工作的顺利展开。②明确岗位职责能够有效防止同一业务流程内出现部门与部门或者员工与员工之间的工作推诿和责任推卸等现象。③明确岗位职责有利于监控内部控制的运行状况，同时能够监督相应岗位员工对内部控制的执行情况，也为员工内部控制缺陷问责和绩效考核提供了重要的参考依据。

贵州黔源电力股份有限公司内控合规风险管理实施办法（试行）

六、完善控制证据

完善控制证据就是在上述工作基础上，设计各种表单，以形成控制证据。

控制证据就是各种表单，控制证据有两方面功能：一是表单本身就是控制措施的落实，将控制点和控制措施落到实处，比如一项业务从申请、审核、审批、执行、再审批、记录这么一个完整的过程，可以通过一张或者若干表单来实施，申请人提出的申请内容，谁审核、谁审批、谁经办、谁记录等，每个环节的负责人都签上自己的名字，这就意味着将实际控制落到实处；二是表单的流转为内部控制留下痕迹，谁在这个上面实施了控制，谁在表单上签字，留下痕迹，为下一步进行内部控制的测评提供了资料，有利于进行内部控制评价与审计。

七、编制控制文档

编制控制文档就是在上述各项内容的基础上，编制成内部控制文档。内部控制文档至少应当包括以下内容：关键控制点、风险评估、控制措施、控制主体、控制证据等。

案例 8-11 构建三个体系 强化数字赋能 实现高质量发展①

中国华电集团有限公司(以下简称中国华电)深入学习贯彻习近平总书记关于国有企业改革发展和党的建设重要论述，认真落实国企改革三年行动部署要求，以创建公司治理示范企业为契机，着力建设法人治理体系、管控体系和制度体系，强化数字赋能，有效提升治理水平，有力推动企业高质量发展。

坚持“两个一以贯之”，规范构建具有中国特色的法人治理体系

一是推动党的领导融入公司治理。深入开展公司治理专项行动，在完善公司治理中加强党的领导，科学界定党委(党组)“定”和“议”的职责范围，编制四类公司章程指引，制定“五规则两清单”，各级子企业均明确不同治理主体议事规则和权责事项，实现高效协调运转。二是加强董事会建设和规范运行。董事会充分行使各项职权，各专委会为董事会决策提供咨询建议，建立外部董事重要决策事项意见征询和“企情问询”机制，集团公司董事会考评连续四年在同类型企业中名列前茅。遴选 166 名专业人员纳入外部董事人才库，配齐配强子企业专职外部董事；制定董事会评价办法、规范运行指引及外部董事履职指南，开展公司治理评价，分类分层落实重要子企业董事会职权。三是激发经理层经营活力。制定集团董事会授权管理办法，明确总经理决策 17 类事项，确保经理层充分行权履职。做深做细经理层成员任期制和契约化管理，强化定量考核导向和“摸高”业绩机制，差异化设置年度和任期业绩考核指标，刚性考核兑现。在 5 家子企业推行职业经理人制度，建立“权利责任统一、激励约束并重”的市场化机制。

坚持放管结合，统筹构建高效协同的现代企业管控体系

一是优化管控体制机制。按照“战略管控型＋运营管控型”模式，优化“总部抓总、区域做实、基层强基”三级管控体系，明确集团公司总部“六个中心”职能定位，推行区域集中统一管理。分类分层精准授放权，对科技型企业、双百企业等“一企一策”个性化授权，总部授权事项增加 31％。二是创新考核激励机制。建立“一办法两方案三细则”绩效考核体系，在 43 家子企业开展股权激励、岗位分红、员工持股、超额利润分享和跟投等中长期激励，“3＋2”中长期激励政策全部落地。对直属单位领导班子设置能源保供、风光电发展、提质增效等特殊奖励。三是建立协同监督机制。按照“能合则合、可分可合、高效协同”的思路，实现以风险防控为导向、合规管理为重点、内部控制为手段的一体化管理。构筑业务、职能、执纪监督“三道防线”，制定涵盖 16 个方面 116 种情形的违规经营投资责任追究制度。落实“三个区分开来”要求，建立尽职合规免责机制，鼓励干部担当作为。

坚持依法治企，科学构建“三横三纵”现代企业制度体系

一是加强顶层设计。构建“三横(4 个一级、30 个二级、123 个三级业务领域)三纵(基本制度、一般性制度和实施细则)”制度图谱，厘清制度业务领域和上下位关系。建立制度

① 引自国务院国资委官网 2022 年 4 月 7 日报道《中国华电：构建三个体系 强化数字赋能 加快实现公司治理体系和治理能力现代化》，作者：中国华电集团有限公司，http://www.sasac.gov.cn/n4470048/n13461446/n15390485/n15769618/c24056297/content.html。

分级分类管理名录，指导各级子企业动态完善制度体系，实现上下协同。二是科学建章立制。将国企改革重点要求纳入规章制度，促进各类制度更加成熟定型。建立以制度委员会为平台的审核机制，制定制度审批权限清单，近三年集团公司总部制度修订面达90%、精减20%，各级子企业立改废制度约10万件。三是强化制度执行。通过巡视巡察、审计、内控合规监督等方式，常态化开展制度体系完整性和运行有效性监督，分批推进制度监督检查全覆盖。将制度立改废释及宣贯执行情况纳入法治工作考核，促进制度刚性执行。

强化数字赋能，提升公司治理现代化水平

一是实现决策流程信息化。建设“三会”议案审核信息系统，提高议案审核质量和效率。开发建设“三重一大”运行管理系统，实现决策事项全流程线上闭环管理，运行效率提高60%，该系统建设成果获2021年度电力行业管理创新一等奖。二是实现业务管控数字化。建设全集团统一的ERP系统，打通各业务间数据、服务、流程壁垒，实现业财一体化。建设电煤集约采购“三平台一系统”，采购成本大幅降低。推动巡检机器人、财务机器人等AI应用。在电力行业物资采购领域首家应用自主可控区块链，建设阳光采购平台。三是推进监督管理智能化。建设覆盖全系统的制度信息化管理网，实现制度管理上下贯通、协同管控。建设监督追责信息系统，优化监管流程，提升监管效能。建设内控合规风险一体化信息系统，与主要业务系统嵌入融合，推动实现智能监控。

海外工程商务风险体系的建立

八、设计内控手册

内部控制手册是企业内部控制体系建设过程中的重要组成部分，是内部控制真正具有可操作性的强力保障。内部控制手册实际上是对现场工作取得的成果和收集的资料做进一步的整理和完善，编制控制程序文件，并将上述各阶段成果进行汇总，是企业以《内部控制基本规范》及配套指引为基础，结合自身实际情况编制而成的内部控制工作指南。内部控制手册的编制能够使企业全体员工掌握内部控制机构设置、流程划分、职责分配等情况，明确权责分配，正确行使职权。

本章习题

一、单项选择题

1. 不属于国务院国资委《关于加强中央企业内部控制体系建设与监督工作的实施意见》中所提出的内部控制理念的是（　　）。

A. 管理制度化　　B. 制度流程化　　C. 流程信息化　　D. 流程表单化

2. 合理划分职责与权限，不相容职责应尽可能相分离，体现的是内部控制的（　　）。

A. 全面性原则　　B. 重要性原则　　C. 制衡性原则　　D. 适应性原则

3. 下列有关制度流程化的说法中，错误的是（　　）。

A. 降低错误舞弊，保证工作质量是制度流程化的主要目的之一

B. 促使业务有效运行，提高工作效率是制度流程化的另一主要目的

C. 制度流程化不应权衡成本效益，而要以实现查错防弊为目标

D. 在划分业务流程过程中应将不相容职责尽可能相分离

4. 下列说法中错误的是（　　）。

A. 业务流程梳理的工作成果之一业务流程目录

B. 业务流程梳理是企业内部控制体系建设的起点

C. 应采用流程图的形式直观地反映各项业务的环节和活动

D. 内部控制在流程化设计中可以不计成本地追求防错纠弊

5. 下列有关制度标准化的说法中，错误的是（　　）。

A. 在制度制定过程中，应明确各种控制标准，以便为控制提供依据

B. 如果标准缺失或者标准模糊，控制就会失去依据，制度也会缺乏可操作性

C. 内部控制制度标准包括审批标准、销售信用评级标准、合格供应商评价标准等

D. 标准制定一定要明确准确，且必须做到数量化

6. 下列有关内部控制痕迹化说法不正确的是（　　）。

A. 内部控制强调时时处处要留下相应的痕迹

B. 内部控制痕迹化的主要目的是留下控制证据

C. 内部控制痕迹化有助于内部控制的评价与审计

D. 要实现内部控制留痕的要求就需要设计相应的控制文档

7. 下列有关制度表单化的说法中，错误的是（　　）。

A. 表单设置要反映工作全过程，谁来做和怎么做要规定得非常清晰

B. 表单应与组织架构、制度、流程具有一致性

C. 务必以信息化为抓手，强化责任意识

D. 表单应当随公司正式的制度、文件一并公开发布，且具有权威性

8. 下列选项中，不属于内控信息化给企业所带来的有利影响的是（　　）。

A. 极大地降低了企业风险水平

B. 有效减少人为违规操纵因素

C. 促使各项经营管理决策和执行活动可控制、可追溯、可检查

D. 确保自动识别并终止超越权限、逾越程序和审核材料不健全等行为

9. 在进行制度标准化时需要注意的事项不包括（　　）。

A. 在制定流程标准时应处处对照内部控制制度的要求

B. 标准制定一定要明确准确，尽可能数量化和具体化

C. 制定出来的标准应当是可操作的，符合企业客观条件的

D. 制定标准时应考虑企业的信息化基础

10. 下列部门中，属于第一道防线的是（　　）。

A. 业务部门　　　　B. 监事会

C. 内控部门　　　　D. 内审部门

二、多项选择题

1. 内部控制体系建设的总体思路包括（　　）。

A. 内控制度化　　B. 制度流程化

C. 制度标准化　　D. 制度表单化

2. 在划分流程时应尽可能实现不相容职务相分离，下列选项中符合要求的有（　　）。

A. 实物资产的保管人员与会计记录的人员职责分离

B. 不得由一人保管支付款项所需的全部印章

C. 同一部门或个人不得处理采购与付款业务的全过程

D. 采购合同的订立人员与审批人员职责分离

3. 内部控制体系建设应按三道风险进行组织分工，三道防线包括（　　）。

A. 第一道防线是业务部门　　B. 第二道防线是内部控制部门

C. 第三道防线是内部审计部门　　D. 第三道防线是董事会办公室

4. 业务部门在内部控制制度体系建设过程中应承担的职责主要包括（　　）。

A. 负责参与制定与自身职责相关的内部控制制度

B. 负责严格执行与自身职责相关的内部控制制度

C. 负责组织开展与自身职责相关内部控制制度的监督检查

D. 负责按照规定时限和路径报告内部控制存在的缺陷，并组织落实整改

5. 下列选项中，属于企业内控体系建设基本步骤的有（　　）。

A. 业务流程梳理　　B. 流程风险评估

C. 确定关键控制点　　D. 明确责任主体

6. 企业可按以下思路对业务流程进行优化和改进（　　）。

A. 分类　　B. 对标　　C. 案例　　D. 整合

7. 企业可以利用“舞弊三角”原理对业务流程中的潜在风险点进行判断，“舞弊三角”包括（　　）

A. 压力　　B. 机会　　C. 合理化借口　　D. 性格

8. 下列选项中，属于预防性控制措施的有（　　）。

A. 不相容职务分离控制　　B. 授权审批控制

C. 对账　　D. 盘点

9. 下列选项中，属于补救性控制措施的有（　　）。

A. 授权审批控制　　B. 对账

C. 终止合同履行　　D. 停止交易

10. 内部控制文档应当包括以下内容（　　）。

A. 关键控制点　　B. 风险评估

C. 控制措施　　D. 控制证据

三、判断题

1. 利用内部控制制度防控企业的风险是权宜之计，加强监管才是长久之计。（　　）

2. 内部控制业务流程化中可以让每个岗位角色承担尽可能多的职责，以符合成本效益原则。（　　）

3. 企业主要领导人员是内控体系监管工作第一责任人，负责组织领导建立健全覆盖各业务领域、部门、岗位，涵盖各级子企业全面有效的内控体系。（ ）

4. 内部控制部门要加强内控体系监督检查工作，准确揭示风险隐患和内控缺陷，进一步发挥查错纠弊作用，促进企业不断优化内控体系。（ ）

5. 选择的关键控制点是否恰当有效很大程度上决定了内部控制的有效性。（ ）

6. "验收"是材料采购控制系统中的关键控制点。（ ）

7. 如果业务流程中某节点的风险超过了可接受水平，则该节点就可以判定为关键控制点。（ ）

8. 发现性控制措施主要解决的是"如果风险已经发生了，如何将损失降到最低"的问题，包括对账、盘点、稽核等。（ ）

9. 完善证据就是在上述工作基础上，完善各种表单，形成控制证据。（ ）

10. 内部控制手册是企业以《内部控制基本规范》及配套指引为基础，结合自身实际情况编制而成的内部控制工作指南。（ ）

四、简答题

1. 请简要说明企业进行内部控制体系建设的总体思路。

2. 请简要说明企业内部控制体系建设的组织分工。

3. 请简要说明企业内部控制体系建设的基本步骤。

4. 企业在进行内部控制体系建设时，如何对业务流程进行风险评估？

5. 在实际操作中，企业如何确定关键控制点？

6. 企业在选择关键控制点时还应在宏观上考虑哪些因素？

7. 控制措施包括哪些类型？并举例说明。

五、案例分析题

1. A 企业集团审计部在对下属子公司 B 公司进行审计时，B 公司工程项目管理混乱。20×7 年 5 月，B 公司开工建设职工活动中心，20×8 年 6 月份完工。工程原定总投资 3 500 万元，决算金额为 3 950 万元。据查，该工程由 B 公司工会提出申请，由工会有关人员进行可行性研究，经 B 公司董事会审批同意并授权由工会主席张某具体负责工程项目的实施和对工程价款支付的审批。随后，张某私自决定将工程交由某个体施工队承建。在工程即将完工时，施工队负责人向张某提出，职工活动中心应有配套健身设施，建议增建保龄球馆。张某认为这一建议可取，指示工会有关人员提出工程项目变更申请，经其签字批准后实施。在工程完工后，由工会有关人员办理了竣工验收手续，由财务部门根据工会提交的验收资料，按决算金额将交付使用资产登记入账。职工活动中心交付使用后，发现包括保龄球道在内的多项工程设施存在严重质量问题，但工程款已全部支付完毕。

针对检查中发现的问题，B 公司领导、各部门负责人召开专门会议进行研究。在讨论过程中，有关人员发言要点如下：

董事长王某：公司要切实建立风险管理制度，不要怕程序复杂，也不要怕审批繁琐，只要能避免所有风险，花多大代价都值得。

总会计师赵某：第一，要强化风险控制手段，在集团公司财会部增设审计处，审计处接受财会部领导，但重大问题可以直接向我汇报。第二，严格审批权限，无论是工程支出还是日常零星开支，都由董事长审批。

财会部经理孙某：第一，建议加强对工程项目的预算管理，实行刚性预算，超预算的工程支出一律不予批准；第二，落实固定资产采购责任制，建议由技术部全权负责办理采购事宜，并建立严格的责任追究机制。

阅读上述案例材料，并回答以下问题：

(1) 从内部控制的角度分析并指出B公司管理中存在哪些风险？

(2) 分析并判断B公司董事长王某、总会计师赵某、财会部经理孙某在会议发言中的观点有哪些不当之处？简要说明理由。

2. 兴旺公司是一家化工企业，其销售业务的内部控制制度设计如下：设立销售部，承担对外营销、处理订单、签订合同、执行销售政策和信用政策等职责；销售部业务经理对10万元以内的赊销业务有权批准，并根据具体情况确定产品售价；超过10万元的赊销业务，由主管销售的副总经理审批。由于人手紧张，大宗销售都是由销售业务员甲与客户谈判并签订合同。无须签订合同的销售业务直接由财务部收款后开具提货单据和发票，由客户自行提货；货到付款的业务由销售业务员乙负责赴购买方收款，并将现金或者支票等票据转交财务部。财务部经理保管所有票据，并有权决定应收票据是否贴现。

本年度5月该公司发生如下业务：(1)销售部经理凭某一老客户以前给其留下的良好印象批准向该客户赊销8万元的业务。但实际上该企业当时财务状况不断恶化，已经有数笔货款没有如期支付了，但财务部未进行应收账款账龄分析，也没有反馈至销售部。(2)另一新客户要求签订2年期供货合同，2年中每月末按照市场价格50万元购货，提供下一批货物时清偿上一批货物款项。由于该公司销售政策中没有此类情况，销售部经理向总经理请示，总经理当即决定签署该合同。一个月后，该客户未能还款，公司调查，发现该客户并无偿还能力。

要求：(1) 指出该公司在销售内部控制制度设计中存在的问题。

(2) 分析该公司针对两项销售业务的控制有何不妥。

主要参考文献

[1] 财政部会计司.企业内部控制规范讲解 2010[M].北京:经济科学出版社,2010.

[2] 陈汉文,韩洪灵.商业伦理与会计职业道德[M].北京:中国人民大学出版社,2020.

[3] 陈汉文.池国华.CEO 内部控制[M].2 版.北京:北京大学出版社,2022.

[4] 程新生.企业内部控制[M].4 版.北京:高等教育出版社,2021.

[5] 池国华,等.内部控制学[M].4 版.北京:北京大学出版社,2022.

[6] 方红星,等.内部控制[M].5 版.大连:东北财经大学出版社,2019.

[7] 黄卫伟.价值为纲　华为公司财经管理纲要[M].北京:中信出版社,2017.

[8] 刘永泽,唐大鹏.行政事业单位内部控制实务操作指南[M].3 版.大连:东北财经大学出版社,2016.

[9] 晏维龙,李昆.监管学[M].2 版.北京:高等教育出版社,2021.

[10] 郑石桥.内部控制基础理论研究[M].北京:中国国际广播出版社,2018.

[11] 中国注册会计师协会.公司战略与风险管理——2022 年度注册会计师全国统一考试辅导教材[M].北京:经济科学出版社,2022.

[12] 中华人民共和国财政部会计资格评价中心.高级会计实务案例[M].北京:经济科学出版社,2020.

[13] 中华人民共和国财政部会计资格评价中心.高级会计实务全真模拟题[M].北京:经济科学出版社,2020.

[14] 中华会计网校.高级会计实务全真模拟试卷[M].北京:人民出版社,2019.

[15] [德]乌尔里希·贝克.风险社会:新的现代性之路.张文杰,何博闻,译.北京:译林出版社,2018.

[16] [美]阿斯沃思·达莫达兰.驾驭风险[M].时启亮等,译.北京:中国人民大学出版社,2010.

[17] [美]COSO.内部控制——整合框架[M].方红星,译.大连:东北财经大学出版社,2008.

[18] [美]COSO.内部控制——整合框架(2013)[M].财政部会计司,译.北京:中国财政经济出版社,2014.

[19] [美]COSO.企业风险管理——整合框架[M].2 版.方红星，王宏，译.大连：东北财经大学出版社，2017.

[20] [美]米歇尔·渥克.灰犀牛　如何应对大概率危机[M].王丽云，译，北京：中信出版社，2017.

[21] [美]纳西姆·尼古拉斯·塔勒布.黑天鹅　如何应对不可预知的未来[M].万丹、刘宁，译.北京：中信出版社，2019.

[22] [美]吉姆·柯林斯.再造卓越[M].蒋旭锋，译.北京：中信出版社，2019.

[23] [美]塞西尔·杰克逊.穿透会计舞弊[M].韩洪灵、陈汉文，译.北京：中国人民大学出版社，2021.

[24] [日]稻盛和夫.稻盛和夫的实学：经营与会计[M].曹岫云，译.北京：东方出版社，2013.

[25] [日]森田直行.阿米巴经营(实战篇)[M].窦少杰，译.北京：机械工业出版社，2015.